Länder & Kontinente

FRAGEN & ANTWORTEN

Länder & Kontinente

DIE 194 LÄNDER DER SIEBEN KONTINENTE DER ERDE

Herbert Genzmer • Christian Schütz

Parragon
Bath New York Singapore Hong Kong Cologne Delhi Melbourne

Einleitung

Sich über Länder und Kontinente kundig zu machen, ist seit jeher ein Anliegen der Menschen. Das vorliegende Werk soll diesem Interesse dienen, indem es in einer anregenden Darstellungsform von Frage und Antwort rund um den Globus führt. Knappe Fragestellungen und schlüssige, einprägsame Ausführungen machen die Lektüre kurzweilig und abwechslungsreich; es macht Spaß und fällt leicht, sich Fakten und Zusammenhänge auf diese Weise einzuprägen.

Dieses Buch stellt, nach Kontinenten gegliedert, in Text und Bild sämtliche Staaten der Erde vor. Neben steckbriefartigen Zusammenfassungen von Basisdaten und grundlegenden Informationen werden zu jedem Land interessante Fragen zu seiner Geschichte, Geografie, Politik, Wirtschaft und Kultur gestellt und gut verständlich beantwortet. Ziel war es, ein Nachschlagewerk zu konzipieren; trotz der gebotenen Kürze ist es gelungen, mithilfe der enthaltenen Fakten von jedem Staat ein Porträt zu zeichnen, das dem Leser einen zuverlässigen Überblick verschafft und dabei oftmals auch ungewöhnliche Aspekte der Länder herausstellt.

Unter einem Kontinent, von lat. *terra continens* („zusammenhängendes Land"), versteht man im allgemeinen Sprachgebrauch eine große, geschlossene Landmasse, die von einer anderen Landmasse durch Wasser getrennt ist. Schon in der Antike bemühte man sich um eine Gliederung und Einteilung der Erde bzw. ihrer Landflächen in Kontinente. Der griechische Historiker und Geograf Herodot (484–424 v. Chr.) unterteilte die Welt in drei Kontinente: Europa, Asien und Libyen (Afrika).

Heute existieren zur Aufteilung der Erde verschiedene geografische Modelle (Varianten mit fünf, sechs und sieben Kontinenten). Dies ist vom jeweiligen Standpunkt der Betrachtung, sei er topografisch, geologisch oder historisch-politisch, abhängig. Geologisch betrachtet, bilden beispielsweise Europa und Asien einen Kontinent – Eurasien –, weil sie auf einer zusammenhängenden Landmasse liegen, die sich größtenteils auf derselben Kontinentalplatte der Erdkruste befindet. Historisch-politisch betrachtet weisen sie jedoch derart große Unterschiede in Entwicklung und Kulturformen auf, dass sie meist

Hintergrund: Die Brooklyn Bridge vor der beeindruckenden Skyline von New York City an der Ostküste der Vereinigten Staaten von Amerika.

als zwei getrennte Kontinente betrachtet werden. Für das vorliegende Buch wurde die Unterteilung in sieben Kontinente – Afrika, Antarktika, Australien, Nordamerika, Südamerika, Europa, Asien – gewählt, da sie das differenzierteste Bild liefert. Ausgehend vom Nullmeridian werden im Folgenden nacheinander zuerst die Kontinente der nördlichen Halbkugel in der Reihenfolge Europa, Asien und Nordamerika behandelt. Dann geht es auf der Südhalbkugel weiter mit Südamerika, Afrika und Australien. Das letzte Kapitel widmet sich den Polarregionen der Erde, der Arktis und Antarktis.

Jedes Kapitel beginnt mit einer physischen sowie einer politischen Karte des entsprechenden Kontinents. Sie bieten eine Übersicht über die Lage der einzelnen Länder sowie ihre räumliche Beziehung zueinander. Die Reihenfolge, in der die Staaten behandelt werden, hängt von ihrer jeweiligen geografischen Lage auf dem Kontinent ab – von Nord nach Süd und von West nach Ost. Dabei werden die Länder zu geografischen „Untergruppen" zusammengefasst – Europa beispielsweise in die Regionen Nord-, West-, Mittel-, Ost-, Süd- und Südosteuropa gegliedert.

Das Schloss Neuschwanstein in Deutschland ist nur eines von unzähligen bis heute erhaltenen Schlössern in Europa.

Die Beschäftigung mit den südamerikanischen Staaten führt auf die Spuren früher Hochkulturen und ihrer Stätten – wie die sagenumwobene Inka-Stadt Machu Picchu im heutigen Peru.

Insgesamt werden 194 Staaten beschrieben – alle 193 derzeit von der UNO anerkannten Staaten sowie Taiwan, da es als Republik China im Grunde seit 1952 eigenständig handelt, wenngleich es offiziell noch immer nicht von allen Staaten anerkannt ist. Ein Staat gilt nach Bestimmung der Völkerrechtskonvention als anerkannt, wenn die Bevölkerung (das Staatsvolk) auf einem geografisch abgegrenzten Raum (dem Staatsgebiet) durch eine souveräne Regierung (die Staatsgewalt) geführt wird und das Land jederzeit mit anderen Staaten diplomatische Beziehungen aufnehmen kann. Als jüngster Staat ist im Juni 2006 Montenegro hinzugekommen. Autonome Gebiete, die nur außenpolitisch von anderen Staaten vertreten werden (z. B. Grönland oder die Färöerinseln, die politisch zu Dänemark gehören), wurden dem jeweiligen Vertretungsland zugeordnet.

Der Steckbrief, der jedem Land vorangestellt ist, liefert im Überblick Informationen zu folgenden Rubriken: Flagge, Währung, Staatsform, Hauptstadt, Sprachen (Amtssprache als offizielle Sprache eines Staates sowie weitere im Land verbreitete Sprachen), Fläche, Einwohnerzahl, Religion (Angaben zu den wichtigsten religiösen Bekenntnissen mit einem Anteil über 5 %, die Gruppe

Nationalparks wie der Amboseli-Nationalpark (Kenia) sind ein wichtiger Faktor für den Tourismus in Afrika. In vielen Staaten des zweitgrößten Kontinents leben weite Teile der Bevölkerung unterhalb der Armutsgrenze.

der Konfessionslosen werden nur dann besonders erwähnt, wenn ihre Zahl außergewöhnlich hoch ist), und gegebenenfalls geografische oder geologische Besonderheiten des Landes. Der Steckbrief soll helfen, die einzelnen Staaten miteinander zu vergleichen. In optisch abgesetzten Infokästen werden außerdem auf jeder Länderseite spezielle Themen aufgegriffen und vertiefend behandelt.

Das letzte Kapitel des Buches bietet eine Zusammenfassung des Zahlen- und Datenmaterials verbunden mit einem Ländervergleich zu den Themen Größe, Bevölkerungszahl, Wirtschaftssituation, Religionsverteilung, Klimazonen, geografische und politische Besonderheiten, Kolonialismus und Krisengebiete.

Autoren und Redaktion haben sich bemüht, die aktuellsten Zahlen und Fakten aus zuverlässigen Quellen sowie Publikationen nationaler und internationaler Organisationen zusammenzutragen, doch zu manchen Ländern existieren leider nur veraltete Statistiken (z. B. zu vielen Entwicklungsländern). Andere Staaten halten aus politischen Gründen Informationen zurück (z. B. das sozialistische Nordkorea); gleiches gilt für kriegführende Länder oder Länder, die vor kurzem von Naturkatastrophen betroffen waren. Aber nicht nur statistische Werte wie die zu Bevölkerungszahl und Religionszugehörigkeit basieren bisweilen auf Schätzungen oder älteren Erhebungen. Auch Flächenangaben weichen hin und wieder voneinander ab. Dies kann an Neu- oder Nachvermessungen liegen, die Industrienationen viel häufiger vornehmen als schwächer entwickelte Staaten. Die Angaben können mitunter aber auch stark schwanken, wenn politisch umstrittene Gebiete unterschiedlich zugeordnet werden.

Wir wünschen allen Lesern des Buches eine gute Reise zu nahen und fernen Zielen und eine spannende Zeit bei der (Wieder-)Entdeckung bekannter und fremder Länder.

Der Kontinent Australien umfasst weitaus mehr Staaten als das gleichnamige Land – hier die berühmte Skyline von Sydney –, darunter zahlreiche Inselstaaten Mikronesiens und Polynesiens.

▲ Schweden

Tschechien

Frankreich

Holland

EUROPA

Im streng geografischen Sinn ist Europa kein Kontinent, sondern vielmehr ein Subkontinent Asiens – Eurasien. Der Grund für die Eigenständigkeit als Kontinent, die Europa mit 10,5 Mio. km^2 nach Australien zum kleinsten Erdteil macht, liegt in kulturellen und historischen Bedingungen. Diese waren und sind so stark prägend, dass sich die 46 verschiedenen Staaten mit ihren 120 Sprachen in einer Einheit zusammenfassen lassen. Als stärkstes politisches Gefüge innerhalb Europas hat sich die Europäische Union (EU) herausgebildet.

Deutschland

Irland

Griechenland

PHYSISCHE KARTE

Grönland
(mit Dänemark assoziiert)
Longyearbyen
Spitzbergen
(Norwegen)
Grönlandsee
Nördliches Eismeer
Karasee
Barentssee
Vorkuta
Hammerfest
Murmansk
Reykjavik
Island
Europäisches Nordmeer
Narvik
Inari-see
Tornealf
Petschora
Ob
Archangelsk
Luleå
Umeälf
Färöer
(Dänemark)
Schweden
Finnland
Onega-see
Kama
Perm
Atlantischer Ozean
Shetland-Inseln
(VK)
Norwegen
Glåma
Tampere
Ladoga-see
Bergen
Oslo
Turku
Helsinki
Russland
Ufa
Vänersee
Tallinn
St. Petersburg
Rybinsker Stausee
Kasan
Stockholm
Estland
Peipus-see
Glasgow
Göteborg
Nishnij Nowgorod
Nordirland
Edinburgh
Nordsee
Vätter-see
Riga
Wolga
Moskau
Samara
Belfast
Groß-britannien
Dänemark
Lettland
Irland
Kopenhagen
Malmö
Dublin
Liverpool
Leeds
Litauen
Cork
Odense
Ostsee
Vilnius
Manchester
Sheffield
Königsberg
Minsk
Ural
Hamburg
Cardiff
Birmingham
Niederlande
Amsterdam
Bremen
Danzig
Kasachstan
London
Weißrussland
Themse
Hannover
Berlin
40° N
Rotterdam
Posen
Warschau
Azoren
(Portugal)
Deutschland
Oder
Lodsch
Don
Belgien
Elbe
Polen
Kiew
Le Havre
Brüssel
Köln
Leipzig
Charkow
Wolgograd
Bonn
Breslau
Rhein
Dresden
Wolga
Lux.
Frankfurt
Prag
Weichsel
Luxemburg
Krakau
Dnjepr
Donezk
Kaspisches Meer
Nantes
Paris
Straßburg
Stuttgart
Tschechische Republik
Lemberg
Ukraine
Dnipro-petrowsk
Astrachan
Seine
Brünn
Slowakei
25° W
Donau
München
Bratislava
Rostow
Loire
Bern
Liechten-stein
Linz
Wien
Moldawien
Chişinău
Frankreich
Lyon
Schweiz
Österreich
Ungarn
Asowsches Meer
Graz
Budapest
Klausenburg
Bordeaux
Slowenien
Rumänien
Odessa
Mailand
Ljubljana
Platten-see
Bilbao
Turin
Po
Temeschburg
Kronstadt
Toulouse
Venedig
Zagreb
Rhône
Kroatien
Porto
Ebro
Andorra
Genua
Bosnien und Herzegowina
Bukarest
Marseille
Monaco
San Marino
Belgrad
Donau
Schwarzes Meer
Portugal
Madrid
Zaragoza
Florenz
Serbien und Montenegro
Tajo
Sarajevo
Varna
Sofia
40° N
Lissabon
Barcelona
Italien
Priština
Bulgarien
Istanbul
Vatikan-stadt
Skopje
Spanien
Rom
Adriatisches Meer
Türkei
Tirana
Mazedonien
Urmia-see
Sevilla
Valencia
Vansee
Albanien
Neapel
Saloniki
Tuzsee
Tyrrhenisches Meer
Griechen-land
Cagliari
Gibraltar
(VK)
Palermo
Euphrat
Ägäisches Meer
Tigris
Ionisches Meer
Patras
Athen
Malta
Mittelmeer
1:28000000
0°
20° O
40° O
40° W
20° W
80° N
60° O
80° O
60° N

Einleitung

Was sind die sogenannten Pforten Europas?
Traditionell liegen die Zugänge nach Europa am Meer, als Pforten Europas bezeichnet man im Westen Gibraltar, im Osten den Bosporus und im Süden den Suezkanal. Im Norden und Nordwesten wird Europa von der Arktis und dem Atlantik bzw. der Nord- und Ostsee begrenzt.

Wo endet Europa im Osten?
Im Osten bezeichnet man normalerweise den Ural als Grenze Europas. Dieses Gebirge zieht sich in nordsüdlicher Richtung mit seinen Ausläufern von der Arktis über Russland und Kasachstan bis hinunter zum Kaspischen Meer.

Wodurch entsteht das günstige Klima in den meisten europäischen Staaten?
Der Westen Europas verdankt sein mildes Klima dem warmen Golfstrom. Die Alpen und die Pyrenäen bilden natürliche Ost-West-Barrieren, die die aus dem Norden kommende Kälte nicht weiter nach Süden vordringen lassen. Hinzu kommt das warme Mittelmeer, das dem gesamten Süden ein angenehmes mediterranes Klima beschert. Nur im Osten herrscht kühleres kontinentales Klima.

Die Alpen

Dominiert wird der Alpenbogen vom Montblanc-Massiv mit dem Mont Blanc, der mit seinen 4806 m der höchste Berg Europas ist. Die zahllosen Gebirgsflüsse erzeugen für die Industrie Strom, und die Landschaft der Alpen sorgt jährlich für über 100 Mio. Besucher aus allen Teilen der Welt, die winters wie sommers kommen. Die Schattenseite dieses Besucherstroms ist die durch Anlegen neuer Skigebiete, Gebäudekomplexe und Straßen verursachte Störung in ihrem feinen ökologischen Gleichgewicht. Slowenien, Italien, Österreich, Liechtenstein, Deutschland, die Schweiz und Frankreich wissen um diese ungeheure (wirtschaftliche) und ökologische Bedeutung der Alpen, des von ihnen geteilten, höchsten Gebirges Europas. Umweltschützer warnen vor einer zu großen Ausbeutung und Zersiedlung der Alpen, aber in vielen Fällen überwiegt wie immer die Gier des Menschen.

Welche geologischen Kräfte haben Europas Landschaften gestaltet?
Kollidierende tektonische Platten und die zurückweichenden Gletscher der Eiszeit haben die Landschaften Europas gebildet. So formten sich vor 65 Mio. Jahren die zerklüfteten Alpen, als die Afrikanische Platte begann, sich in die Eurasische zu

Hintergrund: Die imposante und eisgekrönte Kulisse des Wetterhorns (3692 m) in den Schweizer Westalpen oberhalb von Grindelwald

Unten: Portugals Algarvenküste ist ein beliebtes Ziel für Urlauber. Früher ein verträumtes Fischerdorf, ist auch Albufeira heute ein beliebter Ferienort.

schieben. Die divergierenden tektonischen Platten verursachen immer wieder Erdbeben und Eruptionen. Und obwohl die Eiszeit vor 10 000 Jahren endete, sind die Gletscher auf den Alpen noch immer nicht gänzlich abgeschmolzen.

Gibt es in Europa Vulkane?
Auch Vulkane haben das Landschaftsbild mitgeprägt. Es gibt sie in vielen Ländern, allein in Island über 2000. Der sizilianische Ätna ist mit 3350 m der höchste und bekannteste Vulkan Europas. Er erstreckt sich auf einer Fläche von 1500 km^2, seit seiner Geburt vor ca. 2,5 Mio. Jahren bricht er jährlich durchschnittlich 15-mal aus. Allein in den letzten 100 Jahren verwüsteten fünf dieser Ausbrüche Ortschaften und Anbaugebiete in seiner Umgebung.

Wodurch werden die größten europäischen Flüsse hauptsächlich gespeist?
Die großen europäischen Flüsse wie Donau, Rhein, Rhône und Po werden in erster Linie von den Gletschern der Alpen gespeist.

Was hat Europas historische Vorreiterstellung gefördert?
Betrachtet man die Karte Europas, mutet der Kontinent wie eine Ansammlung von Buchten und Halbinseln an; die Küstenlinien, die von vier Meeren und zwei Ozeanen geprägt werden, bieten in sehr vielen Ländern mühelosen Zugang zum Meer. Diesem Umstand verdankt Europa seine lange

Die schmalen und tiefen Buchten der Fjorde bringen das Meerwasser bis weit ins Landesinnere, wie hier in der Finnmark, der bevölkerungsärmsten norwegischen Provinz.

Interessante Fakten

- In den gemäßigten und mediterranen Zonen ist die ursprüngliche Vegetation Europas bis auf Reste nicht mehr erhalten.
- Etwa ein Drittel aller Europäer bezeichnen sich als unreligiös und ca. 5 % sind Atheisten.
- Im Jahr 1950 befanden sich vier europäische Städte (London, Paris, Mailand, Neapel) unter den 20 größten der Welt. Das ist heute nicht mehr so, die europäischen Städte wachsen kaum noch, im Gegenteil, aufgrund eines Rückgangs der Bevölkerungszahlen verlieren sie Einwohner.
- Moskau ist die größte europäische Stadt.
- Mit der Jungsteinzeit und der Bronzezeit begann im Mittelmeerraum, dann auch im Norden und Osten Europas die Zeit großer kultureller und wirtschaftlicher Errungenschaften.

Die Grabanlage von Stonehenge (ca. 3100–2000 v.Chr.) in der englischen Grafschaft Wiltshire gibt bis heute Rätsel auf: Noch immer ist nicht klar, wozu die Steinkreise einst errichtet wurden.

Hintergrund: Die Basilius-Kathedrale in Moskau ist ein einzigartiges Beispiel russischer Baukunst aus dem 16. Jahrhundert.

Geschichte von Seefahrern, Entdeckern und Handelsleuten, ihm verdankt der Kontinent seinen Reichtum und seinen Einfluss auf den Rest der Welt.

Wie viele Einwohner hat Europa?
Mit über 680 Mio. Menschen hat der zweitkleinste Kontinent weitaus mehr Bewohner als Australien, Nord- und Südamerika und eine Bevölkerungsdichte von durchschnittlich 65 Einwohnern pro km^2, wobei im Osten und Norden die Bevölkerungsdichte wesentlich geringer ist als im Westen und im Zentrum des Kontinents.

Bosporus, Marmarameer, Dardanellen

Der Bosporus, eine Meerenge zwischen dem asiatischen Teil der Türkei und Europa, hat eine Länge von 30 km. Die Meeresstraße teilt nicht nur Eurasien, sondern auch Istanbul, die größte Stadt der Türkei. Der Bosporus öffnet sich zum Marmarameer, welches sich weiter südwestlich zur nächsten Meerenge, den Dardanellen, verjüngt. Diese wiederum öffnen sich schließlich zum Ägaischen Meer. Als einziger Verbindungsweg zwischen Schwarzem Meer und Mittelmeer sind diese Gewässer in der europäischen Geschichte immer wieder heftig umkämpft gewesen.

Welche Bevölkerungsentwicklung ist in Europa im 21. Jahrhundert zu erwarten?
Trotz teilweise sehr niedriger Geburtenraten (allen voran Deutschland und Slowakei) hat die EU-Bevölkerung derzeit insgesamt wieder ein leichtes natürliches Wachstum zu verzeichnen. Gründe für die verhaltene Bevölkerungsentwicklung sind die stetig steigende Lebenserwartung, die den insbesondere seit den 1950er-Jahren allgemein rückläufigen Geburtenraten gegenübersteht. Fachleute, die sich mit der demografischen Entwicklung Europas beschäftigen, nehmen an, dass die Bevölkerung der 27 EU-Staaten von derzeit ca. 460 Mio. bis zum Jahr 2050 auf schätzungsweise knapp 450 Mio. schrumpft.

Der 54 m hohe Leuchtturm St. Mathieu bei Brest (Bretagne). Das Kloster aus dem 16. Jahrhundert wurde während der Französischen Revolution geplündert und zerstört.

Warum steigt in einigen Ländern Europas die Zahl der Arbeitslosen kontinuierlich?

Europa verfügt über Rohstoffe, die es abbaut und nutzt, wichtig aber für den Wohlstand ist seit der industriellen Revolution die dominierende Konsumgüter- und verarbeitende Industrie. Ab den 1960er-Jahren brauchten vor allem die europäischen Industrienationen Arbeitskräfte aus den südeuropäischen Ländern, um die Menge der Arbeit bewältigen zu können. Mit wachsendem Wohlstand stiegen die Löhne, zudem wuchs der Globalisierungsgrad stetig. Die Folge war eine Verlagerung vieler Industrien in Billiglohnländer, was die Arbeitslosenzahlen in vielen europäischen Ländern in den letzten Jahren steigen ließ.

Welche ökologischen Probleme hat Europa?

Seit Beginn der industriellen Revolution vor ca. 200 Jahren nimmt die Verschmutzung der Atmosphäre ständig zu. Bedingt durch die hohe Bevölkerungsdichte, den hohen Entwicklungsstand, den Wohlstand (viele Autos) und die industrielle Dichte ist Europa einer der weltgrößten Umweltverschmutzer. Smog macht die Menschen krank, saurer Regen zerstört die Wälder. Gleichzeitig existiert ein großes Ungleichgewicht zwischen dem Westen und dem Osten: Während der Westen große Anstrengungen unternimmt, um die Umweltprobleme in den Griff zu bekommen, laufen im Osten zum Teil vollkommen veraltete Industrieanlagen weiter, die nicht nur den gesamten Kontinent, sondern die ganze Welt belasten.

Was ist die Europäische Gemeinschaft?

Heute gilt der Bergriff Europäische Gemeinschaft (EU) im allgemeinen Sprachgebrauch für die Vereinigung, die mit dem Maastrichter Vertrag 1993 als Europäische Union gegründet wurde. 1951 gab es den ersten Zusammenschluss, damals verbanden sich Deutschland, Italien, Frankreich, Luxemburg, Belgien und die Niederlande zur Europäischen Gemeinschaft für Kohle und Stahl (EGKS), der sogenannten Montanunion. In den Römischen Verträgen von 1957 wurden die Euratom (Europäische Atomgemeinschaft) und die Europäische Wirtschaftsgemeinschaft (EWG) gegründet. Nach der Osterweiterung in den Jahren zwischen 2004 und 2007 umfasst die EU heute 27 Mitgliedsstaaten.

ISLAND

Flagge

Währung
1 Isländische Krone (ikr) = 100 Aurar
Staatsform
Republik seit 1944
Hauptstadt
Reykjavik

Sprachen
Isländisch (Amtssprache)
Fläche 103 000 km²
Einwohnerzahl 297 000
Religion
93 % Protestanten (Lutheraner)
Besonderheiten
Island ist weltweit die größte Insel vulkanischen Ursprungs.

Wie dick ist die Eisschicht, die Island bedeckt?
Noch heute werden etwa 11 % der Landesfläche von Plateaugletschern bedeckt. Sie sind im Gegensatz zum grönländischen Inlandeis kein Überrest der letzten Eiszeit, sondern entstanden erst im Holozän (Beginn vor ca. 11 700 Jahren). Islands Gletscher sind bis zu 1000 m mächtig und begraben ganze Gebirge unter sich. Im Südosten des Landes liegt mit einer Fläche von 8300 km² der größte von ihnen – der Vatnajökull.

Was sind Geysire?
Geysire sind heiße Quellen, die Wasser und Wasserdampf als Fontänen in die Höhe sprühen; sie werden auch als Springquellen bezeichnet. Der „Große Geysir“ in Island war Namensgeber dieses Phänomens. Das Land wird oft als „Land der Geysire“ bezeichnet, obwohl sich hier nur zwei bedeutende befinden. Eine große Zahl ist im Yellow-stone-Nationalpark in Nordamerika zu finden.

Wie dicht ist Island besiedelt?
Das Inland ist fast menschenleer, nur ein schmaler Küstenstreifen ist bewohnt. 93 % der Bevölkerung wohnen in Städten, fast zwei Drittel aller Isländer leben im Großraum der Hauptstadt Reykjavik, da hier der Dienstleistungssektor viele Arbeitsplätze bietet. 72 % der Beschäftigten arbeiten heute in diesem Bereich.

Wann ist Island ein unabhängiger Staat geworden?
Seit dem 14. Jahrhundert gehörte Island zu Dänemark. Ab 1904 gewährte Dänemark dem Land eine gewisse Autonomie, aber erst 1944 wurde die unabhängige isländische Republik gegründet. Seit 1946 ist Island Mitglied der UNO.

Elfen

Für die Mehrheit der Menschen sind Elfen Fabelwesen aus einem Märchenland. In Island dagegen wird ihre reale Existenz nicht allgemein angezweifelt. Ihr Lebensraum wird durch eine eigene Elfenbeauftragte geschützt, die verhindert, dass die scheuen Elfen durch unsachgemäßes Eingreifen des Menschen in die Natur verscheucht werden. So macht z. B. eine Straße in der Nähe von Reykjavik einen Schlenker um einen Hügel, in dem Elfen beheimatet sein sollen.

Polarlicht über der Hafenstadt Njardvik. Dieses wunderbare Naturschauspiel entsteht, wenn elektrisch geladene Teilchen auf die oberen Schichten der Erdatmosphäre treffen. Sie treten auf der Nordhalbkugel nur nördlich des 60. Breitengrads auf.

NORWEGEN

Flagge

Währung
1 Norwegische Krone (nkr) = 100 Öre

Staatsform
Parlamentarische Monarchie seit 1905

Hauptstadt
Oslo

Sprachen
Norwegisch (Bokmål und Nynorsk) (Amtssprachen)

Fläche 323 758 km²

Einwohnerzahl 4,7 Mio.

Religion
86 % Protestanten (Lutheraner)

Besonderheiten
Neben dem eigentlichen Staatsgebiet besitzt Norwegen noch folgende Territorien: Svalbard 61 022 km², Jan Mayen 377 km²
Bilandet (Nebenländer): Bouvetøya 49 km², Peter I Øy 156 km² und das Dronning Maud Land in der Antarktis mit 2,80 Mio. km².

Mit ca. 250 000 Einwohnern ist Bergen die zweitgrößte Stadt Norwegens.

Was sind Bokmål und Nynorsk?

Bokmål und Nynorsk sind die beiden offiziellen Schriftsprachen – Bokmål („Buch-Norwegisch") als Standard-Schriftsprache und die Kunstsprache Nynorsk („Neu-Norwegisch"). Bokmål basiert auf Dano-Norwegisch, es wurde aus der dänischen Schriftsprache heraus entwickelt und wird vornehmlich in Oslo und den großen Städten gesprochen. Nynorsk wird von etwa 10 bis 15 % der Bevölkerung, vorwiegend an der Westküste gesprochen, aber auch für Regierungstexte benutzt.

Was sind Fjorde?

Fjorde sind weit ins Land hineinreichende Meeresarme. Ursprünglich waren sie von Gletschern während der Eiszeit geformte Täler, die mit dem Abschmelzen des Eises vom Wasser überflutet wurden. Fjorde gibt es nicht nur in Norwegen, sie finden sich auch an den Küsten von British Columbia, Westpatagonien, Neuseeland und Grönland.

Was war die Kalmarer Union?

Zwischen 1397 und 1523 hatten sich die drei Königreiche Norwegen, Dänemark und Schweden zur sogenannten Kalmarer Union zusammengeschlossen. Die drei Reiche waren durch Verheiratungen und Erbschaften eng verbunden. Die Union war hauptsächlich auf Betreiben Dänemarks zustande gekommen, weil das Land seinen Einfluss im Ostseeraum ausweiten wollte. Das heutige Finnland, damals zu Schweden gehörend, war ebenso darin enthalten wie Island und die Färöer-inseln (zu der Zeit ein Teil Norwegens). Als Schweden selbstständig wurde, zerfiel die Union.

Ist Norwegen Teil der EU?

Nein. Bereits zweimal haben sich die Bürger Norwegens im Rahmen einer Volksabstimmung mit knapper Mehrheit gegen eine Mitgliedschaft in der EU ausgesprochen.

Woher stammt der Reichtum des Landes?

Norwegen ist der siebtgrößte Förderer und drittgrößte Exporteur von Erdöl, das seit 1969 gefördert wird. Die hohen Weltmarktpreise, die umfangreiche Förderung und die vergleichsweise geringe Bevölkerungszahl tragen zu Norwegens hohem Pro-Kopf-Einkommen bei.

Interessante Fakten

- 2007 war Oslo die teuerste Stadt der Welt, gleichzeitig hat Norwegen den höchsten Lebensstandard.
- Norwegen hat eine der höchsten Geburtenraten Europas.
- Norwegen betreibt als eines der wenigen Länder der Welt noch aktiven Walfang.

SCHWEDEN

Flagge

Währung
1 Schwedische Krone (skr) = 100 Öre

Staatsform
Parlamentarische Monarchie seit 1809

Hauptstadt
Stockholm

Sprachen
Schwedisch (Amtssprache), Finnisch, Samisch

Fläche 449 964 km²

Einwohnerzahl 9,0 Mio.

Religion
85 % Protestanten (Lutheraner)

Besonderheiten
Zum Land gehören etwa 221 800 Inseln.

Ein typisches Landhaus aus Holz im winterlichen Sodermanland

Welche Bedeutung hat das Öffentlichkeitsprinzip in Schweden?

Offizielle Schriftstücke der Verwaltung werden in der Presse stets allen Bürgern zugänglich gemacht. Niemand muss einen Grund angeben oder sich ausweisen, um solche Dokumente einzusehen – das ist seit 1766 garantiert und damit weltweit das älteste Gesetz zur Informationsfreiheit.

Was ist ein Ombudsmann bzw. eine Ombudsfrau?

Ombudsleute (heute Männer oder Frauen) sind eine schwedische Institution, die die Rechte des Bürgers vor den Behörden schützen. Wer sich ungerecht behandelt fühlt, sucht den Ombudsmann auf und wird durch ihn vertreten. Inzwischen gibt es diese Personen im Bereich des Verbraucherschutzes, des Kinderschutzes, der Gleichberechtigung sowie der ethnischen oder sexuellen Diskriminierung.

Feiert man die Sommersonnenwende?

In der ersten Nacht zum Samstag nach dem 21. Juni feiert man in Schweden das aufwändige „Midsommarfest". Um diese Zeit steht die Sonne im Norden des Landes 24 Stunden am Himmel, und für wenige Stunden wird im Süden der Himmel tatsächlich dunkel. Das Fest knüpft an die uralte Tradition der Sommersonnenwendfeier an. Die Menschen tanzen um den geschmückten Maibaum – das schwedische Nationalsymbol.

Die kleinen, der Küste vorgelagerten und stets vegetationslosen Inseln nennt man Schären. Wie die Fjorde sind sie während der letzten Eiszeit entstanden. Allein zu den Stockholmer Schären gehören 24 000 Inseln.

Interessante Fakten: Natur und Umwelt

- Auf Gotland und Öland herrscht eine vielfältige Flora, darunter z. B. eine erstaunliche Orchideenvielfalt.
- Als erstes Land in Europa hat Schweden 1910 mit der Errichtung von Naturschutzgebieten begonnen.
- 52 % der Landesfläche bestehen aus Wäldern.

Warum nennt man Finnland das „Land der 1000 Seen"?

Die finnische Landschaft ist stark durch die letzte Eiszeit vor 10 000 Jahren geprägt worden. Das ohnehin schon flache Land wurde durch die vorrückenden Gletschermassen weiter abgeschliffen. Die abschmelzenden Gletscher hinterließen in den Senken eine gigantische Seenlandschaft. Im Südosten des Landes liegt die Finnische Seenplatte, in der es fast 190 000 Seen mit mehr als 500 m² Fläche gibt.

Wie verteilt sich die Bevölkerung über das Land?

Finnland ist mit 15,5 Einwohnern je km² ein dünn besiedeltes Land. Obendrein ist die Bevölkerung auch noch sehr ungleichmäßig verteilt. Fast 40 % leben in Südfinnland, während die nördliche Provinz Lappland fast unbesiedelt ist.

Was ist das Besondere am finnischen Bildungssystem?

Das finnische Bildungssystem gilt als eines der besten der Welt. Es gibt praktisch keine Analphabeten, das Erlernen von Fremdsprachen ist selbstverständlich. Viel Wert wird auf Eigenverantwortlichkeit und das Prinzip des lebenslangen Lernens gelegt. Von Vorteil sind die vergleichsweise kleinen Klassen (durchschnittlich 19,5 Schüler), neben den Klassenlehrern stehen Psychologen und Speziallehrer zur Verfügung.

FINNLAND

Flagge

Währung
1 Euro (€) = 100 Cents

Staatsform
Republik seit 1919

Hauptstadt
Helsinki

Sprachen
Finnisch, Schwedisch (Amtssprachen)

Fläche 338 145 km²

Einwohnerzahl 5,2 Mio.

Religion
84 % Protestanten (Lutheraner)

Besonderheiten
Die zu Finnland gehörende Inselgruppe Aland ist schwedischsprachig und besitzt weitgehende Autonomie.

Was ist das Jedermannsrecht?

Das Jedermannsrecht ist ein uraltes Gewohnheitsrecht in den nordischen Staaten Finnland, Schweden und Norwegen. Es gewährt allen Menschen – unabhängig von den Besitzverhältnissen – gewisse Rechte im Hinblick auf die Nutzung der Natur. Dazu gehört u. a. das Zelten für eine Nacht und das Befahren der Seen mit Booten. Das Jedermannsrecht verbietet aber auch das Zurücklassen von Abfällen oder das Entzünden von Lagerfeuern.

Hintergrund: Die kurzen, kühlen Sommer und die kalten, dunklen Winter lassen nur eine karge Vegetation zu.

Die Geweihe der Elchbullen können eine Spannweite von bis zu 2 m erreichen.

Elche

Jedes Jahr werden während der Jagdsaison ein Drittel aller Elche erlegt. Trotzdem erholt sich der Bestand immer wieder auf über 100 000 Tiere. Elche können dem Menschen durchaus gefährlich werden: Immer wieder kommt es in Finnland zu schweren Verkehrsunfällen mit Elchen.

DÄNEMARK

Flagge

Währung
1 Dänische Krone (dkr) = 100 Øre
Staatsform
Parlamentarische Monarchie seit 1953
Hauptstadt
Kopenhagen
Sprachen
Dänisch (Amtssprache), Deutsch
Fläche 43 096 km²
Einwohnerzahl 5,4 Mio.
Religion
84 % Protestanten (Lutheraner)
Besonderheiten
Zu Dänemark gehören auch die innenpolitisch autonomen Inseln Grönland und Färöer.

Ist Dänemark ein Inselstaat?

Nein. Zu Dänemark gehören zwar mehr als 400 Inseln, sie machen aber nur ein Drittel der Landesfläche aus. Das Land ist extrem flach, die höchste Erhebung erreicht nur 171 m.

Seit wann ist Dänemark ein eigenes Königreich?

Schon vor dem Jahr 1000 gab es dänische Könige, deren Reich sich auch über Norwegen, Schweden und England erstreckte. Das derzeitige Königshaus regiert seit 1863, als König Christian IX. Nachfolger des kinderlosen Königs Friedrich VII. wurde. Derzeitige Herrscherin ist Königin Margarethe II.

Rechts: Die weltberühmte Kleine Meerjungfrau im Hafen ist eines der Wahrzeichen von Kopenhagen. Sie erinnert an den dänischen Schriftsteller Hans Christian Andersen (1805–1875).

Ist Dänemark wohlhabend?

Ja. Der Lebensstandard der Dänen gehört zu den höchsten der Welt. Im europäischen Vergleich nimmt Dänemark sowohl hinsichtlich der Beschäftigungsquote als auch beim Haushaltsüberschuss eine Spitzenposition ein. Die dänische Wirtschaft ist breit gefächert, wobei der Tourismus eine wichtige, aber keine entscheidende Rolle spielt.

Grönland

Grönland ist die größte Insel der Welt. Sie ist ein autonomer Teil des Königreichs Dänemark, d. h., sie ist innenpolitisch völlig unabhängig, wird aber außenpolitisch von Dänemark vertreten. Auf der 2,16 Mio. km² großen Insel leben nur knapp 57 000 Menschen, vorwiegend aus der Volksgruppe der Kalaallit (Inuit). Nur 15 % der Landesfläche sind eisfrei, der übrige Teil ist mit Inlandeis bedeckt. Würde dieses Eis schmelzen, so würde der Wasserspiegel der Weltmeere um 6 m steigen.

Was ist der bekannteste Exportartikel?

International bekannt ist das dänische Spielzeugunternehmen LEGO. Es stellt seit 1949 die bekannten kleinen Kunststoff-Bausteine her, aus denen Modelle aller Art zusammengesteckt werden können. Der Erfinder der Lego-Steine ist der Firmengründer Ole Kirk Christiansen (1891–1958).

Oben: Eine Ferienhaussiedlung auf der dänischen Halbinsel Jütland. Dänemark ist als Urlaubsziel besonders bei skandinavischen und deutschen Touristen beliebt.

Warum nennt man Irland die „Grüne Insel"?**
Sieht man Irland aus der Luft, so wird die Herkunft dieses Namens sofort augenfällig. Sie liegt wie ein grüner Edelstein im blauen Meer. Die Insel ist sanft hügelig und mit dichtem Gras bewachsen.

Wer ist der irische Nationalheilige?
Irlands Nationalheiliger ist der heilige Patrick von Irland, der im 4. Jahrhundert als christlicher Missionar ins Land kam. Er gründete hier Klöster und Schulen und starb am 17. März 461. Sein Todestag ist zum Nationalfeiertag geworden und wird auch von den im Ausland lebenden Iren als *St. Patrick's Day* gefeiert.

Warum wanderten so viele Iren in die USA aus?
Zwischen 1845 und 1849 wurde Irland von einer großen Hungersnot heimgesucht, da in diesen Jahren die gesamte Kartoffelernte durch Fäule zerstört wurde. Den hungernden Kleinbauern blieb nichts anderes übrig, als mit ihren Familien das Land zu verlassen. Die Bevölkerungszahl verringerte sich innerhalb weniger Jahre von 8,5 auf 6 Mio. Die Vereinigten Staaten waren damals vielfach das Ziel dieser Auswanderer.

Wann wurde Irland unabhängig?
Irland ist über Jahrhunderte von den Engländern beherrscht worden. Erst 1937 wurde der eigenständige Staat Irland gegründet. Das Land war damals wirtschaftlich rückständig. Erst nach dem Beitritt zur Europäischen Wirtschaftsgemeinschaft im Jahre 1973 entwickelte sich ein wirtschaftlicher Aufschwung, der heute noch anhält.

IRLAND

Flagge

Währung
1 Euro (€) = 100 Cents

Staatsform
Republik seit 1937

Hauptstadt
Dublin

Sprachen
Englisch, Irisch (Amtssprachen), Scots

Fläche 70 280 km²

Einwohnerzahl 4,0 Mio.

Religion
92 % Katholiken

Besonderheiten
Auf der Insel Irland liegt nicht nur die Republik Irland, sondern auch die Provinz Nordirland, die politisch zu Großbritannien gehört.

Die grünen Wiesenlandschaften Irlands sind von unzähligen Mauern durchzogen.

Die Kelten

Die Kelten sind eine Gruppe von Volksstämmen, die in ihrer Blütezeit (5.–1. Jh. v. Chr.) über ganz Mitteleuropa verteilt waren. Alle keltischen Stämme (Clans) hatten kulturelle oder sprachliche Gemeinsamkeiten. Um 600 v. Chr. kamen keltische Stämme nach Irland und vermischten sich mit der Urbevölkerung. Auf der Insel entwickelten sich etwa 150 keltische Kleinkönigreiche. In Friedenszeiten waren die Druiden – Priester, Ratgeber und zugleich Richter – die wichtigste gesellschaftliche Gruppe.

VEREINIGTES KÖNIGREICH VON GROSSBRITANNIEN UND NORDIRLAND

Flagge

Währung
1 Pfund Sterling (£) = 100 Pence

Staatsform
Parlamentarische Monarchie (im Commonwealth) seit 1921

Hauptstadt
London

Sprachen
Englisch (de facto ist keine offizielle Amtssprache festgelegt), Walisisch, Scots, Irisch-Gälisch, Schottisch-Gälisch

Fläche 242 910 km²

Einwohnerzahl 60,4 Mio.

Religion
59 % Anglikaner, 9 % Katholiken

Aus wie vielen Teilen besteht das Vereinigte Königreich?

Das Vereinigte Königreich (UK, United Kingdom) ist der größte Inselstaat Europas und besteht aus vier Teilen: England, Schottland, Wales und Nordirland. Ferner sind die Isle of Man und die Kanalinseln der britischen Krone unterstellt. Königin Elisabeth II. ist überdies Staatsoberhaupt von 15 weiteren *Commonwealth Realms* (s. Kasten) in der Welt.

Wie lautet die korrekte Bezeichnung für das Land?

Oft wird *England* als Synonym für das Vereinigte Königreich verwendet, dies begründet sich allerdings nur durch die Vorherrschaft Englands in der Union mit Schottland, Wales und Nordirland und ist politisch eigentlich nicht korrekt. Die Briten selber nennen ihr Land *UK* oder *Britain*.

Die 244 m lange Tower Bridge wurde 1876 erbaut. Sie überspannt die Themse und verbindet die Londoner Innenstadt mit dem Stadtteil Southwark.

Was ist ein Pub?

Ein Pub (von engl. *Public House*) ist eine Mischform von Kneipe und Gaststätte und stellt eine typisch englische Institution dar. Er besteht traditionell aus zwei Räumen: in dem vorderen steht man an der Theke oder an Stehtischen und trinkt zwanglos und ohne jegliche Kleiderordnung in der Regel Bier – typische Sorten sind Ale, Porter oder Stout. Der zweite Raum ist mit Tischen ausgestattet und ermöglicht den Verzehr einer Mahlzeit, wobei auf der Speisekarte vornehmlich rustikale Gerichte wie z. B. Steak and Kidney Pie oder Hot Pot zu finden sind.

Der Pub ist aus dem sozialen Leben Englands nicht wegzudenken – oft trifft man sich direkt nach der Arbeit zum geselligen Austausch mit Kollegen. Bei schönem Wetter nutzt man auch gerne im Außenbereich platzierte Tische oder den Bürgersteig als erweiterten Gastraum. In der Zeit des 1. Weltkriegs führte die Regierung eine Sperrstunde ein, um zu verhindern, dass Fabrikarbeiter nach ausufernden Pubbesuchen am nächsten Tag nicht leistungsfähig waren. Diese Sperrstunde zwang bis vor wenigen Jahren die Gäste zu einem frühen Abschied (23:00 Uhr) vom Tresen. Die gesetzlichen Vorschriften wurden diesbezüglich mittlerweile gelockert, dennoch weichen viele Pubs nicht von alten Gewohnheiten ab und rufen nach wie vor um 22:45 Uhr die Besucher mit einer Glocke zur „last order" auf.

Was ist die Church of England?

Die Church of England ist die Staatskirche von England und Mutterkirche der Anglikanischen Kirche. Die Abspaltung hatte begonnen mit der Weigerung Papst Klemens' VII., die Ehe von König Heinrich VIII. (1491–1547) und Katharina von Aragón (1485–1536) zu annullieren. Daraufhin hatten die Bischöfe den englischen Monarchen anstelle des römischen Bischofs zum Oberhaupt ihrer Kirche erklärt, was der Auslöser für die englische Reformation war. Heute steht Königin Elisabeth II. der Church

Was sind die *Commonwealth Realms*?

Commonwealth bedeutet „Gemeinwohl" und *realms* sind „(König-)Reiche". Bei den *Commonwealth Realms* handelt es sich um Königreiche bzw. souveräne Mitgliedstaaten, die sich freiwillig (zur Verwirklichung gemeinsamer Ziele) zu einer Union zusammengeschlossen haben und die britische Monarchin als oberstes Staatsoberhaupt anerkennen. Sie wird in diesen Ländern jeweils von einem Generalgouverneur vertreten.

Die 16 *Commonwealth Realms* sind: Antigua und Barbuda, Australien, Bahamas, Barbados, Belize, Grenada, Jamaika, Kanada, Neuseeland, Papua-Neuguinea, die Salomonen, St. Kitts und Nevis, St. Lucia, St. Vincent und die Grenadinen, Tuvalu und das Vereinigte Königreich selbst.

Big Ben, der 96 m hohe Glockenturm des Parlamentsgebäudes in London, wurde 1858 von Sir Benjamin Hall (1802–1868) erbaut. Die vier Zifferblätter haben je einen Durchmesser von 8 m, damit handelt es sich um die größte Uhr des Vereinigten Königreichs.

Eilean Donan Castle und Loch Duich an der Westküste Schottlands

Was ist die *Magna Carta (libertatum)*?

Die „Große Urkunde der Freiheit“ ist der wichtigste Gesetzestext Englands. Sie wurde König Johann I. ohne Land (John lack land) am 15. Juni 1215 von Adel und Klerus abgefordert. Dieses Dokument ist eine Garantie gegen willkürliche Verhaftung und Steuern sowie gegen die Beschlagnahmung von Eigentum. Sie sicherte die Privilegien der Kirche und des Adels und die Freiheit der Städte. Die parlamentarische Tradition Englands reicht bis auf eben diese Magna Carta zurück, sie ist damit die älteste der Welt.

of England vor, die Erzbischöfe von Canterbury und York folgen in dieser Hierarchie an zweiter Stelle. Die Kirche ist charakterisiert durch eine loyale Haltung zur christlichen Tradition.

Was ist Stonehenge?

Stonehenge ist eine von mehreren Steinkreisen umgebene Grabanlage in Salisbury, Wiltshire, die der Wissenschaft seit ewigen Zeiten Rätsel aufgibt, denn bis heute ist nicht endgültig geklärt, zu welchem Zweck sie errichtet wurde. Der Name Stonehenge leitet sich vom altenglischen *stanhen gist* her, was so viel wie „hängende Steine“ bedeutet. Begonnen wurde die Anlage in ihrer Frühphase etwa 3100 v. Chr. mit einem kreisrunden Erdwall. Die bis zu 4 m hohen Pfeilersteine, die durch waagerecht liegende Decksteine verbunden sind, wurden etwa zwischen 2500 und 2000 v. Chr. errichtet. Man vermutet heute, dass die Anlage zur Sonnen- und Mondbeobachtung gedient haben könnte. Allerdings setzt ihr Bau astronomische Kenntnisse voraus, wie es sie zu jener Zeit und auch sehr viel später eigentlich noch nicht gab.

Weshalb gibt es in Großbritannien Linksverkehr?

Im Vereinigten Königreich wurde der Linksverkehr 1835 gesetzlich festgeschrieben. Meist war die Entscheidung, ob in einem Land Links- oder Rechtsverkehr angeordnet wurde, abhängig von der Art der verwendeten Fuhrwerke und der Führung der Zugtiere. Im englischen Swindon in der Grafschaft Wiltshire unweit von London sind die römischen Wagenspuren der von einem Steinbruch wegführenden beladenen Wagen tiefer als die der hinfahrenden – sie befinden sich auf der linken Seite. Dies legt die Annahme nahe, dass bereits in römischer Zeit Linksverkehr herrschte. Auch die römischen Heere marschierten links.

Penrhyn Castle aus dem 19. Jahrhundert nahe der Kleinstadt Bangor in Nordwales

Wie wird Whisk(e)y hergestellt?

Whisk(e)y ist ein aus Getreide durch Fermentation und Destillation hergestelltes hochprozentiges alkoholisches Getränk. Das Wort leitet sich vom Schottischen bzw. vom Irischen ab und bedeutet so viel wie „Wasser des Lebens“. Im 17. Jahrhundert bezeichnete man allerdings alle gewürzten Brände als Whisk(e)y.

NIEDERLANDE

Flagge

Währung
1 Euro (€) = 100 Cents

Staatsform
Parlamentarische Monarchie seit 1848

Hauptstadt
Amsterdam (Regierungssitz Den Haag)

Sprachen
Niederländisch, Friesisch (regional) (Amtssprachen)

Fläche 41 526 km²

Einwohnerzahl 16,3 Mio.

Religion
30 % Katholiken, 20 % Protestanten, 6 % Muslime, 42 % Konfessionslose

Typische Hausboote auf einer der vielen Grachten in der Innenstadt von Amsterdam

Was bedeutet Benelux?

Benelux ist die Abkürzung von **Be**lgien, **Ne**derland und **Lux**emburg. 1958 unterzeichneten die drei Länder den sogenannten Benelux-Vertrag zum Aufbau einer Wirtschaftsunion. 1960 trat das Abkommen in Kraft und löste nahezu sämtliche Handelsbeschränkungen auf. Für viele gilt es als Keimzelle der Europäischen Gemeinschaft als Vorläufer der Europäischen Union.

Waren die Niederlande eine Kolonialmacht?

Ja. Sogar eine sehr bedeutende. Im 17. Jahrhundert avancierten die Niederlande zu einer der größten See- und Handelsmächte der Welt. Weltweit wurden Kolonien aufgebaut, das spätere New York an der amerikanischen Ostküste wurde als *Nieuw Amsterdam* gegründet, das heutige Indonesien war eine asiatische Kolonie der Niederlande, Suriname, Aruba, Curaçao, Saba, Sint Eustatis und Sint Maarten waren ihre amerikanischen. Aruba und die Niederländischen Antillen sind heute autonome Teile des *Koninkrijk der Nederlanden*.

Wie schützt sich das Land gegen Überflutungen?

Da die Niederlande fast zur Hälfte unterhalb des Meeresspiegels liegen (etwa 50 % liegen weniger als ein Meter über, 25 % unter dem Meeresspiegel und ca. 20 % unter Wasser) schützen Deiche mit einer Länge von ca. 3000 km das Land vor den Gefahren des Meeres.

Was versteht man unter Koog und Polder?

Als Koog oder Polder bezeichnet man Land, das dem Meer durch Eindeichung abgerungen wurde. Deiche werden angelegt, die das gewonnene Land entwässern, gleichzeitig bewahren sie es vor Überflutungen.

Viele der holländischen Windmühlen sind keine Mahlmühlen, sondern Wasser- oder Poldermühlen – erst durch die Entwässerung wird das Land nutzbar.

Liberale Gesetzgebung

Die Niederlande haben eine sehr liberale Gesetzgebung, weiche Drogen kann man in sogenannten Coffee-Shops legal kaufen; Prostitution ist ein anerkanntes und sozialversichertes Gewerbe; das Land war eines der ersten, in denen Abtreibung und Sterbehilfe legalisiert wurden, und auch der erste Staat, der gleichgeschlechtliche Ehen anerkannt hat. All diese Freiheiten sind in den großen Städten normal, auf dem Land hinkt die Wirklichkeit allerdings oft der liberalen Gesetzgebung noch hinterher.

BELGIEN

Flagge

Währung
1 Euro (€) = 100 Cents

Staatsform
Parlamentarische Monarchie seit 1831

Hauptstadt
Brüssel

Sprachen
Niederländisch, Französisch, Deutsch (Amtssprachen)

Fläche 32 545 km²

Einwohnerzahl 10,4 Mio.

Religion
80 % Katholiken

Besonderheiten
85 % der belgischen Bevölkerung leben in Städten.

Rechts: Der mittelalterliche Stadtkern der belgischen Stadt Brügge wurde im Jahr 2000 in das Weltkulturerbe der UNESCO aufgenommen.

Warum gibt es drei Amtsprachen?

63 % der Belgier sind Niederländisch sprechende Flamen, 36 % französischsprachige Wallonen. Seit 1921 gibt es daher eine Einigung über die sprachliche Teilung des Landes in drei Sprachzonen. In Flandern wird niederländisch gesprochen, in Wallonien französisch und in Ostbelgien lebt eine deutsch sprechende Minderheit.

Wie bedeutend ist der Antwerpener Diamantenhandel?

Antwerpen gilt als weltweit wichtigster Umschlagplatz für Diamanten. Etwa 70 % aller Rohdiamanten werden hier gehandelt. Seit einiger Zeit befindet sich die Branche allerdings im Umbruch, und das Geschäft verlagert sich zunehmend in andere Länder, wie z. B. das steuerfreie Dubai. Die belgische Regierung überlegt derzeit, mit einer Steueramnestie die Diamantenhändler davon abzuhalten, Antwerpen gänzlich den Rücken zu kehren.

Ist Brüssel die Hauptstadt Europas?

Nein. Zwar wird die Stadt inoffiziell häufig als Hauptstadt Europas bezeichnet, da sich hier wichtige Institutionen der Europäischen Union (EU) befinden, wie z. B. der Ministerrat und – zusammen mit Straßburg – das Parlament. Da aber auch andere europäische Städte (Straßburg, Luxemburg, Frankfurt) wichtige Einrichtungen der EU beherbergen, wird dieser Titel nicht allgemein anerkannt.

Das Atomium ist eines der Wahrzeichen der belgischen Hauptstadt Brüssel. Es wurde zur Weltausstellung 1958 als Symbol für die friedliche Nutzung der Atomenergie erbaut.

Pommes frites und Bier

Die Belgier gelten als die Erfinder der heute international verbreiteten Pommes frites. Im 18. Jahrhundert sollen arme Leute hier begonnen haben, Fische zu frittieren. Wenn im Winter dann die Gewässer zugefroren waren, wurden Kartoffeln in Fischform geschnitten und diese als Ersatz für die Fische frittiert. Auch bei der Herstellung des Bieres beanspruchen die Belgier einen internationalen Spitzenplatz. Dies bezieht sich aber eher auf die Vielfalt der belgischen Biersorten als auf die Produktionsmenge. In Deutschland beispielsweise gibt es zehnmal so viele Brauereien wie in Belgien.

Wer regiert in Luxemburg?

Großherzog Henri von Luxemburg (*1955) ist seit 2000 das Staatsoberhaupt der parlamentarischen Monarchie und verfügt theoretisch über weitreichende Befugnisse. Tatsächlich nimmt er aber fast nur repräsentative Aufgaben wahr. Die Gesetzgebung ist Aufgabe einer Abgeordnetenkammer.

LUXEMBURG

Flagge

Währung
1 Euro (€) = 100 Cents

Staatsform
Parlamentarische Monarchie (Großherzogtum) seit 1866

Hauptstadt
Luxemburg

Sprachen
Lëtzebuergesch, Deutsch, Französisch (Amtssprachen)

Fläche 2586 km²

Einwohnerzahl 469 000

Religion
90 % Katholiken

Besonderheiten
Luxemburg ist weltweit das einzige Land, das als Großherzogtum regiert wird.

Hat Luxemburg einen hohen Ausländeranteil?

Ja. Fast 40 % der in Luxemburg wohnenden Bevölkerung kommen aus dem Ausland, davon allein 14 % aus Portugal. Es gibt sogar Gemeinden, in denen die Portugiesen die Mehrheit stellen. Zu diesem hohen Ausländeranteil kommt noch eine große Anzahl von Berufspendlern aus den Nachbarländern Belgien, Deutschland und Frankreich, insgesamt etwa 40 % der Beschäftigten.

Spielt Luxemburg eine wichtige Rolle in Europa?

Ja. Die Luxemburger befürworteten die europäische Einheit von Anfang an und haben seit damals einige wichtige Beiträge zur europäischen Einigung geleistet. Luxemburg war 1957 Gründungsmitglied der Europäischen Wirtschaftgemeinschaft (EWG), einer Vorläuferorganisation der EU, und setzte sich von Anfang an für die Gleichberechtigung der kleinen Länder in Europa ein. Die Stadt ist heute der Sitz wichtiger europäischer Einrichtungen wie dem Europäischen Gerichtshof und dem Europäischen Rechnungshof.

Welcher Wirtschaftszweig dominiert in Luxemburg?

Die Wirtschaft des Landes ist stark auf den Dienstleistungssektor hin orientiert. Die Stadt Luxemburg ist ein internationaler Finanzplatz, in der Hauptstadt sind fast 200 Banken ansässig. 11 % der arbeitenden Bevölkerung sind im Finanzwesen tätig. Dazu kommen viele Arbeitsplätze in der Verwaltung bei EU-Institutionen.

Der Ort Vianden an der Grenze zwischen Luxemburg und Deutschland wird von der Burg Vianden beherrscht. Sie wird schon im Nibelungenlied aus dem 13. Jahrhundert erwähnt.

RTL

RTL ist die Abkürzung aus **R**adio **T**élé **L**uxembourg. Die RTL-Gruppe ist der größte Betreiber von Privatfernsehen und Privatradio in Europa und finanziert sich über die ausgestrahlte Werbung. RTL hat seinen Hauptsitz in Luxemburg, betreibt aber nationale Fernsehsender in fast ganz Europa. Die Gruppe ist zu 90 % (Stand 2007) im Besitz der deutschen Bertelsmann AG.

FRANKREICH

Flagge

Währung
1 Euro (€) = 100 Cents

Staatsform
Republik seit 1875

Hauptstadt
Paris

Sprachen
Französisch (Amtssprache), Baskisch, Bretonisch, Elsässisch, Flämisch, Katalanisch, Korsisch, Okzitanisch

Fläche 543 965 km²

Einwohnerzahl 60,7 Mio.

Religion
73 % Katholiken, 8 % Muslime

Besonderheiten
Zu Frankreich gehören auch vier Überseedépartements: Guadeloupe, Martinique, Französisch-Guayana und La Réunion.

Der Eiffelturm wurde 1889 für die Weltausstellung zum 100-jährigen Jubiläum der Französischen Revolution fertiggestellt und nach seinem Erbauer Gustave Eiffel (1832–1923) benannt.

Warum wird Frankreich auch Sechseck (*l'Hexagone*) genannt?

Die Fläche Frankreichs hat in etwa die Form eines Sechsecks. Im Norden und Westen grenzt das Land an den Atlantik, im Südosten an das Mittelmeer. Die südwestliche Grenze wird vom Gebirge der Pyrenäen gebildet, das Frankreich von Spanien trennt. Im Südosten gehört ein Teil der Alpen zu Frankreich. Dort befindet sich auch der höchste Berg Europas, der Mont Blanc (4806 m).

Seit wann existiert Frankreich als Staat?

Frankreich geht auf das Westfränkische Reich zurück, das 843 als eigenständiger Teil des alten Frankenreichs entstand. Der erste König des Westfränkischen Reichs war Karl II. (823–877), der auch als Karl der Kahle in die Geschichte eingegangen ist.

Den Namen Le Mans verbinden viele mit dem Stichwort Autorennen. Die Stadt im Westen Frankreichs ist aber auch berühmt für ihre historische Altstadt.

Französisch-Guayana

Französisch-Guayana ist Teil des französischen Staats, liegt aber nicht wie das Mutterland in Europa, sondern im Nordosten Südamerikas. Als Teil Frankreichs gehört es jedoch zur Europäischen Union, und der Euro ist das gesetzliche Zahlungsmittel. Das Klima ist tropisch, 90 % der Landesfläche sind mit Wald bedeckt. Berühmt wurde Französisch-Guayana durch die Strafkolonie auf der Teufelsinsel vor der Küste, auf der auch der erfolgreich verfilmte Roman *Papillon* von Henri Charrière spielt. In der Nähe der Küstenstadt Kourou bauten die Europäer ab 1968 ein Raketenabschussgelände, von dem aus die Ariadne-Raketen ins All geschossen werden.

Wie verlief der Hundertjährige Krieg?

Der Hundertjährige Krieg war ein Erbfolgekrieg zwischen England und Frankreich, der von 1339 bis 1453 dauerte. Nachdem 1328 die französische Dynastie der Karpetinger ausgestorben war, erhoben sowohl der französische Graf von Anjou als auch der Herzog von Aquitanien Ansprüche auf den Thron von Frankreich. Die kriegerischen Auseinandersetzungen brachen immer wieder mit wechselnden Erfolgen der beiden Seiten auf. In der Endphase des Kriegs wurde Jeanne d'Arc (1412–1431) zur französischen Nationalheldin. Ihre militärischen Erfolge zwangen schließlich die englischen Truppen zum Verlassen Frankreichs.

Was war der Sturm auf die Bastille?
Am 14. Juli 1789 stürmte eine aufgebrachte Volksmenge das ehemalige Gefängnis Bastille in Paris. Zu diesem Zeitpunkt befanden sich dort nur noch wenige Gefangene, aber große Munitionsvorräte, die das eigentliche Ziel der Aufständischen waren. Dieser Tag wird allgemein als Beginn der Französischen Revolution betrachtet, und der 14. Juli ist auch heute noch Nationalfeiertag in Frankreich.

Ist Frankreich das größte Land Europas?
Flächenmäßig ist Frankreich das größte Land in der Europäischen Union, hinsichtlich der Bevölkerungszahl wird es aber derzeit noch von Deutschland übertroffen. Aufgrund der besseren Bevölkerungsentwicklung könnte Frankreich das Nachbarland Deutschland allerdings im Laufe des 21. Jahrhunderts übertreffen.

Ist Frankreich ein Atomstaat?
Ja. Und zwar in doppelter Hinsicht. Zum einen stammen 80 % des französischen Stroms aus Atomkraftwerken, damit nimmt das Land weltweit einen Spitzenplatz ein. Zum anderen ist Frankreich in militärischer Hinsicht ein Atomstaat, es besitzt seit 1960 eigene Atombomben und war damit nach den USA, der Sowjetunion und England die vierte Atommacht der Welt.

Tahiti

Zu Frankreich gehört auch das Übersee-Territorium Französisch-Polynesien im südlichen Pazifik. Es besteht aus insgesamt 130 Inseln und Atollen. Die größte dieser Inseln ist Tahiti, die insbesondere durch die „Meuterei auf der Bounty" und die Bilder des Malers Paul Gauguin (1848–1903) berühmt wurde. Heute hat Tahiti den höchsten Lebensstandard aller Südseeinseln.

Die Felseninsel Mont-Saint-Michel zwischen der Normandie und der Bretagne ist eine der großen Touristenattraktionen des Landes. Das befestigte Benediktinerkloster wird heute noch von Mönchen bewohnt.

„Leben wie Gott in Frankreich" – eine Redensart, die auch auf das ausgezeichnete französische Essen anspielt. Typisch: Wein, Käse, Obst und Baguette.

Warum ist der französische Wein weltberühmt?
Frankreich ist nach Italien der zweitgrößte Weinproduzent der Welt. Aber nicht nur hinsichtlich der Menge, sondern auch in Bezug auf die Qualität liegen die bedeutendsten Weinbaugebiete in Frankreich. Die internationale Konkurrenz orientiert sich an den Qualitätsstandards, die von den Weinen aus Bordeaux oder Burgund gesetzt werden. Die hohe Qualität wird seit 100 Jahren durch strenge Produktionsvorschriften und Kontrollen sichergestellt, die heute vom Nationalen Institut für Qualitätsweine (INAO) überwacht werden.

Ist Paris das Zentrum Frankreichs?
Ja. Paris ist zwar nicht im geografischen Sinn Zentrum des Landes, jedoch in politischer, wirtschaftlicher und kultureller Hinsicht. Das nationale Autobahnnetz ist ganz auf Paris hin orientiert, sodass die Stadt auch zum Verkehrsknotenpunkt geworden ist. Im Großraum Paris leben 12 Mio. Menschen.

Ist Frankreich ein Land des technischen Fortschritts?
Ja. Frankreich war immer um eine weltweite Spitzenposition in der technischen Entwicklung bemüht. Das zeigt sich nicht nur bei der Nutzung nuklearer Energiequellen, sondern auch bei so ehrgeizigen Projekten wie dem Überschallflugzeug Concorde oder dem Hochgeschwindigkeitszug TGV.

Ein Weinberg in der Champagne. Das Klima führt hier zu einer eher langsamen Reifung der Trauben, was zur besonderen Frische des berühmten Champagners beiträgt.

Champagner
Die französische Küche ist weltweit berühmt und gilt als besonders edel und raffiniert. Auch das festlichste aller Getränke kommt aus Frankreich: der Champagner. Diese Bezeichnung darf ein Schaumwein nur dann führen, wenn er in der Weinbauregion Champagne nach strengen Regeln angebaut und gekeltert wurde.

Woher stammt der Name Monaco?
Schon im 5. Jahrhundert v. Chr. ließen sich griechische Siedler an dem Teil der Mittelmeerküste nieder, wo heute Monaco liegt. Sie errichteten einen Tempel zu Ehren von Herakles Monoikos, zu Deutsch „der Einzigartige". Aus diesem Namenszusatz entwickelte sich der Landesname.

Wie setzt sich die Bevölkerung zusammen?
Die ursprünglichen Einwohner dieses Staats heißen Monegassen, aber sie machen nur den geringeren Teil der Bevölkerung (etwa 7600) aus, die sich aus Angehörigen vom 125 Nationen zusammensetzt. Franzosen stellen mit 47 % die Mehrheit. Unter den Reichen der Welt ist Monaco als Wohnsitz begehrt, weil hier keine Steuern gezahlt werden müssen. Zwischen Monaco und Frankreich besteht allerdings ein Steuerabkommen, weshalb Franzosen steuerpflichtig sind.

Was ist der Unterschied zwischen Monaco-Ville und dem Staat Monaco?
Monaco ist ein Stadtstaat, insofern ist Monaco-Ville keine Stadt, sondern der Ausdruck bezeichnet das Viertel (Quartier), in dem Palast und Kathedrale liegen. Die Stadt/der Staat hat weitere Viertel, Monte Carlo nennt sich das Luxusbad mit Kasino, La Condamine ist die Neustadt mit Hafen, Banken und Handelsniederlassungen, und Fontvieille ist durch Landaufschüttung im Meer entstanden; hier befinden sich Wohn- und Industriebauten, ein Naturpark, Sportanlagen und der neue Jachthafen.

MONACO

Flagge

Währung
1 Euro (€) = 100 Cents

Staatsform
Parlamentarische Monarchie (Fürstentum) mit eingeschränkter Souveränität

Hauptstadt
Monaco-Ville

Sprachen
Französisch (Amtssprache), Monegassisch, Italienisch, Englisch

Fläche 1,95 km²

Einwohnerzahl 33 000

Religion
91 % Katholiken

Besonderheiten
Mit 16 923 Einwohnern pro km² hat Monaco die höchste Bevölkerungsdichte und ist dabei der kleinste Staat der Welt.

Grace Patricia Kelly, Fürstin Gracia Patricia

Die amerikanische Schauspielerin Grace Patricia Kelly (1929–1982) wurde in Philadelphia als Tochter eines reichen Bauunternehmers geboren. Nach ihrer Schauspielausbildung agierte sie in zahllosen Filmen an der Seite großer Leinwandstars. Zu ihren berühmtesten Filmen zählen „12 Uhr Mittags" mit Gary Cooper und „Über den Dächern von Nizza" mit Cary Grant. 1956 heiratete sie Fürst Rainier III. de Grimaldi von Monaco (1923–2005). Im September 1982 erlitt sie während einer Autofahrt einen Schlaganfall, ihr Fahrzeug, in dem auch ihre Tochter Stephanie saß, stürzte 40 m in die Tiefe. Stephanie wurde schwer verletzt, Gracia Patricia starb einen Tag nach dem tragischen Unfall.

Monacos Stadtteil Monte Carlo ist bekannt für seine Spielkasinos. Zutritt und Spiel sind allerdings nur Gästen der Stadt erlaubt. Monegassen dürfen im berühmten Spielcasino von Monte Carlo prinzipiell nicht spielen.

DEUTSCHLAND

Flagge

Währung
1 Euro (€) = 100 Cents

Staatsform
Demokratisch-parlamentarische Bundesrepublik seit 1949

Hauptstadt
Berlin

Sprachen
Deutsch (Amtssprache)

Fläche 357 023 km²

Einwohnerzahl 82,4 Mio.

Religion
31 % Katholiken, 31 % Protestanten, 31 % Konfessionslose

Besonderheiten
Von 1949 bis 1990 war das Bundesgebiet in zwei getrennte Staaten geteilt – die Bundesrepublik Deutschland (BRD) und die Deutsche Demokratische Republik (DDR).

Seit wann existiert Deutschland?

Im Jahr 962 wurde der ostfränkische König Otto I. (912–973) in Rom zum Kaiser des Heiligen Römischen Reichs gekrönt. Dies wird üblicherweise als der Beginn des ersten deutschen Staats betrachtet. Die Tradition der römisch-deutschen Kaiser wurde bis 1806 fortgesetzt. Franz II. (1768–1835), der letzte Kaiser dieses alten Reichs, verlor seine Krone im Zuge der Neuordnung Europas in napoleonischer Zeit.

Wer war der letzte deutsche Kaiser?

Die deutsche Kaisertradition wurde 1871 wieder aufgenommen. In diesem Jahr wurde der preußische König Wilhelm I. (1797–1888) in Versailles zum Deutschen Kaiser ausgerufen. Dieses Kaiserreich hatte bis zum Ende des 1. Weltkriegs Bestand. Im Jahr 1918 musste der letzte deutsche Kaiser Wilhelm II. (1859–1941) abdanken.

Gab es deutsche Kolonien?

Ja. In einer kurzen Phase des deutschen Kaiserreichs hielt das Land von 1884 bis 1918 einige Kolonien, insbesondere in Afrika. Die bekanntesten sind Deutsch-Ostafrika (heute Tansania, Ruanda und Burundi) und Deutsch-Südwestafrika (heute Namibia). Nach dem verlorenen 1. Weltkrieg teilten die Siegermächte 1918 die deutschen Kolonien unter sich auf.

Warum gab es 40 Jahre lang zwei deutsche Staaten?

Nach dem 2. Weltkrieg wurde 1945 das besiegte Deutschland in vier Besatzungszonen der Siegermächte aufgeteilt. Aus dieser Aufteilung gingen schließlich zwei deutsche Staaten hervor, die Bun-

Das Reichstagsgebäude in der Hauptstadt Berlin. Das Gebäude beherbergte vom Ende des 19. Jahrhundert bis 1933 das deutsche Parlament, es tagt dort wieder seit 1999.

Weltweite Goethe-Institute

Das Goethe-Institut, das nach dem Dichter Johann Wolfgang von Goethe benannt ist, wurde 1951 gegründet und sollte ursprünglich der Ausbildung von ausländischen Deutschlehrern dienen. Auf diesem Weg sollten – und das ist auch jetzt noch das Ziel – die deutsche Sprache und Kultur in der Welt bekannt gemacht werden. Heute gibt es in etwa 90 Ländern der Welt Niederlassungen des Goethe-Instituts.

desrepublik Deutschland (BRD) im Westen und die Deutsche Demokratische Republik (DDR) im Osten des Landes. Diese Teilung wurde 1989 faktisch aufgehoben und am 3. Oktober 1990 durch die offizielle Wiedervereinigung der beiden Staaten beendet.

Der kleine Ort Freudenberg in Nordrhein-Westfalen hat eine alte, ganz in Fachwerkbauweise erhaltene Innenstadt. Sie bietet das Bild einer Kleinstadt aus dem 17. Jahrhundert.

Wie ist Deutschland geografisch gegliedert?
Der Norden des Landes ist Tiefland und gehört zur Norddeutschen Tiefebene. Südlich schließen sich daran Mittelgebirgszonen an. Im äußersten Süden hat das Land dann Anteil am Hochgebirge der Alpen. Dort befindet sich auch der höchste Berg Deutschlands, die Zugspitze, mit 2962 m Höhe.

Ist Deutschland ein bevölkerungsreiches Land?
Deutschland hat mehr als 82 Mio. Einwohner und ist damit das bevölkerungsreichste Land in der Europäischen Union (EU). Es ist gleichzeitig einer der am dichtesten besiedelten Flächenstaaten der Welt. Da das Land aber eine der weltweit niedrigsten Geburtenraten hat, ist bei gleichbleibender demografischer

Der Kölner Dom

Der Kölner Dom ist die bekannteste sakrale Sehenswürdigkeit Deutschlands. Er zählt neben der Kathedrale von Sevilla und dem Mailänder Dom zu den drei größten gotischen Kathedralen der Welt. Mit 157 m Höhe war er von 1880 bis 1888 das höchste Gebäude der Welt. Der Bau wurde im Jahr 1248 begonnen und offiziell 1880 vollendet. 1996 wurde er in die Liste des Weltkulturerbes der UNESCO aufgenommen.

Das Schloss Neuschwanstein in Bayern wirkt wie ein Märchenschloss aus dem Mittelalter. Es wurde aber erst Ende des 19. Jahrhunderts im Auftrag des bayrischen Königs Ludwig II. gebaut.

Entwicklung langfristig mit einem deutlichen Bevölkerungsrückgang bis auf 75 Mio. Einwohner im Jahr 2050 zu rechnen.

Welche Rohstoffe besitzt das Land?
Deutschland ist prinzipiell sehr rohstoffarm, lediglich Kohle und Salz sind in nennenswertem Umfang vorhanden. Die Wirtschaft ist also stark auf den Import von Rohstoffen angewiesen. Auch Erdöl und Erdgas zur Energieversorgung müssen größtenteils importiert werden.

Was wird exportiert?
Trotz der Rohstoffarmut ist Deutschland die weltweit drittgrößte Industrienation und die größte Exportnation. Deutschland wird daher oft auch als Exportweltmeister bezeichnet. Zu den wichtigsten Exportprodukten zählen Maschinen, Chemieprodukte und Automobile. Die zwei größten deutschen Industrieunternehmen sind die Fahrzeugbauer DaimlerChrysler und Volkswagen.

Warum nennt man Deutschland das „Land der Dichter und Denker"?
Aus Deutschland stammen nicht nur viele historisch bedeutende Wissenschaftler, sondern insbesondere auch sehr viele Dichter und Philosophen, die Werke von Weltbedeutung hinterlassen haben und international bekannt sind. Als Dichter sind hier besonders Johann Wolfgang von Goethe (1749–1832) und Friedrich Schiller (1759–1805) zu nennen, als

Karneval

Mit Karneval oder Fastnacht bezeichnet man die Zeit vor der christlichen Passionszeit, die von Aschermittwoch bis Karfreitag dauert. In Deutschland wird diese Zeit der überschäumenden Lebensfreude besonders in den Karnevalshochburgen Mainz, Köln und Düsseldorf am Rhein gefeiert. In den dortigen Festumzügen sind bunte Fantasieuniformen besonders verbreitet. Sie entstanden während der preußischen und französischen Besatzungszeiten am Rhein als Parodie auf die ungeliebten Besatzer.

Philosophen Gottfried Wilhelm Freiherr von Leibniz (1646–1716) und Georg Wilhelm Friedrich Hegel (1770–1831).

Welche Bedeutung hat der Rhein?
Der Rhein ist eine der wichtigsten Wasserstraßen in Europa. Touristisch bedeutsam ist der romantische Mittelrhein mit einer großen Anzahl mittelalterlicher Burgen an seinen Ufern. Er ist allerdings kein rein deutscher Fluss, die Quellflüsse befinden sich in der Schweiz, die Mündung liegt in den Niederlanden. Der größte Teil des 1320 km langen Stroms durchfließt jedoch deutsches Staatsgebiet.

Ist Deutschland eine Sportnation?
Sport hat in Deutschland eine sehr hohe Bedeutung. Jeder dritte Deutsche ist Mitglied in einem Sportverein. Die beliebteste Sportart ist Fußball. In dieser Disziplin wurde die deutsche Nationalmannschaft bisher dreimal Weltmeister. Aber auch in vielen anderen Sportarten haben deutsche Sportler schon internationale Erfolge errungen. In den Jahren 1936 und 1972 fanden die Olympischen Spiele in Berlin bzw. München statt.

Beiderseits der Elbe im Osten Deutschlands liegt die Sächsische Schweiz. Der Name wurde in Erinnerung an den Schweizer Jura gegeben, der ähnliche Landschaftsformen aufweist.

Woher stammt der Name Polen?
Der Landesname leitet sich vom westslawischen Stamm der Polanen her, die sich zur Zeit des Zerfalls des Römischen Reichs im 5. Jahrhundert zwischen Oder und Weichsel niederließen.

Was war der polnische Partikularismus?
In politologischer Hinsicht liegt das Phänomen des Partikularismus vor, wenn die Interessen untergeordneter staatlicher Einheiten gegenüber denen des Gesamtstaats so sehr an Gewicht gewinnen, dass der Staat schwer lenkbar wird. Für Polen hatte dies zwischen 1138 und 1295 einen Zerfall in sechs unabhängige Herzogtümer zur Folge: Kleinpolen, Großpolen, Pommern, Pommerellen, Schlesien und Masowien. Mit der Teilung ging eine starke politische Schwächung des Staats einher.

Wann begann für Polen der 2. Weltkrieg?
Am 1. September 1939 wurde Polen von Nazi-Deutschland überfallen, der 2. Weltkrieg begann. Truppen des Dritten Reichs und ihres Vasallenstaats Slowakei besetzten die westlichen Landesteile, am 17. September überfielen sowjetische Truppen die östlichen Gebiete und besetzten diese. Diese Aufteilung Polens war im Hitler-Stalin-Pakt, einem Nichtangriffspakt zwischen den Diktatoren Josef Stalin und Adolf Hitler, am 24. August in Moskau beschlossen worden. Der 2. Weltkrieg forderte allein in Polen über 6 Mio. Tote, davon fast die Hälfte Juden.

POLEN

Flagge

Währung
1 Złoti (Zł) = 100 Groszy

Staatsform
Republik seit 1918

Hauptstadt
Warschau

Sprachen
Polnisch (Amtssprache)

Fläche 312 685 km²

Einwohnerzahl 38,6 Mio.

Religion
95 % Katholiken

Hintergrund: Typische Landschaft in Masowien

Was ist die Solidarność?
Die Gewerkschaft Solidarność entstand 1980 aus einer Streikbewegung heraus, deren Arbeit letztendlich zu einem politischen Umschwung in Polen führte. 1989 wurden in Polen die ersten freien Wahlen im Ostblock abgehalten. Ihr Ergebnis war der Sturz des kommunistischen Systems und der Beginn einer demokratischen Regierung.

Krakau mit seinen über 750 000 Einwohnern liegt an der oberen Weichsel im südlichen Polen – hier eine Folkloregruppe in der traditionellen Tracht der Region.

Interessante Fakten

- Mit mehr als 10 000 Seen von einer Größe je über 1 ha gehört Polen zu den seenreichsten Ländern der Welt, übertroffen nur von Finnland.
- Die 23 Nationalparks Polens nehmen über 1 % der Fläche des Landes ein, Polen steht damit an 1. Stelle in Europa.
- In Polen leben noch Tiere, die in weiten Teilen Europas bereits ausgestorben sind, z. B. Wisent, Braunbär, Wolf, Luchs und Elch.

TSCHECHIEN (TSCHECHISCHE REPUBLIK)

Flagge

Währung
1 Tschechische Krone (Kč) = 100 Heller

Staatsform
Republik seit 1993

Hauptstadt
Prag

Sprachen
Tschechisch (Amtssprache)

Fläche 78 866 km²

Einwohnerzahl 10,2 Mio.

Religion
27 % Katholiken, 60 % Konfessionslose

1357 wurde unter Karl IV. mit dem Bau der Karlsbrücke in Prag begonnen; sie ist eine der ältesten erhaltenen Steinbrücken Europas.

Wann wurde der Staat gegründet?
1999 wurde acht Jahre nach Auflösung des Warschauer Pakts die Tschechische Republik mit ihren drei historischen Regionen Böhmen, Mähren und Mährisch-Schlesien gegründet. Seither ist das Land auch Mitglied der NATO.

Woher stammt das Wort *Pils* für Bier?
Der Ausdruck *Pils* rührt von der Pilsener Brauart her, durch die das untergärige Vollbier den typischen Hopfengeschmack und die maximal 12,5 % Vol. Stammwürze erhält. 1842 entstand im tschechischen Ort Pilsen der erste Sud nach dieser Brauart, für die die Stadt fortan zum Namensgeber wurde.

Wann begann der 30-jährige Krieg?
Am 23. Mai 1618 drangen mehrheitlich protestantische böhmische Gesandte in die Kanzlei der Prager Burg auf dem Hradschin und warfen zwei kaiserliche Statthalter aus dem Fenster – bekannt als „Prager Fenstersturz“ war dies der Auslöser, nicht jedoch die Ursache des 30-jährigen Kriegs. Der Krieg resultierte sowohl aus macht- als auch aus religionspolitischen Konflikten zwischen den Habsburger Reichen Österreich und Spanien mit ihren deutschen Verbündeten und Frankreich, den Niederlanden, Dänemark und Schweden. Die Kriegshandlungen fanden hauptsächlich auf dem Boden des Heiligen Römischen Reichs statt und verursachten verheerende Hungersnöte und Seuchen, die ganze Landstriche entvölkerten.

Was war der Prager Frühling?
Zwischen dem 3. und 5. Januar 1968 wurde Alexander Dubček (1921–1992) Vorsitzender der Kommunistischen Partei. Damit setzte nach Jahren des autoritären Kommunismus eine Reihe neuer Freiheiten ein – Anfang März wurde die Zensur aufgehoben, Versammlungsfreiheit garantiert, kleines Unternehmertum gebilligt und politische Gefangene freigelassen. Dubček strebte einen „Sozialismus mit menschlichem Antlitz“ an.

Am 21. August 1968 marschierten sowjetischen Truppen in Prag ein, am 17. April 1969 wurde Dubček aus seinem Amt entlassen und Gustáv Husáks wurde Generalsekretär – damit war der „Prager Frühling“ als Traum von der Freiheit beendet, und die Tschechoslowakei wurde einer der repressivsten Staaten des Ostblocks.

SCHWEIZ

Flagge

Währung
1 Schweizer Franken (sfr)
= 100 Rappen

Staatsform
Parlamentarischer Bundesstaat seit 1848

Hauptstadt
Bern

Sprachen
Deutsch, Französisch, Italienisch, Rätoromanisch (Amtssprachen)

Fläche 41 285 km²

Einwohnerzahl 7,5 Mio.

Religion
42 % Katholiken, 35 % Protestanten

Käsefondue

Fondue ist das typische Schweizer Gericht aus geschmolzenem Käse, Weißwein, einem Schuss Kirschwasser, Knoblauch und Pfeffer. Serviert wird es im *Caquelon*, dem speziellen Topf aus Keramik, dessen Inhalt über einem kleinen Feuer flüssig gehalten wird. Die Gäste stecken Brotstücke an langen Gabeln in die Käsemasse. Wer sein Brot verliert, muss traditionell eine Runde Wein oder Schnaps bezahlen oder ein Lied singen.

Was ist eine Willensnation?

Der Ausdruck bezeichnet einen Staat, dessen Bürger vor allem ein verbindendes Zusammengehörigkeits- und Identitätsgefühl haben. Die Schweiz ist eine sogenannte Willensnation, denn die frei gewollte Gemeinschaft von Bürgern unterschiedlicher Herkunft bildet eine solche.

Was bedeutet Eidgenossenschaft?

Der lose Staatenbund der Schweiz ist eine Eidgenossenschaft, die seit dem 13. Jahrhundert existiert. Allgemein bezeichnet dieser abstrakte Rechtsbegriff die Verbindung Gleichberechtigter durch einen auf Ewigkeit bei Gott geschworenen Eid. Die Eidgenossenschaft steht im krassen Gegensatz zur Feudalherrschaft.

Gab es Urkantone des Bundes?

Heute besteht die Schweiz aus 23 Kantonen, die drei Urkantone waren Uri, Schwyz (Namensgeber für den Staat) und Unterwalden. Im Jahr 1291 hatten sie sich zu einem Bund zum Schutz ihrer alten Freiheiten zusammengeschlossen. Der Schwur (s. Eidgenossenschaft) wurde der Legende nach auf dem Rütli („kleine Rodung"), einer Wiese am Vierwaldstätter See, abgelegt.

Was ist eine Wasserscheide?

Eine Wasserscheide trennt die Einzugsgebiete von zu verschiedenen Meeren abfließenden Flüssen. Normalerweise verläuft sie auf einem Höhenzug (Kamm-Wasserscheide), sie kann aber auch in einem Tal (Tal-Wasserscheide) verlaufen.

Welche beiden großen europäischen Flüsse entspringen in der Schweiz?

Im Massiv des Gotthard entspringen die Quellflüsse des Rheins und die Rhône. Die Schweiz hat mehrere Wasserscheiden, darum mündet der Rhein in die Nordsee und die Rhône ins Mittelmeer.

Welche Sprachen werden in der Schweiz gesprochen?

64 % sprechen Deutsch (in einer Dialektvariante), 20 % Französisch, 7 % Italienisch und nur 0,5 % Rätoromanisch. Da in der Schweiz seit jeher viele Einwanderer leben, werden neben diesen „Schweizer" Sprachen auch andere gesprochen.

Oben: Aus dem Emmental im Berner Oberland kommt der berühmte Emmentaler Käse.

Das Lauterbrunnen-Tal mit Blick auf den Ort Wengen im Berner Oberland ist bekannt wegen des Dreigestirns der Berge Eiger, Mönch und Jungfrau.

LIECHTENSTEIN

Flagge

Währung
1 Schweizer Franken (sfr)
= 100 Rappen

Staatsform
Parlamentarische Monarchie seit 1921

Hauptstadt
Vaduz

Sprachen
Deutsch (Amtssprache),
Alemannisch (Dialekt)

Fläche 160 km²

Einwohnerzahl 34 000

Religion
76 % Katholiken, 7 % Protestanten

Der regierende Fürst von Liechtenstein, Hans Adam II., bewohnt das Schloss Vaduz. Seit 2004 führt sein Sohn Alois die Staatsgeschäfte.

Wo liegt Liechtenstein?
Liechtenstein ist ein kleiner Gebirgsstaat in den europäischen Alpen. Das Land grenzt im Osten an Österreich. Die westliche Grenze zur Schweiz bildet der Rhein. Das Land liegt in einer Höhenlage zwischen 430 und 2600 m.

Seit wann ist Liechtenstein ein eigener Staat?
Seit dem Ende des mittelalterlichen deutschen Reichs im Jahr 1806 ist Liechtenstein unabhängig. Aber auch danach war das Land politisch immer eng mit seinen Nachbarstaaten verbunden, zunächst mit Österreich, dann ab 1924 mit der Schweiz, deren Währung auch heute noch die Landeswährung ist. Erst 1990 trat Liechtenstein als eigener Staat der UNO bei.

Weshalb gibt es in Liechtenstein so viele Briefkastenfirmen?
Die günstigen Steuersätze in Liechtenstein haben Tausende solcher Firmen angezogen, sodass es heute mehr Briefkastenfirmen als Einwohner im Land gibt. Man nennt solche Firmen Briefkastenfirmen, die an ihrem offiziellen Sitz nur einen Briefkasten, aber keine Verwaltung oder Geschäftsführung haben. Diese legale Möglichkeit, Steuern zu sparen, wird allerdings häufig als eine Form der Steuerflucht betrachtet.

Ist der Tourismus die wichtigste Einnahmequelle?
Nein. Der größte Teil der Einnahmen wird durch den Handels- und Dienstleistungssektor sowie durch den Industriesektor erzielt, in der die Produktion hochwertiger Spezialprodukte dominiert. Wichtige Bereiche sind die Bohr-, die Zahn- und die Elektrotechnik sowie die Lebensmittelindustrie.

Schloss Vaduz
Das Schloss Vaduz liegt oberhalb der Hauptstadt und stammt in seinen ältesten Teilen aus dem 12. Jahrhundert. Seit 1712 ist es im Besitz der Fürstenfamilie von Liechtenstein und seit 1938 der ständige Wohnsitz der Familie. Das Schloss ist heute das Wahrzeichen des Landes, für die Öffentlichkeit allerdings nicht zugänglich.

ÖSTERREICH

Flagge

Währung
1 Euro (€) = 100 Cents

Staatsform
Parlamentarisch-demokratische Bundesrepublik seit 1918

Hauptstadt
Wien

Sprachen
Deutsch (Amtssprache), Slowenisch, Kroatisch, Ungarisch (regionale Amtssprachen)

Fläche 83 871 km²

Einwohnerzahl 8,3 Mio.

Religion
73 % Katholiken, 5 % Protestanten

Oben: Die kleinen idyllischen Dörfer des Bregenzer Tals zeichnen sich malerisch vor der Alpenkulisse ab.

Südtirol

Das mehrheitlich deutschsprachige Südtirol gehörte bis zum Ende des 1. Weltkriegs 1918 zu Österreich, als es mit der Teilung Tirols zur italienischen Kriegsbeute wurde. Immer wieder gab es Konflikte um das *Alto Adige*, wie es auf Italienisch heißt. Österreich betrachtet Südtirol als Exklave seines Bundeslands Tirol und brachte den Fall in den 1960er-Jahren vor die UNO. Dort wurde eine Autonomie für die ehemaligen Österreicher erwirkt, amtlich heißt die Region heute „Autonome Provinz Bozen".

Ist Österreich ein Einwanderungsland?

Ja. Mit wachsendem Wohlstand hat sich Österreich seit den 1950er-Jahren von einem Aus- zu einem Einwanderungsland entwickelt. Inzwischen gehört es zu einem der wohlhabendsten Länder der Welt, was nicht zuletzt der starken Tourismusbranche zu verdanken ist, in der viele Einwanderer arbeiten. Außerdem ist Österreich immer wieder Ziel von Flüchtlingen geworden, zuletzt aus Ex-Jugoslawien. Neu in der Liste der Einwanderer sind Deutsche, die im Dienstleistungssektor tätig sind, weil sie in ihrer Heimat keine Arbeit mehr finden.

Welche ökologischen Folgen hat der Tourismus?

Der Tourismus stellt den wichtigsten Wirtschaftszweig des Landes dar, jeder dritte Arbeitsplatz hängt heute direkt oder indirekt davon ab. Dabei bedient das Land sowohl den Winter- wie den Sommertourismus. Allerdings führen starke Abholzungen und das Anlegen immer neuer Skipisten dazu, dass es vermehrt zu Naturkatastrophen kommt, vor allem wächst (sommers wie winters) die Lawinengefahr.

Wer ist der Mann vom Hauslabjoch?

In den Ötztaler Alpen in der Nähe des Hauslabjochs wurde 1991 in einer Höhe von 3210 m die ca. 5300 Jahre alte Mumie eines Mannes aus der Kupferzeit gefunden, die sich in ausgesprochen gutem Zustand befand. Wegen seines Fundorts ist er auch als „Ötzi" bekannt.

Das Riesenrad aus dem Prater, Wiens Vergnügungspark, wurde 1896/97 von dem englischen Ingenieur Walter Basset gebaut.

SLOWAKEI

Flagge

Währung
1 Slowakische Krone (Sk)
= 100 Heller

Staatsform
Republik seit 1993

Hauptstadt
Bratislava

Sprachen
Slowakisch (Amtssprache), Ungarisch, Tschechisch

Fläche 49034 km²

Einwohnerzahl 5,4 Mio.

Religion
69 % Katholiken, 11 % Protestanten

Die Slawenapostel Cyrill und Method

Die beiden in Thessaloniki geborenen Brüder Cyrill (826–869) und Method(ius) (815–885) waren die bedeutendsten Missionare im slawischen Raum, daher der Name Slawenapostel. Vermutlich nahm Cyrill seinen Namen erst an, als er kurz vor seinem Tod in ein griechisches Kloster eintrat, eigentlich hieß er Konstantinos. Ihr Feiertag in der Slowakei ist der 5. Juli.

Was ist die Hohe Tatra?
Die Hohe Tatra ist ein Teilgebirge der Karpaten, das sich zu zwei Dritteln in der Slowakei und zu einem Drittel in Polen befindet. Es ist der einzige Hochgebirgsteil der Karpaten und steht in beiden Ländern als Nationalpark und Biosphärenreservat unter dem Schutz der UNESCO. Ihr höchster Berg ist mit 2655 m die Gerlsdorfer Spitze.

Ist die Bezeichnung Slowakische Republik korrekt?
Oft liest und hört man analog zur Tschechischen Republik auch Slowakische Republik. Das ist eine nicht korrekte Analogiebildung, denn „die Slowakei" ist ein international verwendeter Landesname, der schon im 9. Jahrhundert Anwendung fand. Im Gegenzug ist Tschechien als Kurzform aus der politischen Bezeichnung Tschechische Republik abgeleitet. (s. auch Tschechien)

Wann kam es zur Gründung der Tschechoslowakei?
Die Tschechoslowakei war ein Staatengebilde, das 1918 auf dem Gebiet des heutigen Tschechien und der Slowakei (und bis zum 2. Weltkrieg auch auf einem kleinen Teil der Ukraine) gegründet wurde. Bis 1960 hieß das Land Tschechoslowakische Republik (CSR) und bis 1992 Tschechoslowakische Sozialistische Republik (CSSR).

Wann wurde die Slowakei ein unabhängiger Staat?
Erstmals unabhängig war die Slowakei zwischen 1939 und 1945 als Vasallenstaat Nazi-Deutschlands; es folgte allerdings die vorübergehende Einbindung in die CSR bzw. CSSR. Seit dem Zusammenbruch des Ostblocks ist das Land selbstständige Republik.

Das wundervolle Panorama der Hohen Tatra nahe der Ortschaft Poprad

Interessante Fakten: Wirtschaft

- Mit 8,3 % hatte die Slowakei 2006 die höchste Wirtschaftswachstumsrate der EU.
- Das Lohnniveau ist das niedrigste in Mitteleuropa.

Wann erhielt Ungarn die Unabhängigkeit?

Am 31. Oktober 1918 trat Ungarn aus der Union mit Österreich aus und rief seine Truppen zurück – damit war die Zeit der österreichisch-ungarischen Monarchie beendet.

Was bedeutet *Balaton*?

Balaton ist die ungarische Bezeichnung für den Plattensee im westlichen Ungarn, den größten See Mitteleuropas. Wegen seiner Strände und Thermalquellen ist er neben Budapest das wichtigste touristische Reiseziel in Ungarn.

Wer sind die Sinti und Roma?

Die Sinti und Roma sind ein weltweit verbreitetes Volk nordindischen Ursprungs. Die Bezeichnung „Zigeuner" wird heute als diskriminierend empfunden, denn während des Nationalsozialismus (1933–1945) wurden Tausende Sinti und Roma als „Zigeuner" in Konzentrationslagern getötet. In Ungarn leben nach verschiedenen Schätzungen heute etwa 400 000 bis 1 Mio. Roma. Viele dieser Menschen sind inzwischen sesshaft, andere entziehen sich jedem Zensus (daher die so stark schwankenden Zahlen). Man geht davon aus, dass ca. 5 % der ungarischen Bevölkerung die Sprache der Sinti und Roma sprechen.

Was war der ungarische Volksaufstand?

Als Auflehnung gegen das von der UdSSR unterstützte kommunistische Regime kam es am 23. Oktober 1956 zum Aufstand. Imre Nagy (1896–1958), der von 1953 bis 1956 bereits Ministerpräsident gewesen war, forderte damals eine parlamentarische Demokratie. Sowjetische Truppen schlugen den Aufstand blutig nieder. Wer die Möglichkeit dazu hatte, verließ Ungarn und ging ins Exil nach Westeuropa oder Nordamerika. Nagy wurde 1958 wegen „konterrevolutionären Verhaltens" hingerichtet und gilt seither als Nationalheld.

UNGARN

Flagge

Währung
1 Forint (Ft) = 100 Filler

Staatsform
Republik seit 1918

Hauptstadt
Budapest

Sprachen
Ungarisch (Amtssprache)

Fläche 93 030 km²

Einwohnerzahl 10,1 Mio.

Religion
68 % Katholiken, 20 % Calvinisten, 5 % Lutheraner

Gulasch oder *Pörkölt*?

Das ungarische Nationalgericht *pörkölt* ist das, was fälschlich als *gulyás*, Gulasch, bezeichnet wird. *Pörkölt* ist in Zwiebeln, Paprika und Fett geschmortes Schweine- oder Rindfleisch mit je nach Region verschiedenen Beilagen. Im Gegensatz dazu ist *gulyás* eine Suppe, die Bezeichnung Gulaschsuppe ist also tatsächlich korrekt. Traditionell wird die Suppe in einem Kessel zubereitet. Diese Zubereitungsart geht auf Nomaden zurück.

Unten: Der Plattensee, ungar. *Balaton*, in Transdanubien, Westungarn, ist mit fast 600 km² der größte Binnensee Europas.

SLOWENIEN

Flagge	**Sprachen** Slowenisch (Amtssprache), Kroatisch, Serbisch, Bosnisch
Währung 1 Euro (€) = 100 Cents	**Fläche** 20 273 km²
Staatsform Republik seit 1991	**Einwohnerzahl** 2,0 Mio.
Hauptstadt Ljubljana	**Religion** 58 % Katholiken

Oben: Die Höhle von Postojna ist eine der schönsten Tropfsteinhöhlen der Welt. Eine kleine Bahn fährt durch das ca. 20 km lange System von Gängen, Galerien und Sälen.

Das malerische Städtchen Piran mit seinen 6000 Einwohnern liegt ca. 35 km südlich vom italienischen Trieste an der Nordwestküste Istriens.

Welche Landschaftsformen prägen Slowenien? Slowenien ist relativ klein, es umfasst nur 24 % der Landesfläche Österreichs. Trotzdem ist das Landschaftsbild vielfältig: Neben den Hochgebirgszügen (Ausläufer der Kalkalpen) mit einer Höhe bis zu 2864 m verfügt Slowenien über ausgedehnte und sehr waldreiche Mittelgebirge und eine ca. 47 km lange Adriaküste (Teil der Halbinsel Istrien).

Was war der Zehn-Tage-Krieg?

Am 29. November 1945 wurde die Demokratische Föderative Volksrepublik Jugoslawien als Zusammenschluss mehrerer Staaten gebildet, nach 1963 nannte sie sich Sozialistische Föderative Republik Jugoslawien (SFRJ). Während der 1980er-Jahre war jedoch die Unzufriedenheit mit der Führung in Belgrad gewachsen, sie führte am 25. Juni 1991 zur Unabhängigkeitserklärung Sloweniens. Umgehend fielen jugoslawische Truppen in Slowenien ein, die aber während des Zehn-Tage-Kriegs erfolgreich abgewehrt werden konnten. Dies ermöglichte die Verabschiedung einer demokratischen Verfassung am 23. Dezember 1991.

Was ist eine Bora?

Die Bora ist ein kalter, trockener und stark böiger Fallwind (im Gegensatz zum warmen Föhn), der ausschließlich an der dalmatischen Küste zu finden ist. Er tritt häufig in den Winter- und Frühjahrsmonaten auf, wenn ein Tiefausläufer über der Adria die Kaltluft des kontinentalen Hochdruckgebiets über dem Balkan ansaugt. Nach dem Überqueren der slowenischen Hochgebirgszüge wird die Luft beim Abstieg auf der vom Wind abgekehrten Gebirgsseite zwar erwärmt, aber immer noch als kalt empfunden.

Tourismus in Slowenien

Slowenien hat Urlaubern einiges zu bieten: Neben der Hauptstadt Ljubljana gibt es 16 Heilbäder und Kurorte, die seit Jahrhunderten Gäste anziehen. Die Alpenregionen bieten Wintersportmöglichkeiten in breitem Umfang, die vielen Höhlen und Grotten, allen voran die Karsthöhlen mit der Adelsberger Grotte, sind beliebte Touristenziele, ebenso wie die Badeorte an der Adria.

Die „Singende Revolution"

In der Sowjetunion war das Singen der alten estnischen Nationalhymne unter Androhung harter Strafen verboten. Trotzdem blieb die Melodie über 40 Jahre im Bewusstsein der Menschen, da die finnische Nationalhymne dieselbe Melodie hat und regelmäßig über den finnischen Rundfunk gehört werden konnte. Während der Unabhängigkeitsbewegung der baltischen Staaten (1987–1992) wurden bei Demonstrationen immer wieder alte Volkslieder oder die alte Nationalhymne gesungen.

ESTLAND

Flagge

Währung
1 Estnische Krone (ekr) = 100 Senti

Staatsform
Republik seit 1991

Hauptstadt
Tallinn

Sprachen
Estnisch (Amtssprache), Russisch

Fläche 45 226 km²

Einwohnerzahl 1,3 Mio.

Religion
14 % Protestanten (Lutheraner),
13 % Estnisch-Orthodoxe,
33 % Konfessionslose

War Estland Teil der Sowjetunion?

Ja. Schon während des 2. Weltkriegs war die „Estnische Sowjetrepublik" der Sowjetunion angegliedert. Von 1945 bis 1990 wurden im Land gezielt Russen angesiedelt, sodass sie auch heute noch einen wesentlichen Bevölkerungsteil (28 %) bilden. 1991 wurde Estland unabhängig und ist seit 2004 Mitglied der EU.

Leben in Estland noch Wölfe?

Estland ist ein flaches, von der Eiszeit geprägtes Land mit einem reichen Baumbestand, der 44 % der Fläche bedeckt. In der urwüchsigen Natur sind verschiedene Raubtiere heimisch, unter ihnen der Luchs, der Braunbär und der Wolf.

Ist Estland ein rückständiges Land?

Nein. Die Esten sind den modernen Kommunikationsmedien gegenüber sehr aufgeschlossen. Innerhalb weniger Jahre hatten 93 % der Bevölkerung ein Mobiltelefon, der Zugang zum Internet ist für alle Esten per Gesetz kostenlos.

Die Landschaft der Westküste Estlands ist durchsetzt mit Windmühlen, schilfbedeckten Bauernhäusern und verschlafenen Fischerdörfern.

Baltischer Tiger

Nach der Unabhängigkeit von der Sowjetunion erreichten die drei baltischen Länder Estland, Lettland und Litauen ein überdurchschnittliches Wirtschaftswachstum. In Analogie zu den wirtschaftlich boomenden „Tigerstaaten" Südostasiens bezeichnete man die drei Länder auch als „Baltische Tiger".

LETTLAND

Flagge

Währung
1 Lats (Ls) = 100 Santims
Staatsform
Republik seit 1991
Hauptstadt
Riga
Sprachen
Lettisch (Amtssprache), Russisch
Fläche 64 589 km²
Einwohnerzahl 2,3 Mio.
Religion
55 % Lutheraner, 24 % Katholiken, 9 % Russisch-Orthodoxe

Ist das heutige Lettland identisch mit dem alten Livland?

Nein. Im Spätmittelalter wurde mit Livland das gesamte Territorium der heutigen Staaten Estland und Lettland bezeichnet. Im Laufe der Jahrhunderte wurde die Region aber immer wieder unter verschiedenen Staaten aufgeteilt. 1919 wurde Livland endgültig zwischen Estland und Lettland aufgeteilt.

Welche Rolle spielte der Deutsche Ritterorden?

Der Deutsche Ritterorden war neben den Johannitern und den Templern der dritte große geistliche Ritterorden, der während der Zeit der Kreuzzüge gegründet wurde. Er wandte sich später der Kolonisation des europäischen Nordostens, des Baltikums, zu und gründete dort einen Ordensstaat. Ab 1237 bis ins späte Mittelalter gehörte auch das heutige Lettland zu diesem Staat.

Seit wann ist Lettland unabhängig?

Lettland war schon einmal von 1921 bis in die Zeit des 2. Weltkriegs unabhängig. Während des Kriegs geriet Lettland zwischen die Fronten von Deutschland und der Sowjetunion. Dies führte letztendlich dazu, dass Lettland als Lettische Sowjetrepublik der Sowjetunion angegliedert wurde. 1991 wurde dann die Unabhängigkeit Lettlands auch von Russland anerkannt.

Welche sozialen Probleme gibt es in Lettland?

Nach der Unabhängigkeit lebten viele Russen im Land, die während der sowjetischen Zeit hierher umgesiedelt worden waren. Diese zahlenmäßig starke Minderheit – immerhin 34 % der Bevölkerung – konnte größtenteils nicht die Bedingungen zur Erlangung der neuen lettischen Staatsbürgerschaft erfüllen. Sie scheiterten häufig an dem anspruchsvollen lettischen Sprachtest, obwohl viele von ihnen in Lettland geboren sind.

Riga

Die alte Hansestadt Riga ist heute die Hauptstadt Lettlands und die größte Stadt der baltischen Staaten. Sie liegt an der Rigaer Ostseebucht und ist berühmt für ihre Jugendstilbauten und die gut erhaltene Altstadt.

Eine der Sehenswürdigkeiten in Riga ist das Schwarzhäupterhaus (rechts). Das alte Kaufmannshaus wurde im 2. Weltkrieg zerstört und von 1993 bis 1999 wiederaufgebaut.

Was ist das Baltikum?

Mit Baltikum bezeichnet man den an der Ostsee gelegenen Teil Nordosteuropas. Es besteht heute aus den Ländern Litauen, Lettland, Estland und dem zu Russland gehörenden Gebiet um Kaliningrad, dem ehemaligen Königsberg. Die „Balten" waren die deutschsprachige Führungsschicht in diesem Gebiet, die mit der Hanse oder den Rittern des Deutschen Ordens in diese Region gekommen waren.

War Litauen einst ein mächtiges Land?

Ja. Im Mittelalter beherrschte das Großfürstentum Litauen weite Teile von Weißrussland, der Ukraine und Westrussland. In Verbindung mit dem Königreich Polen erreichte es als Doppelstaat Polen-Litauen seine größte Ausdehnung, die im Süden fast bis ans Schwarze Meer reichte.

LITAUEN

Flagge

Währung
1 Litas (LTL) = 100 Centas

Staatsform
Republik seit 1991

Hauptstadt
Wilna

Sprachen
Litauisch (Amtssprache), Russisch, Polnisch

Fläche 65 200 km²

Einwohnerzahl 3,6 Mio.

Religion
79 % Katholiken

Besonderheiten
Ein Teil der Kurischen Nehrung gehört zu Litauen.

Wann wurde das moderne Litauen selbstständig?

Gegen Ende des Zweiten Weltkriegs eroberte die Rote Armee Litauen und okkupierte das Land als Litauische Sowjetrepublik. Im Zuge der Perestroika unter dem russischen Präsidenten Gorbatschow entstand auch in Litauen 1987 eine Unabhängigkeitsbewegung, die 1991 die Unabhängigkeit des Landes erreichte.

Links: Der Lesesaal der 1579 gegründeten Universität von Vilnius, der ältesten Universität Osteuropas

Ist Litauen die Heimat des Bernsteins?

Bernstein ist ein gelber Schmuckstein, der aus fossilem Herz besteht. Er wird in Europa vorwiegend an den Ostseeküsten des Baltikums gefunden, schon der römische Schriftsteller Tacitus (55–115) erwähnte den Schmuck in seinen Schriften. Die größte Lagerstätte befindet sich jedoch nicht in Litauen, sondern in einer russischen Exklave nahe Kaliningrad (Königsberg).

Der Landschaftspark von Aukstadvaris wird von den Flüssen Verkne und Streva durchzogen. In seinem Gebiet liegen insgesamt 77 Seen.

Der Vytis

Der Vytis ist ein angreifender weißer Ritter, der das Wappen von Litauen schmückt. Seit 1366 als Wappenzeichen der litauischen Großfürsten nachgewiesen, ist er bis heute das Staatssymbol Litauens. Nur während der Zeit, in der Litauen Sowjetrepublik war, durfte das Symbol unter Strafandrohung nicht verwendet werden. Nach der Unabhängigkeit wurde der Vytis 1990 wieder das Nationalsymbol Litauens.

RUSSISCHE FÖDERATION

Flagge

Währung
1 Rubel (Rbl) = 100 Kopeken

Staatsform
Präsidialrepublik seit 1991

Hauptstadt
Moskau

Sprachen
Russisch (Amtssprache), Sprachen der Republiken und 80 Minderheitensprachen

Fläche 17,07 Mio. km²

Einwohnerzahl 142,4 Mio.

Religion
50 % Russisch-Orthodoxe, 10 % Muslime

Woher stammt der Name des Landes?
Der Name des von Slawen bewohnten Teils des europäischen Russlands, Weißrusslands und der Ukraine war *Rus*. Von dieser Regionenbezeichnung leitete sich der im Mittelalter gängige lateinische Name *Ruthenia* ab. Im Slawischen entstand daraus der Ausdruck *Russia*.

Welcher Fluss ist der längste Russlands?
Die Wolga ist mit 3534 km der längste Fluss Russlands und Europas. Er ist der bedeutendste Wasserweg des Landes, an dessen Lauf mehrere Stauseen angelegt wurden, und fließt ausschließlich in Russland. Die Wolga entspringt in den Waldaihöhen und mündet in einem 150 km breiten Delta bei Astrachan ins Kaspische Meer.

An welche Meere grenzt Russland?
Russland liegt an zahlreichen Meeren: Ostsee, Schwarzes Meer, Kaspisches Meer, Japanisches Meer, Ochotskisches Meer, Pazifischer Ozean, Beringsee, Arktischer Ozean – die Länge der Küstenlinie beträgt 37 653 km.

Welche ist die kürzeste und welche die längste Grenze mit einem anderen Land?
Nur 19 km des russischen Staatsgebiets grenzen an Nordkorea. Die mit 3645 km längste Grenze hat Russland zur Volksrepublik China.

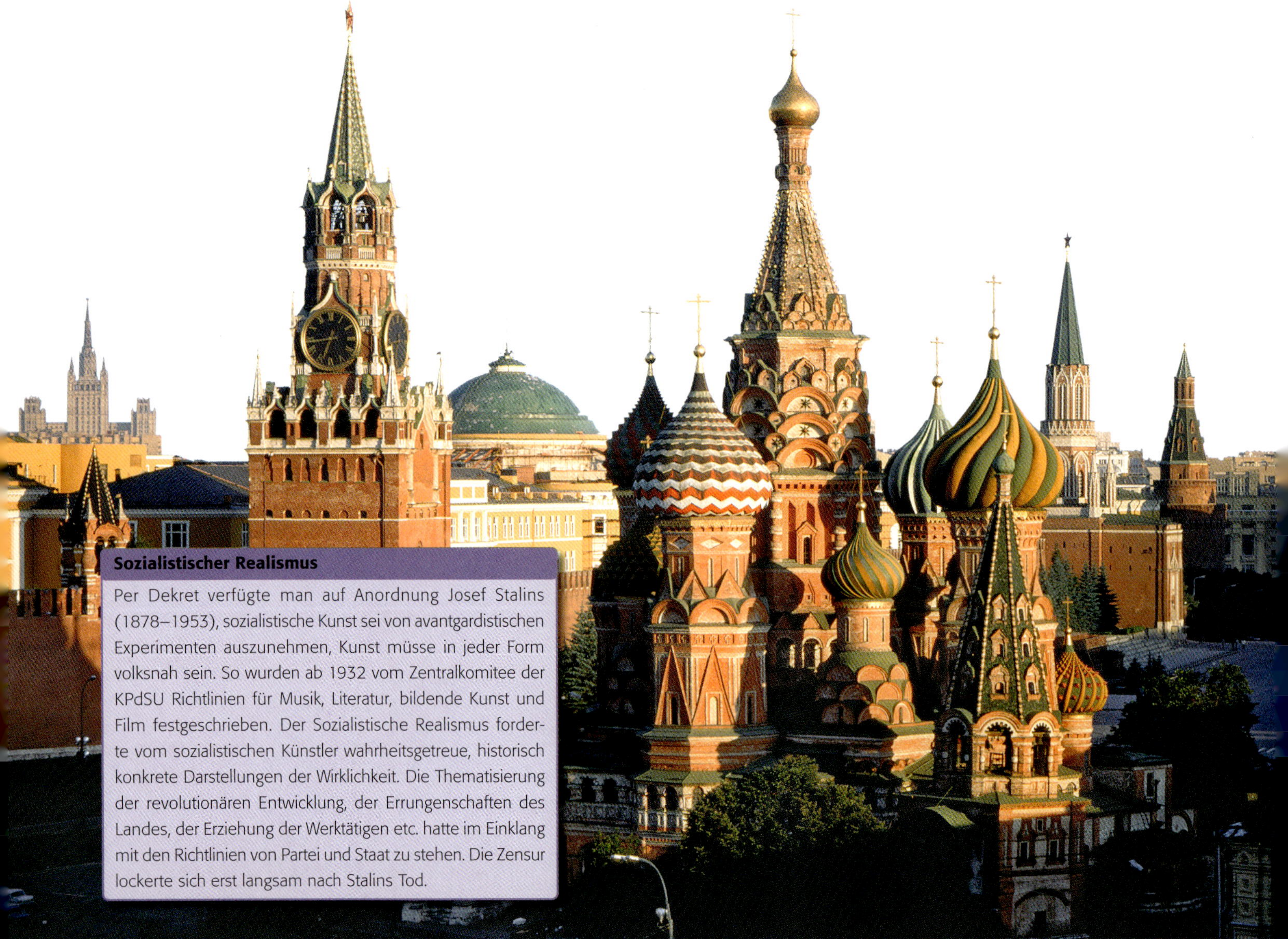

Der Kreml in Moskau mit Palästen und Kathedralen aus dem 15.–19. Jahrhundert war Residenz der Zaren und Sitz des Obersten Sowjets.

Sozialistischer Realismus

Per Dekret verfügte man auf Anordnung Josef Stalins (1878–1953), sozialistische Kunst sei von avantgardistischen Experimenten auszunehmen, Kunst müsse in jeder Form volksnah sein. So wurden ab 1932 vom Zentralkomitee der KPdSU Richtlinien für Musik, Literatur, bildende Kunst und Film festgeschrieben. Der Sozialistische Realismus forderte vom sozialistischen Künstler wahrheitsgetreue, historisch konkrete Darstellungen der Wirklichkeit. Die Thematisierung der revolutionären Entwicklung, der Errungenschaften des Landes, der Erziehung der Werktätigen etc. hatte im Einklang mit den Richtlinien von Partei und Staat zu stehen. Die Zensur lockerte sich erst langsam nach Stalins Tod.

Welche Völkergruppen leben in Russland?

Den Hauptanteil der Bevölkerung stellen mit ca. 80 % Russen. Daneben gibt es ca. 100 andere Völker. Zu den Minderheiten zählen Tartaren, Ukrainer, Armenier, Tschuwaschen, Baschkiren und Deutsche.

Wer waren die ersten Siedler des Landes?

Wikinger aus Schweden befuhren im 8. Jahrhundert die Küsten und Flüsse des Landes, gründeten schließlich Siedlungen und mischten sich mit den dort ansässigen Slawen. Ihre Nachfahren waren die Gründer des ersten ostslawischen Staats der Kiewer Rus, des ersten mittelalterlichen Staats auf dem Gebiet des heutigen Russlands, der Ukraine und Weißrusslands mit seinem Zentrum in Kiew.

Was war der Große Nordische Krieg?

Im Großen Nordischen Krieg, der 1700 begann und fast 20 Jahre dauerte, ging es um die Vorherrschaft im Ostseeraum. Russlands Zar Peter der Große (1672–1725) ging mit dem Sieg über Schweden als Sieger aus diesem Krieg hervor. Die russische Kultur war bis dahin stets isoliert und ohne Einflüsse von europäischer Wissenschaft oder Kultur gewesen. Peter der Große gründete 1703 St. Petersburg als Symbol für den Fortschrittswillen seines Landes. Mit dem Sieg über Schweden entwickelte sich Russland zur europäischen Großmacht.

Was bedeutet Perestroika?

Wörtlich übersetzt bedeutet *Perestroika* „Umstrukturierung". Gemeint ist der mit Amtsantritt von Michail Gorbatschow (*1931) als Generalsekretär der KPdSU 1988 eingeleitete Demokratisierungsprozess der Sowjetunion mit neuen Wahlgesetzen und einer Verfassungsreform. 1988/89 begünstigte

Die St.-Sergius-Kathedrale im berühmten Kloster aus dem 14. Jahrhundert in Zagorsk

Der Fluss Tschussowaja entspringt im Westen des Urals und mündet nach 500 km in die Kama.

> **Die Gruppe der Fünf**
>
> Fünf junge Musiker machten es sich Ende des 19. Jahrhunderts zur Aufgabe, ihrer Musik die Elemente russischer Volksmusik in Symphonien, Opern, Tondichtungen und Kammermusik zu geben. Man bezeichnete Mili Balakirew, Alexander Borodin, César Cui, Modest Mussorgski und Nikolai Rimski-Korsakow als die „Gruppe der Fünf".

Ein Zug von Rentieren geleitet von Nenets in der sibirischen Tundra. Das nomadische Volk der Nenets, das über eine eigene Sprache verfügt, hat noch etwa 40 000 Mitglieder.

dieser Reformkurs Demokratisierungsmaßnahmen in anderen Staaten des Warschauer Pakts. Darüber hinaus führten Abrüstungsangebote an die NATO dazu, dass in Europa alle atomaren Mittelstreckenraketen abgeschafft wurden. Nach einem Putsch orthodox-kommunistischer Kräfte im August 1991 war als letzte Folge der Perestroika der Zerfall der Sowjetunion nicht mehr zu verhindern.

Was war die Oktoberrevolution?

Die aus der Februarrevolution und dem Sturz des Zarenreichs hervorgegangene Regierung Aleksandr Fëdorovič Kerenskis (1881–1970) wurde im Oktober 1917 von den Bolschewiki in Petrograd (Leningrad, St. Petersburg) gestürzt. Unter Leo Trotzki und Lenin wurde die Übergangsregierung mithilfe des Militärs durch ein kommunistisches Regime ersetzt. Aber die Revolution sicherte Lenin und Trotzki zunächst nur die Macht in Petrograd.

> **Interessante Fakten**
>
> - Russland ist das zweitwichtigste Einwanderungsland der Welt.
> - 73 % der Russen leben in Städten.
> - Pro Jahr verliert Russland etwa 365 000 Einwohner.
> - Nikita Chruschtschow schenkte der Ukraine (damals Teil der UdSSR) 1954 die russische Halbinsel Krim.
> - 20–25 % der Bevölkerung leben heute unterhalb der Armutsgrenze.

Welche Rolle spielte der Panzerkreuzer *Aurora*?

In der Nacht zum 15. Oktober 1917 begann der Aufstand in Petrograd mit einem Signalschuss des Panzerkreuzers *Aurora*. Das Schiff der ehemaligen zaristischen Flotte wurde zum Symbol der Revolution. Heute ist die *Aurora* ein Museumsschiff im Hafen von St. Petersburg.

Hat Russland heute eine Demokratie?

Nach Meinung vieler Kritiker ist Russland keine pluralistische Demokratie im westlichen Sinn. Der russische Publizist Sergej Markow bezeichnete das von Wladimir Putin (*1952) regierte Land als „gelenkte Demokratie", andere sprechen gar von einer „defekten Demokratie".

Gibt es auch einen anderen Namen für Weißrussland?

Seit dem Mittelalter ist das Land auch als *Belarus* bekannt. Mit „Weiße Rus" bzw. „Weißrussland" ist der Terminus eigentlich nur ungenau übersetzt, weshalb das Land auch heute noch in diplomatischen Kreisen *Belarus* genannt wird.

Wie setzt sich die Bevölkerung zusammen?

Weißrussland ist multiethnisch; Vertreter von mehr als 100 Nationalitäten und vielen Religionen leben hier zusammen. Neben 81 % Weißrussen stellen Russen mit ca. 11 % die größte Minderheit dar, gefolgt von Polen und Ukrainern.

Wer ist der bekannteste Künstler aus Weißrussland?

Der Maler Marc Chagall wurde 1887 als Moishe Zakharovich Shagalov in Wizebsk geboren und starb 1985 in Saint-Paul-de-Vence in Frankreich, wo er die meiste Zeit seines Lebens gewohnt hat. In seiner Kunst zeigen sich immer wieder mystische und traumhafte Elemente gemischt mit traditionell-volkstümlichen Motiven, die von seiner jüdischen Heimat in Weißrussland zeugen.

Interessante Fakten: Geschichte

Im 2. Weltkrieg wurde die industrielle Infrastruktur des Landes fast vollkommen zerstört. Es gab über 3 Mio. Obdachlose. Vor dem 2. Weltkrieg hatten in Weißrussland 10 Mio. Menschen gelebt, diese Zahl wurde erst wieder Ende 1980 erreicht. Etwa 9 % aller von den Nazis ermordeten Juden stammten aus Weißrussland.

WEISSRUSSLAND

Flagge

Währung
1 Belarus-Rubel (BYR) = 100 Kopeken

Staatsform
Präsidialrepublik seit 1991

Hauptstadt
Minsk

Sprachen
Weißrussisch und Russisch (Amtssprachen), Polnisch in den ehem. polnischen Gebieten

Fläche 207 595 km^2

Einwohnerzahl 10,3 Mio.

Religion
80 % Russisch-Orthodoxe, 10 % Katholiken

Seit wann ist das Land ein unabhängiger Staat?

1991 wurde Weißrussland unabhängig, seit 1994 untersteht das Land der autoritären Führung Aljaksandr Lukaschenkas (*1954). Seine antidemokratischen Tendenzen haben Weißrussland in die internationale Isolation getrieben. Es gilt als einzige Diktatur Europas.

Etwa ein Fünftel der Bevölkerung Weißrusslands lebt in Minsk, der Stadt an der Swislatsch. Städtebaulich ist Minsk von der monumentalen sowjetischen Nachkriegsarchitektur geprägt.

UKRAINE

Flagge

Währung
1 Hrywnja (UAH) = 100 Kopeken

Staatsform
Präsidialrepublik seit 1991

Hauptstadt
Kiew

Sprachen
Ukrainisch (Amtssprache), Russisch

Fläche 603 700 km²

Einwohnerzahl 47,4 Mio.

Religion
Mehrheitlich orthodoxe Christen

Besonderheiten
1986 kam es hier zur Katastrophe von Tschernobyl.

Rechts: Das „Schwalbennest", Nachbau eines Rheinschlösschens aus dem 19. Jahrhundert, erhebt sich 40 m über dem Meer auf einer Klippe an der Südküste der Halbinsel Krim.

Wer waren die Kosaken?
Im Dneprgebiet südöstlich von Kiew liegt die Wiege der ukrainischen Kultur und Sprache, hier bestand im 17. Jahrhundert kurzzeitig der Kosakenstaat. Kosaken waren ursprünglich entflohene, leibeigene russische und ukrainische Bauern oder desertierte Tartaren, die ab dem 15. Jahrhundert Gemeinschaften gegründet hatten. Erst ab dem 18. Jahrhundert wurden sie als freie Reiterverbände in die russische Armee eingegliedert.

Welche große Katastrophe ereignete sich Ende des 20. Jahrhunderts in der Ukraine?
Am 26. April 1986 kam es als Folge einer Kernschmelze und einer Explosion im Kernreaktor Block 4 in Tschernobyl zur zweitgrößten Reaktorkatastrophe (nach dem Unfall von Majak in Russland, 1956) und zur größten Umweltkatastrophe der Welt. Weite Teile des Landes wurden nachhaltig verstrahlt. Auch heute noch sind im Süden und Osten des Landes etwa 25 % der Gesamtfläche betroffen. Im Radius von 50 km um Tschernobyl kann wegen der andauernden Verstrahlung bis heute keine Landwirtschaft betrieben werden.

Bauern aus dem kleinen Dorf Gidzivkain in der Ukraine

Was war der russisch-ukrainische Gasstreit?
Im März 2005 änderte Russland die Bedingungen und Preise für Lieferungen und Transittransporte von Erdgas, und es kam zu einer Vervielfachung des Gaspreises. Die Preise, die bis dahin gegolten hatten, waren nicht marktwirtschaftlich orientiert gewesen, sondern Vorzugspreise aufgrund der historischen Verbindung beider Staaten.
Die Ukraine ist der viertgrößte Importeur, aber auch der sechstgrößte Verbraucher von Erdgas auf der Welt. Das Land wurde durch die Verteuerung empfindlich getroffen. Der hohe Verbrauch rührt von einer schlechten Umweltpolitik her, von Verschwendung, alten Anlagen und Ineffizienz – im Verhältnis zum Bruttoinlandsprodukt hat die Ukraine den höchsten Energieverbrauch der Welt.

Was war die „Orange Revolution"?

Seit dem Zusammenbruch der UdSSR ist die Ukraine ein unabhängiger Staat. 2004 erlebte das Land einen demokratischen Umschwung, ausgelöst durch die sogenannte „Orange Revolution" – wegen der orangefarbenen Fahnen und Kleidungsstücke der wochenlang friedlich demonstrierenden Menschen. Wiktor Juschtschenko ging nach mehreren Stichwahlen als Sieger gegen Wiktor Janukowytsch aus den Wahlen hervor. Am 28. Dezember erzielte er 51,99 % der abgegebenen Stimmen vor Janukowytsch mit 44,19 %.

Leben in Moldawien viele Völker?
In Moldawien leben Menschen sehr unterschiedlicher ethnischer Herkunft, wovon die rumänischen Moldauer mit 65 % die größte Gruppe stellen, Ukrainer und Russen sind mit jeweils etwa 13 % vertreten, Minderheiten sind Gagausen und Bulgaren. Viele der Russen und Ukrainer leben in Transnistrien, dem östlich des Dnjestr gelegenen Landesteil.

Welche Sprachen werden im Land gesprochen?
Moldauisch wurde aus politischen und nicht aus linguistischen Gründen zur eigenen Sprache erklärt, eigentlich ist es ein rumänischer Dialekt, die Schriftsprache ist sogar vollkommen identisch mit dem Rumänischen. Als übergreifende und von allen gesprochene Sprache gilt immer noch Russisch, das zu Zeiten der Sowjetunion alle Bürger lernten.

Worauf stützt sich die Wirtschaft Moldawiens?
Einen wichtigen Eckpfeiler bildet die Landwirtschaft – das warme und trockene Klima fördert vor allem den Anbau von Trauben und anderem Obst. Neben Wein und Branntwein werden hauptsächlich Obstkonserven für den Export bestimmt.

MOLDAWIEN

Flagge

Währung
1 Moldau-Leu (MDL) = 100 Bani

Staatsform
Republik seit 1991

Hauptstadt
Chişinău

Sprachen
Moldauisch (Amtssprache), Russisch, Ukrainisch, Gagausisch

Fläche 33 843 km²

Einwohnerzahl 4,5 Mio.

Religion
98 % orthodoxe Christen

Konflikt in Transnistrien

Transnistrien ist ein östlich des Flusses Dnjestr gelegener Teil Moldawiens mit über 600 000 Einwohnern, der sich kurz nach der Auflösung der Sowjetunion unter seinem Präsidenten Igor Smirnow selbstständig gemacht hat, aber international nicht als eigener Staat anerkannt wurde und wird. Hier liegen etwa ein Drittel der moldauischen industriellen Produktionsstätten, z. B. für Textilien, Schuhe, Möbel, Spirituosen und Strom aus Wasserkraft. Allesamt sind sie für Moldawien von großer Wichtigkeit. Im Sommer 1992 kam es zum militärischen Konflikt, bei dem auf beiden Seiten Hunderte Menschen starben. Durch Vermittlung Weißrusslands konnte der Krieg beendet werden. Die Bildung eines Bundesstaats Transnistrien scheiterte 2003 ebenfalls an der Regierung Moldawiens. Aktuell bemüht sich die Ukraine um eine Vermittlung in dem Konflikt.

Die Fassade des Sucevita-Klosters aus dem 16. Jahrhundert schmücken wunderschöne Fresken.

SPANIEN

Flagge

Währung
1 Euro (€) = 100 Cents
Staatsform
Parlamentarische Monarchie seit 1978
Hauptstadt
Madrid
Sprachen
Spanisch (Amtssprache), Katalanisch, Valencianisch, Galicisch, Baskisch (regionale Amtssprachen)
Fläche 504 782 km²
Einwohnerzahl 44,1 Mio.
Religion
90 % Katholiken
Besonderheiten
Als auf dem Festland gelegene Exklaven gehören die in Nordafrika gelegenen Städte Melilla und Ceuta und in Frankreich Llivia zum Staatsgebiet.

Paella ist das typischste aller spanischen Gerichte und wird aus Reis und Meeresfrüchten oder Fleisch zubereitet.

Woher stammt der Name Spaniens?
Der Name wird vom römischen Namen der Halbinsel *Hispania* abgeleitet, was wiederum vom phönizischen *Ishapan* abstammt.

Warum hat Spanien so viele Amtssprachen?
Zu Spanien gehören auch die drei autonomen Regionen Katalonien, Galicien und das Baskenland. Jede dieser autonomen Regionen verfügt über eine eigene und unabhängige Sprache. Darum existieren vier Amtsprachen nebeneinander: Spanisch, Katalanisch, Galicisch und Baskisch. Neben diesen Sprachen werden in den autonomen Regionen Valencia und auf den Balearen Dialekte des Katalanischen gesprochen, und zwar Valencianisch (das inzwischen als eigene Sprache anerkannt ist) und Mallorquinisch (das noch darum kämpft, als eigene Sprache anerkannt zu werden).

Woher stammt die baskische Sprache?
Das Baskische, das in Spanien und Frankreich gesprochen wird, kann keiner größeren Sprachfamilie zugerechnet werden. Die moderne Sprachwissenschaft konnte seinen Ursprung bislang nicht rekonstruieren.

Spanien ist nach Frankreich das beliebteste Urlaubsland weltweit. Viele Besucher schätzen und genießen die Kombination von Sonne und Meer, wie hier am Strand von Portals Nous auf der Baleareninsel Mallorca.

Spanische Küche: Paella

Ursprünglich von bescheidener ländlicher Herkunft, hat die Paella, benannt nach der Pfanne, in der sie zubereitet wird, weltweite Bekanntheit erlangt. Sie wird mit unterschiedlichen Zutaten wie Kaninchen oder Meeresfrüchten gekocht, stets jedoch entweder mit Reis oder kurzen, Spaghetti-ähnlichen Nudeln.

Die Kirche Santa Cruz aus dem Jahr 1602 in Cádiz im südlichen Andalusien

Wie viele Inseln gehören zu Spanien?
Es sind 18 Inseln – die im Mittelmeer gelegenen Balearen umfassen Mallorca, Menorca, Ibiza, Formentera und Cabrera; die im Atlantik gelegenen Kanaren bestehen aus Gran Canaria, El Hierro, La Palma, Teneriffa, Lanzarote, Fuerteventura und La Gomera. Außerdem liegen vor der marokkanischen Küste die Islas Chafarinas, Peñon de Vélez de la Gomera, Alhucemas, Alborán, Perejil und die Islas Columbretes.

Wo liegt der höchste Berg Spaniens?
Der Pico del Teide liegt auf der Kanareninsel Teneriffa und ist mit 3718 m der höchste Berg Spaniens. Auf dem Festland ist der mit 3482 m in der Sierra Nevada in Andalusien gelegene Mulhacén der höchste Berg.

Was war die *Reconquista*?
Jahrhundertelang (vom 8. Jahrhundert bis 1492) war Spanien durch die arabische Herrschaft in Sprache, Architektur, Essen und Musik geprägt worden. Aus nationalen und religiösen Motiven kämpfte die spanische christliche Bevölkerung lange Zeit für die *reconquista*, die „Rückeroberung" von den Mauren, die schließlich 1492 unter König Ferdinand II. (1452–1516) und seiner Frau Isabella (1451–1504) gelang. Sie wurden die „katholischen" Könige genannt, da sie die Mauren und Juden mit besonderer Härte aus dem Land vertreiben ließen.

Welche Wirtschaftszweige sind von Bedeutung?
Die spanische Wirtschaft hat zwei wichtige Bereiche: den Tourismus und die Bauwirtschaft. Eine nachgeordnete Rolle spielen demgegenüber Kommunikations- und Informationstechnik, Maschinenbau, Chemieindustrie, metallverarbeitende Industrie und Landwirtschaft.

Haben viele Spanier eigene Immobilien?
Seit jeher haben viele spanische Familien zwei Wohnungen, und zwar in der Stadt und auf dem Land oder am Meer. Ende 2005 gab es 1,54 Wohnungen pro Haushalt, das ist weltweit die höchste Rate. 85 % der spanischen Wohnungen werden von ihren Eigentümern bewohnt, nur 15 % sind vermietet.

Ist Spanien als Reiseland beliebt?
Nach Frankreich ist Spanien das beliebteste Reiseland der Welt. Über 7 % aller Touristen weltweit kommen hierher. Dabei reisen fast 37 % aller Touristen nach Katalonien und auf die Balearen.

PORTUGAL

Flagge

Währung
1 Euro (€) = 100 Cents
Staatsform
Republik seit 1910

Hauptstadt
Lissabon
Sprachen
Portugiesisch (Amtssprache)
Fläche 92 345 km²
Einwohnerzahl 10,5 Mio.
Religion
93 % Katholiken

Fado

Fado ist die bekannteste Musikform Portugals. Die Lieder sind meist sehr melancholisch, handeln von unglücklicher Liebe, vergangenen Zeiten und der *saudade* (Sehnsucht). Der Fado, der hauptsächlich in Lissabon und Coimbra beheimatet ist, entstand aus einer Mischung von Seefahrerliedern und afrikanischen Rhythmen. Amália Rodrigues (1920–1999) war die wohl bedeutendste Sängerin des klassischen Fado. Heute erscheint er oftmals in neuen Formen, fusioniert mit anderen Musikrichtungen.

Was bedeutet der Name Portugal? Wahrscheinlich stammt das Wort *Cale* im Namen Portus Cale, dem wichtigen Hafen im Delta des Rio Douro, vom griechischen *kalos*, „schön" ab und bedeutet also „schöner Hafen". Später wurde daraus Portugale, das aber nur den nördlichen Teil des Landes bezeichnete, vom Douro bis zum Minho, dem heutigen Grenzfluss zu Spanien. Gleichzeitig wurde aus Portugale die Kurzform Porto geschaffen, Name der zweitgrößten Stadt des Landes. Porto versteht sich heute als Namensgeberin des Landes.

Erlebte Portugal eine Blütezeit?
Nachdem das Haus Burgund 1383 ausgestorben war, erhob sich ein unehelicher Nachkomme, Johann von Avis, zum König. Die Ansprüche Kastiliens auf den Thron wurden in der Schlacht von Aljubarrota 1385 abgewehrt. Unter den Königen der Avis-Dynastie kam das Land zur größten Blüte seiner Geschichte: Portugal wurde die führende europäische Seemacht und eroberte Kolonien in Südamerika, Afrika und Asien, es war die reichste Nation der Welt. 1580 starb das Haus Avis aus, Portugal wurde spanische Provinz und verlor die meisten seiner Kolonien.

Was war die Nelkenrevolution?
Nelkenrevolution ist der Name für den Aufstand der portugiesischen Armee am 25. April 1974 gegen die damalige Diktatur. Das Ereignis wurde zum Volksfest, bei dem die Menschen den Soldaten Nelken in die Gewehrläufe schoben. Die neuen Machthaber entließen alle portugiesischen Kolonien außer Macau in die Unabhängigkeit. Ganz unblutig jedoch verlief die Revolution nicht, es gab 13 Tote, als regimetreue Truppen der Geheimpolizei auf die Demonstranten schossen.

Die Praça dos Restauradores in der Unterstadt, der Baixa, Lissabons

Links: Im Süden Portugals an der Algarvenküste liegt in der Nähe der Kleinstadt Lagos der berühmte Strand Rocha.

Wer ist der Fürst von Andorra?

Der Zwergstaat Andorra ist seit seiner Gründung 1278 ein Fürstentum ohne Fürst. Die repräsentativen Aufgaben des Staatsoberhaupts teilen sich heute der Bischof von Urgell (Spanien) und der Staatspräsident von Frankreich als Rechtsnachfolger der Grafen von Foix. Die Regierung wird seit 1993 von einem Ministerpräsidenten geführt.

Wo liegt Andorra?

Andorra ist einer der fünf europäischen Kleinstaaten und liegt in einem Hochtal der Pyrenäen zwischen Spanien und Frankreich. Das Land ist sehr gebirgig, ein Drittel der Fläche liegt oberhalb der Baumgrenze, und viele Berggipfel überragen die 2000-m-Grenze.

Wovon leben die Andorraner?

Da nur 2 % der Landesfläche zur landwirtschaftlichen Nutzung geeignet ist, war in früheren Zeiten die Viehhaltung die einzige Einnahmequelle der Bevölkerung. Heute lebt das Land vorwiegend vom Tourismus, insbesondere von Angeboten im Wintersport. Daneben wird der überschüssige Strom des Landes, der mit Wasserkraft erzeugt wird, an Spanien verkauft.

ANDORRA

Flagge

Währung
1 Euro (€) = 100 Cents

Staatsform
Konstitutionelle Monarchie (Fürstentum) seit 1993

Hauptstadt
Andorra la Vella

Sprachen
Katalanisch (Amtssprache), Spanisch, Französisch

Fläche 468 km^2

Einwohnerzahl 76 800

Religion
90 % Katholiken

Ist Andorra ein Steuerparadies?

In Andorra gibt es keine Einkommensteuer und keine Kapitalsteuer. Für Unternehmen ist es daher steuerlich hochinteressant, den Firmensitz offiziell in Andorra zu haben, auch wenn das nur in Form eines Briefkastens („Briefkastenfirma“) geschieht, während sich der Verwaltungssitz an einem anderen Ort bzw. in einem anderen Land befindet. Aber auch für Touristen ist Andorra finanziell attraktiv, da alle Waren zollfrei sind.

Das Vall d'Incles im Nordosten Andorras zwischen den Orten El Tartar und Soldeu ist im Winter ein beliebtes Skigebiet.

Fakten

- Andorra ist kein Mitglied der Europäischen Union, dennoch ist der Euro die offizielle Währung.
- Die Staatsbürgerschaft von Andorra kann man nur erwerben, wenn man mindestens 25 Jahre im Land gelebt hat.
- Andorra besitzt weder einen Flughafen noch ein Schienennetz. Für den öffentlichen Nahverkehr stehen lediglich Busse und Taxis zur Verfügung.

ITALIEN

Flagge

Währung
1 Euro (€) = 100 Cents

Staatsform
Republik seit 1946

Hauptstadt
Rom

Sprachen
Italienisch (Amtssprache), Deutsch, Ladinisch, Französisch, Slowenisch (regionale Amtssprachen), diverse Minderheitensprachen

Fläche 301 336 km²

Einwohnerzahl 58,1 Mio.

Religion
83 % Katholiken, 13 % Konfessionslose

Besonderheiten
Zu Italien gehören die beiden größten Inseln des Mittelmeers, Sizilien und Sardinien.

Was ist der italienische Stiefel?
Italien liegt auf einer Halbinsel, die in der Form eines Stiefels ins Mittelmeer ragt. In seiner Längsachse wird das Land vom Gebirge Apennin durchzogen, weshalb die Halbinsel geografisch korrekt als Apennin-Halbinsel bezeichnet wird. Der Apennin erreicht Höhen von bis zu 2900 m. Im Norden ragen die Gipfel der italienischen Alpen in Höhen von über 4000 m.

Rechts: Der Schiefe Turm ist eines der bekanntesten Gebäude der Welt. Das Bauwerk aus dem 12. Jahrhundert ist der Glockenturm des Doms von Pisa in der Toskana.

Unten: Die Ruinen von Pompeji bei Neapel. Die römische Großstadt ging beim Ausbruch des Vesuvs im Jahr 79 n. Chr. unter.

Italien, die Wiege der Renaissance

Mitte des 15. Jahrhunderts begann in Italien eine Neuorientierung von Wissenschaft und Kunst, die eigentlich eine Rückbesinnung auf die Kulturgüter des Altertums war. Dieses Zeitalter wird daher als Renaissance, also als „Wiedergeburt“ bezeichnet. Bedeutende italienische Künstler dieser Zeit waren u.a. Leonardo da Vinci (1452–1519) und Michelangelo (1475–1564). Die Kunst orientierte sich wieder an der Natur und der natürlichen Darstellung, die Wissenschaft setzte das forschende Experiment an die Stelle der Überlieferung.

Das typische Bild einer toskanischen Landschaft – eine Zypressenallee windet sich durch die sanfte Hügellandschaft des Val d'Orcia.

Pizza und Pasta

Die italienische Küche ist international bekannt und beliebt. Ihr Hauptmerkmal ist die unkomplizierte Kombination von Grundprodukten bester Qualität. Neben den hervorragenden Weinen sind besonders Pizza und Pasta als italienische Spezialitäten weltweit bekannt. Die Pizza ist ein würzig und vielfältig belegtes Fladenbrot aus Hefeteig, mit Pasta bezeichnet man italienische Teigwaren (Nudeln), die es in vielfältigsten Varianten gibt.

Hat Italien eine hohe Bevölkerungsdichte?

Italien ist ein bevölkerungsreiches Land und rangiert im weltweiten Vergleich auf Platz 23. Zwei Drittel der Italiener leben in Städten, eine Folge der Landflucht aus den unterentwickelten Regionen des Südens. In neuerer Zeit kehrt sich der Trend für die Großstädte allerdings um, die Menschen verlassen sie wieder und ziehen in die Vororte und kleinen Landstädte.

Wann entstand der italienische Staat?

Nach dem Zerfall des napoleonischen Reiches entwickelte sich in Italien eine nationale Bewegung, die man *Risorgimento* (ital. für „Wiederentstehung") nennt. Der bekannteste Revolutionsführer dieser Zeit war Guiseppe Garibaldi (1807–1882), dessen militärische Erfolge dazu führten, dass Italien unter der Vorherrschaft des Königreichs Piemont-Sardinien zu einem unabhängigen Nationalstaat wurde.

Was war das Römische Reich?

Ausgehend vom Stadtstaat Rom entwickelte sich ab etwa 600 v. Chr. ein mächtiges Reich. Die Herrschaftsform veränderte sich vom Königtum der Frühzeit über die Republik bis zum Kaiserreich. Unter Kaiser Trajan (53–117) erreichte das Römische Reich seine größte Ausdehnung und war über drei Kontinente verteilt. Es reichte von den britischen Inseln bis zur nordafrikanischen Küste und von Spanien bis zum Schwarzen Meer. Erst nach mehr als 1000 Jahren verlor das Römische Reich seine Macht und Rom seine zentrale politische Stellung im Mittelmeerraum. Wegen ihrer mehr als 2000 Jahre alten Stadtgeschichte wird Rom auch die „Ewige Stadt" genannt.

Worauf basiert die italienische Wirtschaft?

Italien ist ein rohstoffarmes Land. Die Wirtschaft lebt vom verarbeitenden Gewerbe in kleinen oder mittelständischen Unternehmen. In der Landwirtschaft ist der Weinanbau von großer Bedeutung, Italien ist nach Frankreich der größte Weinexporteur der Welt.

Was ist das Nord-Süd-Gefälle?

In Italien gibt es ausgeprägte Unterschiede zwischen dem wirtschaftlich starken Norden und dem unterentwickelten Süden des Landes. Norditalien gehört zu den wirtschaftlich stärksten Zonen Europas, während das Mezzogiorno – der Südteil des Landes – industriell eher rückständig und noch stark landwirtschaftlich geprägt ist.

SAN MARINO

Flagge

Währung
1 Euro (€) = 100 Cents

Staatsform
Republik seit 1599

Hauptstadt
San Marino

Sprachen
Italienisch (Amtssprache), Emiliano-Romagnolo

Fläche 61 km²

Einwohnerzahl 30 000

Religion
93 % Katholiken

Besonderheiten
San Marino ist die älteste Republik der Welt.

Wer war der Namensgeber des Staats?

Der kroatische Steinmetz Marinus kam um 300 n. Chr. nach Rimini, bevor um 303 unter Kaiser Diokletian die letzte Christenverfolgung begann. Als Christ flüchtete er mit Gefolgsleuten auf den Berg Titano, im Laufe der Jahre kamen andere Christen und bildeten dort die erste Gemeinde. Heute wird als Gründungsdatum der 3. September 301 angegeben. 311 wurde Marinus unter Nikodemus zum Bischof geweiht, und der Berg Titano wurde ihm von der römischen Patrizierin Donna Felicissima geschenkt. Die letzten Worte des Namenspatrons waren: „Ich lasse euch frei von jedem anderen Menschen zurück." Auf diese Worte gründete sich im Jahre 366 die Republik.

Was sind die *Capitani Reggenti*?

Die *Capitani Reggenti* sind zwei halbjährig amtierende und vom Parlament zu wählende Regierungsräte, die ihre Amtszeit jeweils am 1. April und am 1. Oktober antreten.

Wie reagierte die Republik auf Napoleons Angebot zur Landeserweiterung?

Um 1200 war die Bevölkerung so stark angewachsen, dass zwei Schlösser mit ihren Ländereien in der Nähe des Bergs Titano gekauft wurden. Weitere Vergrößerungen gab es nicht. Angeblich soll Napoleon bei der Einnahme von Italien seinen Truppen befohlen haben, die Grenzen San Marinos nicht zu überschreiten. Er bot der Republik auch eine Gebietserweiterung bis ans Meer an – eine historische Gelegenheit, die die San-Marinensen allerdings nicht ergriffen, da sie zu Recht befürchteten, anschließend mit ihren Nachbarn nie wieder in Frieden leben zu können. Napoleon schickte dem Land zwei Kanonen und mehrere Getreideladungen – die Kanonen sandten die Einwohner höflich zurück, das Getreide nahmen sie als friedliche Geste an.

Teilnehmer der Oldtimer-Rally Mille Miglia 2006 vor dem Regierungspalast an der Piazza della Libertà.

Arengo

Der *Arengo* ist traditionell die Versammlung aller Familienoberhäupter, heute die Gesamtheit der Wahlberechtigten. Der *Arengo* wird zweimal im Jahr, jeweils am Sonntag nach dem Amtsantritt der beiden *Capitani Reggenti,* einberufen und reicht bis ins Jahr 1295 zurück.

Was gehört zur Vatikanstadt?

Der Staat Vatikanstadt ist der kleinste von der UNO anerkannte Staat der Welt. Er liegt als Enklave innerhalb der Stadt Rom. Neben anderen Bereichen gehören dazu der Petersdom mit der Sixtinischen Kapelle, der Petersplatz sowie die Paläste und Gärten innerhalb der vatikanischen Mauern.

Wer ist das Oberhaupt der Vatikanstadt?

Der Papst ist das monarchische Oberhaupt des Staats. Er wird auf Lebenszeit gewählt. Der Papst ist geistliches Oberhaupt der römisch-katholischen Kirche und gleichzeitig gesetzgebende, vollziehende und richterliche Gewalt im Staat. Er ernennt die Mitglieder der Regierungs- und Verwaltungsorgane und repräsentiert das Land auch international.

Wie viele Menschen haben die Staatsbürgerschaft der Vatikanstadt inne?

Etwa 870 Bewohner haben die vatikanische Staatsbürgerschaft, die immer nur auf Zeit und gebunden an eine Funktion oder ein Amt vergeben wird. Sie ersetzt jedoch nie die Staatsbürgerschaft, die man mit der Geburt erworben hat. Etwa 40 % der Bürger leben nicht hier, sondern sind päpstliche Gesandte der Welt. In der Vatikanstadt arbeiten überdies ca. 3000 Menschen als Personal, Beamte, Angestellte (z. B. der Vatikanbank oder des Radiosenders) oder Lehrer.

Residierten die Päpste immer schon im Vatikan?

Nein. Bis zur Rückkehr der Päpste aus Avignon 1377 und dem Ende des Schismas (der Kirchenspaltung innerhalb der lateinischen Kirche) 1417 war der Amtssitz der Päpste nicht der Vatikan, sondern der Lateranpalast. Vatikan ist der Name eines der Hügel Roms (*mons vaticanus*) am rechten Tiberufer, hier soll der Zirkus des Kaisers Nero gelegen haben, außerdem ein Friedhof, angeblich mit dem Grab des Apostels Petrus.

Oben: Kurz nach seiner Wahl zum Papst im April 2005 grüßt Benedikt XVI. vom Balkon des Petersdoms.

Rechts: Der Platz vor dem Petersdom wurde in den Jahren 1656 bis 1667 von Gian Lorenzo Bernini (1589–1680) unter Papst Alexander VII. entworfen und gebaut.

Schweizergarde

Die *Guardia Svizzera Pontificia* ist die bewaffnete päpstliche Armee, die den Papstpalast und die Zugänge zur Vatikanstadt sichert und für die Sicherheit des Papsts verantwortlich ist. Dabei gilt sie im eigentlichen Sinn nicht als Armee, sondern als Hauspolizei. Die Kommandosprachen der Garde sind Deutsch und Italienisch. Sie besteht aus 110 Mann: sechs Offiziere, 26 Unteroffiziere und 78 Gardisten.

VATIKANSTADT

Flagge

Währung
1 Euro (€) = 100 Cents

Staatsform
Souveränes Erzbistum seit 1929

Sprachen
Lateinisch, Italienisch (Amtssprachen)

Fläche 0,44 km²

Einwohnerzahl 870

Religion
100 % Katholiken

Besonderheiten
Vatikanstadt ist der kleinste Staat der Welt.

MALTA

Flagge

Währung
1 Maltesische Lira (Lm) = 100 Cents
Staatsform
Republik (im Commonwealth) seit 1974
Hauptstadt
Valletta
Sprachen
Maltesisch, Englisch (Amtssprachen), Italienisch

Fläche 316 km²
Einwohnerzahl 399 000
Religion
93 % Katholiken
Besonderheiten
Die Republik Malta besteht aus sechs Inseln, von denen allerdings Malta und Gozo bereits 99 % der Landesfläche ausmachen.

Wo liegt Malta?
Die Inselrepublik Malta liegt im Mittelmeer südlich von Sizilien. Die sechs zum Staat gehörigen Inseln sind Reste einer alten Landbrücke, die vor mehr als 13 000 Jahren Afrika mit Europa verband.

Warum ist Englisch Amtssprache?
Während der napoleonischen Kriege besetzten die Briten Malta im Jahr 1800 und betrachteten die Insel danach als Kolonie. Der Besitz der Insel war weniger von wirtschaftlicher als von strategischer Bedeutung. Auch im 2. Weltkrieg war Malta ein wichtiger militärischer Stützpunkt für die britisch-deutschen Kämpfe in Nordafrika. Im Jahr 1964 erhielt Malta die volle Unabhängigkeit von Großbritannien, die englische Sprache blieb als Amtssprache erhalten.

Hat der Malteserorden etwas mit Malta zu tun?
Ja. Der Kreuzritterorden der Johanniter wurde 1099 gegründet und hatte es sich zur Aufgabe gemacht, christliche Pilger auf dem Weg nach Jerusalem zu beschützen. In Kriegszeiten trugen sie einen roten Mantel mit einem weißen Kreuz in der Form des heutigen Malteserkreuzes. Im Jahr 1530 wurden sie von den Osmanen nach Malta vertrieben. Seither ist die Bezeichnung Malteserorden für die Johanniter üblich.

Wovon leben die Malteser heute?
Neben der Landwirtschaft und der Fischerei spielt der Schiffsbau eine besondere Rolle. In Malta liegt die zweitgrößte Werft Europas, die gleichzeitig der größte Arbeitgeber des Landes ist. Der Tourismus hat zunehmende Bedeutung erlangt, wobei Malta nicht nur mit Sonnenstränden wirbt; besonders Jugendliche verbinden ihren Urlaub hier gern mit der Teilnahme an englischen Sprachkursen.

Valletta war eine der am besten befestigten Städte der Welt. Sie wurde im 16. Jahrhundert nach den Plänen der Ritter des Malteserordens erbaut.

Hagar Qim

Auf Malta bestand ab etwa 3800 v. Chr. für mehr als 1000 Jahre eine Megalithkultur, von der eine Reihe von Tempelresten erhalten ist. Eine der bedeutenden archäologischen Fundstellen ist Hagar Qim, wo sich der am besten erhaltene Tempel befindet. Charakteristische Zeugnisse dieser Steinzeitkultur auf Malta sind Kleinplastiken von üppigen Frauen, die auch als „Venus von Malta" bezeichnet werden.

GRIECHENLAND

Flagge

Währung
1 Euro (€) = 100 Cents
Staatsform
Parlamentarische Republik seit 1973
Hauptstadt
Athen
Sprachen
Griechisch (Amtssprache)
Fläche 131 900 km²
Einwohnerzahl 10,7 Mio.
Religion
97 % Griechisch-Orthodoxe
Besonderheiten
Die griechische Insel Gavdos ist der südlichste Punkt Europas.

Gyros und Ouzo

Das von Touristen oft als Nationalgericht betrachtete Gyros – geschnetzeltes Schweinefleisch vom Drehgrill – war noch Ende der 1980er-Jahre in Griechenland wenig bekannt und verbreitet. Zur traditionellen Küche gehören eher Gemüse und Lammfleisch. Der Anisschnaps Ouzo ist dagegen ein Produkt, das ausschließlich in Griechenland hergestellt werden darf. Er wurde wahrscheinlich aus dem türkischen Raki entwickelt, der seit dem 15. Jahrhundert gebrannt wird.

Links: Die griechische Insel Santorini mit ihren typischen verwinkelten Gassen prägt das Bild, mit dem Griechenland Touristen aus aller Welt anlockt.

Ist Griechenland ein Inselstaat?
Nein. Zum Staatsgebiet von Griechenland gehören zwar 9840 Inseln, sie machen aber nur ein Viertel der Landesfläche aus. Inseln und Festland sind sehr stark von Gebirgen geprägt, immerhin 78 % des Landes werden als Gebirgsland eingestuft. Landwirtschaftlich nutzbare Ebenen gibt es nur in den Landesteilen Makedonien, Thessalien und Thrakien.

Warum nennt man Griechenland die „Wiege Europas"?
Im antiken Griechenland entstand die erste Hochkultur Europas. Diese „minoische Kultur" hatte ihr Zentrum auf der griechischen Insel Kreta und ihre Blütezeit um 2000 v. Chr. Selbst der Name „Europa" geht auf die griechische Sagenwelt zurück. Europa war eine Königstochter, die der griechische Göttervater Zeus als Stier verkleidet entführte.

Lebt Griechenland vom Tourismus?
Nein. Der Tourismus macht nur etwa 10 % der Wirtschaftsleistung des Landes aus. Allein der Industriesektor trägt mit 22 % mehr als doppelt so stark zum Bruttoinlandsprodukt bei. Traditionell spielt die Schifffahrt eine große wirtschaftliche Rolle. Immerhin liegen 18,6 % des weltweiten Schiffsverkehrs in griechischer Hand.

Was haben die Olympischen Spiele mit Griechenland zu tun?
Die ersten Olympischen Spiele fanden vermutlich im Jahr 776 v. Chr. im antiken griechischen Ort Olympia statt. Der Franzose Pierre de Coubertin (1863–1937) gründete 1894 das Internationale Olympische Komitee (IOK). Die erste Olympiade der Neuzeit fand 1886 in Athen statt und wurde zum größten sportlichen Ereignis seit der Antike.

Das Parthenon aus dem 4. Jahrhundert v. Chr. wurde erst 1687 während der venezianischen Belagerung durch einen gezielten Schuss zerstört – die Türken hatten ihr Pulverlager dort eingerichtet.

TÜRKEI

Flagge

Währung
1 Neue Türkische Lira (YTL.)
= 100 Kuruş

Staatsform
Republik seit 1923

Hauptstadt
Ankara

Sprachen
Türkisch (Amtssprache), Kurdisch, Arabisch

Fläche 779 452 km^2

Einwohnerzahl 69,6 Mio.

Religion
99 % Muslime (vorwiegend Sunniten)

Ein Souvenirladen in der Türkei – jährlich kommen über 10 Mio. Touristen ins Land.

Warum wird die Türkei zu Europa gerechnet?
Wie bereits in der Einleitung erwähnt, ist die Zuordnung bestimmter Länder zu den größeren Regionen oder Kontinenten relativ willkürlich. Deutlich sieht man das an der Türkei, von der 96 % in Asien und nur 4 % diesseits des Marmarameers und des Bosporus in Europa liegen. Dennoch zählt man aus historischen und kulturellen Gründen die Türkei stets zu Europa und bezeichnet sie als „Tor zu Asien“.

Gibt es in der Türkei Erdbeben?
Vor allem der Norden des Landes ist eines der am stärksten von Erdbeben heimgesuchten Gebiete der Welt, in den letzten Jahren wurde das Land immer wieder von starken Beben erschüttert. Noch 1999 gab es in der nur 100 km von Istanbul entfernten Provinz Kocaeli ein verheerendes Beben, von dem auch die Metropole betroffen wurde.

Vor der Silhouette des modernen Istanbul liegt das Ausgehviertel Ortaköy mit seinen Restaurants, Bars, Straßencafés und der Ortaköy-Moschee aus dem Jahr 1854.

Hat die Türkei viele Küsten?
Die Türkei ist außer im Osten und Südosten, wo sie an Syrien, den Irak, den Iran, Armenien und Georgien stößt, zu drei Vierteln vom Meer umgeben: dem Schwarzen Meer im Norden, dem Marmarameer und dem Ägäischen Meer im Westen und dem Mittelmeer im Süden.

Wo leben die meisten Menschen?
74 % der Türken leben in den großen Städten. Die Türkei erlebt derzeit eine sehr starke Binnenmigration (Landflucht), was zu einer Verstädterung des Landes führt.

Wer war Atatürk?
Gazi Mustafa Kemal Atatürk (1881–1938) war der erste Präsident der nach dem 1. Weltkrieg aus dem Osmanischen Reich entstandenen Republik Türkei. Sein Beiname *Atatürk* bedeutet „Vater der Türken“ – als solcher trieb er die Modernisierung der Türkei nach westlichem Vorbild voran, schaffte Sultanat und Kalifat ab, schuf einen von der Religion unabhängigen Staat, in dem er die Belange der Religion denen des Staats unterordnete und die Stellung der Frau in der Gesellschaft stärkte – die Türkei gehörte zu den ersten Staaten der Welt, die 1930 das Frauenwahlrecht einführten.

Orhan Pamuk

Orhan Pamuk (*1952) ist der bekannteste türkische Schriftsteller, er schlägt Brücken zwischen dem europäischen Roman und traditionell orientalischen Erzählweisen. Seine Bücher sind in 35 Sprachen übersetzt worden und erscheinen in über 100 Ländern. 2006 erhielt er den Nobelpreis für Literatur.

Was ist die Türkische Republik Nordzypern? Zypern ist eine Insel, auf der zwei Staaten existieren: die Republik Zypern und die kleinere Türkische Republik Nordzypern. Mit über 250 000 Einwohnern und einer Fläche von 3355 km² umfasst der Nordteil der Insel nur etwa ein Drittel der Republik Zypern. Die Türkische Republik Nordzypern mit der Hauptstadt Nikosia wird allerdings außer von der Türkei von keinem Land der Vereinten Nationen anerkannt.

Zu welchem Kontinent gehört Zypern?
Geografisch gehört Zypern zu Asien, politisch (vor allem seit dem Beitritt zur EU) zu Europa. Kulturell bildet die Insel eine Schnittstelle zwischen Asien, Afrika und Europa.

Was sind Manoniten?
Manoniten sind eine der ältesten Kirchengemeinschaften der Welt und ursprünglich im Libanon beheimatet. Sie erkennen den Papst als Oberhaupt an.

Seit wann ist Zypern geteilt?
1925 wurde Zypern britische Kronkolonie, nachdem es zuvor zum Osmanischen Reich gehört hatte. 1960 erlangte es die Unabhängigkeit. Bei einem Putsch durch die griechische Junta in Athen wurde 1974 Präsident Makarios gestürzt, Zypern sollte griechisch werden. Die Türkei intervenierte militärisch und 1983 wurde die Türkische Republik Nordzypern ausgerufen. Es folgte eine strikte Trennung der beiden Teile, erst 2003 wurden die Grenzen wieder geöffnet.

REPUBLIK ZYPERN

Flagge

Währung
1 Zypern-Pfund (Z£) = 100 Cents

Staatsform
Präsidialrepublik (im Commonwealth) seit 1960

Hauptstadt
Nikosia

Sprachen
Griechisch, Türkisch (Amtssprachen)

Fläche 9251 km²

Einwohnerzahl 780 000

Religion
82 % Griechisch-Orthodoxe, 15 % Muslime, der Rest sind Katholiken und Maroniten

Interessante Fakten: Klima

Zypern ist die heißeste und gleichzeitig die waldreichste Insel im Mittelmeer. Im Sommer liegt die Durchschnittstemperatur 8 °C höher als auf Mallorca und nur 2 °C unter der Temperatur in Dubai.

Die umfangreichen Ruinen von Kourion in der Nähe der Stadt Episkopi, zeichnen sich durch ihre wunderschönen und gut erhaltenen Bodenmosaiken aus.

KROATIEN

Flagge

Währung
1 Kuna (K) = 100 Lipa

Staatsform
Republik seit 1991

Hauptstadt
Zagreb

Sprachen
Kroatisch (Amtssprache)

Fläche 56 542 km²

Einwohnerzahl 4,5 Mio.

Religion
88 % Katholiken

Besonderheiten
Zu Kroatien gehören mehr als 1200 Inseln in der Adria, die aber fast alle unbewohnt sind.

Wie ist die Landschaft gegliedert?

Die Landschaft Kroatiens ist in drei deutlich voneinander getrennte Zonen gegliedert. Im Osten liegt die pannonische Tiefebene, die überwiegend aus Flachland besteht und in der auch die Hauptstadt Zagreb liegt. Nach Westen folgt das dinarische Gebirge, das vereinzelt bis in Hochgebirgsregionen reicht und die pannonische Ebene von der flachen Küstenregion an der Adria trennt.

Der schönste und bekannteste Nationalpark Kroatiens, Plitvice, bietet 16 kleine Seen, die untereinander mit Wasserfällen verbunden sind.

Seit wann gibt es den Staat Kroatien?

In der wechselvollen Geschichte der Region gehörte Kroatien immer wieder zu anderen Ländern. Lange Zeit war das Land Teil des Osmanischen Reichs, später folgte eine Phase als Teil des Kaiserreichs Österreich-Ungarn. Nach dem 2. Weltkrieg wurde Kroatien eine Teilrepublik von Jugoslawien. Mit dem Zerfall Jugoslawiens entstand schließlich 1991 ein unabhängiger Staat.

Dubrovnik, die „Perle der Adria". Nach dem Kroatien-Krieg (1991–1995) wurden die zerstörten Stadtteile restauriert.

Hat der Tourismus eine große Bedeutung?

Ja. Der Tourismus ist für Kroatien eine wichtige Einnahmequelle. Jährlich reisen etwa 10 Mio. Urlauber nach Kroatien und tragen etwa 20 % zur Wirtschaftskraft des Landes bei. Durch die lange Adriaküste und die vielen Inseln ist Kroatien ein beliebtes Urlaubsziel in Europa. Die kroatische Adria gilt als der sauberste Teil des Mittelmeers. Die inselreiche Küste mit fast 15 000 Anlegeplätzen ist ein Paradies für Segler.

Dubrovnik

Für die Stadt Dubrovnik an der kroatischen Adria ist auch der alte lateinische Name Ragusa gebräuchlich, ferner wird sie oft als „Perle der Adria" bezeichnet. Die Stadt blickt auf fast 1400 Jahre Geschichte zurück und war jahrhundertlang eine unabhängige Stadtrepublik. Hier lag das Zentrum für die Entwicklung der kroatischen Sprache und Literatur, und auch heute noch kann die Stadt als kulturelles Zentrum Kroatiens betrachtet werden. Bereits 1979 wurde sie in das Weltkulturerbe der UNESCO aufgenommen.

Ist Bosnien und Herzegowina ein Binnenland?
Das Land liegt auf der Balkanhalbinsel und ist größtenteils ein Mittelgebirgsland mit vielen Wäldern. Nur im Süden ist das Land flacher und wird landwirtschaftlich genutzt. Es ist im Wesentlichen ein Binnenland, hat aber einen ganz schmalen Zugang zur Adria. An der nur 10 km langen Adriaküste liegt der Ort Neum, der einzige Ort des Landes mit einem Zugang zum Meer.

Ist das Land ein Vielvölkerstaat?
Bosnien und Herzegowina ist einer der Nachfolgestaaten des ehemaligen Vielvölkerstaats Jugoslawien. Hier leben drei große Volksgruppen: Bosniaken (48 %), Serben (37 %) und Kroaten (13 %). Keine der Gruppen wird als Minderheit eingestuft. Immer wieder kommt es zu Auseinandersetzungen zwischen den verschiedenen Volks- und Religionsgruppen. Ein von 1992 bis 1995 andauernder Bürgerkrieg wurde durch den Friedensvertrag von Dayton beendet.

Welche historische Bedeutung hat Sarajevo?
In Sarajevo wurde 1914 ein Attentat auf den österreichischen Thronfolger Franz Ferdinand verübt, bei dem er und seine Frau getötet wurden. Das Attentat war schließlich der Auslöser des 1. Weltkriegs, in den von 1914 bis 1918 ganz Europa und die USA verstrickt waren.

BOSNIEN UND HERZEGOWINA

Flagge

Währung
1 Konvertible Mark (KM) = 100 Pfennig

Staatsform
Republik seit 1992

Hauptstadt
Sarajevo

Sprachen
Bosnisch, Kroatisch, Serbisch (Amtssprachen)

Fläche 51 129 km²

Einwohnerzahl 4,0 Mio.

Religion
40 % Muslime, 31 % Serbisch-Orthodoxe, 15 % Katholiken

Was ist eine Konvertible Mark?
Im Jahr 1998 wurde die Konvertible Mark als neue Währung in Bosnien und Herzegowina eingeführt. Sie war im Verhältnis 1:1 an die D-Mark der Bundesrepublik Deutschland gekoppelt. Anfangs wurden auch deutsche Münzen und Scheine allgemein akzeptiert. Nach der Einführung des Euro in der EU blieb die Konvertible Mark im festen Wechselkurs an den Euro gekoppelt.

Die Brücke von Mostar war bei ihrer Erbauung im 16. Jahrhundert als Einbogenbrücke ein Meisterwerk der Ingenieurskunst.

Die Brücke von Mostar
Die aus dem 16. Jahrhundert stammende Brücke ist die längste steinerne Bogenbrücke der Welt mit nur einem Bogen. Sie gilt seit Jahrhunderten als Symbol für den Brückenschlag zwischen Ost und West, zwischen Christentum und Islam. 1993 wurde sie während des Bürgerkriegs in Bosnien und Herzegowina zerstört. Ab 1995 wurde sie mithilfe der UNESCO und der Weltbank wieder aufgebaut und 2004 eröffnet.

MONTENEGRO

Flagge

Währung
1 Euro (€) = 100 Cents

Staatsform
Republik seit 2006

Hauptstadt
Podgorica

Sprachen
Serbisch/Montenegrinisch (Amtssprache), Albanisch

Fläche 13 812 km²

Einwohnerzahl 631 000

Religion
75 % Serbisch-Orthdoxe, 15 % Muslime

Besonderheiten
Montenegro ist einer der kleinsten Staaten Europas.

Woher stammt der Name des Landes?
„Schwarzes Gebirge" bedeutet der Landesname in seiner wörtlichen Übersetzung des Serbokroatischen *Crna Gora*. Daraus wurde der internationale Name Montenegro, der nicht, wie meist angenom-men, aus dem Italienischen, sondern aus dem Venezianischen stammt, einem Dialekt des Italienischen, der im Veneto und in Venedig von ca. 2 Mio. Menschen gesprochen wird und der so stark vom Italienischen abweicht, das er oft als eigene Sprache bezeichnet wird.

Seit wann ist Montenegro ein eigener Staat?
Zwischen 1878 und 1918 war Montenegro bereits ein eigenständiges Fürstentum, seit 1910 ein Königreich. Zwischen 1945 und 1992 war Montenegro eine mit Serbien verbündete Teilrepublik der Sozialistischen Bundesrepublik Jugoslawien. 2003 wurde daraus die Staatengemeinschaft Serbien und Montenegro. Im Mai 2006 wurde eine Volksabstimmung zur Unabhängigkeit druchgeführt, bei der von der EU eine Mehrheit von 55 % gefordert wurde. Mit 55,5 % stimmte man der Unabhängigkeit zu, Montenegro wurde zum eigenständigen Staat.

Welche Bedeutung hat der Tourismus für das Land?
Der Tourismus, der heute 15 % des Bruttoinlandsprodukts erwirtschaftet, spielt eine sehr wichtige Rolle. Im Jahr 2006 hatte Montenegros Tourismusbranche im weltweiten Vergleich die höchste Zuwachsrate.

Montenegrinisch

Als Amtssprache Montenegros wird von der Mehrheit der Bevölkerung Serbisch angegeben, eine Minderheit bezeichnet sie als Montenegrinisch. Tatsächlich ist Letzteres ein Dialekt des Serbischen, und die Verständigung mit serbisch, kroatisch und bosniakisch sprechenden Menschen funktioniert vollkommen problemlos. Viele Linguisten bestreiten generell die Existenz einer eigenen montenegrinischen Sprache. Aber Sprache ist häufig auch ein Politikum, das eingesetzt wird, um eine nationale Identität zu erzeugen – für einen so jungen Staat wie Montenegro kann eine „eigene" Sprache vielleicht hilfreich sein.

Sveti Stefan ist ein Seeort an der Adria. Der Ort war früher eine Insel, die nur bei Ebbe mit dem Land Verbindung hatte – heute ist sie eine Halbinsel.

SERBIEN

Flagge

Währung
1 Neuer Dinar (N.Din) = 100 Para

Staatsform
Republik

Hauptstadt
Belgrad

Sprachen
Serbisch (Amtssprache) Albanisch, Ungarisch, Kroatisch, Slowenisch, Mazedonisch

Fläche 88 361 km²

Einwohnerzahl 10,4 Mio.

Religion
85 % Serbisch-Orthdoxe,
5 % Katholiken

Interessante Fakten: Geschichte und Kultur

- Serbien zählt zu den ersten besiedelten und kultivierten Gebieten Europas.
- Nicht, wie bisher angenommen, aus Mesopotamien soll das älteste bekannte Schriftsystem stammen, sondern aus der Vinča-Kultur, die zwischen 5400 und 4500 v. Chr. in Serbien, West-Rumänien, Süd-Ungarn und Ost-Bosnien verbreitet war.

Zemun, dt. Semlin, ist ein historischer Stadtteil Belgrads. Erste keltische Besiedlungen des antiken Taurunum gehen auf das 3. Jahrhundert v. Chr. zurück.

Was ist das Eiserne Tor?

Als Eisernes Tor wird Europas längste und größte Schlucht bezeichnet – die Donau hat sie in Jahrmillionen in die südlichen Karpaten an der Grenze zu Rumänien geschnitten. Eisernes Tor ist allerdings auch der Name eines Elektrizitätswerks in der Schlucht. Bis zur Fertigstellung des Kraftwerks 1972 war das Passieren dieses Donauabschnitts so gefährlich, dass dies nur mithilfe eines Lotsen möglich war.

Was geschah am 17. Juli 1944 in London?

In den Wirren des 2. Weltkriegs flohen die Eltern des serbischen Kronprinzen Aleksander II. Karadordević nach London ins Exil. Damit der Kronprinz dennoch auf serbischem Territorium geboren werden konnte, erklärte Winston Churchill für den 17. Juli die Suite 212 im Hotel Claridge in London zum jugoslawischen Staatsgebiet.

Was war die Sozialistische Föderative Republik Jugoslawien (SFRJ)?

Aus den beiden antifaschistischen Widerstandslagern – der kommunistischen Bewegung unter Josip Broz (1892–1980), genannt „Tito", und den westlich-monarchischen Tschetniks – ging nach dem 2. Weltkrieg Tito als Sieger hervor. Serbien wurde eine von sechs Teilrepubliken der Sozialistischen Föderativen Republik Jugoslawien (SFRJ), deren Staatspräsident Tito bis zu seinem Tod blieb. Die Teilrepubliken waren: Slowenien, Kroatien, Bosnien und Herzigowina, Serbien, Montenegro und Mazedonien. Innerhalb Serbiens existierten ab 1974 die beiden autonomen Provinzen Kosovo und Vojvodina.

Wann begann der Zerfall Jugoslawiens?

Nach dem Tod Titos 1980 begann der künstlich geschaffene Staat zu bröckeln, 1991 zerfiel er – die Teilrepubliken erklärten eine nach der anderen ihre Unabhängigkeit. Aus den Autonomiebestrebungen erwuchsen Konflike zwischen den ehemaligen jugoslawischen Teilstaaten, sie eskalierten schließlich und gipfelten in den ein Jahrzehnt andauernden Jugoslawienkriegen.

Unten: Die Kunst des Wollespinnens wird in den ländlicheren Regionen von den älteren Frauen noch häufig beherrscht.

BULGARIEN

Flagge

Währung
1 Lew (Lw) = 100 Stótinki
Staatsform
Republik seit 1991
Hauptstadt
Sofia
Sprachen
Bulgarisch (Amtssprache), Türkisch, Griechisch, Mazedonisch, Romani
Fläche 110 910 km^2
Einwohnerzahl 7,5 Mio.
Religion
84 % Bulgarisch-Orthodoxe, 12 % Muslime
Besonderheiten
Bulgarien ist Transitland zwischen Zentraleuropa und dem Nahen Osten.

Oben: Die Alexander-Newski-Kathedrale ist das Wahrzeichen der Hauptstadt Sofia. Sie fasst 5000 Menschen und beherbergt eine einzigartige Sammlung von Ikonen.

Wie ist die Natur des Landes beschaffen?
Bulgarien liegt auf der Balkanhalbinsel und grenzt an das Schwarze Meer. In Ost-West-Richtung wird das Land vom Balkangebirge mit Höhen bis 2400 m durchzogen. Nördlich davon liegt die Donauebene, der Süden Bulgariens wird von der Oberthrakischen Tiefebene beherrscht.

Im neuen EU-Mitgliedsland Bulgarien boomt der Tourismus. Entlang der Schwarzmeerküste laden Strände zum Baden ein, wie hier in Sozopol.

Was ist der Goldstrand?
Der Goldstrand (bulgarisch *Slatni pjasszi*) ist ein 3,5 km langer und an manchen Stellen 100 m breiter Strand am Schwarzen Meer. Er ist neben dem Sonnenstrand (bulgarisch *Slantschew brjag*) der bekannteste touristische Anziehungspunkt in Bulgarien. Die Saison geht von Juni bis August, im Winter sind die Strände und Touristenorte fast menschenleer.

Gab es einen Zar von Bulgarien?
913 wurde Simeon I. der erste Zar von Bulgarien. Das Zarenregime bestand bis 1398, als Bulgarien für fast 500 Jahre unter türkische Herrschaft kam. Ab 1878 wurde Bulgarien wieder ein eigenständiger Staat, und 1908 nahm der Fürst von Bulgarien wieder den Titel Zar an. Der letzte Zar Simeon II. (*1937) musste 1946 abdanken, war dann aber wieder von 2001 bis 2005 Ministerpräsident der Republik Bulgarien.

Ist Bulgarien Mitglied der EU?
Ja. Seit dem 1. Januar 2007 sind Rumänien und Bulgarien Mitglied der Europäischen Union. Der wirtschaftliche Aufbruch in die Moderne begann 1950 mit der Industrialisierung und der Intensivierung der Landwirtschaft. Aber auch heute noch besteht ein hoher Investitionsbedarf in der bulgarischen Wirtschaft, die gute Chancen für ausländische Investoren bietet.

Christo

Der bekannteste bulgarische Künstler ist Christo Javacheff, der, 1935 in Bulgarien geboren, später unter seinem Künstlernamen Christo weltberühmt geworden ist. Internationales Aufsehen erregte er zusammen mit seiner Frau Jeanne-Claude etwa durch die Verhüllung des Reichstags in Berlin 1995 oder durch die Aktion *The Gates*, „Die Tore", im Central Park von New York 2005. Für die Zukunft plant er u. a. die Überspannung des Arkansas River (USA) mit 11 km langen Stoffbahnen.

Wer war Nicolae Ceauşescu?

1967 bis 1974 war Ceauşescu Präsident des rumänischen Staatsrats, gegen Ende seiner Amtsperiode führte er das Amt des Staatspräsidenten ein und ließ sich 1974 zum Präsidenten der Sozialistischen Republik wählen. Er verblieb in diesem Amt bis 1989, als sein repressives System stürzte. Er herrschte diktatorisch, forderte eine absolute Verehrung seiner Person und lenkte das Land gleichzeitig in den wirtschaftlichen Ruin. Als die Armee 1989 mit Aufständischen zusammenging, wurden Ceauşescu und seine Frau Elena verhaftet, im Schnellverfahren verurteilt und standrechtlich erschossen.

Welcher Industriezweig ist wichtig für Rumänien?

Als *Original Equipment Manufacturer* ist Rumänien einer der weltgrößten Produzenten von Notebooks, Halbleiter-Anwendungen und WLAN-Komponenten für verschiedene, auch konkurrierende Marken.

RUMÄNIEN

Flagge	
Währung	1 Neuer Leu (l) = 100 Bani
Staatsform	Republik seit 1991
Hauptstadt	Bukarest
Sprachen	Rumänisch (Amtssprache), regional Ungarisch, Deutsch
Fläche	238 391 km²
Einwohnerzahl	22,3 Mio.
Religion	87 % Rumänisch-Orthodoxe, 7 % Protestanten, 5 % Katholiken

Wer war Graf Dracula?

Graf Dracula ist die Titelgestalt des Vampirromans der englischen Schrifstellerin Bram Stoker (1847–1912), der in Transsilvanien, also im rumänischen Siebenbürgen angesiedelt ist. Die fiktive Gestalt des Herrschers der Vampire geht zurück auf Vlad III. Draculea (1431–1476), dt. „Sohn des Drachen", einen Herrscher, der der Überlieferung nach mit großer Brutalität gegen seine Untertanen vorgegangen sein soll, der angeblich ihr Blut trank, und – das beflügelte die Sage – dessen Leiche bis heute nicht gefunden wurde … sein Grab ist leer.

Hoch auf einem steilen Felsen liegt das Schloss aus dem 14. Jahrhundert, das häufig als Draculas Burg bezeichnet wird. Vermutlich hat der historische Vlad III. Draculea das Schloss jedoch nie betreten.

Siebenbürgen

Siebenbürgen ist der zentrale Landesteil Rumäniens, der auf eine abwechslungsreiche Geschichte zurückblickt. In das Land „jenseits der Wälder" (Transsilvanien) wurden ab 1734 unter Karl VI. Protestanten aus dem Salzkammergut deportiert, da dieser Landstrich durch die Türkenkriege und die Pest relativ entvölkert war. 1770 wurden abermals 3000 Österreicher zwangsumgesiedelt. Der in Siebenbürgen gesprochene deutsche Dialekt wird noch heute von ca. 30 000 Menschen beherrscht.

MAZEDONIEN

Flagge

Währung
1 Denar (Den) = 100 Deni

Staatsform
Republik seit 1991

Hauptstadt
Skopje

Sprachen
Mazedonisch, Albanisch (Amtssprachen), Türkisch, Romani, Serbisch, Walachisch

Fläche 25 713 km²

Einwohnerzahl 2,0 Mio.

Religion
59 % Mazedonisch-Orthodoxe, 28 % Muslime

Besonderheiten
Über den Namen des Staats gibt es zwischen der mazedonischen und der griechischen Regierung Streit, da die nördlichste griechische Provinz den Namen Makedonien trägt.

Mazedonien ist nach wie vor ein wirtschaftlich rückständiges Land mit einer nur schwach entwickelten Industrie. Junge Leute finden vielfach nur im Kleingewerbe Arbeitsplätze.

Wie ist die Natur des Landes beschaffen?
Mazedonien ist ein Binnenstaat in Südosteuropa ohne Zugang zum Mittelmeer. Das Land ist sehr gebirgig, das Klima relativ rau.

Wie setzt sich die Bevölkerung zusammen?
Die Bevölkerungsstruktur in Mazedonien ist von zwei großen Volksgruppen und einer Reihe von Minderheiten geprägt. Die stärksten Volksgruppen sind die slawischen Mazedonier mit 64 % und die Albaner mit 25 %. Dazu kommen große Minderheitengruppen von Türken, Roma, Serben, Bosniaken, Walachen und Griechen.

Der Ohridsee beheimatet einige Fischarten, die in keinem anderen Gewässer der Erde zu finden sind. Ein Beispiel ist die Ohridforelle, deren Existenz allerdings durch die Überfischung des Sees als bedroht eingestuft wird.

Wie stark ist die Wirtschaftskraft des Landes?
Mazedonien hat nur geringe Rohstoffvorkommen und leidet unter den typischen Nachwirkungen der zerfallenen sozialistischen Wirtschaft: verbreitete Korruption, großer Verwaltungsapparat und veraltete Industrieanlagen jenseits jeglicher moderner Standards. Das Land ist eines der ärmsten Europas.

Hat Mazedonien eine alte Geschichte?
Ja. Der südliche Teil des Landes gehörte zum historischen Reich Makedonien, aus dem der legendäre Feldherr Alexander der Große (356–323 v. Chr.) stammte. Das Staatsgebiet hatte später eine sehr wechselhafte Geschichte, gehörte zeitweise zu Bulgarien, Serbien, zum Osmanischen Reich und schließlich zu Jugoslawien. Seit 1991 ist Mazedonien ein unabhängiger Staat.

Ohridsee
Der Ohridsee liegt im Grenzgebiet der Staaten Mazedonien und Albanien und gilt als einer der ältesten und tiefsten Seen der Welt. Er misst an seiner tiefsten Stelle 289 m und ist mindestens 2,6 Mio. Jahre alt. Wegen seines Alters ist er ein beliebtes Ziel von Klimaforschern, die aus seinen Ablagerungen Rückschlüsse auf die Klimageschichte der Erde ziehen. Daneben spielt der See eine wichtige Rolle für den Fischfang und den Tourismus Mazedoniens.

Warum nennt man Albanien das Land der Skipetaren?

Die Albaner bezeichnen ihr Land selbst als *Shqipëria*. Daraus leitet sich die Bezeichnung Skipetaren für die Albaner ab. Häufig wird diese Bezeichnung mit „Adlersöhne“ übersetzt und in Verbindung mit dem Adler der albanischen Flagge gebracht. Nach neuerer Auffassung leitet sich das Wort aber vom albanischen Begriff für „sprechen“ ab und meint alle, die albanisch sprechen.

Ist Albanien ein Gebirgsland?

Der Ostteil des Landes ist durch einen Ausläufer der Alpen geprägt, der Höhen bis zu 2764 m (Berg Korab) erreicht. Diese Region nimmt zwei Drittel des Landes ein, ist schwer zugänglich und bietet kaum bewohnbare Regionen. Nach Westen hin senkt sich das Gebirge zur Adriaküste ab. In diesen hügeligen bis flachen Regionen lebt fast die gesamte Bevölkerung des Landes.

Ist die albanische Bevölkerung arm?

Ja. Albanien zählt zu den ärmsten Ländern Europas. Mehr als die Hälfte der Bevölkerung gilt nach den Standards der Weltbank als arm. Die Produktion der Landwirtschaft reicht lediglich zur Deckung des Eigenbedarfs.

ALBANIEN

Flagge

Währung
1 Lek = 100 Qindarka

Staatsform
Republik seit 1991

Hauptstadt
Tirana

Sprachen
Albanisch (Amtssprache), Griechisch, Mazedonisch

Fläche 28 748 km^2

Einwohnerzahl 3,6 Mio.

Religion
70 % Muslime (Sunniten),
20 % Albanisch-Orthodoxe,
10 % Katholiken

Ist Albanien noch immer ein atheistisch geprägter Staat?

Nein. 1967 hatte der damalige Staatspräsident Enver Hoxha (1908–1985) Albanien zum „ersten atheistischen Staat der Welt“ erklärt. Jegliche Religionsausübung war in den Jahren von 1968 bis 1990 verboten, als Konsequenz aus dieser Situation wurden in der Folgezeit viele Moscheen und Kirchen zerstört oder zweckentfremdet. Nach dem Ende der kommunistischen Herrschaft 1990 kehrten jedoch viele Albaner wieder in die Religionsgemeinschaft zurück, die in der Familientradition begründet war.

Die Ruinen der altgriechischen Siedlung Apollonia in Albanien. Die archäologische Sammlung wurde in den Wirren nach dem Zusammenbruch des Kommunismus (1990) geplündert.

Enver Hoxha

Enver Hoxha (1908–1985) war fast 40 Jahre lang der politische Führer Albaniens. Als Sohn einer wohlhabenden Familie hatte er in Frankreich und Belgien Jura studiert. Nach Albanien zurückgekehrt, unterrichtete er als Lehrer Französisch. 1941 gründete er die kommunistische Partei Albaniens und rief 1944 die Unabhängigkeit aus. Er blieb bis zu seinem Tod im Jahr 1985 Führer der kommunistischen Partei und des Staates. Politisch lehnte er sich zunächst an die Sowjetunion, später an die Volksrepublik China an.

▲ Japan

Indien

Afghanistan

China

ASIEN

Asien umfasst etwa 30 % der gesamten Landmasse der Erde, ist der größte (44,4 Mio. km^2), bevölkerungsreichste (ca. 4 Mrd. Einwohner) und vielseitigste der sieben Kontinente: trockene Wüsten und feuchte Regenwälder, die weltweit höchsten Berge (im Himalaya) und Niederungen wie das Tote Meer, ewiges Eis und tropische Strände. Viele der geologischen Merkmale des Planeten sind durch vulkanische Tätigkeit entstanden, die – ein weiterer, wenngleich trauriger Superlativ – in Asien die schrecklichsten Naturkatastrophen verursacht haben, die die Welt gesehen hat.

Oman

Israel

Japan

PHYSISCHE KARTE

POLITISCHE KARTE

Einleitung

Was bedeutet Morgenland?
Das Wort *Asien* stammt aus dem Assyrischen und bedeutet „Sonnenaufgang“. Damit entspricht es in seiner Bedeutung dem lateinischen Wort *orient*, was als „Morgenland“ ins Deutsche übertragen wurde. In der Antike bezeichnete man so die kleinasiatischen Gebiete des Römischen Reichs.

Wie heißt der längste Fluss Asiens?
Nach dem Nil in Afrika und dem Amazonas in Südamerika ist der chinesische Jangtse mit einer Länge von 6380 km der drittlängste Fluss der Welt und gleichzeitig der längste Asiens. Etwa 2800 km dieses Stroms sind schiffbar.

Wo siedelten die frühen asiatischen Hochkulturen?
Frühe Hochkulturen der Welt erblühten in Mesopotamien zwischen Euphrat und Tigris, am Indus des heutigen Pakistan und in Nordchina in der Nähe des Gelben Flusses.

Welche kulturellen Errungenschaften haben diese Zivilisationen hervorgebracht?
Zu den Errungenschaften der asiatischen Hochkulturen zählen die Schrift, ein dezimales Zahlensystem, Bewässerungssysteme, die Astronomie, komplexe Gesellschaftsstrukturen sowie Rad und Streitwagen.

Aralsee

In den 1930er-Jahren begann die Sowjetunion, große Gebiete Zentralasiens für die Baumwollproduktion zu bewässern. Der Karakum-Bewässerungskanal wurde 1956 eröffnet und zweigte derart gewaltige Wassermengen vom Fluss Amurdarja ab, dass dieser fast austrocknete, bevor er den Aralsee erreichen konnte. Seitdem schrumpft der Aralsee beständig. 1997 hatte er schon 40 % seiner ursprünglichen Fläche verloren, das heutige Ufer liegt ca. 80 km vom alten entfernt. Millionen Tonnen Salze, Mineralpartikel und Sand werden Jahr für Jahr durch die starken Winde in der Region verweht, was mit einer extremen Gesundheitsgefährdung für die Anwohner einhergeht. Folgen sind u. a. Kehlkopfkrebs, Augenkrankheiten und erhöhte Kindersterblichkeit. Der Aralsee war einst mit etwa 66 900 km^2 der viertgrößte See der Welt – heute geht man davon aus, dass er zwar nicht verschwinden, aber in Zukunft auf etwa ein Zehntel seiner ursprünglichen Fläche reduziert werden wird.

Gibt es heute noch Spuren dieser Zivilisationen?
Überreste der asiatischen Hochkulturen finden sich auf dem gesamten Kontinent; eines der bekanntesten Bauwerke dürfte die Chinesische Mauer sein. Während der Ming-Dynastie zwischen dem 14. und dem 17. Jahrhundert wurde jener Teil errichtet, der noch heute als einziges Bauwerk mit bloßem Auge aus dem All zu erkennen ist. Weitere sichtbare Spuren sind Straßen, etwa die gewaltige Seidenstraße, Reste von Städten wie Ubar in Oman oder Angkor,

Unten: Abendgebet an der Moschee des Propheten in Medina, Fast 2 Mio. Pilger besuchen die Stadt während des alljährlichen *hadsch*, der Pilgerfahrt nach Mekka.

die Hauptstadt der Khmer im Nordosten Kambodschas, die zwischen dem 9. und dem 13. Jahrhundert über 1 Mio. Einwohner hatte.

Ein zum Taxi umgebauter Kleinlieferwagen in Pakistan, der sehr viel mehr Passagiere und Lasten transportiert, als möglich scheint

Gehört Israel zu Asien?
Geografisch gehört Israel zum asiatischen Kontinent, kulturell jedoch wird es meist zu Europa gezählt. So treten die Athleten bei Olympischen Spielen oder Fußballweltmeisterschaften als Europäer auf. Außerdem stammt ein großer Teil der israelischen Bevölkerung aus Europa.

Wie ist der Himalaya entstanden?
Das höchste Gebirge der Welt ist durch die Kollision der Indischen mit der Eurasischen Platte entstanden. Noch immer bewegen sich diese beiden tektonischen Platten der Erdkruste aufeinander zu.

Wie viele Länder haben Anteil am Himalaya?
Das „Dach der Welt", wie der Himalaya auch genannt wird, prägt den Nordosten Pakistans, das nördliche Indien, Nepal und Bhutan.

Wo liegt die Takla-Makan-Wüste?
Die Takla-Makan-Wüste liegt im Nordwesten Chinas und erstreckt sich dort über etwa zwei Drittel des Gebiets Xinjiang. Mit einer Fläche von rund 300 000 km^2 ist sie die zweitgrößte Sandwüste der Erde. Das vorherrschende Klima ist extrem trocken. Grund hierfür ist zum einen die große Entfernung zum nächsten Meer; zum anderen befindet sich die Takla-Makan-Wüste im Regenschatten einiger Hochgebirgszüge.

Gibt es in Asien vulkanische Aktivitäten?
In sehr vielen asiatischen Staaten, wie zum Beispiel Japan, China, Indonesien oder auf den Philippinen, lebt die Bevölkerung in ständiger Angst vor der Gewalt der Erde. Hier haben sich bislang die meisten und größten Vulkanausbrüche der Welt ereignet und verheerende Katastrophen nach sich gezogen.

Hintergrund: Die Changtang-Ebene in Tibet mit dem Nam-Tso-See im Hintergrund.

Wasser – Asiens größtes Problem

Wasser spielt für die Gesundheit der Völker und als Basis von Wohlstand eine sehr große Rolle. Vor allem in der Region des asiatischen Dürregürtels wird Wasser für Besiedlungen, Ackerbau und Industrie benötigt. Insbesondere die Staaten des Nahen und Mittleren Ostens leiden unter chronischem Wassermangel und erweisen sich als unfähig, sich über eine gerechte Verteilung des wertvollen Gutes zu verständigen. Immer wieder wird versucht, sich die Wasserreserven, auch die des Nachbarn, zu sichern. Indien, China und andere große Länder errichten Dämme und schneiden so den flussabwärts gelegenen Nationen das Wasser ab. Es drohen Kriege um Wasser. 1997 und 1998 führte ungewöhnlich trockenes Wetter zu zahlreichen Großbränden in Indonesien, die Wälder vernichteten und benachbarte Staaten im Rauch nahezu ersticken ließen.

Ein Gemüsehändler auf einem Souk, einem Straßenmarkt in Maskat, Oman

Was ist der Tobasee?

Im Norden Zentralsumatras im Barisamgebirge liegt der Tobasee. Er ist 96 km lang, 29 km breit und das Produkt des Kollapses eines sehr alten Vulkans infolge einer Reihe von Eruptionen. Der Krater des Toba, einer der größten Vulkansenken der Erde, füllte sich nach seinem Erlöschen mit Wasser. Heute umgeben die im See entstandene Insel Samosir, die zum Urlaubsparadies avanciert ist, über 600 m tiefe Gewässer.

Was waren die Umweltfolgen des 2. Golfkriegs?

Von den ca. 1000 kuwaitischen Ölquellen wurden während dieses Kriegs Schätzungen zufolge ca. 800 beschädigt, ungefähr 600 sollen gebrannt haben. Starke Rauchwolken aus öligem Ruß stiegen dadurch über einen längeren Zeitraum in die Luft und legten sich anschließend über die Städte und die Natur. Nicht nur das Land wurde verseucht und

Interessante Fakten

- Der geografische Mittelpunkt Asiens liegt bei Kysyl in der autonomen russischen Republik Tuwa in Südsibirien.
- Asien hat eine Küstenlänge von ca. 82 300 km.
- Das Kaspische Meer ist mit einer Fläche von 371 000 km² der größte See der Erde.
- Alle sogenannten Weltreligionen sind hier entstanden.
- Asien ist seit jeher von Großreichen geprägt gewesen und nicht so zersplittert wie Europa.
- Das Wort *Asien* stammt aus dem Assyrischen und bedeutet „Sonnenaufgang".
- Der Kontinent hat eine West-Ost-Erstreckung von mehr als 9000 km und eine Nord-Süd-Ausdehnung von über 7000 km.
- Nach Afrika gibt es in Asien die meisten Entwicklungsländer.

Die weltgrößte Buddha-Statue befindet sich in der Tempelanlage in Dambulla auf Sri Lanka.

Ernten wurden vernichtet, auch die Menschen waren lange Zeit hohen Gesundheitsrisiken ausgesetzt, z. B. einer erhöhten Krebsgefahr. In den Persischen Golf ergoss sich der bis dahin größte Ölteppich der Industriegeschichte (11 Mrd. Liter). Millionen Tiere wurden getötet und die Umwelt auf lange Zeit zum Teil irreparabel geschädigt.

Das Maul des Affengottes aus der hinduistischen Mythologie, Lord Manuman in Neu Delhi, Indien

Wie sehen die Prognosen für die Bevölkerungsentwicklung Asiens aus?
Asien ist mit ca. 4 Mrd. Menschen schon heute die bevölkerungsreichste Region der Welt. Experten schätzen, dass hier in den nächsten 50 Jahren allerdings weitere 1,5 Mrd. Menschen hinzukommen werden. Allein Indien wird dann 600 Mio. Einwohner haben und damit zum bevölkerungsreichsten Land der Erde werden.

In welchen Ländern wurde die wirtschaftliche Entwicklung durch Kriege verzögert?
Durch Kriege und Korruption zurückliegende Staaten sind Afghanistan, Bangladesch, Myanmar, Nordkorea, Laos, Kambodscha und Vietnam. In diesen Staaten, aber auch in vielen Ländern der ehemaligen Sowjetunion ist die Landwirtschaft der einzige nennenswerte Einnahmefaktor.

Kuwaitis bei der Inspektion einer Meerwasser-Entsalzungsanlage. Solche Anlagen verbrauchen sehr viel Energie, um Salzwasser trinkbar zu machen.

KASACHSTAN

Flagge

Währung
1 Tenge (T) = 100 Tiin

Staatsform
Präsidialrepublik seit 1991

Hauptstadt
Astana (seit 1997, vorher Alma-Ata)

Sprachen
Kasachisch (Staatssprache), Russisch (Verkehrssprache)

Fläche 2,72 Mio. km²

Einwohnerzahl 15,2 Mio.

Religion
47 % Muslime (Sunniten),
46 % Christen (Russisch-Orthodoxe)

Eine Jurte ist ein Gewölbezelt, das für festliche Anlässe aufgestellt wird. Dieses Festzelt ist mit kostbaren roten Teppichen mit verschiedenen Mustern ausgelegt.

Wie sieht die Außendarstellung des Landes aus?
Kasachstan selbst betrachtet sich als das Zentrum Eurasiens. Wie schon in der Einleitung zu den Kontinenten bemerkt, hängt die Zuordnung eines Staats zu einem bestimmten Kontinent manchmal auch von der Perspektive ab. Betrachtet man den Fluss Ural als Grenze zwischen Asien und Europa, so liegen etwa 5,4 % der Landesfläche Kasachstans im äußersten Osteuropa.

Was ist der Chan-Tengri?
Chan-Tengri heißt der mit 6995 m höchste Berg des Landes. Er liegt im Tien-Shan-Gebirge im Dreiländereck von China, Kirgisistan und Kasachstan.

Gibt es genug Wasser in Kasachstan?
Besonders die Randgebiete sind reich an Wasser, während die Mitte relativ trocken ist. Gleichzeitig hat das Land (besonders im Norden) ca. 4000 Seen, allerdings überwiegend Salzseen. Der größte See des Landes ist das Kaspische Meer, das sich durch großen Fischreichtum auszeichnet.

Welches Klima herrscht vornehmlich in Kasachstan?
In Kasachstan ist ein dezidiert kontinentales Klima wetterbestimmend, das große Temperaturunterschiede zwischen den verschiedenen Jahreszeiten mit sich bringt. In der Stadt Alma-Ata (850 m über dem Meeresspiegel) reichen die Temperaturen von +42 im Sommer bis –48 °C im Winter.

Landwirtschaft

Zu Zeiten der UdSSR entfiel auf Kasachstan ein Fünftel der gesamten landwirtschaftlichen Nutzfläche der Sowjetunion. Von hier stammten 13 % des Getreides, 7 % des Fleischs und 23 % der Wollproduktion. Die bedeutendsten Getreideanbaugebiete liegen im Norden, wo in den 1950er-Jahren die Anbaufläche erheblich ausgeweitet wurde. Auf den fruchtbaren Böden werden auch Tabak, Sonnenblumen und vor allem Baumwolle angebaut.

Hat das Land mit Umweltproblemen zu kämpfen?
Ja. Atombombentests zu Zeiten der Sowjetunion führten zu radioaktiver Verseuchung in der Nähe der Stadt Semipalatinsk. Das Grundwasser wurde durch Dünge- und Pflanzenschutzmittel stark belastet, was in einigen Landstrichen zu Gesundheitsrisiken führt. Der extreme Wasserverlust des Aralsees (s. Einleitung Asien) bingt ebenfalls eine Gefährdung der Bevölkerung mit sich.

Welche Landschaftsform herrscht in Usbekistan vor?
Wüsten nehmen den größten Teil der Fläche des Landes ein. Landwirtschaftliche Anbaugebiete sowie die am dichtesten besiedelten Gebiete befinden sich außerhalb der Wüstenregionen in den großen Oasen um Samarkand, Taschkent und Buchara im Osten des Landes.

Wie sind die klimatischen Verhältnisse?
Das Wetter Usbekistans wird bestimmt von einem kontinentalen Wüstenklima mit sehr geringen Niederschlägen. Die Regenmenge eines Jahrs beträgt in den meisten Regionen nur 50 bis 200 mm, bis zu 1000 mm fallen nur in den Bergen.

Warum gibt es in Usbekistan eine deutsche Minderheit?
Im Jahr 2001 lebte in Usbekistan eine deutsche Minderheit von ca. 24 000 Menschen. Es handelt sich um die Familien und Nachfahren der etwa 40 000 Wolgadeutschen, die in den 1940er-Jahren von Stalin nach Taschkent deportiert worden sind.

USBEKISTAN

Flagge

Währung
1 Usbekistan-So'm = 100 Tiyin

Staatsform
Präsidialrepublik seit 1992

Hauptstadt
Taschkent

Sprachen
Usbekisch (Amtssprache), Russisch, Karakalpakisch (Turksprache)

Fläche 447 400 km²

Einwohnerzahl 26,9 Mio.

Religion
90 % Muslime (meist Sunniten)

Besonderheiten
Usbekistan ist ein Doppel-Binnenstaat, d. h., man muss zwei Grenzen überqueren, um zum Meer zu gelangen.

Was ist das Hauptprodukt der usbekischen Landwirtschaft?
Usbekistan ist heute der drittgrößte Baumwollexporteur der Welt, und etwa 80 % der landwirtschaftlichen Nutzfläche werden für den Baumwollanbau genutzt. Zur Bewässerung der Felder wird aus den beiden größten Flüssen Amudarja und Syrdarja (beides bedeutende Zuflüsse des vom Austrocknen bedrohten Aralsees) sehr viel Wasser entnommen, was zu großen ökologischen Schäden führt.

Die Schir-Dor-Medrese (1619–1636), eines der Wahrzeichen Samarkands. Eine Medrese ist eine höhere, einer Moschee angeschlossene islamische Bildungsinstitution.

Samarkand

Im 14. Jahrhundert v. Chr. wurde Samarkand als Oasenstadt von den Persern gegründet. Durch ihre Lage an der Seidenstraße (s. Volksrepublik China) kam die Stadt zu großem Reichtum. 329 v. Chr. wurde sie von Alexander dem Großen erobert, 1220 von den Horden Dschingis Khans zerstört. Aufgrund ihrer beeindruckenden Zeugnisse islamischer Architektur wurde die Stadt von der UNESCO zum Weltkulturerbe erklärt.

KIRGISISTAN

Flagge

Währung
1 Kirgisistan-Som (K.S.) = 100 Tyins
Staatsform
Präsidialrepublik seit 1991
Hauptstadt
Bischkek
Sprachen
Kirgisisch, Russisch (Amtssprachen)
Fläche 198 500 km²
Einwohnerzahl 5,1 Mio.
Religion
75 % Muslime (Sunniten),
20 % Russisch-Orthodoxe

Ist Kirgisistan gebirgig?
Ja. Drei Viertel des Landes liegen auf einer Höhe von über 1500 m und gut die Hälfte auf über 3000 m. Die Gebirgszüge verlaufen vorwiegend von Westen nach Osten.

Was ist das „Himmelsgebirge"?
„Himmelsgebirge" ist die Übersetzung aus dem Chinesischen für das Tien-Shan-Gebirge, eine der höchsten Gebirgsketten der Erde. Die teils von Wäldern, besonders aber von Gletschern bedeckten Berge erreichen in Kirgisistan mit dem Pik Pobedy eine Höhe von 7439 m.

Wer sind die Kirgisen?
Die Volksgruppe der Kirgisen hat sich seit der Mongolenzeit aus der Verbindung türkischer und mongolischer Stämme entwickelt. Sie stellen etwa 65 % der Einwohner des Landes.

Welche Auswirkungen hatte der Zerfall der UdSSR auf das Land?
Das ohnehin relativ arme Land erlebte nach dem Zusammenbruch der Sowjetunion einen drastischen Rückgang seines Bruttoinlandprodukts. 1991/92 ging die Produktionsmenge um 27 % und die Agrarproduktion um 24 % zurück. Das Nationaleinkommen sank bis 1993 um 38 %. Heute leben etwa 40 % der Bevölkerung unterhalb der offiziellen Armutsgrenze. Da sich aufgrund der überwiegend gebirgigen Landschaft nur ca. 7 % der Fläche des Landes landwirtschaftlich nutzen lassen, wird sich diese Situation trotz einiger Bodenschätze (Quecksilber, Erdöl, Kohle) kaum ändern. Allerdings besitzt Kirgisistan Uranvorkommen; in einem Joint Venture mit Kasachstan sowie mithilfe russischer Finanzierung soll eine Anlage zur Herstellung von angereichertem Uran gebaut werden.

Zwei Frauen weben auf traditionelle Art auf einem tragbaren Webstuhl vor ihrem *yurt*, dem typischen Gewölbezelt der Region.

Kirgisische Literatur – Tschingis Aitmatow

Der kirgisische Schriftsteller Tschingis Aitmatow wurde 1928 in dem Dorf Scheker im Norden Kirgisistans, unweit der usbekischen Grenze geboren. Sein Vater wurde im Zuge stalinistischer Säuberungen 1937 hingerichtet. Aitmatow studierte Veterinärmedizin, wandte sich aber ab den 1950er-Jahren dem Journalismus und der Literatur zu. Sein bekanntestes Werk ist die Erzählung *Dshamilja*, eine Liebesgeschichte aus dem Kriegsjahr 1943, die auch verfilmt wurde. 16 seiner Bücher sind auf Deutsch erschienen.

TURKMENISTAN

Flagge

Währung
1 Turkmenischer Manat (TMM)
= 100 Tenge
Staatsform
Präsidialrepublik seit 1991
Hauptstadt
Aşgabat
Sprachen
Turkmenisch
Fläche 488 000 km²
Einwohnerzahl 5,0 Mio.
Religion
89 % Muslime (Sunniten),
9 % Russisch-Orthodoxe
Besonderheiten
90 % der Landesfläche sind Wüste.

Welches sind die Hauptwirtschaftszweige des Landes?

Als Land mit den drittgrößten Erdölvorkommen weltweit haben Erdöl- und Erdgasförderung einen maßgeblichen Anteil am Bruttoinlandsprodukt. Der zweite Hauptwirtschaftszweig ist die Landwirtschaft; in erster Linie werden Weizen und Baumwolle angebaut.

Warum werden Teile des Landesinnern „Mondlandschaft" genannt?

Fast 90 % des Landes bestehen aus Geröll- und Sandwüsten, deren trockenster Teil die 300 000 km² große Karakum-Wüste ist. Dort, wo sie „Mondlandschaft" genannt wird, liegt sie bis zu 81 m unterhalb des Meeresspiegels – eine der tiefsten Regionen der Erde.

Werden die Menschenrechte respektiert?

Immer wieder wird Turkmenistan wegen grober Verletzung der Menschenrechte angeklagt und gilt heute neben Nordkorea und Myanmar als eine der übelsten Diktaturen der Welt. Vor allem die russische Minderheit wird aus kulturellen und religiösen Gründen unterdrückt. Geheimdienst und Militär ersticken jede freie Meinungsäußerung schon im Keim, es gibt für die Bewohner keine Reisefreiheit und kein Internet. Die herrschende Gesellschaftsschicht, die von den reichen Gasvorkommen profitiert, ist dem Regime bedingungslos treu, Korruption ist eines der größten Probleme des Landes.

Links: Turkmenistans Machthaber Saparmurat Niazov pflegt einen absurden Kult um seine Person – hier sein Porträt auf einer Wodkaflasche.

Nisa war im 3. Jahrhundert v. Chr. die Hauptstadt des mächtigen Königreichs Parthien.

Herrscher in der Geschichte des Landes

Das heutige Gebiet Turkmenistans hat in seiner Geschichte schon allerlei Herrscher gesehen: Im 4. Jahrhundert nahm Alexander der Große es ein, im 11. Jahrhundert kamen die Seldschuken, und im 13. Jahrhundert fielen die Horden des Dschingis Khan ein. Im 14. Jahrhundert gerieten die Turkmenen unter den Einfluss der Timuriden; vom 17. bis ins 19. Jahrhundert kämpften nahezu permanent die persischen Schahs, die Khane von Chiwa, die Emire von Buchara und die Herrscher Afghanistans um die Region. 1881 schließlich kam das Land unter russische Herrschaft.

TADSCHIKISTAN

Flagge

Währung
1 Somoni (TJS) = 100 Diram
Staatsform
Präsidialrepublik seit 1994
Hauptstadt
Duschanbe
Sprachen
Tadschikisch (Amtssprache), Russisch
Fläche 143 100 km²
Einwohnerzahl 7,3 Mio.
Religion
85 % Sunniten, 5 % Schiiten und Ismailiten

Fast 50 % Tadschikistans liegen auf einer Höhe von über 3000 m. Das Pamir-Hochland besteht aus weitläufigen Weideflächen, bevor es zum höchsten Gebirge des Landes aufsteigt.

Verfügt das Land über bedeutende Bodenschätze?
Ja. In Tadschikistan befinden sich ca. 14 % der Weltreserven an Uran, darüber hinaus gibt es geringe Gold-, Erdöl- und Erdgasvorkommen. Die schlecht entwickelte Infrastruktur behindert jedoch den rentablen Abbau.

Seit wann ist Tadschikistan ein unabhängiges Land?
Tadschikistan war immer sehr stark an Persien gebunden und im Mittelalter ein Teil des Kaiserreichs. 1886 wurde das Land russische Kolonie und später sowjetische Teilrepublik. 1991 erklärte Tadschikistan die Unabhängigkeit, fiel aber fast umgehend in einen Bürgerkrieg zwischen islamischen Fundamentalisten und der Regierung von Emomalij Rahmonow (*1952), der auch heute noch Präsident ist.

Wie hieß der höchste Berg des Landes früher?
70 % der Landesfläche sind Hochgebirge, und nahezu 50 % liegen auf einer Höhe von über 3000 m. Im Pamir-Hochland befindet sich der höchste Berg des Landes, der 7495 m hohe Pik Ismoil Somoni, der zu Zeiten der UdSSR Pik Kommunismus hieß.

Wolgadeutsche

Der Terminus ist ein Sammelbegriff für eine deutschstämmige Minderheit in der ehemaligen UdSSR. In den Jahren 1763 bis 1767 holte Katharina II. deutsche Bauern ins Land, um die Steppengebiete an der Wolga zu kultivieren. Für ihr Know-how erhielten sie im Gegenzug das Recht auf Selbstverwaltung und sprachliche Selbstbestimmung. Nach dem Angriff Nazi-Deutschlands auf die Sowjetunion 1941 beschuldigte man sie der Kollaboration und deportierte die Wolgadeutschen nach Sibirien und Zentralasien, wo sie in Arbeitslager kamen oder in eigenen Dörfern (z. B. Thälman in Tadschikistan) angesiedelt wurden. 1979 lebten 39 000 Wolgadeutsche in Tadschikistan, 2006 waren es nur noch 1700. Sie gehören heute zur ärmsten Bevölkerungsgruppe.

Eine Mutter mit ihrem Kind im Pamir-Hochland

AFGHANISTAN

Flagge

Währung
1 Afghani (Af) = 100 Puls

Staatsform
Präsidialrepublik seit 2004

Hauptstadt
Kabul

Sprachen
Dari, Paschtu (Amtssprachen), Usbekisch

Fläche 647 500 km²

Einwohnerzahl 29,9 Mio.

Religion
84 % Sunniten, 15 % Schiiten

Warum gilt Afghanistan als unzugänglich?
Der größte Teil Afghanistans wird vom Hindukusch-Gebirge mit Gipfeln bis zu 7500 m Höhe beherrscht. Nur 10 % des Landes liegen unter 600 m. Ferner hat es keinen Zugang zum Meer, Ebenen finden sich nur im Norden, der Süden besteht vorwiegend aus Wüsten.

Ist Afghanistan das Land der Paschtunen?
Die Paschtunen stellten traditionell die Herrscher des Landes. Sie sind Gründer und Namensgeber Afghanistans. Allerdings stellen sie heute nur 40 % der Bevölkerung. Die wichtigste ethnische Gruppe neben ihnen sind die Tadschiken, die persischer Abstammung sind und 30 % der Bevölkerung ausmachen. Die Hazara sind mit 20 % die dritte große Volksgruppe im Land.

Müssen alle Frauen verschleiert sein?
Über 99 % der Bevölkerung sind Muslime, wobei der Islam in Afghanistan immer sehr konservativ gelebt wurde. Aus dieser Tradition heraus war der Ganzschleier (Burka) in Städten für Frauen allgemein üblich. Auf dem Land war er bei der Feldarbeit hinderlich und daher weniger gebräuchlich.

Lebt Afghanistan vom illegalen Drogenanbau?
Durch jahrzehntelange Kriege wurde die Wirtschaft des Landes weitgehend zerstört. Ohnehin sind nur 6 % der Landesfläche landwirtschaftlich nutzbar. Im Jahr 2002 beruhte etwa die Hälfte des Bruttoinlandprodukts auf dem illegalen Anbau von Opium. 2006 wurden 92 % der Weltproduktion an Opium in Afghanistan geerntet.

Die Provinz Bamiyan in Zentralafghanistan war schon in der Antike ein strategisch günstiger Ort, da durch ihr Gebiet die Seidenstraße verlief.

Die Taliban

Von 1979 bis 1989 herrschte im Land ein Guerillakrieg zwischen den islamischen Mudschahidin und den sowjetischen Besatzungstruppen. Nach dem Rückzug der Russen entwickelte sich daraus ein Bürgerkrieg, aus dem die radikal-islamische Gruppe der Taliban als Sieger hervorging. Diese errichtete ein strenges islamistisches Regime, unter dem alle Männer Bärte und alle Frauen den Ganzkörperschleier tragen mussten. Den Mädchen wurde der Schulbesuch verboten. Erst nach den Terroranschlägen vom 11. September 2001 in New York wurden die Taliban durch eine militärische Intervention der USA gestürzt, da sie den internationalen Terrorismus unterstützten.

GEORGIEN

Flagge

Währung
1 Lari (GEL) = 100 Tetri

Staatsform
Präsidialrepublik seit 1955

Hauptstadt
Tiflis

Sprachen
Georgisch (Amtssprache), weitere 23 Sprachen aus sechs verschiedenen Sprachfamilien

Fläche 69 700 km²

Einwohnerzahl 4,7 Mio.

Religion
75 % Georgisch-Orthodoxe, 11 % Muslime, 8 % Armenisch-Apostolische

Besonderheiten
Georgien liegt an der Grenze zwischen Europa und Asien. Über den genauen Verlauf der Grenze gibt es keine allgemein anerkannte Vereinbarung.

Welche historischen Beziehungen bestehen zu Russland?

Ab dem 18. Jahrhundert eroberte das zaristische Russland nach und nach die Gebiete des heutigen Georgiens. 1921 wurde das Land dann vollständig von der Roten Armee besetzt und in die Sowjetunion eingegliedert. Im Zuge der Auflösung der Sowjetunion erklärte sich Georgien 1991 für unabhängig.

Welche wirtschaftlichen Aussichten hat das Land?

Vor der Unabhängigkeit setzte die georgische Wirtschaft auf den Tourismus am Schwarzen Meer und im Kaukasus sowie auf den Anbau von Zitrusfrüchten, Wein und Tee. Für die Zukunft erhofft man sich wirtschaftlichen Aufschwung durch die Öl- und eine Gaspipeline, die von Aserbaidschan durch Georgien in die Türkei führt. Allerdings leidet das Land seit der Unabhängigkeit darunter, dass viele gut ausgebildete Georgier das Land verlassen, um der Armut zu entgehen.

Gibt es Unabhängigkeitsbestrebungen in Georgien?

Im Nordwesten Georgiens liegt an der Grenze zu Russland die autonome Republik Abchasien, die zwar von der UNO noch als Teil Georgiens betrachtet wird, aber faktisch nicht mehr unter Kontrolle der georgischen Regierung steht. Abchasien beansprucht staatliche Unabhängigkeit – ebenso wie das an der Nordgrenze gelegene Südossetien.

Die Voronya-Höhle

Im westlichen Kaukasus in Georgien befindet sich die tiefste bekannte Höhle der Welt. Der Eingang zur Voronya-Höhle liegt in einer Höhe von 2250 m, ihre bisher erforschte Tiefe sind 2164 m. Vermutlich ist die Kalksteinhöhle aber noch wesentlich tiefer. In der Höhle befinden sich unterirdische Wasserfälle, Seen und Sümpfe. In 1710 m Tiefe öffnet sich die Höhle zu einer großen Halle.

Eine Gebirgswiese im Kaukasus mit rosafarbenem Wiesenknöterich. Im Kaukasus sind mehr als 6000 Arten von Blühpflanzen heimisch.

ASERBAIDSCHAN

Flagge

Währung
1 Aserbaidschanischer Manat (A.M.) = 100 Gepik

Staatsform
Präsidialrepublik seit 1995

Hauptstadt
Baku

Sprachen
Aserbaidschanisch (Amtssprache), Russisch

Fläche 86 600 km^2

Einwohnerzahl 7,9 Mio.

Religion
75 % Schiiten, 25 % Sunniten

Besonderheiten
Die Exklave Nachitschewan liegt im Nachbarland Armenien.

Bergkarabach

Die Region Bergkarabach liegt innerhalb des Staatsgebiets von Aserbaidschan, ist aber mehrheitlich von Armeniern bewohnt. Nach der Auflösung der Sowjetunion kam es zu militärischen Konflikten zwischen einer Unabhängigkeitsbewegung, die eine eigene Republik Bergkarabach anstrebte, und der neu gegründeten Republik Aserbaidschan. Die Regierung Armeniens unterstützte anfangs Bergkarabach militärisch, hält sich in jüngster Zeit aber zurück, um den Konflikt nicht weiter zu verschärfen.

Die Kunst des Teppichknüpfens hat in Aserbaidschan eine lange Tradition, die sich bis in der Antike zurückverfolgen lässt.

Wie ist die Natur des Landes beschaffen?
Das Zentrum des Landes besteht aus der Kura-Arax-Ebene, die im Süden vom Talyschgebirge und im Norden vom Kaukasus begrenzt wird. Hier befindet sich auch der höchste Berg der Landes, der Bazardüzü (4466 m). Etwa die Hälfte der Landesfläche wird landwirtschaftlich genutzt.

Was hat die Schlacht um Stalingrad mit Aserbaidschan zu tun?
Bei der entscheidenden Schlacht des deutschen Russlandfeldzugs 1942/43 ging es letztendlich um die Kontrolle der Ölfelder der aserbaidschanischen Hauptstadt Baku. Schon 1848 hatte in Baku die erste Ölbohrung der Geschichte stattgefunden. Zu Beginn des 20. Jahrhunderts waren die Ölfelder bei Baku die größten der Welt und erbrachten die Hälfte der weltweiten Erdölförderung.

Ist Aserbaidschan ein Ölstaat?
Die weltwirtschaftliche Bedeutung der Ölquellen bei Baku ist heute nur noch gering. Für das Land selbst stellt die Erdölindustrie aber immer noch den wichtigsten Wirtschaftszweig dar. 67 % des Bruttoinlandprodukts werden hier erwirtschaftet. Für die Zukunft sollen mit den Gewinnen aus dem Öl die anderen Wirtschaftszweige gefördert werden.

Welche Bedeutung hat der Islam?
Fast 100 % der Bevölkerung bekennen sich zum Islam, aber nur 10 % bezeichnen sich als praktizierende Muslime. Da Aserbaidschan von 1920 bis 1991 Teil der Sowjetunion war, war die Religionsausübung in dieser Zeit verboten.

Ein Ölfeld in der Nähe der Hauptstadt Baku. Hier beginnt eine im Jahr 2005 eröffnete Pipeline in die türkische Hafenstadt Ceyhan.

ARMENIEN

Flagge

Währung
1 Dram (ARD) = 100 Luma

Staatsform
Präsidialrepublik seit 1991

Hauptstadt
Eriwan

Sprachen
Armenisch (Amtssprache), Jesidisch, Russisch

Fläche 29 800 km²

Einwohnerzahl 3,0 Mio.

Religion
94 % armenisch-apostolische Kirche („Gregorianer")

Besonderheiten
Im Gebiet Bergkarabach im Nachbarland Aserbaidschan leben mehrheitlich Armenier.

Seit wann ist Armenien unabhängig?
Das heutige Armenien ist aus einer Sowjetrepublik der ehemaligen UdSSR hervorgegangen. Die Armenische Sozialistische Sowjetrepublik erklärte sich 1991 unter dem Namen Republik Armenien für unabhängig. Der größere Teil des historischen Siedlungsgebiets der Armenier blieb aber unter türkischer Herrschaft.

Wann geschah der Völkermord an den Armeniern?
Zu Beginn des 20. Jahrhunderts entwickelte sich im Zuge der Auflösung des alten Osmanischen Reichs ein Unabhängigkeitskampf der Armenier. Politische Kräfte, die einen türkischen Nationalstaat als Nachfolgestaat des Osmanischen Reichs anstrebten, versuchten, dieses Streben nach Unabhängigkeit zu unterdrücken. In der Zeit zwischen 1915 und 1921 wurden in diesem Konflikt zwischen 600 000 und 1,5 Mio. Armenier ermordet.

Ist Armenien ein Erdbebengebiet?
Im Dezember 1988 kam es in Armenien zu einem schweren Erdbeben, bei dem die Sowjetunion erstmals fremde Helfer ins Land ließ. Unter den Auswirkungen leidet das Land noch heute. Armenien ist ein Gebirgsland, die mittlere Höhe liegt über 1800 m. Es liegt in einem Bereich, in dem die Eurasische Platte mit der Arabischen Platte zusammenstößt. Daher kommt es immer wieder zu starken Erdbeben.

Hintergrund: Der Berg Ararat ist 5137 m hoch. Er wurde erstmals 1829 von Bergsteigern bezwungen.

Unten: Granatäpfel auf dem Markt der Hauptstadt Eriwan. Mit dem Saft des Granatapfels werden seit Jahrhunderten Orientteppiche gefärbt.

Arche Noah

Nach biblischer Überlieferung überlebte der Patriarch Noah die Sintflut in einem Schiff (Arche Noah), das nach dem Abfließen der Wassermassen auf dem Berg Ararat strandete. Dieser Berg liegt heute auf türkischem Staatsgebiet, aber im alten armenischen Siedlungsraum. Daher ist eine Abbildung des Berges auch zentraler Bestandteil des armenischen Staatswappens. Dargestellt sind der Berggipfel und die Konturen der Arche Noah. Der Berg Ararat zieht immer wieder Hobbyarchäologen auf der Suche nach Resten der Arche an.

IRAN

Flagge

Währung
1 Rial (Rl.) = 100 Dinars
Staatsform
Islamische Republik seit 1979
Hauptstadt
Teheran
Sprachen
Persisch (Farsi) (Amtssprache), Aserbaidschanisch, Turkmenisch, Kurdisch u. a.
Fläche 1,64 Mio. km²
Einwohnerzahl 68,7 Mio.
Religion
90 % Schiiten, 10 % Sunniten

Die Khajenafas Fischereibetriebe, die in Bandar Turkaman am Kaspischen Meer im Norden Irans den berühmten Kaviar aus eingelegtem Stör-Rogen herstellen

Was ist der Unterschied zwischen den Namen „Iran" und „Persien"?

Die beiden Namen sind eng mit der Geschichte des Landes verwoben. „Persien" stammt aus dem 2. Jahrhundert v. Chr.; indoiranische Perser besiedelten damals das Gebiet des heutigen Südwestiran und nannten es nach seinen Bewohnern *Pârs*. Nach der Eroberung durch islamische Araber wurde aus *Pârs Fâars*, denn das Arabische kennt kein „P" – daher auch der Name der neupersischen Sprache *Farsi*. Der Name „Iran" leitet sich von *Eran-Schahr* ab, „Reich der Arya" oder „Arier". „Persien" blieb bis 1934 offizieller Name des Staats, dann ordnete der Herrscher Rezâ Shâh die Umbenennung in „Iran" an.

Was ist der Wächterrat?

Seit 1979 ist der Iran eine islamische Republik, alle Gesetze müssen im Einklang mit den Gesetzen des islamischen Rechts stehen. Der Wächterrat besteht aus sechs vom religiösen Führer ernannten und vom Parlament gewählten Juristen, die die Einhaltung der Gesetze garantieren sollen. Der oberste religiöse Führer, Ajatollah Ali Chamenei (seit Juni 1989), kann, im Einklang mit dem islamischen Recht, die Machtbefugnisse der Politiker einschränken.

Abendgebet am Schrein des Imam Reza in Mashhad

IRAK

Flagge

Währung
1 Irak-Dinar (ID) = 1000 Fils

Staatsform
Föderative Republik

Hauptstadt
Bagdad

Sprachen
Arabisch, Kurdisch (Amtssprachen)

Fläche 437 072 km²

Einwohnerzahl 26,1 Mio.

Religion
60 % Schiiten, 35 % Sunniten

Was ist der Schatt al-Arab?

Die beiden Flüsse Euphrat und Tigris vereinigen sich etwa 150 km vor der Mündung in den Golf von Persien zum Schatt al-Arab, dem Grenzfluss zwischen Iran und Irak.

Warum gilt der Irak derzeit als „teilsouveräner“ Staat?

Seit dem Irak-Krieg 2003 steht das Land unter militärischer Besatzung durch Truppen einer internationalen Koalition unter Führung der USA. Eine Rückkehr zu normalen oder gefestigten staatlichen und demokratischen Strukturen ist derzeit noch nicht abzusehen. Aus diesem Grund gilt der Staat momentan als teilsouverän, d. h., die letztendliche politische Entscheidungsgewalt liegt nicht in den Händen der irakischen Regierung.

Was ist der Unterschied zwischen Sunniten und Schiiten?

Die Sunniten bilden die größere der beiden Hauptgruppen des Islam. Sie erkennen Nachfolger des Propheten Mohammed, die nicht dessen Nachkommenschaft entstammen, als rechtmäßige Führer (Kalif bzw. Kalifat) an. Ihre Glaubens- und Pflichtlehre beruht auf der *Sunna* (arab. „überkommene Handlungsweise“, nach dem Koran die Hauptquelle der Lehre des Islam) des Propheten. Im Gegensatz zu den Sunniten erkennen die Schiiten einzig den Vetter und Schwiegersohn Mohammeds und seine Nachkommen als Führer (Imam bzw. Imamat) an. Ihre Lehre beruht auf der *Schia* (arab. „Partei“). Beide Glaubensgruppen bekämpfen sich teilweise blutig, wie z. B. im Irak oder in Indien.

Saddam Hussein

Saddam Hussein (1937–2006) war zwischen 1979 und 2003 Staatspräsident und von 1979 bis 1991 und 1994 bis 2003 Premierminister des Irak. Als Diktator war er für mehrere kriegerische Auseinandersetzungen seines Landes, die Hunderttausende Tote forderten, für grobe Verletzungen der Menschenrechte, die Ermordung Tausender Kurden, die mit Giftgas getötet wurden, Verschleppungen und die Exekution von Oppositionellen verantwortlich. Im 1. Golfkrieg (1980–1988) wurde er von den USA im Kampf gegen den Iran unterstützt, nach dem Einfall seiner Truppen in Kuwait jedoch wandten sich die USA gegen den ehemaligen Verbündeten. Hussein wurde am 30. Dezember 2006 wegen Verbrechen gegen die Menschlichkeit in Bagdad hingerichtet.

Ein spiralförmig angelegtes Minarett an der Großen Moschee in Samarra. Minarette dieser Form sind nach den Zikkuraten gebaut, die es schon in Babylonien gab. Der Turm zu Babel wurde stets in dieser Form dargestellt.

Ist die Bevölkerungszahl Syriens konstant?
Nach dem 1. Weltkrieg zählte die Bevölkerung etwa 1,5 Mio. – bis heute hat sie sich verdreizehnfacht. Einer der Hauptgründe ist die hohe Zahl an Gastarbeitern und Flüchtlingen. Die Arbeitskräfte stammen aus den umliegenden arabischen Ländern, die Flüchtlinge sind vorwiegend Kurden aus der Türkei und dem Irak sowie Iraker, die vor den Kriegswirren geflohen sind.

Was ist der Motor der Wirtschaft?
Syrien hat eine positive Handelsbilanz. In günstigen Jahren macht die Landwirtschaft gut ein Drittel der Wirtschaftsleistung aus. Hauptausfuhrgüter sind jedoch Erdöl, Nahrungsmittel und Textilien. Die Erdölexporte erzielen ca. 70 % der Erlöse, allerdings zeichnet sich schon heute eine Erschöpfung der Vorkommen ab.

Ist Syrien ein touristisches Land?
Der Tourismus besteht überwiegend aus Kulturtouristen, die sich vor allem für die antiken Stätten interessieren. Aber es gibt an der 200 km langen Mittelmeerküste eine ausreichende touristische Infrastruktur auch für Badetouristen.

SYRIEN

Flagge

Währung
1 Syrisches Pfund (syr£) = 100 Piaster

Staatsform
Präsidialrepublik seit 1973

Hauptstadt
Damaskus

Sprachen
Hocharabisch (Amtssprache), levantinisches Arabisch, Armenisch, Kurdisch

Fläche 185 180 km²

Einwohnerzahl 20,1 Mio.

Religion
90 % Muslime (74 % Sunniten, 7 % Alawiten), 9 % Christen

Was ist die Muslimbruderschaft?

Die Muslimbruderschaft – auch Muslimbrüder genannt – ist eine 1928 von dem Ägypter Hassan al-Banna (1906–1949) gegründete islamistisch-revolutionäre Bewegung, die aus dem Kampf gegen die britisch-westliche „Dekadenz" entstanden ist. Das Motto der Muslimbrüder lautet: „Allah ist unser Ziel. Der Prophet ist unser Führer. Der Koran ist unser Gesetz. Der Dschihad ist unser Weg. Sterben auf dem Weg Allahs ist unsere größte Hoffnung." In Syrien haben die Muslimbrüder in der Vergangenheit schwere Anschläge verübt, so 1979 auf eine Militärakademie, bei dem 50 Menschen starben. 1982 initiierte die Bruderschaft in Hama Aufstände, bei denen es zu heftigen Kämpfen kam, denen 1000 Soldaten und bis zu 30 000 Zivilisten zum Opfer fielen.

Zwei betende Männer vor einem Schrein in der Umayyad-Moschee in der Altstadt von Damaskus

LIBANON

Flagge

Währung
1 Libanesisches Pfund (L£)
= 100 Piaster

Staatsform
Republik seit 1926

Hauptstadt
Beirut

Sprachen
Arabisch (Amtssprache), Französisch, Englisch, Armenisch

Fläche 10 452 km²

Einwohnerzahl 3,8 Mio.

Religion
60 % Muslime (32 % Schiiten, 21 % Sunniten, 7 % Drusen), 40 % Christen (25 % Maroniten, 15 % Griechisch-Orthodoxe)

Was sind die Maschrek-Staaten?

Libanon zählt zu den sog. Maschrek-Staaten, einer Gruppe von Ländern im Nahen Osten. Das Wort bedeutet „wo die Sonne aufgeht" und steht im Gegensatz zu den Maghreb-Staaten („wo die Sonne untergeht"). Ägypten, Israel, Jordanien, Syrien, Libanon, Irak und die Staaten der Arabischen Halbinsel gehören zum Maschrek.

Durch welche Ereignisse wurde der libanesische Bürgerkrieg ausgelöst?

1970 wurden die bewaffneten Kräfte der PLO (Palästinensische Befreiungsorganisation) aus Jordanien ausgewiesen und etablierten sich im Libanon. Dieses neue religiöse Ungleichgewicht war Beginn für die kriegerischen Aktivitäten ab 1975 zwischen den christlichen Milizen und der PLO, denen bereits Anschläge und Massaker vorausgegangen waren. 1976 griff Syrien aufseiten der christlichen Milizen ein, ebenso 1978 Israel, das 1982 den Süden des Landes besetzte und die PLO zum Rückzug aus dem Libanon zwang.

Was war das Abkommen von Taif?

Das Abkommen von Taif aus dem Jahr 1989 bildete die Grundlage für die Beendigung des 15 Jahre andauernden Bürgerkriegs (1975–1990) im Libanon. Es sieht eine Verteilung der politischen Macht nach konfessionellen Gesichtspunkten vor: Das Amt des Staatspräsidenten wird von einem Maroniten bekleidet, Ministerpräsident ist stets ein Sunnit und der Parlamentspräsident ein Schiit.

Baalbek

Baalbek ist eine der größten antiken Tempelanlagen der Welt. Der Venustempel, der kleinste der Tempel, ist größer als das Parthenon der Athener Akropolis. Über die Ursprünge der Anlage weiß man wenig, aber schon Babylonier und Phönizier unterhielten hier Heiligtümer für ihre Götter Baal und Moloch. Die heutigen Ruinen sind jedoch eindeutig römischen Ursprungs. Später bauten die Araber die Anlage einfach zur Festung um. Die Bauten von Baalbek sind vor allem wegen ihrer gigantischen Fundamentsteine bekannt. Der *Stein des Südens* ist mit 21 m Länge, 4,30 m Höhe und Breite und einem Gewicht von ca. 1500 t der größte Baustein der Welt.

Der Bacchus-Tempel von Baalbek

Inwiefern ist das Tote Meer tot?
Das 1020 km^2 große Tote Meer hat wegen starker Verdunstung einen Salzgehalt von 27 bis 31 %, hier können nur Mikroorganismen überleben. Mit 396 m unter dem Meeresspiegel ist es die tiefste Stelle der Erde.

Wann wurde der Staat Israel gegründet?
Am 14. Mai 1948 endete das britische Mandat für Palästina, an diesem Tag wurde in Tel Aviv von David Ben Gurion (1886–1973) die Unabhängigkeitserklärung des Staates Israel verlesen. Die USA erkannten den Staat noch am selben Tag an, die Sowjetunion folgte zwei Tage später. Ägypten, Saudi-Arabien, Jordanien, Libanon, Irak und Syrien erklärten umgehend den Krieg.

ISRAEL

Flagge

Währung
1 Neuer Schekel (NIS) = 100 Agorot
Staatsform
Parlamentarische Republik
Hauptstadt
Jerusalem
Sprachen
Hebräisch, Arabisch (Amtssprachen), Jiddisch, Russisch, Englisch, Französisch, Deutsch
Fläche 20 991 km^2
Einwohnerzahl 6,3 Mio.
Religion
76 % Juden, 16 % Muslime (meist Sunniten)

Zionismus

Der Zionismus ist eine am Ende des 19. Jahrhunderts entstandene politische Bewegung, die die Staatsgründung Palästinas und die Einigung der Juden als Volk anstrebt. Er entstand als Reaktion auf den in verschiedenen europäischen Staaten zunehmenden Antisemitismus der Zeit. Zu einer organisierten Bewegung wurde er aber erst durch den Ungarn Theodor Herzl (1860–1904), der 1897 den ersten Zionistenkongress in Basel einberief. Als Folge wanderten Juden aus Europa nach Palästina aus, und bereits 1898 lebten 5200 von ihnen dort.

Was war das Ergebnis des 1. Israelisch-Arabischen Kriegs?
Der Krieg dauerte von Mai 1948 bis Juli 1949 und brachte Israel gegenüber dem ursprünglichen Teilungsplan erhebliche Gebietsgewinne im westlichen Galiläa und im nördlichen Negev. 850 000 Araber flohen aus Israel oder wurden vertrieben.

Woher stammen die meisten Einwanderer?
In Israel lebt etwa ein Fünftel aller Juden der Welt, sie wanderten zunächst (bis 1960) aus Europa, Vorderasien und Nordafrika nach Israel ein. Seit der Staatsgründung hat sich die Bevölkerung mehr als verfünffacht. Die meisten Einwanderer stammen aus der ehemaligen Sowjetunion, allein zwischen 1990 und 2000 kamen etwa 800 000 Einwanderer von dort.

Der Felsendom in Jerusalem wurde im 7. Jahrhundert auf dem Felsen errichtet, von dem aus, der islamischen Legende nach, der Prophet Mohammed in den Himmel fuhr und wo Abraham, der christlichen Legende nach, seinen Sohn Isaak opfern sollte.

JORDANIEN

Flagge

Währung
1 Jordan-Dinar (JD.) = 1000 Fils
Staatsform
Konstitutionelle Monarchie seit 1952
Hauptstadt
Amman
Sprachen
Arabisch (Amtssprache), Englisch, Beduinendialekte
Fläche 92 300 km²
Einwohnerzahl 5,8 Mio.
Religion
90 % Muslime (Sunniten), 6 % Christen

Was ist das Westjordanland?

Das Westjordanland hält Israel seit dem Sechstagekrieg (Juni 1967) besetzt. Jordanien gab 1988 alle staatsrechtlichen Bindungen und Ansprüche auf dieses Gebiet zugunsten eines Palästinenserstaats auf, obwohl es damit wirtschaftlich besonders wichtige Gebiete verlor. Fast die Hälfte der Bevölkerung ist seitdem nach Jordanien eingewandert, viele Palästinenser leben in Flüchtlingslagern.

Was ist Regenfeldbau?

Jordanien ist ein sehr trockenes Land, kaum 5 % der Fläche des Landes können landwirtschaftlich genutzt werden. Dies geschieht vor allem im östlichen Bergland, der einzigen Region, wo Regenfeldbau möglich ist, d. h. eine von künstlicher Bewässerung unabhängige Bewirtschaftung, bei der die Pflanzen ihren Wasserbedarf direkt aus den Niederschlägen decken. Angebaut werden Weizen, Gemüse und Melonen. Der Ertrag ist jedoch nicht ausreichend, um die Bevölkerung zu versorgen, weshalb Nahrungsmitteleinfuhren in großem Umfang notwendig sind.

Warum wurden jordanische Gastarbeiter aus den Golfstaaten ausgewiesen?

Während des 1. Golfkriegs 1980 bis 1988 (zwischen Irak und Iran) nahm Jordanien eine pro-irakische Position ein, was dazu führte, dass Gastarbeiter in großem Umfang aus den Öl produzierenden Golfstaaten ausgewiesen wurden. Aus diesem Grund fehlen im Land wichtige Einnahmen aus den Überweisungen dieser Gastarbeiter an ihre Familien in der Heimat (selten ziehen ganze Familien in die Arbeitsländer aus, meist gehen die Männer, allein und auf begrenzte Zeit).

Petra

Petra, oder die „Rote-Felsen-Stadt", wurde 312 v. Chr. von den Nabatäern, einem Verbund nordwestarabischer Nomadenstämme, als Hauptstadt errichtet. Erhalten sind heute das „Schatzhaus des Pharao", Höhlengräber und -tempel. Die gewaltigen Fassaden dieser Grabtempel wurden direkt aus den Felsen geschlagen und gemeißelt. Petra gilt als einzigartiges Kulturdenkmal und wurde im Jahr 1985 in die Liste des Weltkulturerbes der UNESCO aufgenommen.

Zwei der berühmten Felsengräber, das Palastgrab und das Korinthische Grab in der Ruinenstadt Petra

In der *mihrab*, einer Nische in der Moschee des Propheten in Medina, die in Richtung Mekka zeigt, hat der Prophet Mohammed gebetet.

SAUDI-ARABIEN

Flagge

Währung
1 Saudi-Riyal (S.Rl.) = 100 Halalas

Staatsform
Islamische absolute Monarchie seit 1932

Hauptstadt
Riad

Sprachen
Arabisch (Amtssprache), Englisch

Fläche 2,24 Mio. km²

Einwohnerzahl 26,4 Mio.

Religion
Mehrheitlich Sunniten

Besonderheiten
Saudi-Arabien verfügt über die größten Rohölreserven der Welt.

Woher stammen die Arbeitskräfte Saudi-Arabiens?

1963 wurde im Land die Sklaverei offiziell abgeschafft, die Sklaven wurden durch Gastarbeiter ersetzt, die heute fast 21 % der Bevölkerung ausmachen. Sie stammen hauptsächlich aus arabischen Nachbarstaaten sowie aus Südostasien und Afrika. Besonders in der Ölindustrie sind auch viele Europäer und Amerikaner tätig.

Worauf basiert die Verfassung?

Seit 1993 gibt es eine schriftliche Verfassung, die auf dem Koran basiert. Die Vorschriften des Glaubensbuchs werden strikt befolgt; Mördern, Ehebrechern, Hochverrätern, Sexualtätern, Gotteslästeren, Drogenhändlern und Homosexuellen droht die Todesstrafe, die auch vollstreckt wird.

Lawrence von Arabien

Thomas Edward Lawrence (1888–1935) war britischer Amateurarchäologe, Militärstratege und Schriftsteller. Während des 1. Weltkriegs provozierte und unterstützte er ab 1916 einen Aufstand des Emirs von Mekka gegen die osmanischen Herrscher der Arabischen Halbinsel. Das britische Imperium förderte diesen Aufstand finanziell, da es sich den Einfluss über weite Teile des Nahen Ostens sichern wollte. Nach dem erfolgreichen Abschluss des Aufstands wurde der nördliche arabische Raum in englische und französische Einflusszonen aufgeteilt. Sein Bericht über den arabischen Aufstand mit dem Titel „Die sieben Säulen der Weisheit" (engl. *The Seven Pillars of Wisdom*) wurde zu einem Klassiker der Weltliteratur.

Worauf beruht der Reichtum des Landes?

Saudi-Arabien verfügt als weltweit größter Rohölexporteur auch über die größten bisher bekannten Rohölreserven der Welt.

Gibt es heilige Städte?

Heilig sind die beiden Millionenstädte Mekka und Medina. In Mekka befindet sich das größte Heiligtum des Islam, die Kaaba, das Ziel von Millionen Pilgern jährlich. Alle Muslime auf der Welt beten in Richtung der Kaaba. In Medina begann 622 die islamische Zeitrechnung, als der Prophet Mohammed von Mekka in die Oase Yathrib, das heutige Medina, zog. Hier befindet sich das Grab Mohammeds. Nicht-Muslimen wird der Zugang zu beiden Städten verwehrt.

Die weitläufigen Sanddünen der Rub-al-Chali-Wüste

KUWAIT

Flagge

Währung
1 Kuwait-Dinar (KD.) = 1000 Fils

Staatsform
Erbmonarchie (Emirat) seit 1962

Hauptstadt
Kuwait

Sprachen
Arabisch (Amtssprache), Englisch, Persisch

Fläche 17 818 km²

Einwohnerzahl 2,5 Mio.

Religion
65 % Sunniten, 35 % Schiiten

Gibt es neben dem Erdölsektor noch andere bedeutende Wirtschaftsbereiche?

Der Erdölsektor ist in jedem Fall maßgeblich für den Wohlstand des Landes verantwortlich. Etwa die Hälfte des Bruttoinlandsprodukts sowie 80 bis 90 % der Exporterlöse und der Regierungseinnahmen basieren auf dem Geschäft mit dem Öl. Abseits davon werden mit umfangreichen Auslandsinvestitionen hohe Einkünfte erwirtschaftet. Das Land sieht seine industrielle Zukunft im Ausbau heimischer Raffineriekapazitäten und im Aufbau einer petrochemischen Industrie.

Wie viele Inseln gehören zu Kuwait?

Zum Land zählen neun Inseln: Awhah, Faylakah, Kubbar, Qăruh, Umm al-Marădim, Maskăn, Warbah, Umm an-Namil; die größte Insel Bubiyăn ist durch eine Brücke mit dem Festland verbunden und wurde nach 1991 in eine Militärbasis umgewandelt, zu der Zivilisten keinen Zugang mehr haben.

Wo lebt die kuwaitische Bevölkerung?

Mit 94 % hat Kuwait eine der höchsten Verstädterungsraten der Welt. Gleichzeitig besitzt das Land einen extrem hohen Ausländeranteil von über 60 %. Die Ausländer sind als Arbeitskräfte in der Erdölindustrie tätig.

Internationale Truppen unter Führung der USA befreiten das Land von den irakischen Invasoren 1991. Die zurückweichenden Truppen zerstörten Industrieanlagen und setzten Ölquellen in Brand.

Die Golfkriege

Der Irak, mit dem sich Kuwait eine Grenze von 240 km teilt, erkannte die Unabhängigkeitserklärung Kuwaits von 1961 nicht an und erklärte das Land zu irakischem Territorium. Schon im Sommer 1961 drohte der damalige Ministerpräsident Abd al-Karim Qasim mit dem Einmarsch irakischer Truppen. Großbritannien entsandte Truppen, um eine Invasion zu verhindern. Immer wieder kam es in den folgenden Jahren zu Grenzzwischenfällen, bei denen irakische Einheiten Landesteile besetzten. Im iranisch-irakischen Golfkrieg, der 1980 begann, stand Kuwait allerdings (wie die USA) auf der Seite Iraks; mehrere seiner Tanker wurden bei iranischen Luftangriffen bombardiert.

Im 2. Golfkrieg 1990 kam es erneut zu Grenzstreitereien, diesmal ging es um ein Ölfeld. Am 2. August marschierten irakische Soldaten ins Land, annektierten es und setzten die Regierung ab. Am 15. Januar 1991 lief ein UN-Ultimatum ab, und am 27. Februar marschierte in der *Operation Desertstorm* eine internationale Truppe unter Führung der USA in Kuwait ein und befreite das Land. Infrastruktur und Industrieanlagen wurden weitgehend von den zurückweichenden irakischen Truppen zerstört. 2003 diente Kuwait als Ausgangspunkt für die Invasion in den Irak im 3. Golfkrieg (Irak-Krieg).

BAHRAIN

Flagge		**Sprachen** Arabisch (Amtssprache), Persisch, Urdu, Englisch
Währung 1 Bahrain-Dinar (Bd) = 1000 Fils		**Fläche** 711 km²
Staatsform Konstitutionelle Monarchie seit 2002		**Einwohnerzahl** 689 000
Hauptstadt Manama		**Religion** 81 % Muslime, 9 % Christen

Was bedeutet der Name Bahrain?
Der Name Bahrain bedeutet im Arabischen „zwei Meere". Damit ist zum einen der Persische Golf gemeint, der diesen Inselstaat umgibt. Zum anderen wird auf das reiche Vorkommen an Grundwasser angespielt, das das Land im Gegensatz zu seinen Nachbarstaaten besitzt. Die Inselgruppe besteht nämlich vorwiegend aus Kalkstein, in dem sich das Wasser in Karstquellen und artesischen Brunnen sammelt und vor der Verdunstung bewahrt wird.

Wer ist der König von Bahrain?
Der heutige König, Scheich Hamad ibn Isa al Chalifa (*1950), stammt aus der Fürstenfamilie Al Chalifa, die das Land seit 1783 beherrscht. Zwischenzeitlich war Bahrain zwar ein britisches Protektorat, wurde aber 1971 endgültig unabhängig von Großbritannien. Seit 2002 ist der Staat ein Königreich mit konstitutioneller Monarchie.

Ist Bahrain ein Ölstaat?
Zurzeit ist die Förderung und Weiterverarbeitung von Erdöl noch der wichtigste Wirtschaftszweig des Landes. Bahrain hat eine der größten Erdölraffinerien des Nahen Ostens und verarbeitet dort auch importiertes Öl. Da die Ölvorkommen aber voraussichtlich 2015 erschöpft sein werden, unternimmt das Land große Anstrengungen zur Entwicklung anderer Wirtschaftszweige, u. a. des Dienstleistungssektors.

Ist Bahrain ein touristisches Ziel?
Nein. Bahrain ist unter den Golfstaaten zwar einer der liberalsten und hat aufgrund der rückläufigen Erdölgeschäfte großes Interesse an der Entwicklung einer Tourismusindustrie, aber der Weg dorthin ist noch weit. Das Land ist immer noch stark von muslimischen Traditionen geprägt, und ein Badeurlaub, der westlichen Vorstellungen entspricht, ist nur in speziellen Clubs möglich.

Links: Eine Frau hat ihre Hand für eine Hochzeit mit einem komplizierten Muster bemalt. Der Farbstoff ist Henna, mit dem man Farbtöne von Orange bis Mahagonibraun erzielen kann.

Die neue Al-Fateh-Moschee in Manama ist das größte Gebäude des Landes. Sie fasst 7000 Gläubige und ist mit feinem italienischem Marmor ausgestattet.

Der Große Preis von Bahrain
Seit 2004 findet in Manama ein Lauf der Formel-I-Weltmeisterschaft statt. Die Rennstrecke wurde für 150 Mio. Euro neu erbaut. Ihre Lage in der Wüste bereitet den Teilnehmern Probleme, da der feine Sand Motor und Getriebe schädigen kann. Auf die sonst übliche Sektdusche bei der Siegerehrung muss in Bahrain verzichtet werden, um die religiösen Gefühle der islamischen Gastgeber nicht zu verletzen.

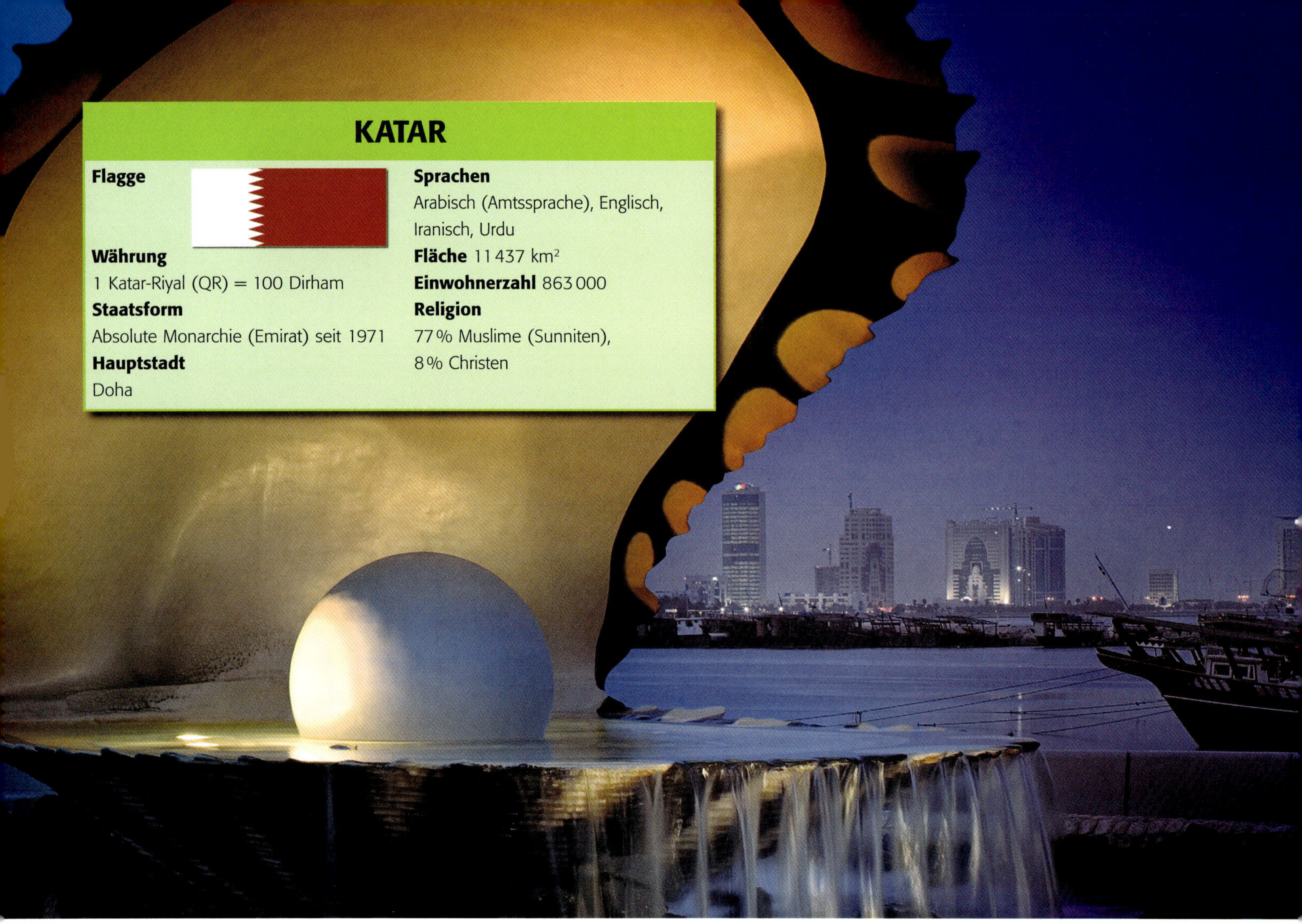

KATAR

Flagge

Währung
1 Katar-Riyal (QR) = 100 Dirham

Staatsform
Absolute Monarchie (Emirat) seit 1971

Hauptstadt
Doha

Sprachen
Arabisch (Amtssprache), Englisch, Iranisch, Urdu

Fläche 11 437 km²

Einwohnerzahl 863 000

Religion
77 % Muslime (Sunniten), 8 % Christen

Dieses Denkmal in Form einer Muschel mit Perle erinnert an die berühmten Perlentaucher von Katar.

Was für ein Klima hat Katar?

Das Klima ist heiß (bis 45 °C im Sommer und 17 °C im Winter) und feucht (durch die Nähe zum Persischen Golf). Trotz der sehr hohen Luftfeuchtigkeit (ca. 85 %) ist das Land sehr trocken, da ergiebige Niederschläge fehlen. Oft weht der Shamal, ein Nordwestwind, der trocken-staubige Luft mit sich führt und Verursacher von Sandstürmen sein kann. Die Vegetation ist entsprechend dürftig, Bäume gibt es nur in Oasen.

Gibt es in Katar Landwirtschaft?

Landwirtschaft ist nur dort möglich, wo das Land künstlich bewässert wird. Dies geschieht heute auf etwa 1 % der Landesfläche. Das benötigte Wasser stammt aus Meerwasser-Aufbereitungsanlagen. Hauptsächlich werden Gemüse und Obst (Tomaten, Kürbisse, Getreide, Datteln und Zitrusfrüchte) angebaut, die ca. 60 % des Eigenbedarfs decken. Während in früherer Zeit die Viehwirtschaft rein nomadisch betrieben wurde, gibt es heute Viehfarmen, die den einheimischen Fleischbedarf allerdings nur teilweise decken können.

Seit wann wird in Katar Erdöl gefördert?

Die ersten Erdöllagerstätten wurden 1939 am Jabal Dukhan entdeckt. Mit der Förderung und dem Export von Erdöl wurde allerdings erst 1949 begonnen; 1961 trat Katar der OPEC (Organisation erdölexportierender Länder) bei. Die wichtigsten Lagerstätten sind das Dukhan-Feld im Westen des Landes und unterseeische Felder östlich von Katar. Schätzungen zufolge sollen die Lagerstätten in ca. 30 Jahren erschöpft sein. Allerdings gibt es noch große Erdgasvorkommen vor der Nordküste des Landes.

Sozialsystem und Bevölkerung

Katar verfügt über eines der höchsten Pro-Kopf-Einkommen der Welt und dementsprechend über ein sehr gutes soziales System. Wer nicht arbeiten kann, bezieht unabhängig vom Alter ein festes monatliches Einkommen, medizinische Versorgung und Ausbildung sind kostenlos. Die Bevölkerung umfasst nur ca. 20 % Katarer, der Rest sind Ausländer, viele aus Pakistan und Indien, weshalb auch Urdu im Land gesprochen wird. Weitere ausländische Arbeitskräfte stammen aus anderen arabischen Ländern und dem Iran.

Wie heißen die sieben Teile der Vereinigten Emirate?
Die Vereinigten Arabischen Emirate (VAE) sind ein Zusammenschluss von Abu Dhabi, Dubai, Schardscha, Adschman, Umm al Kaiwan, Ras al Chaima und Fudschaira. Das größte Emirat ist Abu Dhabi und das kleinste Adschman.

Warum hat die Region ein solch extremes Klima?
Im Inland der VAE herrscht Wüstenklima, während an den Küsten vor allem im Sommer die Luftfeuchtigkeit extrem ansteigen kann. Es ist eines der heißesten Klimaregionen der Welt, und oft regnet es nur an ein oder zwei Tagen im Jahr.

Was ist das Hauptverkehrsmittel?
Das meistbenutzte Fortbewegungsmittel ist das Auto. Es steht ein ausgezeichnetes Straßennetz zur Verfügung, die Überlandstraßen sind von Laternen gesäumt, die die gesamte Nacht hindurch leuchten. Im Jahr 2004 waren Unfälle im Straßenverkehr die zweithäufigste Todesursache in den VAE.

Woher stammt das Trinkwasser?
Trinkwasser wird zum größten Teil aus Meerwasserentsalzungsanlagen gewonnen. Die VAE haben den dritthöchsten Wasserverbrauch der Welt, nach den USA und Kanada.

Hintergrund: Burj Al Arab, das teuerste Hotel weltweit. Es ist das bisher einzige Sieben-Sterne-Hotel der Erde.

Unten: Kamelhändler auf einem Markt in Al Ain

VEREINIGTE ARABISCHE EMIRATE

Flagge

Währung
1 Dirham (Dh.) = 100 Fils

Staatsform
Föderation (Ittihad) von sieben autonomen Emiraten seit 1971

Hauptstadt
Abu Dhabi

Sprachen
Arabisch (Amtssprache), Paschtu, Somali, Hindi, Urdu, Farsi, Englisch

Fläche 77 700 km^2

Einwohnerzahl 5,3 Mio.

Religion
96 % Muslime (80 % Sunniten, 16 % Schiiten u. a.)

Interessante Fakten: Regierung

Das deutsche Auswärtige Amt definiert die Staatsform der Emirate als „patriarchalisches Präsidialsystem mit traditionellen Konsultationsmechanismen". Die Macht liegt immer bei einem der Emire der sieben Länder, der das höchste Amt innehat, wobei die Thronfolge erblich ist. Die ersten Wahlen zum Nationalrat wurden im Dezember 2006 durchgeführt.

Interessante Fakten: Bevölkerung

In kaum einem anderen Land der Welt wächst die Bevölkerung so schnell wie in den VAE. Bei der Gründung 1971 zählten die sieben Emirate insgesamt nur 180 000 Einwohner, bis Ende 2006 hatte sich die Zahl fast verdreißigfacht. Man führt den extremen Zuwachs vor allem auf die schnell ansteigende Zahl von Gastarbeitern zurück, die heute mehr als drei Viertel der Bevölkerung stellen. Der Großteil stammt aus Indien, Pakistan und Bangladesch, aber auch aus Südostasien.

OMAN

Flagge

Währung
1 Rial Omani (R.O) = 1000 Baizas

Staatsform
Monarchie (Sultanat)

Hauptstadt
Maskat

Sprachen
Arabisch (Amtssprache), Balutschi, Persisch, Urdu, Englisch

Fläche 309 500 km²

Einwohnerzahl 2,6 Mio.

Religion
54 % Muslime, 28 % Hindus, 15 % Christen

Wie setzt sich die Bevölkerung zusammen? Zu drei Vierteln besteht die Bevölkerung aus Omanis, von denen die meisten Araber sind. Das restliche Viertel setzt sich aus Ostafrikanern, Pakistanis, Indern, Bangladeschern, Philippinos und Europäern zusammen, die als Arbeitskräfte ins Land gekommen sind. Infolgedessen verbreiten sich immer mehr indische Sprachen im Land.

Erlebte Oman eine historische Blütezeit?
Nachdem die Portugiesen vertrieben worden waren, die im 16. Jahrhundert die Küstenstädte besetzt hatten, stieg Oman, das mit dem Sultanat Sansibar verbunden war, zur Seemacht auf und eroberte die ostafrikanischen Küsten. Die Teilung der beiden Sultanate von Oman und Sansibar 1860 war der Beginn eines steten Niedergangs, der erst mit der beginnenden Erdölförderung ab 1967 ein Ende fand.

Frauen beim traditionellen Quriat-Tanz in Maskat

Seit wann wird Erdöl gefördert?
Oman hat im Jahr 1967 damit begonnen, Erdöl zu fördern und zu exportieren. Derzeit stellt das „schwarze Gold“ mit 85 % das Hauptexportgut dar. Das Land besitzt darüber hinaus umfangreiche Erdgasvorkommen, die bislang noch weitgehend unerschlossen sind. Die Regierung plant allerdings eine verstärkte Förderung dieses Sektors.

Interessante Fakten

- In Oman sind politische Parteien verboten.
- An den nordöstlichen Küstengebieten sind die Vormittagsstunden die heißesten des Tages.
- Alle Autos verfügen über einen akustischen Signalgeber, der sich bemerkbar macht, wenn die Höchstgeschwindigkeit von 120 km/h überschritten wird.

Ubar

Ubar ist eine antike Stadt im Süden des heutigen Oman, die vor langer Zeit von Sanddünen überdeckt wurde, nachdem sie von ihren Bewohnern verlassen worden war. 1992 wurde sie von dem englischen Forscher Ranulph Fiennes (*1944) wiederentdeckt. In dem wahrscheinlich auf Ubar errichteten Ort Shisar fanden Archäologen Reste von Wachttürmen, Stadtmauern, Tontöpfen und Häusern. Es wird vermutet, dass Ubar zwischen 2800 v. Chr und ca. 300 n. Chr. als wichtiger Handelsposten an der Seidenstraße bevölkert war, danach an Bedeutung verlor und zerfiel.

Die Sanddünen der Wüste „Ramlat al-Wahiba“ erstrecken sich über ein Gebiet von mehr als 15 000 km².

Was ist die wirtschaftliche Grundlage des Landes?

Die ökonomische Basis des Jemen bildet die Landwirtschaft, die immer noch sehr stark als Subsistenzwirtschaft betrieben wird. Ebenso wie das westliche Hochland erhalten die Wadi des Südjemen ausreichenden Niederschlag für den Anbau von Gemüse, Getreide, Obst, Tabak und Baumwolle. Neben der Landwirtschaft betreibt man Viehzucht und in den Küstenbereichen extensive Fischerei, die auch für den Export bestimmt ist.

Was ist die zweite wichtige Einnahmequelle des Landes?

Aus dem Jemen stammen viele der Arbeiter, die in den Öl produzierenden Ländern am Golf arbeiten. Ihre Überweisungen ins Heimatland sind ein zentraler Bestandteil der Wirtschaft des Landes.

Erlebte das Land eine Blütezeit?

Die wirtschaftliche Blütezeit des Jemen begann im 13. Jahrhundert unter der türkischstämmigen Dynastie der Rasuliden (1228–1455). Das Land erlebte durch seine Mittlerrolle im Handel zwischen dem Mittelmeerraum und Indien einen enormen wirtschaftlichen Aufschwung. Der Niedergang des Jemen wurde mit dem Ende der Rasuliden-Herrschaft eingeleitet und mit der Entdeckung des Seewegs nach Indien durch die Portugiesen im 16. Jahrhundert besiegelt. Erst durch die Öffnung des Suezkanals im 19. Jahrhundert richtete sich das Interesse der Großmächte, vor allem Großbritanniens, erneut auf Jemen.

JEMEN

Flagge

Währung
1 Jemen-Rial (Y.Rl)= 100 Fils

Staatsform
Islamische Präsidialrepublik seit 1991

Hauptstadt
Sanaa

Sprachen
Arabisch (Amtssprache), jemenitisches Arabisch

Fläche 527 970 km²

Einwohnerzahl 21,0 Mio.

Religion
99 % Muslime (Sunniten und Zaiditen)

Verfügt der Jemen über eigene Ölvorkommen?

In der Nähe von Masila wurden Ölvorkommen entdeckt, die allerdings nicht so groß sind und voraussichtlich bereits 2016 erschöpft sein werden. Sie werden von den USA, Südkorea und Frankreich genutzt.

Hintergrund: Bab al Yaman, die vielstöckigen Wohnhäuser hinter der gewaltigen Stadtmauer in Sanaa, Jemen, sind heute Teil des Weltkulturerbes.

Wadi

Das Wort stammt aus dem Arabischen und bezeichnet ein Trockental, also ein Flussbett, das nur vorübergehend nach starken Regenfällen Wasser führt. Da die Flüsse dann extrem stark und reißend werden können, schneiden sie sich bis 100 m tief in die trockene Wüste.

PAKISTAN

Flagge

Währung
1 Pakistanische Rupie (pR)
= 100 Paisa

Staatsform
Islamische Präsidialrepublik
(im Commonwealth) seit 1973

Hauptstadt
Islamabad

Sprachen
Urdu (Amtssprache), Pandschabi, Sindhi, Paschtu, Englisch

Fläche 796 095 km²

Einwohnerzahl 162,8 Mio.

Religion
97 % Muslime (77 % Sunniten, 20 % Schiiten)

Pakistanische Küche

Chapatis und *Rotis*, d. h. ohne Hefe gebackene Weizenbrote, sind Grundnahrungsmittel, die zu jeder Mahlzeit gereicht werden. Reis wird entweder als Beilage serviert oder mit Fleisch und Gemüse als meist scharf gewürztes Pfannengericht zubereitet, *Biryani* ist dabei ein scharf, *Pulao* ein milder gewürztes Fleischcurry. Zu den beliebtesten Fleischsorten zählen Hammel, Lamm, Rind und Huhn. Sie werden als Fleischspieße, *Kebabs*, gebraten, eingelegtes Fleisch wird gegrillt. Ein typisches Getränk ist *Lassi*, Joghurt mit Gewürzen und Früchten; das Nationalgetränk ist Tee.

Hinter dem Flussbett des Passu ragen am Khunjerab-Pass im Himalaya Hunderte zerklüfteter Bergspitzen gen Himmel.

Wer war Choudhary Rahmat Ali?

Choudhary Rahmat Ali (1897–1951) war einer der Gründer und der Namensgeber des Staates. 1933 setzte er den Namen des Landes als Akronym verschiedener Provinznamen zusammen: **P**unjab, **A**fghania, **K**aschmir, **S**indh und Belutschi**stan**. Zur Vereinfachung der Aussprache setzte man ein „i“ ein, als Anfangsbuchstabe von **I**slam weist es darüber hinaus auf die Bedeutung der Religion in der weltweit ersten islamischen Republik hin.

Wie heißen die höchsten Berge des Landes?

Im Norden des Landes liegen der Hindukusch, das Karakorum und der Himalaya, die drei höchsten Gebirge der Welt. Fünf der 14 Achttausender liegen auf pakistanischem Gebiet, darunter der sogenannte K2, mit 8611 m der zweithöchste Berg der Erde, und der Nanga Parbat mit 8125 m.

Wer ist Benazir Bhutto?

Benazir Bhutto (*1953) war von 1988 bis 1990 und von 1993 bis 1996 pakistanische Premierministerin und die erste Frau an der Spitze eines islamischen Landes. Sie ist die Tochter des früheren Regierungschefs Zulfikar Ali Bhutto (1972–1976, 1979 hingerichtet). Sie verlor ihr Amt wegen mehrerer Korruptionsskandale und lebt heute in Dubai, in den Vereinigten Arabischen Emiraten.

Originell und aufwändig dekorierte Lastwagen für Überlandfahrten

Welche beiden Hauptgruppen der Bevölkerung unterscheidet man in Indien?
Die Bevölkerung Indiens ist ethnisch und religiös sehr vielfältig, man kann nicht von *einem* indischen Volk sprechen. Ethnisch unterscheidet man jedoch zwei Hauptgruppen, die hellhäutigen Indiden mit über 70 % Bevölkerungsanteil, die vornehmlich indoarische Sprachen sprechen, und, vor allem in den nördlichen und mittleren Landesteilen, die dunkelhäutigen Melaniden – sie sprechen sogenannte Drawida-Sprachen, wie z. B. Tamil oder Teluga.

INDIEN

Flagge

Währung
1 Indische Rupie (iR) = 100 Paise

Staatsform
Bundesrepublik (im Commonwealth) seit 1950

Hauptstadt
Neu-Delhi

Sprachen
Hindi, Englisch und 17 gleichberechtigte Regionalsprachen (Amtssprachen)

Fläche 3,28 Mio. km²

Einwohnerzahl 1,1 Mrd.

Religion
80 % Hindus, 13 % Muslime

Besteht in Indien Schulpflicht?
Ja. In Indien gibt es eine allgemeine Schulpflicht, aber der Schulbesuch wird durch die enorme Bevölkerungszahl, die sprachlichen, ethnischen und großen sozialen Unterschiede, den Mangel an Lehrpersonal und Räumlichkeiten so sehr erschwert, dass immer noch ca. 60 % der Inder Analphabeten sind.

Ist Indien ein von der Landwirtschaft geprägtes Land?
Obwohl Indien heute zu den zehn führenden Industrienationen zählt, ist es noch immer ein Agrarland. Zwei Drittel der Beschäftigten leben meist als Pächter oder Kleinbauern von der Landwirtschaft, und etwa die Hälfte des Landes ist Ackerland, wovon fast ein Viertel bewässert wird. Der Reisanbau nimmt etwa ein Drittel der Nutzfläche ein.

Was ist das Fünfstromland?
Punjab ist der Name des Fünfstromlandes mit den fünf Induszuflüssen Jehlam, Chanab, Ravi, Beas und Satluj. Als Indien 1947 die Unabhängigkeit vom Vereinigten Königreich erhielt, wurde der Punjab

Das Taj-Mahal-Grabmal in Agra aus dem Jahr 1653 ist mit seinen schlanken Minaretten und der elegant geschwungenen Kuppel eines der schönsten Bauwerke der Welt.

zwischen den beiden Nachfolgestaaten Indische Union und Pakistan geteilt, wobei die relativ wahllos festgelegte Trennungslinie genau in der Mitte zwischen den wichtigsten Städten Lahore (Pakistan) und Amritsar (Indien) verlief. Die Teilung führte zu einer großen Flüchtlingswelle – Hindus und Sikhs aus dem Westpunjab (Pakistan) und Muslime aus dem Ostpunjab (Indien) wollten in den jeweils anderen Teil. Es kam streckenweise zu bürgerkriegsartigen Auseinandersetzungen. Heute ist der Punjab eine pakistanische Provinz und ein indischer Bundesstaat, wobei er in Pakistan der bevölkerungsreichste Landesteil und in Indien ein industrielles Zentrum und einer der reichsten Bundesstaaten ist. Ähnlich problematisch stellt sich die Lage in Kaschmir dar, einer Region, die von Indien und Pakistan gleichermaßen beansprucht wird.

Bevölkerungswachstum

Das zentrale Problem des Landes ist das explosive Wachstum der Bevölkerung – die Lebenserwartung und die Geburtenrate steigen mit dem allgemeinen wirtschaftlichen Fortschritt und der damit einhergehenden Verbesserung der medizinischen Versorgung. Maßnahmen wie Zwangssterilisierungen, die man in den 1970er-Jahren durchführte, brachten kaum Erfolg. Der Anteil junger Menschen an der Gesamtbevölkerung ist heute sehr groß, etwa 40 % sind jünger als 15 Jahre. Dementsprechend müssen alle fünf Jahre durchschnittlich ca. 40 Mio. Menschen in den Arbeitsprozess aufgenommen werden, was wiederum die krassen sozialen Gegensätze verschärft. Während China sein Bevölkerungswachstum relativ gut unter Kontrolle hat, gelingt dies in Indien kaum, sodass das Land in wenigen Jahren schon das bevölkerungsreichste der Welt sein und China überholt haben wird.

Hindus bei einem rituellen Bad im heiligen Fluss Ganges in Uttar Pradesh

Bollywood

Aus den Begriffen Bombay (heute Mumbay) und Hollywood wurde das indische Bollywood zum Inbegriff der indischen Filmindustrie. Bollywood ist (wie Hollywood) keine Genre, wie vielfach angenommen wird, sondern eine Herkunftsbezeichnung. In Mumbay werden jährlich etwa 250 Filme gedreht, das entspricht einem Viertel der indischen Gesamtproduktion, die mit mehr als 1000 Werken jährlich weltweit führend ist. Indische Filme haben einen eigenen Charakter und unterscheiden sich stark von westlichen Produktionen – jeder Film muss Tanz, Gesang und Musik enthalten. Ähnlich wie Hollywood kreiert auch die indische Filmindustrie immer wieder neue Stars. Derzeit besonders gefragt sind Shahrukh Khan und Rani Mukerji. Amitabh Bachchan, genannt „Big B.", gilt nach wie vor als größter Bollywood-Star aller Zeiten.

Links: Teepflücker im Distrikt Darjeeling, Westbengalen

Zu festlichen Anlässen werden die Elefanten kunstvoll bemalt, wie hier nahe Jaipur.

Was ist das Sardar-Sarovar-Projekt?

Die Narmada gilt nach dem Ganges als heiligster Fluss Indiens. Er entspringt in Zentralindien und mündet nach 1310 km im Arabischen Meer. Nach dem Plan der Regierung sollen entlang des Flusslaufs insgesamt 30 große, 135 mittlere und 3000 kleine Staudämme entstehen. Größtes Bauvorhaben ist seit der Grundsteinlegung 1961 das Sardar-Sarovar-Projekt; es ist bis heute nicht abgeschlossen worden. Zur seiner Realisierung ist eine Umsiedlung bzw. Enteignung von insgesamt 200 000 Menschen nötig. Bekannt wurde das Staudamm-Projekt durch die mehr als ein Jahrzehnt andauernden Proteste der Anwohner, die sich diesem Vorhaben widersetzten. 1993 erreichten sie sogar, dass sich die Weltbank aus der Finanzierung des Projekts zurückzog. Doch ungeachtet aller ökologischen Bedenken und der Tatsache, dass die Mehrheit der Staudämme als unsicher eingestuft wird, gehen die Arbeiten weiter.

Hawa Mahal, der Palast der Winde

Der Hawa Mahal ist ein außergewöhnliches Bauwerk in Jaipur, der Hauptstadt des Bundesstaats Rajasthan, etwa 300 km südwestlich von Delhi gelegen. Er wurde 1799 von Maharaja Sawai Pratap Singh erbaut und besticht durch die einzigartige, fast verschwenderische Architektur als Ausdruck des Lebensstils der Rajputenfürsten. Das fünfstöckige Gebäude hat eine wabenartige Fassadenstruktur aus rotem Sandstein. Sie wird von 953 kleinen, mit reich verzierten Gittern versehenen, zum Teil erkerförmig hervortretenden Fenstern gegliedert, die die Luftzirkulation fördern – daher der Name: *hawa* bedeutet „Wind", *mahal* heißt „Palast". Die einzelnen „Waben" dienten ausschließlich den Haremsdamen dazu, dem alltäglichen Treiben auf den Straßen sowie königlichen Prozessionen in der Stadt an Fest- und Feiertagen zuzusehen, ohne selbst gesehen zu werden.

NEPAL

Flagge

Währung
1 Nepalesische Rupie (NR)
= 100 Paisa
Staatsform
Parlamentarische Monarchie seit 1990
Hauptstadt
Kathmandu
Sprachen
Nepalesisch (Amtssprache), Maithili, Bhojpuri, weitere 18 Sprachen mit zahlreichen Dialekten
Fläche 147 181 km²
Einwohnerzahl 28,3 Mio.
Religion
86 % Hindus, 8 % Buddhisten, 4 % Muslime
Besonderheiten
In Nepal liegen acht der höchsten Berge der Erde, angeführt vom Mount Everest mit 8848 m.

Woher stammt das Wort Sherpa?

Die Sherpa sind ein tibetischer Volksstamm, der um das Jahr 1500 aus dem Norden nach Nepal flüchtete. Hier leben heute etwa 60 000 Menschen dieser Ethnie. Seit den ersten Bergbesteigungen der 8000er-Gipfel Anfang des 20. Jahrhunderts wurden immer wieder Menschen dieses Stamms als Träger und Führer angeworben, wodurch sich heute die falsche Vorstellung entwickelt hat, Sherpa sei die Bezeichnung für einen Träger.

Was sind Kasten?

Das Wort Kaste stammt aus dem Portugiesischen – *casta* bedeutet „Rasse", von lat. *castus*, „rein". Als soziales Phänomen stammt das Kastenwesen aus Indien. Die Kasten spielten auch in Nepal lange Zeit eine wichtige Rolle. Das sehr differenzierte System lässt sich grob in vier Hauptkasten einteilen. Die „Brahmanen" sind Angehörige der höchsten Kaste (Priester). Es folgen in der absteigenden Hierarchie die „Kshatriyas" (Krieger, Adel, König) sowie die „Vaishya" (Händler und Bauern). Ganz unten stehen die „Shudras" (Kaste der Dienenden). Beispielsweise war es Angehörigen dieser niedrigsten Kaste verboten, andere Häuser zu betreten. Heute sind derartige Diskriminierungen per Gesetz verboten.

Das Dach der Welt, der Himalaya, in der Kumba-Region

Sadhu, wörtl. „Guter", ist im Hinduismus der Sammelbegriff für asketisch lebende Mönche. Hier ein Sadhu in Kathmandu

Wer sind die Gurkha?

Die Gurkha sind ein nepalesischer Volksstamm, deren Angehörige vielfach als Soldaten im Dienst Großbritanniens standen. So dienten im 1. Weltkrieg etwa 200 000 und im 2. Weltkrieg ca. 50 000 Gurkha unter englischer Fahne. Sie waren wegen ihrer Brutalität und als lautlose Nahkämpfer gefürchtet.

Interessante Fakten

- Nepal ist das einzige Land, in dem der Hinduismus Staatsreligion ist.
- Der Pagodenbaustil stammt aus Nepal. Er wurde von hier aus nach China und Japan gebracht.
- Über 50 % der Nepalesen sind Analphabeten.
- 300 000 Touristen reisen jährlich nach Nepal.
- Seit 1979 sind im Himalaya rund 1000 Touristen umgekommen.

Liegt Bhutan im Himalaya?

Ja. Der nördliche Teil des Landes an der Grenze zu China liegt im Himalaya. Nach Süden fällt das Land dann bis in die Duar-Ebene ab. Dieses Gebiet gehört zum Ganges-Brahmaputra-Tiefland, dem Grenzgebiet zum südlichen Nachbarland Indien.

Wer herrscht in Bhutan?

Die herrschende Bevölkerungsgruppe in Bhutan sind die Ngalong, die im Mittelalter aus Tibet eingewandert sind. Dieser Schicht gehört auch das Königshaus an. Seit 1907 herrscht die Dynastie der Wangchuck. 2006 ist der fünfte König dieser Dynastie in sein Amt eingesetzt worden, Jigme Khesar Namgyel Wangchuck, der im englischen Oxford Politik studiert hat.

Was versteht man unter Bhutanisierung?

Seit dem Ende des 19. Jahrhunderts sind große Gruppen von Nepalesen in den Süden des Landes eingewandert. Bis 1980 hatten sie einen Bevölkerungsanteil von über 50 % erreicht. Seit 1988 verfolgt die Regierung aus Angst vor Überfremdung eine Politik der „Bhutanisierung“: Sie verpflichtet Einwanderer zum Tragen der einheimischen Kleidung, zur Benutzung der Sprache der Ngalong und zur Befolgung der Verhaltensregeln der Ngalong-Tradition. Protesten gegen diese Vorschriften begegnet die Regierung mit dem Einsatz von Armee und Polizei.

BHUTAN

Flagge

Währung
1 Ngultrum (NU) = 100 Chhetrum

Staatsform
Absolute Monarchie seit 1969

Hauptstadt
Thimphu

Sprachen
Dzongkha (Amtssprache), lokale Dialekte, Englisch

Fläche 46 500 km²

Einwohnerzahl 2,2 Mio.

Religion
75 % Buddhisten, 22 % Hindus

Besonderheiten
80 % des Landes liegen über 2000 m hoch.

Wovon lebt die Bevölkerung?

Aufgrund der überwiegend sehr gebirgigen Landschaft ist die Landwirtschaft nicht sehr produktiv. Die Reisproduktion reicht nicht einmal zur Versorgung der eigenen Bevölkerung aus. Devisen werden nur durch die Lieferung von Strom nach Indien und Bangladesch erwirtschaftet. Das Chukha-Kraftwerk trug 2005 mit 40 % zur Finanzierung des Staatshaushalts bei.

In dem kleinen Ort Paro in Bhutan findet einmal im Jahr ein Tanzfestival statt, das sogenannte *Tsechu*. Gruppen aus allen Dörfern der Umgebung führen Tänze in traditionellen Kostümen auf.

Rauchfreies Land

Als weltweit erstes Land ist in Bhutan seit Dezember 2004 nicht nur das Rauchen in der Öffentlichkeit verboten, sondern auch der Tabakhandel. Ziel der Regierung ist es, Bhutan zu einem Nichtraucherland zu machen. Wer gegen das Verbot verstößt, muss empfindlich hohe Geldstrafen zahlen. Zwar dürfen Tabakwaren noch zum eigenen Gebrauch aus dem Ausland importiert werden, sie sind allerdings bei der Einreise mit einem 100-prozentigen Zollaufschlag belegt.

BANGLADESCH

Flagge

Währung
1 Taka (Tk.) = 100 Poisha
Staatsform
Republik (im Commonwealth) seit 1991
Hauptstadt
Dhaka
Sprachen
Bengalisch (Amtssprache), Englisch
Fläche 147 570 km²
Einwohnerzahl 144,3 Mio.
Religion
83 % Muslime, 16 % Hindus
Besonderheiten
Bangladesch hat die höchste Bevölkerungsdichte aller Flächenländer weltweit.

Was hat Bangladesch mit Pakistan zu tun?
Als 1947 die britische Kolonialzeit auf dem indischen Subkontinent endete, entwickelten sich dort zunächst zwei große Staaten – das mehrheitlich hinduistische Indien und das nordwestlich von Indien gelegene muslimische Pakistan. Da das nordöstlich von Indien gelegene Bengalen ebenfalls eine muslimische Bevölkerungsmehrheit hatte, wurde es als Ostpakistan dem neuen Staat Pakistan zugeordnet. 1971 erlangte Ostpakistan die Unabhängigkeit und nannte sich fortan Bangladesch („Land der Bengalen").

Ist das Land überbevölkert?
Mit einer Bevölkerungsdichte von etwa 1000 Einwohnern pro km² ist Bangladesch weltweit der am dichtesten besiedelte Flächenstaat. Wegen der hohen Geburtenrate sind in den letzten 20 Jahren allein 25 Mio. Einwohner hinzugekommen. Gleichzeitig ist Bangladesch einer der ärmsten Staaten der Erde.

Warum gibt es immer wieder Überschwemmungen?
Bangladesch ist zum einen ein sehr flaches Land, das vorwiegend im Deltabereich der Flüsse Ganges und Brahmaputra liegt. Wenn die beiden Flüsse Hochwasser führen, kommt es regelmäßig zu Überschwemmungen. Zum anderen wird Bangladesch im Frühjahr und im Herbst von tropischen Wirbelstürmen aus dem südlich gelegenen Golf von Bengalen bedroht. Die von den Wirbelstürmen ausgelösten Flutwellen führen immer wieder zu katastrophalen Überschwemmungen.

Die Grameen Bank
In Bangladesch leben mehr als 60 Mio. Menschen unterhalb der Armutsgrenze. Der bengalische Wirtschaftswissenschaftler Mohammad Yunus gründete 1983 die Grameen Bank, die an arme Menschen sogenannte Mikrokredite vergibt, um damit Hilfe zur Selbsthilfe zu leisten. Die Bank verzichtet dabei auf die üblichen Absicherungen der Kredite. Für diese Initiative zur Bekämpfung der Armut erhielten die Bank und ihr Gründer 2006 gemeinsam den Friedensnobelpreis.

Frauen und Kinder entfernen aus kleinen Fischen die Schwimmblasen, um Fischöl zu gewinnen.

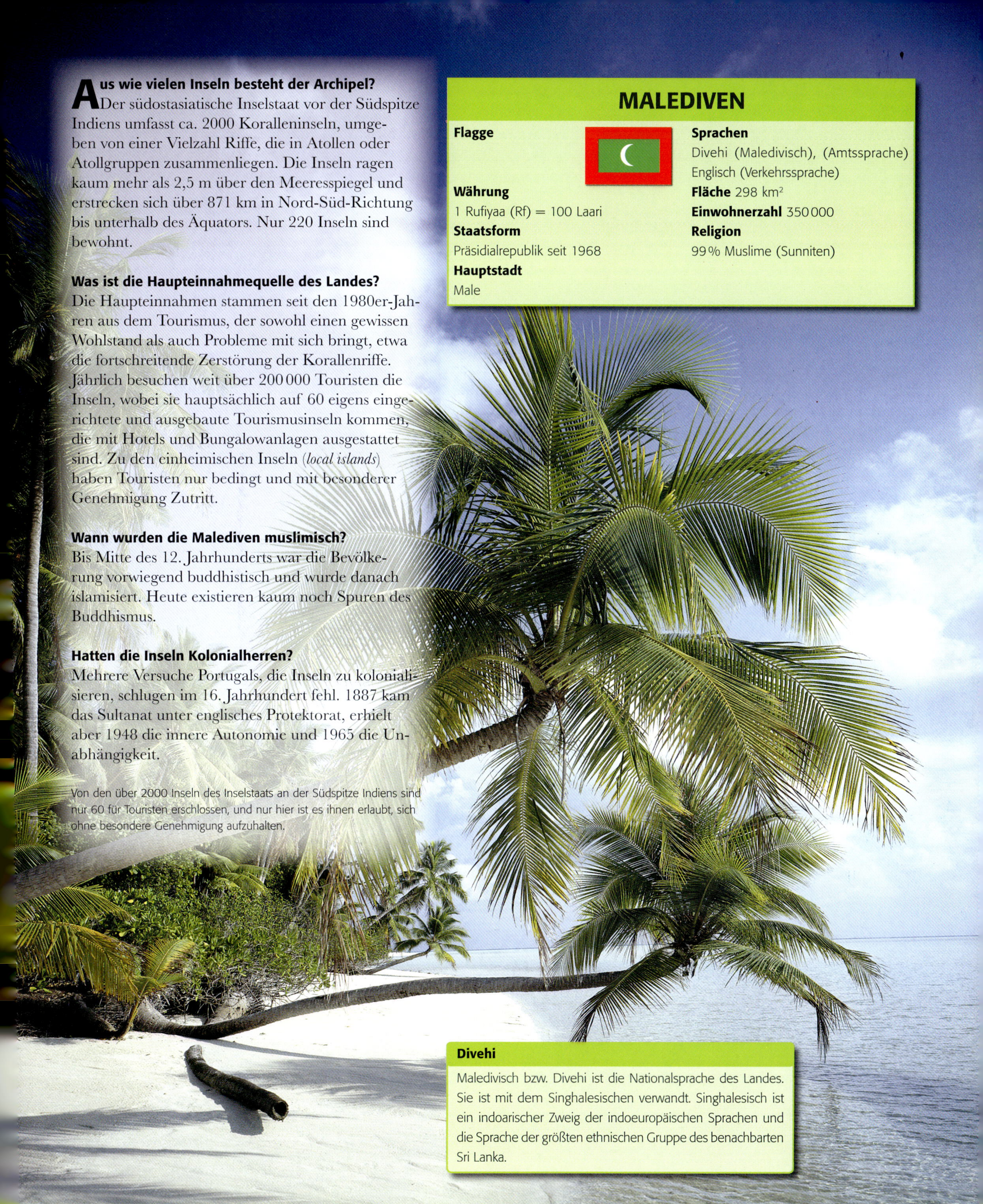

Aus wie vielen Inseln besteht der Archipel?
Der südostasiatische Inselstaat vor der Südspitze Indiens umfasst ca. 2000 Koralleninseln, umgeben von einer Vielzahl Riffe, die in Atollen oder Atollgruppen zusammenliegen. Die Inseln ragen kaum mehr als 2,5 m über den Meeresspiegel und erstrecken sich über 871 km in Nord-Süd-Richtung bis unterhalb des Äquators. Nur 220 Inseln sind bewohnt.

Was ist die Haupteinnahmequelle des Landes?
Die Haupteinnahmen stammen seit den 1980er-Jahren aus dem Tourismus, der sowohl einen gewissen Wohlstand als auch Probleme mit sich bringt, etwa die fortschreitende Zerstörung der Korallenriffe. Jährlich besuchen weit über 200 000 Touristen die Inseln, wobei sie hauptsächlich auf 60 eigens eingerichtete und ausgebaute Tourismusinseln kommen, die mit Hotels und Bungalowanlagen ausgestattet sind. Zu den einheimischen Inseln (*local islands*) haben Touristen nur bedingt und mit besonderer Genehmigung Zutritt.

Wann wurden die Malediven muslimisch?
Bis Mitte des 12. Jahrhunderts war die Bevölkerung vorwiegend buddhistisch und wurde danach islamisiert. Heute existieren kaum noch Spuren des Buddhismus.

Hatten die Inseln Kolonialherren?
Mehrere Versuche Portugals, die Inseln zu kolonialisieren, schlugen im 16. Jahrhundert fehl. 1887 kam das Sultanat unter englisches Protektorat, erhielt aber 1948 die innere Autonomie und 1965 die Unabhängigkeit.

Von den über 2000 Inseln des Inselstaats an der Südspitze Indiens sind nur 60 für Touristen erschlossen, und nur hier ist es ihnen erlaubt, sich ohne besondere Genehmigung aufzuhalten.

MALEDIVEN

Flagge

Währung
1 Rufiyaa (Rf) = 100 Laari

Staatsform
Präsidialrepublik seit 1968

Hauptstadt
Male

Sprachen
Divehi (Maledivisch), (Amtssprache)
Englisch (Verkehrssprache)

Fläche 298 km²

Einwohnerzahl 350 000

Religion
99 % Muslime (Sunniten)

Divehi

Maledivisch bzw. Divehi ist die Nationalsprache des Landes. Sie ist mit dem Singhalesischen verwandt. Singhalesisch ist ein indoarischer Zweig der indoeuropäischen Sprachen und die Sprache der größten ethnischen Gruppe des benachbarten Sri Lanka.

SRI LANKA

Flagge

Währung
1 Sri-Lanka-Rupie (S.L.Re.)
= 100 Sri-Lanka-Cents

Staatsform
Präsidialrepublik (im Commonwealth) seit 1978

Hauptstadt
Colombo

Sprachen
Singhalesisch, Tamil (Amtssprachen), Malaiisch, Englisch

Fläche 65 610 km²

Einwohnerzahl 20,2 Mio.

Religion
77 % Buddhisten, 8 % Muslime, 8 % Hindus, 6 % Katholiken

Reiche Auswahl an Früchten auf einem Markt in Colombo

Über welche Bodenschätze verfügt das Land?

Sri Lanka ist sehr reich an Bodenschätzen – neben Eisenerz, Zinnerz, Mangan, Molybdän, Nickel, Kobalt, Arsen, Wolfram, Tellur und Gold gibt es auch Edelsteinvorkommen (Rubin, Saphir und Beryll).

Welches Klima herrscht in Sri Lanka?

Das Klima Sri Lankas ist in allen Landesteilen tropisch, während die Niederschlagsverhältnisse regional stark variieren. Der Südwesten ist immerfeucht, die größten Regenmengen bringt der Südwestmonsun in den Monaten Mai und Oktober. Während dieser Zeit fallen an der Nordost- und Ostküste nur geringe Niederschläge, die niederschlagsreichsten Monate – November und Dezember – werden hier durch den Nordostmonsun bestimmt. Im Bergland sinken die Temperaturen oft auch unter 0 °C.

Was ist die Adamsbrücke?

Bis um die Zeit zwischen 6000 und 3500 v. Chr. war Sri Lanka mit dem indischen Festland verbunden. Diese noch heute sichtbare Verbindung, bestehend aus Korallenriffen und -inseln, nennt man Adamsbrücke.

Was geschah am 26. Dezember 2005?

Am 26. Dezember traf eine gigantische Tsunamiwelle die Küste Sri Lankas, zerstörte weite Teile der Ost- und Südküste und tötete Zehntausende Menschen.

Arbeitselefanten in Pinnewala in der Nähe von Kegalle

Bürgerkrieg in Sri Lanka

Seit über 2000 Jahren leben Tamilen und Singhalesen auf Sri Lanka. Die Tamilen, die mit 18 % die größte Minderheit stellen, wurden während der Kolonialzeit von den Briten gegenüber der singhalesischen Mehrheit bevorzugt behandelt. Die Demokratisierung des Landes nach der Unabhängigkeit änderte diesen Sonderstatus, und seit 1983 gibt es einen bewaffneten Konflikt zwischen tamilischen Separatisten, die im Norden und Osten einen eigenen hinduistischen Tamilenstaat fordern, und dem sri-lankischen Militär sowie verschiedenen paramilitärischen Einheiten. Die Zahl der Toten wird bislang auf weit über 70 000 geschätzt. Nach 2001 entspannte sich die Situation, aber eine Lösung ist noch nicht in Sicht; beide Seiten weigern sich, ihre Positionen aufzugeben.

Welche klimatischen Extreme gibt es in der Mongolei?

Die Mongolei hat die am südlichsten gelegene Dauerfrostzone und gleichzeitig die nördlichste Wüste der Welt. Nur 10 % des Landes sind bewaldet, und zum Ackerbau eignen sich nicht mehr als 1 %. Auch hat die Mongolei ein extremes Klima mit durch das trockene Kontinentalklima bedingten Temperaturschwankungen zwischen −25 °C und +20 °C, ebenso extrem sind die Tag-Nacht-Temperaturunterschiede, die bis zu 32 °C erreichen.

Hat die Mongolei mit Umweltproblemen zu kämpfen?

Ja. Das Land steht vor großen Umweltproblemen, und es existieren wenig Anzeichen für einen verantwortungsbewussten Umgang mit der Umwelt. Heizkraftwerke sowjetischer Bauart verbrauchen zusammen mit Betrieben, vor allem aus dem Bergbau sowie der Textil- und Lederindustrie, sehr große Mengen an Wasser – einem knappen Gut in der Mongolei. Kaum die Hälfte der Abwässer wird geklärt, die Flüsse in Industrienähe sind daher stark verschmutzt. Überall im Land wachsen wilde Mülldeponien. Einziger, wenngleich sehr schwacher Trost bleibt, dass die Mongolei das am dünnsten besiedelte Land der Erde ist.

MONGOLEI

Flagge

Währung
1 Tögrög = 100 Möngö

Staatsform
Republik seit 1992

Hauptstadt
Ulan-Bator

Sprachen
Mongolisch (Amtssprache), Russisch, Kasachisch

Fläche 1,56 Mio. km^2

Einwohnerzahl 2,8 Mio.

Religion
90 % Buddhisten

Besonderheiten
Die Mongolei hat einen großen nomadischen Bevölkerungsanteil.

Was ist Schamanismus?

Schamanismus ist die ursprüngliche Glaubensform der mongolichen Steppenbewohner. Seine religiösen und magischen Vorstellungen und Praktiken basieren auf dem Glauben an Geister und besonders befähigte Menschen: Schamanen, die aus der jenseitigen Welt Weisungen erhalten, um ein gestörtes Verhältnis zwischen Mensch und Gottheit wieder ins Lot zu bringen.

Im Jahr 2006 fanden zur Feier des 800. Jahrestags der Gründung des mongolischen Staats durch Dschingis Khan Reiterspiele statt.

Dschingis Khan

Im Mittelalter gelang es Dschingis Khan (1162–1227), die mongolischen Stämme zu einem Volk zu vereinen und das größte Weltreich zu errichten, das je existierte. 1240 reichte es sogar bis nach Mitteleuropa. Der Herrscher einte die Stämme der heutigen Mongolei und unterwarf Nachbarländer. Vom Japanischen bis zum Kaspischen Meer erstreckte sich sein Reich. Für dessen Verwaltung ließ er eine eigene Schrift entwickeln und erließ Gesetze für alle. Nach seinem Tod wurde das Reich unter seinen Söhnen aufgeteilt und gleichzeitig weiter vergrößert, um schließlich nach zwei weiteren Generationen auseinanderzufallen.

VOLKSREPUBLIK CHINA

Flagge

Währung
1 Renminbi ¥uan (RMB.¥) = 10 Jiao
Staatsform
Sozialistische Volksrepublik seit 1949
Hauptstadt
Peking
Sprachen
Chinesisch (Amtssprache), chinesische Dialekte (z. B. Fujian, Hakka), 55 Minderheitensprachen
Fläche 9,57 Mio. km²
Einwohnerzahl 1,3 Mrd.
Religion
Mehrheit konfessionslos, 10% Buddhisten
Besonderheiten
Das Land wird sehr häufig von Naturkatastrophen heimgesucht.

Wie lange existierte das chinesische Kaiserreich?
221 v. Chr. wurde von Kaiser Qin Shihuang das erste Kaiserreich gegründet. Bis zum letzten Kaiser Pu Yi, der mit zwei Jahren auf den Thron gehoben wurde und der 1912 nach Ausrufung der Republik abdankte, regierten 2133 Jahre lang ununterbrochen Kaiser in China.

Seit wann gibt es die Volksrepublik China?
Am 1. Oktober 1949 rief Mao Zedong die Volksrepublik China aus und errichtete nach dem Ende des Bürgerkriegs zwischen der kommunistischen Partei Chinas und der Kuomintang (Nationale Volkspartei) einen kommunistischen Staat auf dem Festland.

Wer war Mao Zedong?
Mao Zedong (1893–1976) bestimmte als Vorsitzender der Kommunistischen Partei Chinas fast 30 Jahre lang die Geschichte der VR China. Während seiner Herrschaft starben ca. 35 Mio. Menschen als Folge von Misswirtschaft oder Verfolgung.

Wo verläuft die Seidenstraße?
Die Seidenstraße war die sagenhafte Handelsstraße zwischen China und Syrien, die bereits zu römischen Zeiten genutzt wurde.

Löwentanz beim chinesischen Neujahrsfest, dem wichtigsten Feiertag des Landes, der nach dem Mondkalender festgelegt wird

Pandas

Es gibt zwei Arten von Panda-Bären. Der Große (und seltenere) Panda (Bambusbär; *Ailuropoda melanoleuca*) wird etwa 1,5 m lang, hat ein schwarz-weißes Fell und kommt in den Hochgebirgen Sichuans vor. Er ernährt sich hauptsächlich von Bambussprossen. Der Kleine Panda (Katzenbär; *Ailurus fulgens*) hat einen rot-schwarzen Pelz mit einer weißen Kopfpartie. Als Baumtier lebt er in den Wäldern des östlichen Himalaya, in Hinterindien und Sichuan. Neben Bambussprossen verzehrt er hauptsächlich Kleintiere und Früchte. Auf die Tötung von Pandas steht in China die Todesstrafe.

Jing Jing ist der Name des Pandabären, der als Maskottchen für die Olympiade 2008 gewählt wurde.

Über ihre Karawanenwege wurden nicht nur Handels- und Luxusgüter transportiert; die Handelskontakte brachten auch einen kulturellen Austausch zwischen Zentralasien und Europa mit sich.

Ist China häufiger von Naturkatastrophen betroffen?
Ja. China litt und leidet immer wieder unter verheerenden Naturkatastrophen, zu denen vor allem Erdbeben und Überschwemmungen zählen. Bei den großen Beben seiner Geschichte in Shaanxi (1556), Sichuan (1850), Gansu (1920) oder Tangshan (1976) kamen ebenso wie bei den Überschwemmungen z. B. am Bianqiao-Staudamm (1975) oder am Gelben Fluss Millionen Menschen um.

Was war der „Lange Marsch"?
1934/35 flohen die Kommunisten unter Führung Mao Zedong vor den Nationalisten Chiang Kaisheks im Nordwesten des Landes. Unter unsäglichen Entbehrungen führte sie ihr gut einjähriger, 10 000 km langer Marsch nach Schensi im Nordwesten des Landes. Von den ursprünglich 130 000 Mann erreichten kaum 30 000 das Ziel.

Was war der „Große Sprung nach vorn"?
So lautete die offizielle Parole der Politik Mao Zedongs zwischen 1958 und 1962. China sollte eine wirtschaftliche Großmacht werden, vor allem sollte die Stahlproduktion die höchste der Welt werden. Da die Organisation der Arbeit zentral gesteuert wurde, standen bald schon nicht mehr genügend Bauern für die Bestellung der Felder zur Verfügung. Das Ergebnis war die größte Hungersnot der Geschichte.

Worin bestand die Kulturrevolution?
Kulturrevolution nannte man die Umgestaltung der gesellschaftlichen Verhältnisse zwischen 1965 und 1976, ausgelöst von Mao Zedong; Ziel war u. a. auch die Beseitigung bürgerlichen Gedankenguts. Während der drei ersten Jahre kam es zu Morden, Misshandlungen und Zerstörungen von klassischen „bürgerlichen" Kulturgütern. Der Parteivorsitzende Mao setzte dabei vorwiegend eine leicht zu manipulierende Jugend ein, die Roten Garden.

Die Causeway Bay in Hongkong. Seit 1997 ist die ehemalige britische Kronkolonie wieder Teil der Volksrepublik China.

Ausgehend von Peking war die Kulturrevolution ein Aufruf zum Krieg gegen die Alte Welt; alles, was kapitalistisch, feudal, reaktionär oder revisionistisch war, sollte vernichtet werden, vor allem chinesische Kulturgüter und -träger.

Interessante Fakten: Bevölkerung

Die VR China ist flächenmäßig so groß wie die USA und Europa zusammen, hat aber mehr Einwohner. Damit ist China das bevölkerungsreichste Land, und viele seiner Regionen sind die dichtest besiedelten der Welt. Das Land ist gezeichnet von einer langen Geschichte der Überbevölkerung und den damit verbundenen Versorgungsproblemen; immer wieder zogen Hungersnöte wirtschaftliche und politische Krisen nach sich. Die Bevölkerungspolitik sieht heute nur ein Kind pro Familie vor. Es gibt in China riesige Ballungsgebiete vor allem in Küstennähe, etwa die Hälfte der Bevölkerung lebt heute auf ca. 10% des Landes.

Die chinesische Mauer ist das größte und längste Bauwerk der Erde, sie ist sogar auf den Fotos von Satelliten auszumachen.

Was ist die Folge der Ein-Kind-Politik?
Zahllose weibliche Föten wurden abgetrieben, was zu einem starken Anstieg der männlichen Bevölkerung führte: Auf 100 Mädchen kommen heute 120 Jungen. Ultraschalluntersuchungen zur Feststellung des Geschlechts stehen inzwischen unter Strafe.

Wann ereignete sich das Tian'anmen-Massaker?
Das Massaker war die Beendigung der monatelangen Besetzung des Platzes des Himmlischen Friedens in Peking, an den auch das Parlamentsgebäude grenzt; am 3. und 4. Juni 1989 wurden die protestierenden Studenten gewaltsam vertrieben. Auf dem Platz selbst kam es zu etwa 100, in ganz

Die Chinesische Mauer

Die Chinesische Mauer ist das einzige Bauwerk von menschlicher Hand, das aus dem All zu sehen ist. Die 9 m hohe Mauer erstreckt sich über 4800 km vom Gelben Fluss bis nach Nordwestchina. Sie besteht aus einer Reihe von Befestigungen, die in mehr als 2500 Jahren zum Schutz vor Eindringlingen aus dem Norden errichtet wurden. Der noch heute erhaltene Teil wurde während der Ming-Dynastie (1364–1644) gebaut.

Interessante Fakten: Sprache und Geld

Die Sonderverwaltungszonen Hongkong und Macau, die seit 1997 bzw. 1999 zum Staatsgebiet der VR gehören, haben sprachlich und monetär einen Sonderstatus: Hier sind Kantonesisch, Englisch und Portugiesisch neben Hochchinesisch Amtssprachen. Außerdem sind dort der Hongkong-Dollar bzw. der Pataca offizielle Währung.

Was ist die Terrakotta-Armee?
Als Grabbeilage für das Mausoleum Kaiser Qins, des ersten Kaisers von China, der 221 v. Chr. die Macht übernahm, wurden in einer Vielzahl unterirdischer Kammern über 7000 Terrakotta-Soldaten aufgestellt. 1974 wurden sie in Xi'an in der Provinz Shaanxi bei Ausgrabungen entdeckt. Neben den Soldaten fanden sich Pferde, Reiter, Schwerter, Pfeilspitzen, Armbrüste etc. Das Faszinierende an den oft lebensgroßen Figuren ist die Tatsache, dass jede Figur sich in Kleidung, Gesichtsausdruck, Haltung oder Rang unterscheidet.

Links: Die bunten, an Schnüren aufgereihten Gebetsfahnen und Zeremonialschals (*katags*) trifft man im zentralasiatischen Hochland Tibets häufig an.

Gibt es in der VR China die Todesstrafe?
In keinem anderen Land der Erde werden mehr Menschen hingerichtet als in China. Eine Vielzahl von Delikten kann mit der Todesstrafe geahndet werden, dazu gehören Drogen- und Wirtschaftsdelikte, Korruption und Landesverrat; zu Letzterem zählt beispielsweise auch die Verbreitung von Zahlen über die Ausbreitung von Aids.

Peking aber nach Angaben des Roten Kreuzes zu fast 3000 Toten. In der Folge wurden Aktivisten und Intellektuelle inhaftiert, 49 wurden offiziell hingerichtet.

Wie verhält sich die Volksrepublik zu Taiwan?
Die VR China betrachtet Taiwan als Teil des eigenen Landes, seit dem 13. März 2005 gibt es das sogenannte Anti-Abspaltungsgesetz, das militärische Interventionen vorsieht, sollte sich Taiwan formell für unabhängig erklären oder die Wiedervereinigung mit der VR China unmöglich erscheinen.

Was ist eine Pekingoper?
Sie ist die bekannteste Form der chinesischen Oper, bei der verschiedene Formen wie Tanz, Gesang, Kampfkunst und theatralisches Spiel in volkstümlichen Stücken gezeigt werden. Sie ist sehr stark ritualisiert, und gegenüber der Ausstattung des Bühnenraums stehen die Masken und Kostüme der Schauspieler im Vordergrund. Die Pekingoper entwickelte sich während der Tang-Dynastie (618–906) und ist in ihrer Grundform bis heute erhalten geblieben, auch werden immer noch dieselben Stücke gespielt.

Die berühmte Terrakotta-Armee aus Xi'an

DEMOKRATISCHE VOLKSREPUBLIK KOREA (NORDKOREA)

Flagge

Währung
1 Won = 100 Chon

Staatsform
Volksrepublik seit 1948

Hauptstadt
Pjöngjang

Sprachen
Koreanisch (Amtssprache), Russisch, Chinesisch

Fläche 122 762 km^2

Einwohnerzahl 22,9 Mio.

Religion
Buddhisten und Konfuzianisten, aber vermutlich ist die Mehrheit der Bevölkerung atheistisch

Was ist ein *Chuch'e*-Staat?

Chuch'e ist koreanisch und bedeutet „Selbstständigkeit". In ideologischer Hinsicht bezeichnet der Terminus eine Interpretationsrichtung des Marxismus-Leninismus, die in den 1940er-Jahren von der Arbeiterpartei Nordkoreas entwickelt wurde. Die Interessen des eigenen Landes stehen über denen der internationalen kommunistischen Bewegung. Vom Bürger des *Chuch'e*-Staats wird bedingungslose Loyalität und, wie im Fall des gegenwärtig regierenden Kim Jong-il (*1941), die grenzenlose Verehrung des Staatsoberhaupts (Personenkult) verlangt.

Wo liegt Koreas demilitarisierte Zone?

Nach dem Koreakrieg 1953 wurde zusammen mit dem Waffenstillstand eine demilitarisierte Zone zwischen Nord- und Südkorea eingerichtet, die beide Länder von Westen nach Osten durchläuft. Sie hat eine Länge von 248 km und eine Breite von ca. 4 km. In der Mitte dieser Zone befindet sich die militärische Demarkationslinie, die eigentliche Grenze zwischen beiden Staaten. Diese Grenze ist praktisch undurchdringlich, eine Flucht kann nur über China gelingen, wo vermutlich bis zu 300 000 nordkoreanische Flüchtlinge leben.

Der 170 m hohe, 1982 fertiggestellte Juche-Turm am Ostufer des Taedong-Flusses in Pjöngjang wurde zur Feier des 70. Geburtstags von Kim Jong-il aufgestellt und soll von ihm selbst entworfen worden sein.

Verfügt Nordkorea über Kernwaffen?

Eines der ambitioniertesten Entwicklungsprogramme des Landes zielt auf den Besitz von Atomwaffen. Am 9. Oktober 2006 zündete das Land seine erste unterirdische Kernwaffe. Nordkorea behauptet, in der Lage zu sein, mit seinen neu entwickelten, mit Atomsprengköpfen bestückten Transkontinentalraketen die Westküste der USA erreichen zu können. International werden diese Bestrebungen scharf verurteilt.

Interessante Fakten

- Seit ca. 1970 hat sich die Bevölkerung fast verdoppelt.
- Die Lebenserwartung der Menschen ist durch Hungersnöte und unzureichende medizinische Versorgung stark gesunken.
- Weltweit hat Nordkorea den geringsten Ausländeranteil.
- Menschenrechte werden in Nordkorea kaum geachtet.

Der Reisanbau ist in Korea seit 4000 Jahren bekannt. Auch heute noch wird er mit einfachsten Hilfsmitteln betrieben.

Seit wann gibt es Südkorea?

1948 hatten sich die beiden Staaten Koreas in den Anfängen des Kalten Kriegs gegründet, mit dem Koreakrieg (1950–1953) wurde diese Trennung besiegelt. Gleichzeitig wurde nie ein Friedensvertrag unterschrieben, der einzig existierende Vertrag ist der Waffenstillstandsvertrag von 1953.

Was ist das Saemangeum?

Das Saemangeum ist ein Wattenmeer, nach der Nordsee das größte der Welt. Es liegt an der Westküste Südkoreas im Mündungsgebiet der Flüsse Donjingang und Mangyeongang im Gelben Meer.

Gibt es häufig Erdbeben?

Nein. Korea wird pro Jahr zwar von etwa 20 Erdbeben erschüttert, davon erreicht jedoch nur die Hälfte eine Stärke von über 3 auf der Richterskala, dem Punkt, ab dem Erdbeben von Menschen erst wahrgenommen werden. Japan z. B. verzeichnet jährlich ca. 1200 Beben mit einer Stärke von über 3.

Wie sieht die Geschlechterverteilung in der Bevölkerung Südkoreas aus?

Traditionell werden in Südkorea, wie auch in anderen asiatischen Ländern, männliche Kinder bevorzugt. In Südkorea ist der Anteil der Männer höher als der der Frauen, allerdings haben Frauen eine höhere Lebenserwartung – 79,5 Jahre für Frauen und 72 Jahre für Männer. Infolgedessen altert die Gesellschaft recht schnell, und man geht davon aus, dass sie ab 2028 nicht mehr wachsen wird.

REPUBLIK KOREA (SÜDKOREA)

Flagge

Währung
1 Won (₩) = 100 Chon

Staatsform
Präsidialrepublik seit 1948

Hauptstadt
Seoul

Sprachen
Koreanisch (Amtssprache), Englisch, Japanisch

Fläche 99 313 km^2

Einwohnerzahl 48,6 Mio.

Religion
20 % Buddhisten, 15 % Protestanten, 7 % Katholiken

Was sind Jaebeols?

Jaebeols sind große wirtschaftliche Zusammenschlüsse, die von Familienclans kontrolliert werden. Die weltweit bekanntesten Jaebeols sind LG, Samsung, Hyundai und Daewoo. In Südkorea sind diese Unternehmen viel weiter verzweigt als im Ausland, oft kontrollieren sie auch Immobiliengeschäfte, Versicherungen, Groß- und Einzelhandelsketten etc.

Was ist der TKX?

TKX steht für Korea-Train-eXpress, einen Hochgeschwindigkeitszug, der auf der französischen Technologie des TGV basiert und seit 2004 im Einsatz ist. Er fährt auf den Strecken Seoul–Busan und Seoul–Mokpo mit einer Geschwindigkeit von bis zu 240 km/h und transportiert täglich über 100 000 Fahrgäste.

Das Fußballstadion in Pusan, das für die Fußballweltmeisterschaft 2002 gebaut wurde

JAPAN

Flagge

Währung
1 Yen (¥) = 100 Sen

Staatsform
Parlamentarische Monarchie seit 1947

Hauptstadt
Tokio

Sprachen
Japanisch (Amtssprache), Englisch

Fläche 377 837 km^2

Einwohnerzahl 127,4 Mio.

Religion
84 % Buddhisten und Shintoisten

Aus wie vielen Inseln besteht Japan?

Japan besteht aus über 3000 Inseln. Die vier Hauptinseln, auf denen alle großen Städte liegen, sind Honshu, Hokkaido, Kyushu und Shikoku.

Gibt es in Japan vulkanische Aktivitäten?

Japan ist eines der von Erdbeben am stärksten betroffenen Länder der Welt. Der japanische Archipel bildet die Gipfelregion einer Gebirgskette, die aus etwa 4000 m Meerestiefe aufsteigt und im Vulkankegel des Fujiyama auf der Insel Honshu eine Höhe von 3776 m erreicht. Von den insgesamt 250 Vulkanen sind noch ca. 60 aktiv.

Was geschah beim Erdbeben von Kobe?

Am 17. Januar 1995 um 5:46 Uhr ereignete sich an der Nojima-Spalte von Awaji-Shima in einer Tiefe von 16 km ein Erdbeben, das nicht länger als 20 Sekunden dauerte und dennoch eines der verherrendsten aller Zeiten war. Es erreichte eine Stärke von 7,2 auf der Richterskala und traf die südjapanische

Unten: Der Tempelkomplex von Kiyomizu-dera im Osten Kyotos ist Teil des Weltkulturerbes der UNESCO. Die Geschichte der Anlage reicht bis in das Jahr 798 zurück.

Stadt Kobe. Häuser fielen in sich zusammen, Straßen rissen auf wie Papier, Fabriken und Bahntrassen wurden zerstört, über 6000 Menschen verloren ihr Leben, mehr als 300 000 wurden obdachlos.

Wann wurden die Bomben über Hiroshima und Nagasaki abgeworfen?

Am Morgen des 6. August 1945 flog der B-29 Bomber *Enola Gay* unter Flugkapitän Paul W. Tibbets nach Hiroshima. An Bord trug er die erste Atombombe, die nicht zu Testzwecken gezündet werden sollte. Man hatte sie auf den Namen *Little Boy* getauft. Über Hiroshima fiel sie bis auf eine Höhe von 600 m, wo sie mit einer Energiemenge von 20 000 t TNT explodierte. Die Stadt wurde dem Erdboden gleichgemacht. Bei der Explosion selbst starben 75 000 Menschen, den Spätfolgen erlagen weitere 250 000. Nie zuvor in der Geschichte der Menschheit hatte ein einziges Vernichtungsinstrument so viele Leben ausgelöscht. Zwei Tage später, am 8. August, fiel die Plutoniumbombe *Fat Boy* auf die

Hintergrund: Die Chuo-Ohashi-Brücke in Tokio. Mit fast 13 Mio. Einwohnern ist Tokio die größte Stadt Japans und eine der größten und modernsten Städte der Welt.

Unten: Blick in ein traditionelles japanisches Haus in Tokio

Südkurilen

Die Kurilen sind eine ca. 1200 km lange Inselkette aus über 30 Inseln. Die Gewässer um die Kurilen zählen zu den fischreichsten der Welt. Am Ende des 2. Weltkriegs 1945 wurden die Kurilen von sowjetischen Truppen besetzt, die japanische Bevölkerung (ca. 18 000 Menschen) wurde vertrieben und am 2. Februar 1946 erklärte die UdSSR die Inseln zum sowjetischen Hoheitsgebiet.

Im Friedensvertrag zwischen Japan und den Alliierten von 1951, dem sich die UdSSR nicht anschloss, trat Japan alle Rechte auf die Kurilen ab. Es wurden keine exakten geografischen Grenzen festgelegt, aber allen Beteiligten war klar, dass die vier zur Debatte stehenden Inseln der Südkurilen – Etorofu, Kunashiri, Shikotan und die Habomai-Inselgruppe – nicht zu den Kurilen gezählt, sondern als japanisches Hoheitsgebiet betrachtet wurden. Japan beansprucht diese Inseln bis heute.

Interessante Fakten

- In den letzten 1000 Jahren starben in Japan über 160 000 Menschen durch Tsunamis.
- Reis, die wichtigste Kulturpflanze Japans, wurde aus Korea eingeführt.
- Die größte Minderheit Japans sind die etwa 650 000 Japaner koreanischer Abstammung, die aber nicht die japanische Staatsangehörigkeit besitzen, weil sie dazu ihre Namen in eine japanische Form ändern müssten, was ihnen ihr koreanischer Nationalstolz verbietet.
- Im Artikel 9 der japanischen Verfassung verzichtet Japan auf das Recht souveräner Staaten zur Kriegführung – eine weltweit einmalige Klausel.
- In Japan gibt es keine Wehrpflicht – trotzdem nimmt das Land hinsichtlich der Militärausgaben Rang 6 in der Welt ein.
- Im Jahr 2006 wurden in Japan 44 Todesurteile vollstreckt.

Ein Schauspieler des traditionellen Kabuki-Theaters (dt. etwa „Singen und Tanzen"), dessen Ursprünge bis auf die Edo-Periode im 17. Jahrhundert zurückgehen

Industriestadt Nagasaki und setzte die unvorstellbare Temperatur von 300 000 °C frei. Die Druckwelle löschte das halbe Stadtgebiet aus – über 50 000 Menschen starben. Eine Woche später unterzeichnete Kaiser Hirohito die Kapitulation Japans.

Welche Probleme bringt die Bevölkerungsentwicklung mit sich?

Japan hat ein Bevölkerungswachstum von 0,14 %. Damit hatte das Land 2005 die älteste Bevölkerung der Welt – 21 % waren 65 Jahre und älter. Sollte die Geburtenrate nicht steigen, könnte die Bevölkerungszahl innerhalb der nächsten 50 Jahre um 30 % sinken. 2007 kam es zum Eklat, als der amtierende Gesundheitsminister Hakuo Yanagisawa Japans Frauen als „Gebärmaschinen" bezeichnete, die ab jetzt „ihr Bestes" zu geben hätten, um die Geburtenrate zu steigern.

Wo liegt die Schwäche der japanischen Wirtschaft?

Neben Rohstoffen und Erdöl stehen Nahrungsmittel an der Spitze der Einfuhrgüter. Wegen der gebirgigen Landschaft macht die landwirtschaftliche Nutzfläche nur ca. 15 % des Landes aus, und die Böden werden stark belastet, um rentabel zu sein. Bei der Energieerzeugung ist das Problem ähnlich, neun Zehntel der Energiemenge müssen importiert werden. Diese Abhängigkeit erklärt, warum Japan um seine dauerhafte Wettbewerbsfähigkeit besorgt ist.

Iwojima

1877 annektierte Japan die 21 km² große, etwa 1200 km von Tokio entfernte, im Pazifik gelegene unbewohnte Vulkaninsel Iwojima. Japan besiedelte die Insel und baute sie zum Stützpunkt aus. 1945 lebten etwa 100 Menschen dort, als am 19. Februar nach 50-stündigem Bombardement US-Truppen auf der Insel landeten und es zu einer der blutigsten Schlachten des Pazifikkriegs kam, bei der 21 000 japanische und ca. 7000 amerikanische Soldaten starben. Heute ist die Insel wieder unbewohnt.

Was ist ein Ryokan?

Ryokans sind Gästehäuser, in denen man die japanische traditionelle Lebensform kennenlernen kann. Man schläft auf einem *futon* (der mit Baumwolle gefüllten Matratze) direkt auf dem mit *tatamis* (Strohmatten) ausgelegten Boden, trägt einen typischen

Sushi und Sashimi

Das Wort *Sushi* bedeutet „sauer" und bezieht sich auf den mit Essig zubereiteten Reis, steht aber für das ganze japanische Gericht aus erkaltetem gesäuertem Reis, vorwiegend rohem Fisch und getrocknetem Seetang (*nori*). Mundgerechte Stücke werden optisch ansprechend serviert. Zum Sushi wird eine an Meerrettich erinnernde scharfe grüne Paste gereicht, *wasabi*, und *gari*, süß-sauer eingelegter Ingwer, der verdauungsanregend wirkt.

Beim *Sashimi* werden 3–4 mm dicke Fischfilets roh und ungewürzt und vor allem ohne Reis serviert.

Passende Getränke zu Sushi oder Sashimi sind grüner Tee oder japanisches Bier (z. B. Asahi oder Kirin). Gewöhnlich reicht man keinen Reiswein, *sake*, da er sich geschmacklich nicht mit dem essigsauren Reis verträgt.

yukata (den Kimono für diese Gelegenheit) und badet in einem *onsen* (ein warmes Quell-Bad). Nirgends kommt man in Japan besser mit Traditionen, Kultur und Gewohnheiten in Kontakt als in einem Ryokan.

Was ist die Minamata-Krankheit?

Der überaus schnelle Aufstieg Japans zu einer der führenden Industrienationen der Welt hat schon früh massive Umweltprobleme mit sich gebracht. Die Minamata-Krankheit beruht auf einer Vergiftung durch Quecksilber-Verbindungen. Sie trat erstmals an der Küste Japans in der Nähe der Stadt Minamata auf. Die Symptome sind Müdigkeit, Kopf- und Gliederschmerzen, es folgen Lähmungserscheinungen, Psychosen oder Koma; in Extremfällen endet die Krankheit mit dem Tod.

Andere durch Umweltschäden bedingte „japanische" Krankheiten sind die Itai-Itai-Krankheit (chronische Schmerzen durch Cadmium-Vergiftung) und Yokkaichi-Asthma (chronisches Asthma durch Schadstoff-Emissionen – die Stadt Yokkaichi ist ein Zentrum der petrochemischen Industrie).

Oben: Sushi werden traditionell mit Sojasauce und scharfer grüner Wasabipaste serviert.

Japanische Landschaft mit blühendem Kirschbaum am Kawaguchisee, im Hintergrund der Fujiyama

REPUBLIK CHINA (TAIWAN)

Flagge

Währung
1 Neuer Taiwan-Dollar (NT$)
= 100 Cents

Staatsform
Republik

Hauptstadt
Taipeh (de facto), Nanjing (offiziell)

Sprachen
Mandarin (Amtssprache), Min, Hakka

Fläche 36 000 km²

Einwohnerzahl 22,8 Mio.

Religion
93 % Buddhisten, Konfuzianer, Taoisten

Wie hieß Taiwan früher?

1583 wurde die Insel von den Portugiesen entdeckt und *Ilha Formosa*, „schöne Insel", genannt. Unter diesem Namen war sie lange Zeit im Westen bekannt. In China ist andererseits schon seit dem 16. Jahrhundert der Name Taiwan gebräuchlich, ein Lehnwort aus der Sprache der Gaoshan, der Ureinwohner der Insel, das sowohl die Insel als auch die Hauptstadt bezeichnete.

Das politische Verhältnis zwischen Taiwan und der VR China

Das Verhältnis zwischen der Volksrepublik China und Taiwan ist seit jeher äußerst angespannt und kompliziert. Seit 1971 erkennen die meisten Staaten die Volksrepublik an, aber nur 24 Staaten erkennen Taiwan als Staat diplomatisch an.

Die Bezeichnung Republik China galt zwischen 1912 und 1949 für das gesamte chinesische Territorium, seit der Gründung der Volksrepublik beschränkt sich das Herrschaftsgebiet auf die Insel Taiwan sowie auf die Kinmen-, Matsu- und Pescadoresinseln. Ihren Verfassungen nach erheben beide Staaten Anspruch auf das gesamte Territorium, Taiwan erhebt allerdings seit den 1990er-Jahren diesen Anspruch offiziell nicht mehr, während die Volksrepublik ihn aufrechterhält, denn für sie ist Taiwan eine abtrünnige Provinz und sie droht mit militärischen Schritten, sollte Taiwan sich formell unabhängig erklären (s. VR China).

Was war der Friedensvertrag von San Francisco?

1949 endete der Bürgerkrieg zwischen den Kommunisten und der chinesischen Nationalpartei Kuomintang. Deren Regierung unter General Chian Kai-shek floh daraufhin auf die Insel Taiwan. 1952 wurde im Friedensvertrag von San Francisco bestimmt, dass das Selbstbestimmungsrecht der Taiwaner berücksichtigt werden müsse. Die USA erklärten sich zur Schutzmacht Taiwans, brachen aber 1978 die Beziehungen zum Land ab, weil es sich an die Volksrepublik anzunähern begann. Bis heute haben die USA das Land nicht offiziell anerkannt.

Auf welche Branchen konzentriert sich Taiwans Industrie?

In den 1950er-Jahren bildete die Landwirtschaft die Grundlage für den wirtschaftlichen Aufstieg, ging aber in den 1990er-Jahren bis auf 4 % des Bruttoinlandprodukts zurück. Heute ist Taiwan weltgrößter Produzent von WLAN-Komponenten, Halbleiter-Anwendungen, PC-Platinen und Notebooks.

Mit 508 m Höhe überragt der Taipeh-101-Turm als höchstes Bürogebäude der Welt die Metropole.

MYANMAR

Flagge

Währung
1 Kyat (K) = 100 Pyas
Staatsform
Sozialistische Republik seit 1974
Hauptstadt
Naypyidaw
Sprachen
Birmanisch (Amtssprache)
Fläche 676 577 km²
Einwohnerzahl 54,0 Mio.
Religion
89 % Buddhisten

Aung San Suu Kyi

Aung San Suu Kyi (*1945) engagierte sich vehement für die gewaltlose Demokratisierung Myanmars. 1989 ließ sie sich bei den Wahlen aufstellen, die ihre Partei 1990 auch gewann. Das Ergebnis wurde von den Militärs jedoch nicht anerkannt. Schon 1989 hatte man sie unter Hausarrest gestellt, das seitdem mit kurzen Unterbrechungen bis heute währt. Erst im Mai 2006 wurde sie erneut für ein Jahr unter Hausarrest gestellt. 1991 erhielt sie für ihre Arbeit den Friedensnobelpreis.

Eine Frau vom Stamm der Kayan in Myanmar. Die ersten Messingringe werden den Mädchen im Alter von fünf Jahren umgelegt, danach folgen weitere, bis deren Gewicht die Schlüsselbeine nach unten drückt – der Hals wird länger.

Warum wurde die Hauptstadt verlegt?
Rangun, die größte Stadt des Landes, war bis 2005 Hauptstadt. Im Dezember 2005 zog die Regierung allerdings in das 320 km nördlicher gelegene Pyinmana um. Die neue Hauptstadt ist für Zivilisten und Ausländer gesperrt und wurde im März 2006 in „Königliche Stadt", Naypyidaw, umgetauft. Man vermutet, dass dieser Umzug aus Angst vor einer möglichen Invasion ausländischer Streitkräfte von der Seeseite her vorgenommen wurde.

Weshalb wurde das ehemalige Birma in Myanmar umbenannt?
1988 wurde das Land nach blutiger Niederschlagung eines Volksaufstands mit Tausenden Toten von den Militärs übernommen und zu einer Militärdiktatur. 1989 wurde es von Birma in Myanmar umbenannt, um sich von den eigenen Traditionen, vor allem aber auch vom englischen Namen der Kolonialherren – Burma – abzusetzen und den staatlichen Neuanfang zu markieren.

Steigt die Aidsrate?
Die Zahl der Aidserkrankten ist in den letzten Jahren extrem gestiegen, wenngleich keine konkreten Zahlen vorliegen. Die Militärjunta betreibt verdeckt staatlich geförderte Prostitution, zudem gilt ein Großteil der Bevölkerung als drogenabhängig, was ebenfalls zu einem Anstieg der Infektionsrate beiträgt.

Wie ist die wirtschaftliche Lage des Landes?
Myanmar gehört zu den ärmsten Ländern der Welt, was hauptsächlich der Misswirtschaft der Militärdiktatur zu verdanken ist. Zuvor galt das Land als „Kornkammer Südostasiens", und die Wirtschaftsbilanz war positiv. Die Junta verschlingt für Militärwesen, Geheimdienste und Polizei über 50 % des Staatshaushalts und hat das einst reiche Land mit ihrer restriktiven Politik ruiniert.

Gibt es Drogenhandel?
Man vermutet, dass sich die Diktatur mit dem Drogenhandel finanziert: Heroin und in den letzten Jahren vor allem Amphetamine. Die Drogen werden im unzugänglichen Dschungel tonnenweise hergestellt und über Thailand und China in die ganze Welt geliefert.

Der Kakku-Pagodenkomplex etwa 70 km von Nyaung Shwe. Die Attraktion von Kakku sind 2500 Tempel und Stupas, die in geraden Reihen in einem 1 km² großen Bereich ausgerichtet sind.

THAILAND

Flagge

Währung
1 Baht (฿) = 100 Stangs

Staatsform
Parlamentarische Monarchie seit 1932

Hauptstadt
Bangkok

Sprachen
Thailändisch (Amtssprache), Chinesisch, Malaiisch, Englisch

Fläche 513 115 km²

Einwohnerzahl 65,4 Mio.

Religion
94% Buddhisten, 5% Muslime

Was bedeutet der Name „Thailand"?
Der bis 1939 als Siam bekannte Staat nannte sich Thailand, „Land der Freien", weil er als einziges Land Südostasiens nie kolonisiert worden ist.

Was ist der „dünne Hals" Thailands?
Der südliche Teil Thailands liegt auf der langgestreckten Malaiischen Halbinsel, die den Golf von Thailand (als Teil des Pazifiks) vom Indischen Ozean trennt. An den Küsten liegen wunderschöne Strände und kleine Inseln, die fast alle für den Tourismus erschlossen sind. Im Süden bildet der Isthmus von Kra mit einer Breite von nur 64 km die schmalste Stelle zwischen den Ozeanen – den „dünnen Hals".

Warum gibt es in Thailand nur drei Jahreszeiten?
Temperaturunterschiede sind in Thailand nicht ausschlaggebend für die Jahreszeiten, die Mittelwerte liegen das ganze Jahr hindurch über 18 °C. Die Jahreszeiten bestimmen sich über die Niederschlagsmenge. Darum unterscheidet man drei Jahreszeiten:
a) Trockene und kühlere Luft herrscht durch Nord- und Nordostwinde zwischen November und Februar.
b) Von März bis Mai ist Vormonsunzeit mit den höchsten Temperaturen des Jahres, über 35 °C.
c) Monsun- bzw. Regenzeit ist zwischen Juni und September, wetterbestimmend sind in dieser Jahreszeit südwestliche Winde.

Ist der Tourismus wichtig für Thailand?
Der Tourismus ist in Thailand neben dem Reisanbau (Thailand ist neben den USA einer der größten Reisexporteure der Welt) der wichtigste Wirtschaftsfaktor. Über 14 Mio. Menschen besuchen jährlich das Land. Viele Touristen denken beim Thailand-Besuch jedoch nicht nur an Sonne, Palmen und Meer, sondern auch an Sex. Einige Orte ziehen Sextouristen aus aller Welt an. Die thailändische Rotlicht-Branche setzt jährlich schätzungsweise 27 Mrd. US-Dollar um.

Thailändische Küche

Die Thailändische Küche ist eine Mischung von ostasiatischen und europäischen Einflüssen, die in Jahrhunderten zu dem verschmolzen ist, was heute weltweit geschätzt wird. Besonders bekannt (z. T. berüchtigt) ist Thailand wegen der Würze bzw. Schärfe des Essens. Interessant ist, dass die scharfe Chili erst im 18. Jahrhundert von portugiesischen Missionaren eingeführt wurde.

Gegessen wird mit Gabel und Löffel, wobei man die Gabel dazu benutzt, Essen auf den Löffel zu schieben. Die Gabel zum Mund zu führen und davon zu essen, gilt als Unart. Ebenso verpönt sind Tischgeräusche wie Schmatzen, aber auch Geschirr- oder Besteckgeräusche.

Der Wat-Prathong-Tempel auf der Insel Phuket. 2004 richtete der Tsunami hier schwere Verwüstungen an.

Gibt es eine einheitliche laotische Bevölkerung?
Nein. Die Bevölkerung zeichnet sich durch ethnische Vielfalt aus und setzt sich aus mehr als 60 Volksgruppen zusammen. Die Mehrheit bilden mit 50 % die Lao-Lum (Flachland-Laoten), gefolgt von den Lao-Tai (Bewohner des Hochlands) und den Lao-Theung, denen, die „sich den Gipfeln nähern" (ebenfalls ein Volk des Hochlands).

Was ist das Goldene Dreieck?
Die Stelle, wo der Fluss Ruak in den Mekong mündet, der über weite Stecken die Grenze zum Nachbarstaat Thailand bildet, bezeichnet man geografisch als Goldenes Dreieck. Der Name meint aber vor allem die in Thailand, Laos und Myanmar gelegene Region, in der Schlafmohn angebaut und zu Heroin verarbeitet wird. Seitdem Afghanistan zu einem führenden Drogenproduzenten avanciert ist, sinkt allerdings die Bedeutung des Goldenen Dreiecks spürbar.

Was sind die Folgen des Vietnamkriegs?
Zwischen 1964 und 1973 wurden über Laos rund 2 Mio. Tonnen Bomben über rund 50 % des Staatsgebiets abgeworfen. Viele dieser Bomben sind jedoch nie explodiert und liegen als Blindgänger im Land; nirgendwo auf der Welt gibt es so viele dieser Blindgänger wie in Laos. Da das Land stark landwirtschaftlich geprägt ist, werden immer wieder Menschen durch explodierende Bomben verletzt oder getötet.

Die Akha sind ein Bergvolk Südostasiens, das ursprünglich aus China stammt – hier ein Akha-Dorf im Nordwesten des Landes.

LAOS

Flagge

Währung
1 Kip

Staatsform
Volksrepublik seit 1975

Hauptstadt
Vientiane

Sprachen
Laotisch (Amtssprache), Französisch, Chinesisch, Vietnamesisch

Fläche 236 800 km^2

Einwohnerzahl 6,2 Mio.

Religion
60 % Buddhisten, 34 % Anhänger traditioneller Religionen

Monsun

Das Wort stammt aus dem Arabischen und bedeutet einfach „Jahreszeit". Es handelt sich dabei um ein Windsystem mit jahreszeitlicher Umkehr – so bringen die Sommermonsune häufig hohe Niederschlagsmengen, während die Wintermonsune trocken sind. Der Monsun wird durch die jahreszeitliche Änderung der allgemeinen Zirkulation der Atmosphäre bedingt. In Laos herrscht tropisches Monsunklima. Der Südwestmonsun bringt während der feucht-heißen Jahreszeit zwischen Mai und Oktober Niederschlagsmengen von 1700 mm pro Jahr mit sich, in Gebirgslagen sogar bis 4000 mm. Die heißeste Jahreszeit ist die Vormonsunzeit zwischen März und Mai.

KAMBODSCHA

Flagge

Währung
1 Riel (CR) = 100 Sen

Staatsform
Parlamentarische Monarchie seit 1993

Hauptstadt
Phnom Penh

Sprachen
Khmer (Amtssprache)

Fläche 181 040 km²

Einwohnerzahl 13,6 Mio.

Religion
95% Buddhisten

Was ist Angkor Thom?

Angkor Thom ist die um 9 n. Chr. gegründete politische und religiöse Hauptstadt des Khmer-Reichs. Seit 1431 ist die Stadt verlassen und wird vom Urwald überwuchert; die Bewohner waren vor eindringenden Thai-Stämmen geflohen. 1861 wurde Angkor Thom von französischen Forschern um Henri Mouhot entdeckt. Hauptgebäude ist der Angkor Wat, ein Tempel, der unter König Surjawarman II. (1113–1150) erbaut wurde – umgeben von einem künstlichen See und von fünf Türmen überragt, ist er ein wunderbares Zeugnis der Architektur der Khmer.

Was ist der Tonle-Sap?

Tonle-Sap ist der Name eines kambodschanischen Flusses und bezeichnet gleichzeitig einen See des Landes, immerhin der größte Südostasiens, der überdies zu den fischreichsten Gewässern des Landes zählt. Zur Monsunzeit fungiert der See als eine Art Rückstaubecken für den Mekong, der mit dem Tonle-Sap verbunden ist. Der Mekong führt dann so viel Wasser, dass er seine Fließrichtung ändert, landeinwärts fließt und den See auf ein Mehrfaches seiner normalen Größe anschwellen lässt, bis etwa 3000 km². Das ihn umgebende Land ist infolgedessen sehr fruchtbar.

Entdeckte Henri Mouhot die Stadt wirklich?

Wahrscheinlich nicht, denn sie war im eigentlichen Sinn nie vergessen. Der Angkor Wat wurde immer als Tempel genutzt, und portugiesische Seefahrer besuchten schon im 16. Jahrhundert die Stadt im Dschungel. Tatsache ist, dass Mouhots Buch *Voyage à Siam et dans le Cambodge* (1868, „Reise nach Siam und durch Kambodscha") den Ort auf die europäischen Landkarten brachte und ihn bis heute mit sagenhaften Geheimnissen umgibt.

Die Ruinenstadt Angkor Thom wurde weltberühmt durch die sichtbaren Zeugnisse der Baukunst der Khmer. Im Bild die Tempelanlage von Pre Rup

Diktatur der Roten Khmer

Aus dem Bürgerkrieg der frühen 1970er-Jahre waren die von Nordvietnam und der Volksrepublik China unterstützten Roten Khmer als Sieger hervorgegangen. Unter Ministerpräsident Pol Pot (1928–1998) wurde eine radikale und diktatorische Umgestaltung des Landes angestrebt, das damals noch unter den Folgen des Vietnamkriegs litt. In den Jahren bis 1979 starben etwa 3 Mio. Menschen an Hunger, Krankheit, Folter und durch Mord, verschuldet von der Totaldiktatur des Regimes. Vietnamesische Truppen stürzten Pol Pot 1979. Bis weit in die 1990er-Jahre hinein hielten die Roten Khmer jedoch mit Guerillaaktivitäten das Land in Aufruhr. Erst 1996 zerfiel die Organisation der Roten Khmer.

Warum nennt man Vietnam „Bambusstange mit zwei Reisschalen"?

Vietnam hat eine Küstenlinie von über 3400 km, das Land ist lang und schmal, im Norden und Süden aber finden sich zwei fruchtbare, Reis liefernde Flussdeltas – das Delta des Roten Flusses und das Mekongdelta –, die durch karge Wald- und Gebirgsgebiete verbunden sind.

Ist die Umwelt des Landes stark belastet?

Während des Vietnamkriegs (1964–1975) setzten die USA Dioxin und andere Umweltgifte ein, die nicht nur die Flora auf Jahrzehnte zerstörten, sondern auch ihren Weg in die menschliche Nahrungskette gefunden haben. Dies führt heute noch zu Krebserkrankungen und zu Fehl-, Tot- und Missgeburten.

Was sind die wichtigsten Rohstoffe Vietnams?

Die wichtigsten Rohstoffe sind Antimon, Bauxit, Chrom, Eisen, Erdöl, Erdgas, Gold, Kohle, Phosphat, Zinn und Zink.

Was sind die bedeutendsten Religionen?

Offiziell ist Vietnam ein atheistischer Staat, aber die verbreitetste Religion ist der Buddhismus, der im 2. Jahrhundert über China ins Land kam. Die zweitwichtigste Religion ist der Katholizismus, der ab dem 17. Jahrhundert mit französischen, spanischen und portugiesischen Missionaren eingeführt wurde. Es gibt ca. 6000 Kirchen, und 7 % der Bevölkerung sind Katholiken.

VIETNAM

Flagge

Währung
1 Dong (D) = 100 Xu
Staatsform
Sozialistische Republik seit 1980
Hauptstadt
Hanoi
Sprachen
Vietnamesisch (Amtssprache), Chinesisch, Khmer

Fläche 313 114 km²
Einwohnerzahl 83,5 Mio.
Religion
55 % Buddhisten, 7 % Katholiken
Besonderheiten
Das Land leidet immer noch unter den Spätfolgen des Vietnamkriegs von 1964–1975.

In Lun Chu bereiten Mitglieder des Volkes der Hmong eine Hochzeit vor.

Unten: Ländliche Gegend von Hon

Vietnams größtes Fest

Das Têt, das chinesische Neujahrsfest, ist das größte Fest des Landes. Es dauert eine ganze Woche, vom letzten Tag des Mondkalenders an. Da Feuerwerkskörper offiziell verboten sind, leiten die Menschen das neue Jahr traditionell mit Trommeln ein.

PHILIPPINEN

Flagge

Währung
1 Philippinischer Peso (₱) = 100 Centavos

Staatsform
Präsidialrepublik seit 1987

Hauptstadt
Manila

Sprachen
Pilipino bzw. Tagalog (Amtssprache), Englisch (Verkehrssprache) und weitere 168 Sprachen (u.a. Waray-Waray, Bicol)

Fläche 300 000 km²

Einwohnerzahl 89,4 Mio.

Religion
83 % Katholiken, 9 % Protestanten, 5 % Muslime

Besonderheiten
Der Staat umfasst 7107 Inseln.

Was ist der pazifische Feuergürtel?

Wo tektonische Platten aneinanderstoßen, liegen häufig Vulkane, denn die Erdkruste ist hier dünner als an anderen Stellen. Etwa die Hälfte der weltweit ca. 550 aktiven Vulkane befindet sich im Pazifischen Ozean und formt den sogenannten „Feuergürtel". Die Philippinen liegen auf diesem Gürtel, 20 aktive Vulkane gibt es hier. Im Osten verläuft der Philippinische Graben mit Tiefen von über 10 000 m. Seebeben können in dieser Region bedingt durch die enorme Tiefe leicht Tsunamis auslösen.

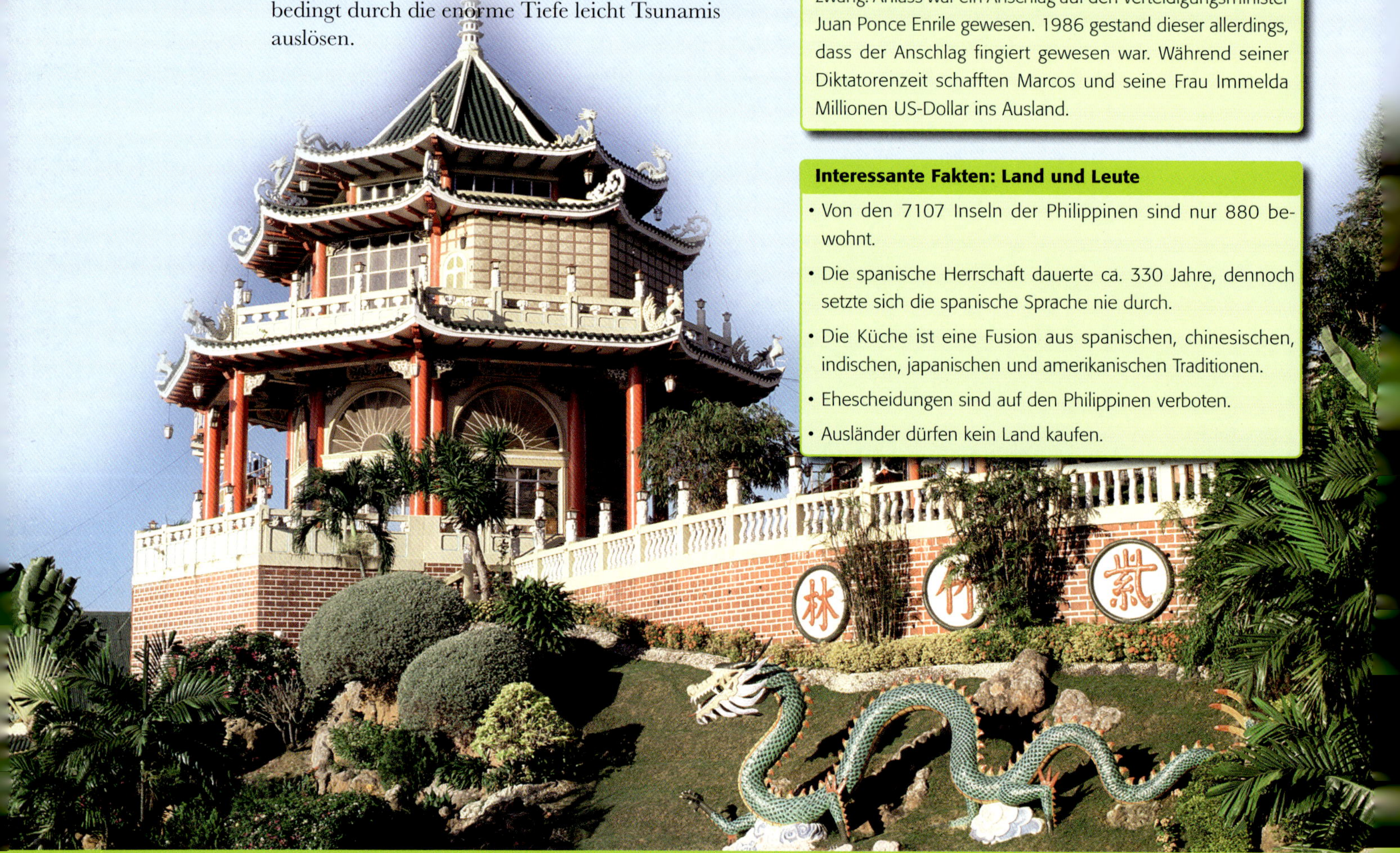

Im Taostien-Tempel in Cebu City werden die Schriften des chinesischen Philosophen Lao Tse (6. Jahrhundert v.Chr.) aufbewahrt.

Was bedeutet Tagalog?

Die Tagalagen sind mit ca. 28 % die zahlenmäßig größte Bevölkerungsgruppe. Ihre Sprache, das Tagalog, bildet die Grundlage für das Pilipino, die Amtssprache der Philippiner.

Welche Auswirkungen hat das Bevölkerungswachstum?

Anfang der 1960er-Jahre betrug die Einwohnerzahl ca. 28 Mio., heute sind es fast 90 Mio. Diese Bevölkerungsexplosion ist einer der Hauptfaktoren für große wirtschaftliche Schwierigkeiten des Landes, obwohl die Philippinen zu den aufstrebenden Staaten gehören. Jährlich müssten einige Hunderttausende neuer Arbeitsplätze geschaffen werden, was die Möglichkeiten des Landes jedoch bei weitem übersteigt. Lebensmittel müssen importiert werden.

Ferdinand Edralin Marcos

Ferdinand Edralin Marcos (1917–1989) war ab 1965 zunächst der zehnte Präsident des Landes, schon bald aber ein Diktator mit uneingeschränkten Befugnissen. Als das Volk aufbegehrte, floh er 1986 in die USA.

Marcos' Laufbahn als Diktator begann, als er 1972 das Kriegsrecht verhängte, 30 000 Oppositionelle inhaftieren ließ, den Kongress, Verlags- und Sendehäuser zur Schließung zwang. Anlass war ein Anschlag auf den Verteidigungsminister Juan Ponce Enrile gewesen. 1986 gestand dieser allerdings, dass der Anschlag fingiert gewesen war. Während seiner Diktatorenzeit schafften Marcos und seine Frau Immelda Millionen US-Dollar ins Ausland.

Interessante Fakten: Land und Leute

- Von den 7107 Inseln der Philippinen sind nur 880 bewohnt.
- Die spanische Herrschaft dauerte ca. 330 Jahre, dennoch setzte sich die spanische Sprache nie durch.
- Die Küche ist eine Fusion aus spanischen, chinesischen, indischen, japanischen und amerikanischen Traditionen.
- Ehescheidungen sind auf den Philippinen verboten.
- Ausländer dürfen kein Land kaufen.

Was ist Malakka?
Malakka ist der frühere Name für die Malaiische Halbinsel, man hatte sie nach dem im frühen 15. Jahrhundert gegründeten Sultanat von Malakka benannt. Der Name stammt von der an der Westküste gelegenen, gleichnamigen Stadt, die auch der dicht befahrenen, strategisch wichtigen und stets umkämpften Wasserstraße zwischen Sumatra und dem Festland ihren Namen gab.

Welche Industrien bestimmen das Land?
Seit den 1960er-Jahren ist es dem aufstrebenden Schwellenland gelungen, sich mithilfe konsequenter Industrialisierungsstrategien von der Rohstoff- und Plantagenwirtschaft zu lösen. Agrarwirtschaft ist allerdings immer noch sehr wichtig. So erzeugt Malaysia etwa 25 % der Weltproduktion an Kautschuk und liegt in der Palmölproduktion weit vorne. Durch japanische Intervention hat sich das Land zu einem Spitzenproduzenten der Elektronikindustrie entwickelt, ferner fördert es Erdöl und zunehmend Erdgas. Malaysia ist in die Riege der ursprünglichen drei Tigerstaaten (s. Singapur) aufgerückt.

MALAYSIA

Flagge

Währung
1 Malaysischer Ringgit (RM) = 100 Sen

Staatsform
Parlamentarische Wahlmonarchie (im Commonwealth) seit 1963

Hauptstadt
Kuala Lumpur

Sprachen
Malaiisch (Amtssprache), Chinesisch, Tamil, Englisch (Verkehrssprache)

Fläche 329 750 km²

Einwohnerzahl 23,9 Mio.

Religion
60 % Muslime (Sunniten), 19 % Buddhisten, 9 % Christen, 6 % Hindus

Besonderheiten
Das Land verfügt über einen der ältesten Regenwälder der Welt, der aber durch Brandrodungen und kommerziellen Holzeinschlag – Malaysia ist einer der größten Exporteure von tropischem Holz – stark gefährdet ist.

In einer Höhe von 170 m befindet sich seit dem Jahr 2000 die 58 m lange sogenannte *Skybridge*, die die beiden Türme der 452 m hohen Petronas Twin Towers in Kuala Lumpur verbindet.

Borneo
Borneo ist die größte Insel des Malaiischen Archipels und die drittgrößte Insel der Welt. Den größten Anteil an der Insel besitzt mit 540 000 km² Indonesien, die beiden Malaiischen Föderationsstaaten Sarawak und Sabah mit 198 000 km² den zweitgrößten und Brunei mit 5765 km² den kleinsten. Die reich mit Bodenschätzen gesegnete Insel ist fast vollkommen mit feucht-heißem Regenwald überzogen. Neben der indonesischen Insel Sumatra gibt es hier die größten Orang-Utan-Populationen der Welt.

SINGAPUR

Flagge

Währung
1 Singapur-Dollar (S$) = 100 Cents

Staatsform
Republik (im Commonwealth) seit 1959

Hauptstadt
Singapur

Sprachen
Malaiisch, Tamil, Chinesisch, Englisch (Amtssprachen)

Fläche 699 km²

Einwohnerzahl 4,4 Mio.

Religion
43% Buddhisten, 15% Muslime, 15% Christen, 9% Daoisten

Rechts: Die reich verzierte Fassade eines Hindu-Tempels in Singapur

Was bedeutet der Name Singapur?
„Singapur" ist Sanskrit und bedeutet „Löwenstadt". Im 7. Jahrhundert hatte die Insel noch den Namen Temasek, „Stadt am Meer", getragen. Die Legende berichtet allerdings, dass die Stadt schon bald darauf umbenannt wurde, nachdem der Merlion, ein Meeresungeheuer in Form eines Löwen, während eines gewaltigen Sturms aus dem Meer gestiegen war und die Bewohner Singapurs durch die Besänftigung des Unwetters gerettet hatte. Der Merlion ist Namensgeber und Wahrzeichen der Stadt.

Wie bedeutend ist die Landgewinnung für Singapur?
Da die Fläche des Stadtstaats sehr klein ist, spielt die Landgewinnung eine dementsprechend große Rolle für Singapur. Das für die Landaufschüttung benötigte Erdmaterial wird im eigenen Land oder in Nachbarstaaten von Bergen abgetragen oder am Meeresboden abgegraben. 1960 betrug die Fläche Singapurs 581,5 km², heute sind es schon 699 km²; bis 2030 sollen weitere 100 km² hinzukommen.

Das Wahrzeichen des Stadtstaats, die Merlion-Statue

Wie wird der wachsenden Zahl von Autos in Singapur Einhalt geboten?
Autos sind in Singapur sehr teuer, sie kosten etwa zweieinhalbmal so viel wie in Europa. Der Staat verteilt zudem in Auktionen Lizenzen, um die Zahl der Autos zu kontrollieren. Eine Lizenz ist zehn Jahre gültig und an ein bestimmtes Auto gebunden.

Wer war Sir Stamford Raffles?
Sir Stamford Raffles (1781–1823) gab quasi den Anstoß für die Entwicklung Singapurs, indem er hier 1819 für die Ostindische Handelskompanie eine Niederlassung gründete. Bis dahin hatten 20 malayische Familien auf der Insel gelebt, ansonsten war sie lediglich ein Anlaufpunkt für Piraten. 1824 kaufte man die Insel dem Sultan von Johore (Malaysia) für 60 000 US-Dollar ab, und sie wurde britische Kronkolonie. 1881 lebten in Singapur bereits ca. 170 000 Menschen.

Was ist eine Durian?
Durian ist die Frucht des Durio- oder Zibetbaums (*Durio zibethinus*). Der Name leitet sich von dem malaiischen Wort *duri* her, „Stachel". Im Volksmund ist die nahrhafte und vitaminreiche Frucht als Stinkfrucht bekannt. Seit 2002 gibt es in Singapur als neues Wahrzeichen das Kulturzentrum Esplanade, das in der Form einer Durian gebaut wurde.

Tigerstaaten

In den 1980er-Jahren prägte man für die vier asiatischen Staaten Südkorea, Hongkong, Taiwan und Singapur wegen ihres ungeheuren wirtschaftlichen Wachstums den Ausdruck Tigerstaaten. Die vier Staaten wandelten sich in wenigen Jahren von Schwellenländern zu Industriestaaten, und die Dynamik, mit der dies geschah, verglich man mit der Sprungkraft des Tigers.

Wo liegt Brunei?

Brunei liegt an der Küste des südchinesischen Meers auf der Insel Borneo. Auf der Landseite ist der Kleinstaat vollständig von Malaysia umgeben. Das Land ist durch ein zu Malaysia gehörendes Flusstal in zwei getrennte Territorien geteilt. Die Hauptstadt ist Bandar Seri Begawan, was „Hafen des verehrten Herrschers“ bedeutet.

War Brunei eine Kolonie?

Brunei ist ein altes Sultanat, das seine Blütezeit vom 15. bis zum 17. Jahrhundert hatte. In dieser Zeit reichte es über ganz Borneo und die südlichen Philippinen. 1888 wurde Brunei britisches Schutzgebiet, bis es die Japaner im 2. Weltkrieg besetzten. Nach dem Krieg wurde es 1946 britische Kolonie und erlangte 1984 die Unabhängigkeit.

Ist das Land reich?

Das Land hat enorme Erdgas- und Erdölvorkommen, durch die es wohlhabend geworden ist. Brunei hat keine Auslandsschulden, weitgehende Steuerfreiheit und bietet der Bevölkerung umfangreiche Sozialleistungen. Die Gesundheitsvorsorge sowie die Schul- und Universitätsausbildung sind kostenlos.

BRUNEI

Flagge

Währung
1 Brunei-Dollar (BR$) = 100 Cents

Staatsform
Islamische Monarchie (Sultanat) (im Commonwealth) seit 1984

Hauptstadt
Bandar Seri Begawan

Sprachen
Malaiisch (Amtssprache), Chinesisch, Englisch

Fläche 5770 km²

Einwohnerzahl 372 361

Religion
67 % Muslime, 13 % Buddhisten, Daoisten und Konfuzianer, 10 % Christen

Besonderheiten
Das Staatsgebiet wird von einem Flusstal geteilt, das zu Malaysia gehört.

Wer ist der Sultan von Brunei?

Der derzeit regierende Hassanal Bolkiah (*1946) ist der 29. Sultan von Brunei. Die Dynastie kann bis zum Jahr 1405 zurückverfolgt werden. Er regiert als absoluter Monarch und ist gleichzeitig Staatsoberhaupt, Premier-, Finanz- und Verteidigungsminister.

Die Omar-Ali-Saifuddin-Moschee in Bandar Seri Bagawan stammt aus dem Jahr 1958 und wurde auf einer künstlichen Lagune erbaut.

Der größte Palast der Erde

Der Sultan von Brunei ist einer der reichsten Männer der Welt. Sein Palast ist mit 200 000 m² Wohnfläche und 1800 Zimmern der größte Palast der Erde. Der Sultan besitzt die weltweit größte Luxuswagen-Sammlung, schätzungsweise 3000 bis 5000 Fahrzeuge. In seinem Privatflugzeug – einer Boeing 747 – ließ er goldene Wasserhähne und Pferdeställe installieren.

INDONESIEN

Flagge

Währung
1 Rupiah (Rp.) = 100 Sen

Staatsform
Präsidialrepublik seit 1945

Hauptstadt
Jakarta

Sprachen
Indonesisch (Amtssprache), Javanisch, Malaiisch, etwa 250 Regionalsprachen

Fläche 1,91 Mio. km²

Einwohnerzahl 242,0 Mio.

Religion
88 % Muslime, 8 % Christen

Ein Komodo-Waran im gleichnamigen Nationalpark auf der Insel Komodo

Aus wie vielen Inseln besteht Indonesien?
Indonesien hat mehr als 17 000 Inseln mit einer Gesamtlänge der Küsten von 81 350 km; ca. 6000 sind bewohnt. Die größten Inseln sind Java, Sumatra, Borneo, Celebes, Bali, Lombok und Flores.

Gibt es vulkanische Tätigkeit?
Große Teile der Inseln bestehen aus vulkanischem Gestein. Hunderte Vulkane, von denen rund 70 aktiv sind, reihen sich auf der 5100 km langen Inselkette von Sumatra bis zu den Molukken. Der bekannteste Vulkan ist der Krakatau in der Sunda-Straße zwischen den Inseln Sumatra und Java, der 1883 einen gewaltigen Ausbruch erlebte, bei dem 36 000 Menschen ums Leben kamen.

Reisfelder und Vulkane auf der malerischen Insel Bali

Komododrache

Der Komododrache ist eine Riesenechse aus der Familie der Warane. Er gehört zu der größten noch auf der Erde lebenden Echsenart. Die Tiere werden bis zu 3 m lang und wiegen um die 50 kg – mit leerem Magen. Da Komodowarane aber in sehr kurzer Zeit bis zu 80 % ihres Körpergewichts an Nahrung aufnehmen können, erreichen sie ein Gewicht bis 100 kg. Die Tiere werden zwischen 30 und 50 Jahre alt und zeichnen sich durch einen sehr unangenehmen Geruch aus, den man auf faulende Aasreste im Maul zurückführt. Aus diesem Grund sind Bisse dieser Echse kaum heilbar. Es ist bereits vorgekommen, dass Warane Menschen angefallen und gefressen haben. Sie leben heute nur noch auf den Inseln Komodo, Flores, Rinco und Gili Motang.

Was ist das größte Problem Indonesiens?
Das zentrale Problem des Landes ist die extrem ungleiche Bevölkerungsverteilung – mehr als zwei Drittel der Einwohner leben auf Java, also auf 7 % der Landesfläche. Deshalb versuchte man schon Mitte des 20. Jahrhunderts (wenig erfolgreich), Menschen von den Inseln Java, Bali und Madura auf andere, weniger dicht besiedelte Inseln umzusiedeln. In Java z. B. erreicht die Bevölkerungsdichte in den ländlichen Gebieten pro km² über 2000 und in der Hauptstadtregion über 11 000 Menschen.

Ist der Tourismus wirtschaftlich wichtig?
Ja. Der Tourismus ist eine sehr wichtige Einnahmequelle. Etwa 4 Mio. Touristen, vorwiegend aus Australien, den USA und Europa, besuchen jährlich das Land, vor allem die Insel Bali.

Was bedeutet der Name Osttimor?
Der offizielle Name des Landes ist *Timor-Leste*, was wörtlich übersetzt „Ost-Osten" heißt, *Timor* = „Osten", portugiesisch *leste* bedeutet ebenfalls „Osten". Auf Tetum heißt der Landesname *Timor Loro Sa'e*, dt. „Timor der aufgehenden Sonne".

Was ist das „Frauenmeer", und was ist das „Männermeer"?
Im Norden Osttimors liegt die ruhige Bandasee, im Süden die bewegte Timorsee, Letztere nennt man *Taci-Mane*, „Männermeer", erstere *Taci-Feto*, „Frauenmeer".

Welche Rohstoffe besitzt das Land?
In der Timorsee wurden schon früh die reichsten Ölvorkommen im asiatisch-pazifischen Raum entdeckt. Während der indonesischen Besatzung Osttimors (1975–1999) wurde zwischen Australien und Indonesien das *Timor Gap Treaty* abgeschlossen, das die Vorkommen zwischen den beiden Staaten aufteilte. Nach dem Ende der Besatzung bestätigte Australien 2004 den Vertrag, der de facto die Seegrenze und damit das Öl zugunsten Australiens verschiebt. Trotz seiner reichen Erdölvorkommen ist Osttimor laut einer Studie der UNO heute das ärmste Land Asiens.

OSTTIMOR

Flagge

Währung
1 US-Dollar (US-$) = 100 Cents
Staatsform
Präsidialrepublik seit 2002
Hauptstadt
Dili
Sprachen
Tetum, Portugiesisch (Amtssprachen), zahlreiche Minderheitensprachen und Dialekte
Fläche 15 007 km²
Einwohnerzahl 947 400
Religion
93 % Katholiken
Besonderheiten
Trotz reicher Erölvorkommen ist Osttimor das ärmste Land Asiens.

Indonesische Besatzung

Am 28. November 1975 wurde Osttimor von Portugal in die Unabhängigkeit entlassen, nur neun Tage später annektierte Indonesien das Land und begann eine Schreckensherrschaft. Um ihrem Herrschaftsanspruch Nachdruck zu verleihen, verübten sie systematische Vergewaltigungen, Zwangssterilisationen wurden vorgenommen, Abtreibungen forciert und die Verhütung als Maßnahme zur Bevölkerungskontrolle eingesetzt. Während der 24-jährigen Besatzungszeit wurde etwa ein Drittel der 800 000 Einwohner getötet. Die Unabhängigkeit wurde erst 2002 anerkannt.

Erst 2002 wurde die immer noch recht fragile Unabhängigkeit Osttimors offiziell. 2004 marschieren Gruppen zur Feier des Unabhängigkeitstags durch die Straßen der Hauptstadt Dili.

▲ USA

Kuba

Costa Rica

USA

NORDAMERIKA

Nordamerika ist der nördliche Teil des Doppelkontinents Amerika. Die großen Gebirgszüge der Rocky Mountains und Appalachen sowie die sich westlich und östlich davon ausbreitenden Landschaften erstrecken sich von Nord nach Süd. Im Osten wird Nordamerika vom Atlantischen, im Westen vom Pazifischen Ozean und im Süden vom Karibischen Meer eingerahmt. Nach Asien und Afrika ist Nordamerika mit 24,23 Mio. km^2 Fläche der drittgrößte Kontinent und mit 454,23 Mio. Bewohnern der viertgrößte hinter Asien, Afrika und Europa. In Nordamerika liegen 23 Länder.

minikanische Republik

Nicaragua

Kanada

PHYSISCHE KARTE

Nordpolarmeer
Grönlandsee
Grönland
(mit Dänemark assoziiert)
Scoresbysund
Thule
Angmagssalik
Godhavn
Nuuk
Baffinbay
Beaufortsee
Beringmeer
Nome
Alaska
Fairbanks
Anchorage
Seward
Yukon
Inuvik
Großer Bärensee
Großer Sklavensee
Mackenzie
Whitehorse
Juneau
Golf von Alaska
Pazifischer Ozean
Atlantischer Ozean
Labradorsee
Hudsonbay
Churchill
Schefferville
Goose Bay
Sept-Îles
Prince Rupert
Peace
Athabasca
Athabascasee
Rentiersee
Churchill
Kanada
Edmonton
Saskatoon
Winnipegsee
Calgary
Regina
Moosonee
Winnipeg
Vancouver
Victoria
Seattle
Washington
Columbia
Oregon
Idaho
Montana
Billings
North Dakota
Minnesota
Oberer See
Wisconsin
South Dakota
Minneapolis
Wyoming
Snake
Vereinigte Staaten
Großer Salzsee
Nebraska
Iowa
Michigan
Michigansee
Huronsee
Detroit
Chicago
Illinois
Indiana
Ohio
Eriesee
Toronto
Ontariosee
Ottawa
Montreal
Quebec
St. John
Halifax
Maine
Sankt-Lorenz-Strom
Vermont
New Hampshire
Massachusetts
Rhode Island
Connecticut
New York
Pennsylvania
New Jersey
Maryland
Delaware
Washington D.C.
West Virginia
Virginia
Kentucky
North Carolina
Tennessee
South Carolina
Sacramento
Nevada
Salt Lake City
Utah
San Francisco
California
Denver
Colorado
Kansas City
Kansas
Arkansas
St. Louis
Missouri
Mississippi
Las Vegas
Los Angeles
San Diego
Arizona
Phoenix
New Mexico
Oklahoma
Memphis
Atlanta
Georgia
Alabama
Mississippi
Dallas
El Paso
Texas
San Antonio
Houston
Louisiana
New Orleans
Jacksonville
Florida
Tampa
Miami
Rio Grande
Ciudad Juárez
Chihuahua
Monterrey
Sargassosee
Bahamas
Nassau
Golf von Mexiko
Havanna
Kuba
Mexiko
Mazatlán
Tampico
Guadalajara
Mexiko-Stadt
Veracruz
Puebla
Oaxaca
Acapulco
Mérida
Belmopan
Belize
Guatemala
Honduras
Tegucigalpa
San Salvador
El Salvador
Nicaragua
Nicaraguasee
Managua
Costa Rica
San José
Panamá
Jamaika
Kingston
Haiti
Port-au-Prince
Dominik. Rep.
Santo Domingo
Puerto Rico (USA)
San Juan
Jungferninseln (VK)
St. Kitts u. Nevis
Antigua u. Barbuda
Guadeloupe (Fr.)
Dominica
Martinique (Fr.)
Barbados
St. Lucia
St. Vincent u. die Grenadinen
Grenada
Trinidad u. Tobago
Niederländische Antillen
Karibisches Meer
Orinoco
Magdalena
Äquator
Honolulu
Hawaii (USA)
1:47 000 000

Einleitung

Wer gab Amerika seinen Namen?
Der italienische Kaufmann, Seefahrer und Kartograf Amérigo Vespucci (1451–1512) erkannte das Land, das Christoph Kolumbus (1451–1506) im Jahr 1492 entdeckt hatte, als Erster als eigenen Kontinent. Eine Karte, die er zeichnete, signierte er mit seinem Vornamen: Amérigo – so erhielt Amerika seinen Namen.

Warum heißen die Ureinwohner Indianer?
Kolumbus trat seine Entdeckungsreise an, um einen Seeweg nach Indien zu finden. Als er in Amerika an Land ging, war er davon überzeugt, Indien erreicht zu haben, und nannte die Urbewohner, die er antraf, *indianos*, Indianer.

Ist Mittelamerika ein eigener Kontinent?
Das südlichste Land Nordamerikas ist Panama, von hier aus gesehen nach Norden finden sich acht Staaten und 13 Inselstaaten, die oft fälschlich als eigener Kontinent (Zentral- oder Mittelamerika) verstanden werden – es handelt sich aber nur um eine Region. Mit Nordamerika assoziiert man oft nur die beiden nördlichsten (größten und reichsten) Länder, Kanada und die USA, weil sie selbst sich gerne so darstellen.

Wo liegt der Mittelpunkt Nordamerikas?
Die kleine Stadt Rugby im US-amerikanischen Bundesstaat North Dakota ist seit 1931 der geografische

Geologische und geografische Extreme

- Die Fundybai (oder Bay of Fundy) ist eine große Bucht im nördlichen Altlantik, sie trennt die Provinzen North Brunswick und Nova Scotia in Kanada. Nirgendwo auf der Erde ist der Tidenhub, also die Differenz zwischen Ebbe und Flut so groß wie hier – bis zu 21 m!
- Der Kanadische Schild (oder: Laurentische Schild) ist der geologische Kern des Subkontinents. Er umfasst die nördliche Hälfte des Kontinents, und seine Gesteine sind die ältesten der Welt.
- Der Grand Canyon im US-amerikanischen Arizona ist mit einer Tiefe von 1800 m, einer Breite von bis zu 30 km und einer Länge von 450 km der längste Canyon der Welt.
- Zwischen Puerto Rico und der Dominikanischen Republik liegt der Puerto-Rico-Graben, mit 9219 m die tiefste Stelle des Atlantiks; der tiefste Tiefseegraben der Welt ist mit 11 034 m der im Westpazifik gelegene Marianengraben.

Hintergrund: Die Golden Gate Bridge von Marin County in Kalifornien aus gesehen. Im Hintergrund links liegt San Francisco.

Unten: Das „Haus des Zauberers" in Uxmal (Mexiko), der auf dem Yukatan gelegenen Ruinenstadt der Maya

Mittelpunkt Nordamerikas. Der genaue Punkt ist mit einem 4,5 m hohen Obelisken gekennzeichnet.

Wie lebten die Ureinwohner Nordamerikas?
Die Ureinwohner – später Indianer und heute politisch korrekt *native americans* genannt – waren sesshafte Völker, die zum Teil in großen Städten lebten und Ackerbau und Viehzucht betrieben. Mit der Besiedlung durch die Europäer wurden Krankheiten eingeschleppt, gegen die sie nicht resistent waren, 90 % der Bevölkerung starben an den Folgen. Nun zahlenmäßig weit unterlegen, wurden sie von den Siedlern unterworfen und in sogenannte Reservate verdrängt.

Wie heißen die bekanntesten nordamerikanischen Indianerstämme?
Die bekanntesten Indianerstämme heißen Azteken, Maya, Olmeken, Zapoteken, Huronen, Apachen, Sioux (sprich: *siuu*), Cherokee, Iroquois, Mohawk und Komanchen.

Wer waren die ersten Europäer in Amerika?
Man weiß heute, dass die ersten Europäer, die Neufundland im Norden des Kontinents erreichten, Wikinger unter Führung von Leif Erikson (ca. 970–ca. 1020) waren. Sie kamen um das Jahr 1000 mit ihren bis zu 24 m langen, offenen Schiffen, die von bis zu 40 Männern gerudert wurden. Sie nannten das neue Land *Vinland* („Weinland") und errichteten vereinzelte Siedlungen, hinterließen aber kaum Spuren.

Welche Europäer besiedelten den Kontinent als Erste in großem Maßstab, wer folgte?
Nach der Entdeckung durch Christoph Kolumbus (1451–1506) waren es folgerichtig Spanier, die den

Der von Palmen gesäumte Playa Carrillo auf der Nicoya-Halbinsel an der Pazifikküste Costa Ricas

Interessante Fakten

Die folgenden, Nordamerika vorgelagerten Inseln sind kein politischer Teil des Kontinents:

- Anguila, Caymaninseln, Montserrat, Turks- und Caicoinseln, Britische Jungferninseln und Bermuda sind britisches Überseegebiet des Vereinigten Königreichs.
- Aruba und die Niederländischen Antillen sind Teil des Königreichs der Niederlande.
- Guadalupe, Martinique, St.-Pierre und Miquelon sind Überseedepartments und Regionen Frankreichs.
- Navassa, Puerto Rico und die US-amerikanischen Jungferninseln sind nicht inkorporierte Außengebiete der USA.
- Grönland ist autonomer Bestandteil des Königreichs Dänemark.

Die Rocky Mountains in der Nähe des Lake Louise in Alberta, Kanada

neuen Kontinent besiedelten. Sie dehnten sich von den großen Inseln her auf das Festland aus, und nach dem Sieg über die Azteken herrschten sie in ganz Mittelamerika und Mexiko.
Den Norden des Kontinents besiedelten in den folgenden Jahren Schweden, Niederländer und dann in großer Zahl Engländer und Franzosen.

Gibt es innerhalb Nordamerikas politische Konflikte?
Zwischen den USA und ihren südlichen Nachbarn gab und gibt es große politische Konflikte und Kriege. Immer wieder haben die USA ihre wirtschaftliche und politische Vormachtstellung den anderen Staaten gegenüber demonstriert: Im mexikanischen Krieg von 1846 bis 1848 haben sie sich Land einverleibt; bei der Intervention in Panama 1989, bei der es um die Kanalzone ging, haben sie ihren wirtschaftlichen und politischen Einfluss gesichert; beim Konflikt mit Kuba ging und geht es auch heute noch nicht zuletzt um ideologische Probleme; beim Krieg mit Grenada und beim Eingreifen in Nicaragua behaupteten die USA ihre politische Vormachtstellung in der Region.

Die Rocky Mountains

Die Rocky Mountains sind ein sich über 5000 km von Nord nach Süd erstreckendes felsiges Gebirge, in dem sich einige Vulkane befinden (so z.B. der noch 1980 ausgebrochene Mount St. Helens) und das sich von Mexiko durch die USA und Kanada bis hinauf nach Alaska erstreckt. Mit 6194 m ist der in Alaska gelegene Mount McKinley der höchste Berg der Kette. Die Rocky Mountains sind ein Teil der Kordillieren, die sich in Südamerika als Anden fortsetzen. In den Rockys liegen mehrere wichtige Nationalparks (z.B. Yellowstone), und sie sind reich an Bodenschätzen, wie Blei, Gold, Kupfer, Silber, Wolfram, Zink, Kohle, Erdgas, Erdöl und Ölschiefer. Touristisch ist das Gebirge zum Teil ebenfalls erschlossen, hier befinden sich einige der schönsten Skigebiete der USA und Kanadas.

Die Maya-Ruinen von Tulum auf dem Yukatan liegen direkt an den karibischen Stränden Mexikos.

Warum wird der Süden Nordamerikas immer wieder von Hurrikanen heimgesucht?
Klimaforscher haben nachgewiesen, dass sich infolge des Treibhauseffekts die Temperatur der Erde ständig erhöht. Vor allem hat sich die Oberflächentemperatur der Meere in den letzten 20 Jahren im Durchschnitt um etwa 0,5 °C erwärmt. Bei der Erforschung von Wirbelstürmen hat sich gezeigt, dass die Oberflächentemperatur der Ozeane eine wichtige Rolle spielt. Ab einer Oberflächentemperatur von etwa 26 °C verdunstet genügend Wasser, um einen Hurrikan zu erzeugen und zu speisen. Je höher zudem die Lufttemperatur ist, desto mehr Feuchtigkeit kann die Luft aufnehmen, was die Energie eines Hurrikans noch steigert. Das Wasser des Golfs von Mexiko gehört zu den wärmsten der Welt. In den letzten 20 Jahren hat die Zahl der tropischen Wirbelstürme nicht nur zugenommen, sondern Heftigkeit und Dauer haben sich verstärkt. Einer der schrecklichsten aller Zeiten war der Wirbelsturm Katrina 2005.

Der Grand-Teton-Nationalpark liegt im Westen Wyomings, USA, und ist ein Paradies für Wanderer und Bergsteiger.

Zu Winterbeginn machen sich die Eisbären über die zufrierende Hudson Bay in Manitoba, Kanada, auf den Weg in ihre Jagdreviere.

Grönland

Die im nördlichen Atlantik gelegene, mit 2,16 Mio. km² größte Insel der Welt, Grönland, ist politisch ein autonomer Bestandteil des Königreichs Dänemark, gehört aber geografisch zu Nordamerika. Grönland hat insgesamt 57 000 Einwohner, also mit nur 0,026 Personen pro km² eine der geringsten Einwohnerdichten auf der ganzen Welt. Nur 341 700 km² der Insel sind eisfrei, das entspricht in etwa der Größe Deutschlands (357 052 km²). In Grönland befindet sich nach der Antarktis mit bis zu 4000 m die zweitdickste Eisschicht der Erde – würde das Eis schmelzen, stiege der Meeresspiegel weltweit um 6 m an.

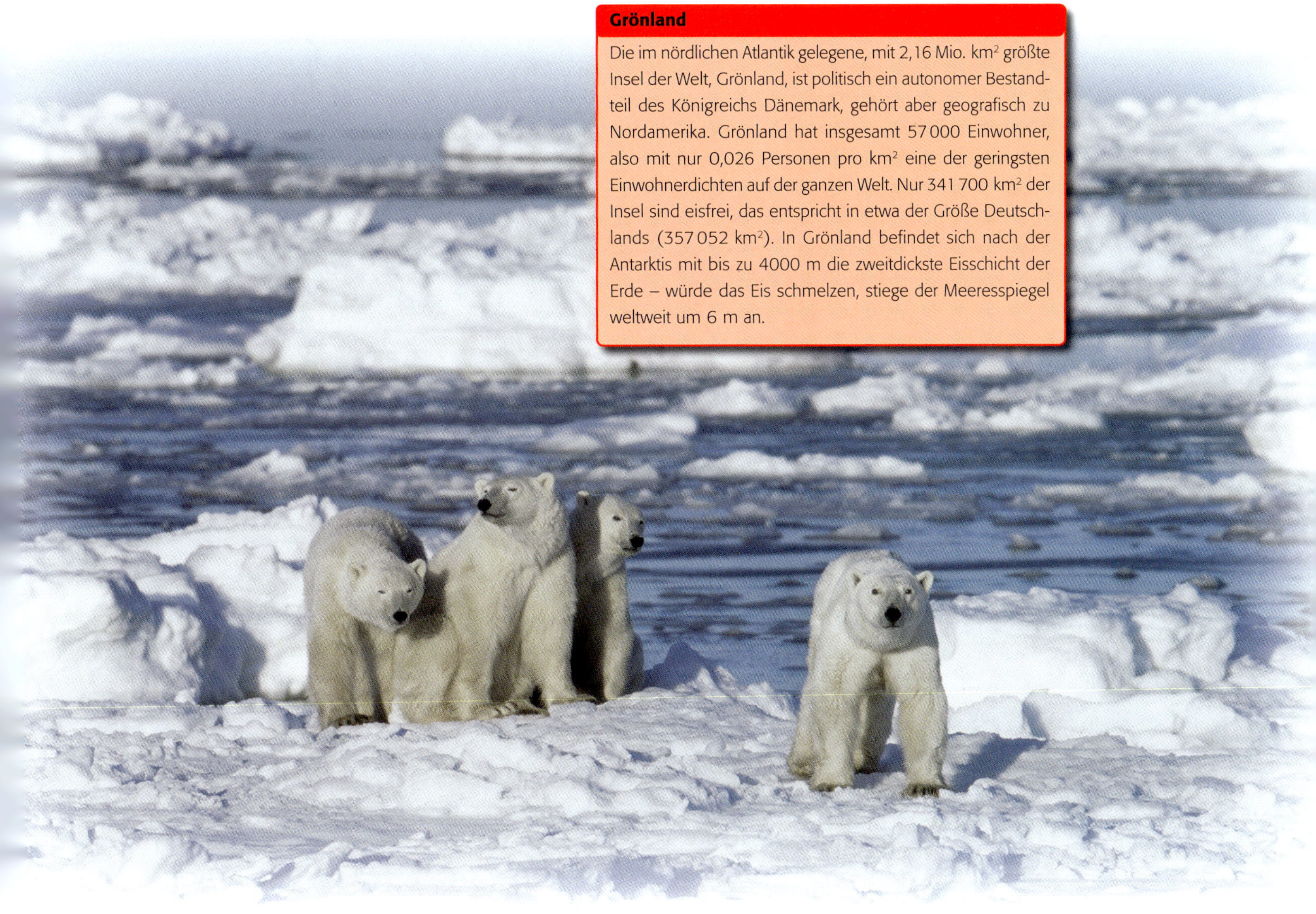

KANADA

Flagge

Währung
1 Kanadischer Dollar (kan$)
= 100 Cents

Staatsform
Föderale parlamentarische Monarchie (im Commonwealth) seit 1931

Hauptstadt
Ottawa

Sprachen
Englisch, Französisch (Amtssprachen), indian. Sprachen (u. a. Inuktitut)

Fläche 9,98 Mio. km²

Einwohnerzahl 32,3 Mio.

Religion
43 % Katholiken, 35 % Protestanten, 17 % Konfessionslose

Besonderheiten
Als Folge der kanadischen Kolonialgeschichte (s. u.) wird in der östlichen Provinz Quebec vorwiegend Französisch gesprochen, im übrigen Kanada vorwiegend Englisch.

Ist Kanada größer als die USA?

Ja. Die USA sind zwar von der Fläche her fast genauso groß, liegen aber in der Rangliste der Flächenstaaten hinter Russland und Kanada nur auf dem dritten Platz. Die Nord-Süd-Ausdehnung von Kanada beträgt 4600 km, die Ost-West-Ausdehnung 5500 km.

Der Policeman's Creek in der westkanadischen Provinz Alberta in der Nähe von Canmore

Wie sind die geografischen Verhältnisse des Landes?

Das landschaftliche Erscheinungsbild ist, mit Ausnahme der Provinz British Columbia im Westen, sehr einheitlich: flach oder leicht hügelig und von vielen Flüssen durchzogen. Die südlichen Regionen Kanadas sind von Wäldern geprägt, der kalte Norden von Felsen, Eis und baumloser Tundra.

Welche Kolonialgeschichte hat Kanada?

Um 1000 n. Chr. kamen die Wikinger als erste Europäer in das heutige Kanada. Später folgten englische Seefahrer, und ab 1534 erkundeten Franzosen das Land. Der Franzose Jacques Cartier (1491–1557) erklärte die östlichen Teile Kanadas zur Kolonie Neufrankreich. Im Jahr 1763 fielen alle französischen Besitzungen in Nordamerika an England. Obwohl Kanada schon zu Beginn des 20. Jahrhunderts international eigenständig auftrat, erhielt es die offizielle Unabhängigkeit von Großbritannien erst 1982.

Wie dicht ist das Land besiedelt?

Mit einer Bevölkerungsdichte von 3,2 Einwohnern pro km² ist Kanada eines der am dünnsten besiedelten Länder der Welt. Obendrein ist die Bevölkerung sehr ungleichmäßig verteilt. Fast 80 % der Kanadier leben in Städten. Die ländliche Bevölkerung konzentriert sich auf einen schmalen Streifen an der Südgrenze des Landes, der Norden ist fast menschenleer.

Leben in Kanada noch Indianer?

Ja. Die indianischen Völker werden in Kanada als *first nations* bezeichnet. 2001 wurden fast 700 000 Angehörige in 612 verschiedenen Stämmen registriert. Gut die Hälfte der Indianer lebt in Reservaten.

Die Inuit

Die mongoliden Bevölkerungsgruppen, die auf kanadischem Territorium wohnen, werden als Inuit bezeichnet. In Grönland werden sie Kalaallit, in Sibirien Yupik genannt. Insgesamt wird ihre Anzahl auf 150 000 geschätzt, von denen etwa ein Drittel im nördlichen Kanada lebt.

Ein Jäger vom Volk der Inuit richtet sein Hundeschlitten-Gespann aus. Die Inuit leben vorwiegend im nördlichen Territorium Nunavut.

Bietet das Land Chancen für Einwanderer?

Die Einwanderung nach Kanada ist streng reglementiert. Für Interessenten gibt es ein Punktesystem, bei dem man eine bestimmte Mindestpunktzahl erreichen muss, um die Erlaubnis zur Einwanderung zu erhalten. Punkte erhält man z. B. für Ausbildungsstand und Sprachkenntnisse, aber auch, wenn das Arbeitsangebot eines kanadischen Arbeitgebers vorliegt. Zusätzlich muss man nachweisen, dass man sich für eine Übergangszeit finanziell selbst versorgen kann.

Ist Kanada ein reiches Land?

Ja. Kanada liegt beim Pro-Kopf-Einkommen im weltweiten Vergleich an achter Stelle. Die Wirtschaftsstruktur hat sich im letzten Jahrzehnt stark gewandelt. Kanada ist von einem Rohstoff- und Agrarland zu einem Dienstleistungsland mit einer starken Orientierung auf Zukunftstechnologien geworden. Obendrein verfügt das Land nach Saudi-Arabien über die größten Erdölreserven der Welt.

Welche Bedeutung hat der Ahornbaum für Kanada?

Kanada ist ein waldreiches Land, und die Nutzung der Wälder war in der Landesgeschichte immer schon ein wichtiger Wirtschaftsfaktor. Am weitesten ist hier der Zuckerahorn (*Acer saccharum*) verbreitet, dessen rahmweißes Holz eine rötliche Tönung besitzt und der in seiner Heimat wegen seiner Härte auch *hard maple* genannt wird. Der Ahornbaum liefert nicht nur hervorragendes Material für die Möbelherstellung, sondern diente auch schon sehr früh der Zuckergewinnung. Ahornsirup war schon der indianischen Urbevölkerung bekannt. Spätestens am Anfang des 19. Jahrhunderts wurde das Ahornblatt zum Symbol für Kanada, seit 1965 ist es als Landessymbol in der kanadischen Flagge enthalten.

Die Aufnahme von 1890 zeigt Goldgräber in der Nähe von Dawson.

Der Goldrausch

Der letzte große Goldrausch, der Amerika im 19. Jahrhundert erfasste, war der Goldrausch am Klondike River im Nordwesten Kanadas. Er setzte mit den ersten Funden 1896 ein und erreichte seinen Höhepunkt bereits zwei Jahre später. Der Weg in die abgelegene Gegend war extrem beschwerlich, sodass viele Goldsucher erst eintrafen, als die ergiebigsten Felder schon vergeben waren. Während des Goldrauschs entstand die Stadt Dawson City, die innerhalb kürzester Zeit auf 40 000 Einwohner anwuchs. Heute leben in dem Städtchen nur noch 1250 Menschen.

VEREINIGTE STAATEN VON AMERIKA, USA

Flagge

Währung
1 US-Dollar (US-$) = 100 Cents

Staatsform
Präsidiale Bundesrepublik seit 1789

Hauptstadt
Washington D.C.

Sprachen
Amerikanisches Englisch (Nationalsprache, keine Amtssprache festgelegt), Spanisch (regional)

Fläche 9,63 Mio km²

Einwohnerzahl 300,0 Mio.

Religion
52 % Protestanten, 24 % Katholiken

Wie viele Bundesstaaten haben die USA?
Insgesamt haben die Vereinigten Staaten 50 Bundesstaaten, wobei Alaska und Hawaii außerhalb der Grenzen des Kernlands liegen. Innerhalb davon liegen 48 Bundestaaten (*continental US*) und der District of Columbia (D.C.), der Regierungsbezirk mit der Hauptstadt Washington D.C.

Was sind die klimatischen Folgen der geografischen Verhältnisse im Land?
Die USA haben im Gegensatz zu Europa eine Nord-Süd-Erstreckung der Gebirge; dadurch kommt es zu extrem kalten Wintern, da die Kälte ungehindert nach Süden vordringen kann, und zu sehr heißen Sommern. So ist es möglich, dass die Temperaturen in New York, einer Stadt, die auf demselben Breitengrad wie Rom liegt, im Winter auf bis zu −30 °C fallen, während sie im Sommer oftmals auf über 35 °C klettern.

Warum werden die USA als Schmelztiegel – *melting pot* – bezeichnet?
Die USA werden *melting pot* genannt, weil sich auf dem ursprünglich von Indianern bewohnten Land französische, englische, deutschsprachige, irische, italienische, skandinavische und osteuropäische Einwanderer ansiedelten, darunter auch viele osteuropäische Juden. Alle zusammen stellen 70 % der amerikanischen Bevölkerung, Nachfahren afrikanischer Sklaven 13 %, Asiaten etwa 4 % und Latinos, Einwanderer aus Süd- und Mittelamerika, 13 %. Diese Gruppen *verschmolzen* kulturell und sprachlich zu einer neuen Nation – den Vereinigten Staaten von Amerika.

Wer teilte im 17. Jahrhundert die nordamerikanischen Gebiete unter sich auf?
Obwohl die erste europäische Siedlung 1565 von den Spaniern in St. Augustine in Florida gegründet wurde, waren es ab dem 17. Jahrhundert Engländer und Franzosen, die das Land unter sich aufteilten. Die Franzosen kontrollierten den Norden bis nach Kanada hinein und die Engländer den Teil des heutigen New England bis hinunter nach Virginia.

Ein junger Navajo in der typischen Tanztracht dieses Stammes

Wann wurde die Unabhängigkeitserklärung unterschrieben?
Am 4. Juli 1776 wurde nach dem Unabhängigkeitskrieg gegen England die amerikanische Unabhängigkeitserklärung unterschrieben. Mit französischer Unterstützung zwangen die Amerikaner 1783 im Frieden von Paris England zu deren Anerkennung. 1787 wurde in Philadelphia eine Verfassung niedergelegt, die von George Washington (1732–1799), dem ersten Präsidenten der USA, unterzeichnet wurde.

Was war der Anlass zur Aufstellung der Freiheitsstatue?
Die *Statue of Liberty* – die Skulptur einer fackeltragenden Frau in der Hafeneinfahrt von New York – ist ein Geschenk Frankreichs anlässlich des 100. Jahrestags der amerikanischen Unabhängigkeitserklärung vom 4. Juli 1776. Sie wurde von dem französischen Künstler Frédéric Auguste Bartholdi (1834–1904) aus Kupfer auf einem Stahlrahmen konstruiert. Tatsächlich wurde sie erst 1885 in Frankreich zerlegt, verschifft und mit zehnjähriger Verspätung 1886 auf *Bedloe's Island* (so hieß die heutige *Liberty Island* bis 1960) aufgestellt. Die Statue hat eine Höhe von 46,5 m ohne Sockel, mit Sockel sind es 102 m.

Was bedeutet der *Civil Rights Act* von 1866?
Mit dem *Civil Rights Act* von 1866 wurde die Sklaverei abgeschafft, und die ehemaligen Sklaven erhielten das volle Bürgerrecht. Dem vorausgegangen war der Sezessionskrieg (1861–1865) zwischen den Nordstaaten und den aus den Vereinigten Staaten ausgetretenen Südstaaten, in dem es vorwiegend um die Abschaffung der Sklaverei gegangen war.

Was geschah am *Black Friday* 1929, und was waren die Folgen?
Im Oktober 1929 kam es an der New Yorker Börse zum Zusammenbruch – auf diesen „Schwarzen Frei-

Der Morning Glory Pool ist die schönste und bekannteste heiße Quelle im US-amerikanischen Yellowstone-Nationalpark. Ihre Farbenpracht rührt von Bakterien her.

Hintergrund: Blick hinab in den Grand Canyon vom berühmten South Rim, der südlichen Kante, in Arizona, USA

Interessante Fakten zur Bevölkerung

- Noch im Jahr 2000 war die größte Abstammungsgruppe in den USA mit etwa 42,8 Mio. Menschen deutschsprachiger Herkunft.
- Als Bundesrepublik hat die USA keine einheitliche Amtssprache festgelegt.
- Viele Staaten sind offiziell zweisprachig – Spanisch und Englisch.
- Erst 1924 erhielten die indianischen Ureinwohner volle Bürgerrechte.
- Über 41 Mio. Amerikaner, also fast 14 %, sind nicht krankenversichert.
- Zwischen 1901 und 1950 stellten amerikanische Wissenschaftler bei der Verleihung des Nobelpreises nur eine Minderheit dar, aber seit 1950 erhalten sie in den Naturwissenschaften etwa die Hälfte der verliehenen Preise.
- Mehr als drei Viertel der Amerikaner leben in den großen Städten.

Der legendäre Hollywood-Schriftzug am Mount Lee, dem höchsten Berg von Los Angeles.

Am letzten Donnerstag im November findet auf New Yorks Broadway die Macy's Thanksgiving Day Parade statt.

tag" folgte die Weltwirtschaftskrise. Sie zeigte u. a., welche wirtschaftliche Vormachtstellung die USA inzwischen weltweit erlangt hatten. Als in der Folge 15 Mio. Menschen ihre Arbeit verloren, stürzte dies die USA in eine innenpolitische Krise.

Warum traten die USA in den 2. Weltkrieg ein, und welchen Einfluss hatten sie?

Bei Ausbruch des 2. Weltkriegs blieben die USA zunächst neutral, unterstützten aber ab 1941 England massiv mit Waffen. Als es am 7. Dezember 1941 zum japanischen Angriff auf Pearl Harbor kam, traten die USA in den Krieg ein. Mit ihrem großen industriellen Potenzial entschieden sie den Krieg schließlich für die Alliierten. Noch nach Ende des Kriegs in Europa (8. Mai 1945) warfen sie im August 1945 zwei Atombomben auf die japanischen Städte Hiroshima und Nagasaki und beendeten so den 2. Weltkrieg endgültig.

Welche gefährlichen Konfrontationen gab es im Kalten Krieg?

Die gefährlichsten Zusammenstöße während des Kalten Kriegs, der nach dem 2. Weltkrieg zwischen den USA und den Ländern des kommunistischen Ostblocks unter Führung der Sowjetunion ausbrach, waren der Korea-Krieg 1950 bis 1953 und die Kuba-Krise 1962, die die Welt an den Rand des 3. Weltkriegs trieb.

Wann begann und endete der Vietnam-Krieg?

Der Vietnam-Krieg hatte schon 1946 als Widerstand gegen die französische Kolonialmacht begonnen. 1964 traten die USA mit dem Versuch in den Krieg ein, ihre Interessen in Südostasien gegen den Kommunismus durchzusetzen. 1973 verließen sie geschlagen das Land, das sich unter kommunistischer Herrschaft wieder vereinigte und die beiden Teile Nord- und Südvietnam zusammenführte.

Welche drei Mordanschläge erschütterten in den 1960er-Jahren die USA?

Die „Serie" der Mordanschläge begann1963 mit der Ermordung Präsident John F. Kennedys in Dallas, Texas, der auf offener Straße in seinem Wagen erschossen wurde. 1968 wurden sowohl der schwarze Bürgerrechtler Martin Luther King, Verfechter des gewaltlosen Kampfs der schwarzen Bevölkerung, als auch der demokratische Präsidentschaftskandidat Robert F. Kennedy, der jüngere Bruder von John, er-

Thanksgiving Day

Thanksgiving, das Erntedankfest, ist ein staatlicher Feiertag der USA und wird von vielen als höchstes Fest im Jahr angesehen. Er wird seit 1868 jedes Jahr am vierten Donnerstag im November gefeiert und verbindet alle Amerikaner, ganz gleich welcher Religion. Es ist der einzige Tag des Jahres, an dem wirklich alle Geschäfte geschlossen sind, und die ganze Familie kommt zum gemeinsamen Essen zusammen. Das typische Festessen ist ein Truthahn, der mit verschiedenen Füllungen aus Nüssen und Trockenobst im Ofen zubereitet wird.

Eine Quelle beschreibt folgenden Ursprung des Fests: Eine Gruppe von englischen Pilgervätern war vom Kurs abgekommen und bei Plymouth Rock, Massachusetts, gestrandet. Aus Dank für die Hilfe der Wampanoag-Indianer, ohne die sie den Winter nicht überlebt hätten, feierten sie im Herbst 1621 ein dreitägiges Erntedankfest.

schossen. Alle drei Mordanschläge erschütterten die USA und die Welt zutiefst, keiner von ihnen konnte jedoch bis heute restlos aufgeklärt werden.

Wann begann der Krieg gegen den Terrorismus?
Nach den Anschlägen auf das World Trade Center in New York und das Pentagon in Washington D.C. am 11. September 2001 durch radikale Islamisten erklärte George W. Bush den weltweiten Krieg gegen den Terrorismus. Bush prägte in Anlehnung an einen Ausspruch von Ex-Präsident Ronald Reagan (1911–2004; Präsident 1981–1989), der die Sowjetunion als „Reich des Bösen" bezeichnet hatte, den Ausdruck von der „Achse des Bösen", der er sogenannte „Schurkenstaaten" zurechnet, dazu gehören in seiner Rede vom 29. Januar 2002 der Iran, der Irak und Nordkorea.

Welche politische Bedeutung hat der amerikanische Kongress?
Der Kongress ist die Legislative der USA. Er setzt sich zusammen aus den gewählten Repräsentanten der 50 Bundesstaaten und hat zwei Kammern, das Repräsentantenhaus und den Senat. Nach der Verfassung hat der Kongress das Budgetrecht und das Recht zur Gesetzesinitiative. Nur der Kongress hat das Recht, Bundesgesetze zu erlassen, Kriegserklärungen auszusprechen und Verträge mit fremden Ländern zu unterzeichnen. Alle Verträge werden vom Präsidenten unterschrieben, auch werden von ihm Vorschläge für Ernennungen gemacht (z. B. zum Mitglied des Obersten Gerichtshofs oder zur Besetzung von Kabinettsposten). Diese müssen aber zuvor von der zweiten Kammer des Kongresses, dem Senat, genehmigt werden.

Wie hoch ist der Mindestlohn in den USA?
Der Mindestlohn in den USA, der 1938 eingeführt wurde und damals bei 0,25 US-Dollar lag, ist heute auf 5,15 Dollar/Stunde festgelegt. In einigen Bundesstaaten ist per Landesgesetz ein höherer Mindestlohn vorgesehen.

Welches sind die beliebtesten Sportarten in den USA?
Die drei beliebtesten Sportarten in den USA sind der landestypische American Football, Baseball und Basketball.

An der Einfahrt zum New Yorker Hafen steht seit 1886 die Freiheitsstatue des französischen Bildhauers F. A. Bartholdi – ein Geschenk Frankreichs an die USA.

Verkehr

Das gesamte US-amerikanische Verkehrsnetz aus Straßen, Schienen und Flugverbindungen verläuft sternförmig auf die großen Städte zu. Der wichtigste Verkehrsträger ist die Straße und damit der eigene Wagen; für den Überlandverkehr spielen auch Busfahrten eine große Rolle, z. B. mit den bekannten Greyhoundbussen. Die Eisenbahn war sehr wichtig für die Erschließung des Westens, hat aber, abgesehen vom Gütertransport und dem Nahverkehr der Ballungsgebiete, an Bedeutung eingebüßt. Wichtigstes Transportmittel für den Personen-Überlandverkehr ist das Flugzeug, auch jede kleinere Stadt verfügt über einen eigenen Flughafen.

MEXIKO

Flagge

Währung
1 Mexikanischer Peso (mex$) = 100 Centavos

Staatsform
Präsidiale Bundesrepublik seit 1917

Hauptstadt
Ciudad de México (Mexiko-Stadt)

Sprachen
Spanisch (Amtssprache), indian. Sprachen (u.a. Nahuatl [Aztekisch], Maya, Zapotec, Mixtec)

Fläche 197 250 km²

Einwohnerzahl 108,0 Mio.

Religion
89 % Katholiken, 6 % Protestanten

Welche Gebirgszüge prägen das Land?

Die Sierras (Gebirge) verlaufen in Mexiko von Norden nach Süden: Das Randgebirge im Osten heißt Sierra Madre Oriental, im Westen liegt die Sierra Madre Occidental. Zwischen beiden erhebt sich die Hochebene, die durchschnittlich auf 1200 m liegt. Im Süden erstreckt sich die Sierra Madre del Sur und westlich die Sierra Madre de Chiapas, benannt nach dem südlichen Bundesstaat.

Gibt es in Mexiko Vulkane?

Ja. Mexiko hat eine starke vulkanische Tätigkeit, die höchsten der vielen Vulkane liegen am sogenannten Transmexikanischen Vulkangürtel des zentralen Hochlands: der Citlatépetl oder Pico de Orizaba, mit 5610 m der höchste Berg des Landes, der aktive Popocatépetl (5452 m) und der Itzaccihuatl (5286 m) – die beiden letzteren Vulkane liegen in unmittelbarer Nähe von Mexiko-Stadt.

Was sind Tequila und Mescal?

Tequila ist ein aus den Herzen der Blauen Agave (*Agave tequilana*) gebrannter Schnaps mit dem starken, natürlichen Geschmack der Agave. Seinen Namen hat er von dem Ort Tequila in der mexikanischen, am Pazifik gelegenen Provinz Jalisco. Im Durchschnitt erreicht er einen Alkoholgehalt von 38 %. Schon die Ureinwohner des Landes kannten die Wirkung des Destillats und nannten das Herz der Agave *mescal*, was übersetzt „Das Haus des Mondes" bedeutet. Mescal ist die allgemeine Bezeichnung für Destillate aus Agaven, die nicht aus der Region Tequila kommen. Der „Wurm" im Mescal ist eigentlich eine Raupe, die seit 1950 als Marketing-Gag in den

Teotihuacán heißt wörtlich übersetzt „Wo die Götter wohnen" – die sagenhafte Stadt der Azteken in Mexiko.

Mit weit über 25 Mio. Einwohnern und einer Fläche von mehr als 2000 km² ist Mexico City heute die größte Stadt der Erde.

Flaschen schwimmt. Tequila enthält dagegen nie einen „Wurm".

Wer war Hernán Cortés?

Der spanische Entdecker und Eroberer (Konquistador) Hernán Cortés (1485–1547) nahm 1519 bis 1521 mit nur einigen hundert Soldaten Mexiko in Besitz und zerstörte das Aztekenreich sowie dessen Hauptstadt Tenochtitlán. Er überwand den letzten Herrscher Montezuma II. und gründete auf dem Festland das spanische Kolonialreich als Vizekönigreich Neuspanien, das mit Feuer und Schwert die Ureinwohnerkulturen vernichtete.

Gibt es in Mexiko Korruption?

Nach einer Studie von Transparency International, einer Organisation zur Aufdeckung weltweiter Korruption, wurden 2005 in Mexiko über 1,5 Mrd. Euro Schmiergelder gezahlt. Diese Zahl schließt Bestechungsgelder an Geschäftsleute und Politiker noch nicht mit ein.

Was ist Teotihuacán?

Lange war man überzeugt, die älteste Stadt des amerikanischen Kontinents sei von dem Volk erbaut worden, das ihr auch den Namen gab. „Wo die Götter wohnen" heißt *Teotihuacán* auf Nahuatl bzw. Azte-kisch. Tatsächlich stießen die Azteken aber erst im 14. Jahrhundert ins Hochtal von Mexiko vor und erbauten dort ihre Hauptstadt Tenochtitlán, heute Mexiko-Stadt. Teotihuacán ist jedoch viel älter. Ihre Blüte erlebte die Stadt zwischen 150 und 600 n. Chr. Sie erlangte großen Reichtum und war mit 200 000 Einwohnern die sechstgrößte Stadt ihrer Zeit. Ihre Erbauer sind bis heute unbekannt.

Mexikanische Revolution

Francisco Madera (1873–1913), Sohn eines Großgrundbesitzers und Industriellen, rief 1910 in Texas, wohin er nach einer Haftzeit geflohen war, die Revolution aus, um den Diktator Porfirio Diaz (1830–1915) zu stürzen. 1911 wurde er nach dem Sieg der revolutionären Kräfte unter Emiliano Zapata (1879–1919) und Pancho Villa (1878–1923) Präsident, nachdem Diaz bei Ciudad Juárez die Entscheidungsschlacht verloren hatte und ins Exil nach Paris geflohen war. Madera behielt das Amt bis zu seiner Ermordung 1913. Das Land kam allerdings bis 1929 nicht zur Ruhe, General Huerta putschte sich an die Macht, anschließend das Carranza-Regime. Die so unterschiedlichen Vorstellungen der verschiedenen Revolutionäre hielten das Land in ständiger innerer Unruhe.

Eine typische Tasca („Kneipe") in der Altstadt Oaxacas im Südwesten Mexikos

GUATEMALA

Flagge

Währung
1 Quetzal (Q) = 100 Centavos

Staatsform
Präsidialrepublik seit 1986

Hauptstadt
Guatemala (Guatemala-Stadt)

Sprachen
Spanisch (Amtssprache), indianische Sprachen (vorwiegend Maya-Sprachen)

Fläche 108 889 km²

Einwohnerzahl 14,7 Mio.

Religion
60 % Katholiken, 30 % Protestanten

Besonderheiten
Guatemala war das Kerngebiet der Maya-Kultur.

Ein Kaffeepflücker sammelt hochwertige Kaffeebohnen, mit denen die guatemaltekischen Produzenten den internationalen Markt für Spitzenkaffee erreichen wollen.

Welche Landschaften und Naturräume prägen das Land?

Der Nordosten ist dünn besiedelt und mit tropischem Regenwald bedeckt. Das Zentrum Guatemalas ist vom Hochland mit Vulkanen bis zu 4200 m Höhe bedeckt. Der pazifische Küstenstreifen im Südwesten ist schmal, aber fruchtbar; die karibische Küste im Nordosten zeichnet sich durch kilometerlange Sandstrände aus.

Was ist Tikal?

Tikal ist eine der wichtigsten Städte der Maya-Kultur, deren Reste sich in den nördlichen Regenwäldern Guatemalas befinden. Die Stadt erreichte ihren kulturellen Höhepunkt im 5. Jahrhundert n. Chr., als sie Sitz einer mächtigen Herrscherdynastie war. Im 9. Jahrhundert wurde Tikal verlassen.

Die pyramidenförmigen Mayatempel Tikals sind vergleichsweise steil – hier der Tempel II am Großen Platz.

Worunter leidet die Entwicklung des Landes?

In Guatemala herrschte bis 1996 ein Bürgerkrieg, der 36 Jahre lang die wirtschaftliche Entwicklung belastet hatte. Der Krieg forderte 200 000 Menschenleben und trieb 1 Mio. Menschen ins Exil. Zeitweilig kam es zu Massenmorden, die den Fortbestand einzelner Volksgruppen bedrohten.

Was sind die wichtigsten Wirtschaftszweige?

Zum einen wird die Wirtschaft durch Exportartikel – Textilien und Kaffee, in geringerem Umfang Zucker, Bananen, Tabak, Kautschuk und Kardamom – geprägt. Zum anderen gewinnt der Tourismus an Bedeutung, kann sich allerdings erst seit dem Ende des Bürgerkriegs entwickeln.

Der Quetzal

Der Quetzal ist ein leuchtend grüner Vogel mit scharlachrotem Brustgefieder. Er ist das Wappentier Guatemalas und auch die guatemaltekische Währung ist nach ihm benannt. Er lebt in den Nebelwäldern Mittelamerikas, ist aber durch die Zerstörung seines Lebensraums infolge ständiger Ausweitung der landwirtschaftlich genutzten Flächen stark gefährdet und steht entsprechend unter dem besonderen Schutz des Washingtoner Artenschutzabkommens.

Wodurch ist die Natur des Landes geprägt?
Belize liegt an der Ostküste Mittelamerikas. Das ganz zur Karibik ausgerichtete Land besitzt als einziges in Mittelamerika keinen Zugang zum Pazifik. Es ist leicht hügelig und steigt von der Küstenlinie nur bis in Höhen von 1100 m auf. Die Temperaturen liegen das ganze Jahr über zwischen 16 °C und 36 °C mit vorherrschenden Winden aus der Karibik.

Warum ist Belize City nicht mehr die Hauptstadt?
Da die Küstenstadt 1961 von einem Hurrikan fast vollständig zerstört wurde, beschloss man, eine neue Hauptstadt in sicherer Lage zu bauen. Seit 1970 ist Belmopan im Landesinneren die Hauptstadt von Belize. Bis heute hat die Stadt aber erst 15 000 Einwohner, vorwiegend Beamte – das wirtschaftliche und kulturelle Zentrum des Landes und gleichzeitig die größte Stadt ist Belize City geblieben.

Wann hieß Belize Britisch-Honduras?
Nachdem die Küste von Belize im 17. Jahrhundert das Rückzugsgebiet englischer Piraten gewesen war, die in der Karibik Jagd auf spanische Frachtschiffe gemacht hatten, wurde das Gebiet 1862 zur Kronkolonie Britisch-Honduras. Den Namen Belize erhielt das Land 1973, acht Jahre später wurde es von Großbritannien unabhängig.

BELIZE

Flagge

Währung
1 Belize-Dollar (Bz$) = 100 Cents
Staatsform
Parlamentarische Monarchie (im Commonwealth) seit 1981
Hauptstadt
Belmopan
Sprachen
Englisch (Amtssprache), Kreolisch, Spanisch, Garifuna, Maya-Sprachen, Plautdietsch
Fläche 22 966 km²
Einwohnerzahl 280 000
Religion
50 % Katholiken, 25 % Protestanten
Besonderheiten
Belize ist das einzige Land Mittelamerikas ohne Zugang zum Pazifik.

Kann Belize vom Tourismus leben?
Nein, der Tourismus macht nur 10 % der Wirtschaftsleistung aus. Es fehlen Hotelkapazitäten und eine ausreichende Infrastruktur. Das Land ist sehr arm, ein Drittel der Bevölkerung lebt unterhalb der Armutsgrenze. Der wichtigste Wirtschaftszweig Belizes ist der Abbau von Edelhölzern, insbesondere Mahagoni.

In den ursprünglichen Regenwäldern Belizes lebt eine der gesündesten Jaguar-Populationen Mittelamerikas. Hier ist die Jagd des „Königstiers" verboten.

Maya-Kultur
Seit etwa 2000 v. Chr. war das heutige Belize das Siedlungsgebiet der Maya. Die Nachfahren dieses Kulturvolks stellen heute noch 11 % der Bevölkerung. Kulturreisende finden bedeutende archäologische Stätten u. a. in Cuello, Altun Ha und Xunantunich.

HONDURAS

Flagge

Währung
1 Lempira (L) = 100 Centavos

Staatsform
Präsidialrepublik seit 1982

Hauptstadt
Tegucigalpa

Sprachen
Spanisch (Amtssprache), indian. Sprachen, kreolisches Englisch

Fläche 112 492 km²

Einwohnerzahl 7,0 Mio.

Religion
85–90 % Katholiken

Warum heißt die Landeswährung Lempira?
Die Währung ist nach dem Indianerhäuptling Lempira benannt, der im 16. Jahrhundert den Kampf gegen die spanischen Eroberer anführte.

Wie ist die Bevölkerungsstruktur des Landes?
Etwa 90 % der Honduraner sind Mestizen, also Nachfahren von Mischehen zwischen Europäern und Ureinwohnern. Die Menschen leben vorwiegend im Nordwesten des Landes und in den Städten. Das Bevölkerungswachstum ist sehr hoch, das Durchschnittsalter mit 19 Jahren sehr niedrig.

Sind Jugendbanden ein Problem?
Ja. Honduras ist eines der ärmsten Länder Mittelamerikas mit hoher Arbeitslosigkeit. Die Folge dieser Perspektivlosigkeit der Jugend sind Banden, in denen sich die Jugendlichen sammeln und teilweise ganze Städte terrorisieren. Die größten dieser Banden haben bis zu 40 000 Mitglieder, die sich an bestimmten Tätowierungen erkennen.

Welche wirtschaftlichen Probleme gibt es?
Honduras ist das Armenhaus Mittelamerikas. Die Kleinbauern haben oft zu wenig Land, um ihre Familien ernähren zu können. Auf der anderen Seite lassen die Großgrundbesitzer viele landwirtschaftlich nutzbare Flächen brachliegen.

Bananenrepublik

Mit dem Ausdruck „Bananenrepublik" werden Länder bezeichnet, in denen die Wirtschaft stark von der Plantagenwirtschaft ausländischer Unternehmen abhängt. Honduras ist ein typisches Beispiel hierfür. Der Einfluss der amerikanischen United Fruit Company reichte viele Jahrzehnte lang weit über den Wirtschaftsbereich hinaus. Politische Einflussnahme, Korruption und Bestechung waren die Folge.

Eine Bananenplantage im Landesinneren

EL SALVADOR

Flagge

Währung
1 El-Salvador-Colón (₡)
= 100 Centavos
Staatsform
Präsidialrepublik seit 1983
Hauptstadt
San Salvador
Sprachen
Spanisch (Amtssprache), indian. Sprachen (u.a. Nahuatl [Aztekisch], Maya), Englisch
Fläche 21 041 km²
Einwohnerzahl 6,7 Mio.
Religion
75 % Katholiken, 21 % Protestanten
Besonderheiten
El Salvador ist das einzige mittelamerikanische Land ohne direkten Zugang zur Karibik.

Wodurch ist die Natur des Landes geprägt?

El Salvador liegt an der Westküste Mittelamerikas und ist das kleinste Land in Zentralamerika. Es liegt in einem Erdbebengebiet und ist stark von seinen Vulkanen geprägt. Der höchste Berg El Salvadors ist der 2365 m hohe Vulkan Santa Ana, der zuletzt am 1. Oktober 2005 ausbrach.

Wie ist die Bevölkerung zusammengesetzt?

90 % der Bevölkerung sind Mestizen, also Mischlinge mit europäischen und indianischen Vorfahren, 9 % sind europäischer Abstammung und nur noch 1 % ist indianischer Herkunft. Über 75 % der Bevölkerung sind römisch-katholisch.

Was war *La Matanza*?

1932 kam es zu einem Aufstand der Bauern mit indianischer Abstammung. Der als Präsident herrschende General Maximiliano Hernández Martinez (1882–1966) ließ diesen Aufstand blutig niederschlagen. Bei diesem Massaker (span. *matanza*) wurden 30 000 Menschen getötet, wodurch die indianische Bevölkerung beinahe ausgerottet wurde.

Der Fußballkrieg

1969 herrschte zwischen den Nachbarländern Honduras und El Salvador eine gespannte Atmosphäre. Die Ursache hierfür waren etwa 300 000 Wirtschaftsflüchtlinge aus El Salvador, die sich in Honduras auf brachliegenden landwirtschaftlichen Flächen niedergelassen hatten. Nach einem Fußballspiel zwischen den Nationalmannschaften von Honduras und El Salvador, das die Salvadorianer gewonnen hatten, kam es in Honduras zu Ausschreitungen gegen die ungeliebten Einwanderer. El Salvador reagierte mit einer militärischen Intervention, um das Bleiberecht für die Emigranten zu erzwingen. Nach drei Tagen zwang die OAS (Organisation Amerikanischer Staaten) El Salvador zur Beendigung des Kriegs.

Wer war Oscar Romero?

Oscar Romero (1917–1980) wurde 1977 Erzbischof von San Salvador. Er bekämpfte die Unterdrückung der Bevölkerung und klagte öffentlich die Verbrechen der herrschenden Militärdiktatur an. 1980 wurde er von einem staatlich beauftragten Heckenschützen ermordet. Das war der Beginn eines zwölf Jahre dauernden Bürgerkriegs, der 75 000 Menschenleben forderte. Ein berühmt gewordener Ausspruch von Romero ist: „Mich kann man töten, aber nicht die Stimme der Gerechtigkeit."

Oben: Bei einer katholischen Prozession am Palmsonntag wird von den Gläubigen eine Christusstatue durch das Indianerdorf Panchimalco getragen.

Der Vulkan Santa Ana, auch Ilamapetec genannt, ist der höchste Berg El Salvadors.

NICARAGUA

Flagge

Währung
1 Córdoba (C$) = 100 Centavos

Staatsform
Präsidialrepublik seit 1987

Hauptstadt
Managua

Sprachen
Spanisch (Amtssprache), indian. Sprachen (u.a. Miskito, Chibcha, Sumo)

Fläche 129 494 km²

Einwohnerzahl 5,6 Mio.

Religion
73 % Katholiken, 17 % Protestanten

Besonderheiten
Nicaragua ist das „Land der 1000 Vulkane".

Ist Nicaragua erdbebengefährdet?

Ja. Das Land wird immer wieder von Erdbeben heimgesucht, denn parallel zur Pazifikküste zieht sich eine Kette aktiver Vulkane entlang, weshalb Nicaragua auch den Beinamen „Land der 1000 Vulkane" trägt.

Welche besonderen Tiere gibt es im Nicaraguasee?

Im Nicaraguasee leben Süßwasser- oder Bullenhaie, ca. 3,5 m lange und bis 200 kg schwere Haie, die sich an ihre Lebenswelt angepasst haben. Sie wurden mit eingeschlossen, als die ehemalige Bucht vom Pazifik abgetrennt wurde. Der Nicaraguasee ist der zehntgrößte Süßwassersee der Welt.

Wer war der Somosa-Clan?

Als Somosa-Clan wurden Nicaraguas Diktatoren bezeichnet, die über 40 Jahre lang das Land regierten. 1937 putschte Anastasio Somoza Garcia (1896–1956) gegen seinen Onkel, den Liberalen Juan Bautista Sacasa, und ließ sich zum Präsidenten wählen. Die Clan-Mitglieder bereicherten sich während ihrer Regierungszeit ausgiebig auf Kosten des Staats. Als z. B. 1972 ein gewaltiges Erdbeben Managua erschütterte, bei dem über 10 000 Menschen ihr Leben verloren, nutzte der Familien-Clan die Gelegenheit, internationale Hilfsgelder auf eigene Konten umzuleiten. 1977 kam es zum Aufstand der Sandinistischen Nationalen Befreiungsfront gegen den amtierenden Diktator Anastasio Somoza Debayle (1925–1980), der 1979, nach fast zweijährigem Bürgerkrieg und unterstützt von den USA, gestürzt wurde.

Augusto César Sandino

Sandino (1895–1934) gilt als der erste lateinamerikanische Guerillaführer, er war der Kopf des nicaraguanischen Widerstands gegen die USA. 1934 luden Anastasio Somoza Garcia und seine engsten Offiziere zu einem feierlichen Essen, bei dem Sandino ermordet wurde – er starb durch einen Schuss in den Rücken. Nach ihm benannte sich die revolutionäre Bewegung der Sandinistas, die A. Somoza Debayle 1979 stürzte.

Die frühmorgendlichen Straßen mit den Türmen der Kathedrale in León, nordwestlich von Managua. Bis 1852 war León die Hauptstadt Nicaraguas.

Warum nennt man die Costaricaner Ticos? Tico ist ein häufig gebrauchter Spitzname für die Costaricaner, die weibliche Form ist Tica. Entstanden ist diese Bezeichnung aus einer sprachlichen Eigenart der Costaricaner. Sie ersetzen die im Spanischen häufig vorkommende Wortendung „ito/ita" durch „ico/ica". Aus dem spanischen Wort *chiquitito* (dt.: „winzig") machen sie beispielsweise *chiquitico*. Der Spitzname ist durchaus liebevoll gemeint und wird dementsprechend auch nicht als Beleidigung empfunden.

COSTA RICA

Flagge

Währung
1 Costa-Rica-Colón (₡) = 100 Céntimos

Staatsform
Präsidialrepublik seit 1949

Hauptstadt
San José

Sprachen
Spanisch (Amtssprache)

Fläche 51 100 km^2

Einwohnerzahl 4,0 Mio.

Religion
77 % Katholiken, 14 % Protestanten

Wann wurde Costa Rica von den Europäern entdeckt?

Die Ostküste wurde zwar schon 1502 von Christoph Kolumbus (1451–1506) erforscht, aber erst ab 1560 begann die Kolonisation des Landes durch die Spanier. Da das Land über wenige Rohstoffe verfügte und strategisch relativ unbedeutend war, blieb die Kolonie immer unterentwickelt.

Lebt das Land vom Kaffee- und Bananenexport?

Nein. Die wirtschaftliche Bedeutung traditioneller Exportgüter sinkt kontinuierlich, obwohl Costa Rica auch heute noch weltweit der zweitgrößte Exporteur von Bananen ist. Bis Anfang der 1930er-Jahre stammten 90 % der Deviseneinnahmen aus dem Export von Kaffee und Bananen. Inzwischen bringen der Tourismus und der High-Tech-Sektor wesentlich mehr Devisen ins Land. Die Firma Intel betreibt in Costa Rica eine Chipfabrik.

Warum nennt man Costa Rica die „Schweiz Mittelamerikas"?

Das Land ist nicht nur gebirgig wie die Schweiz, sondern hat für mittelamerikanische Verhältnisse auch einen hohen Lebensstandard und ein hohes Bildungsniveau – nur 4,2 % der Bewohner sind Analphabeten. Seit 50 Jahren gibt es hier eine funktionierende Demokratie. Da schon 1949 die Armee abgeschafft wurde, blieb Costa Rica auch von Militärputschen verschont.

Der Nationalpark am Irazú-Vulkan in der Nähe der Stadt Cartago. Der Irazú ist mit 3432 m der höchste und gefährlichste Vulkan in Costa Rica.

Ökotourismus

Die Bedeutung des Schutzes der Naturlandschaft wurde in Costa Rica früh erkannt; zum Schutz der tropischen Wälder gibt es eine eigene Steuer. 27 % der Landesfläche stehen heute unter Naturschutz, und es gibt mehr als 20 Naturparks. Mittlerweile hat dieses Engagement für den Naturschutz auch wirtschaftlich positive Ergebnisse geliefert. Aus aller Welt kommen Reisende, die auf eine naturschonende Form des Tourismus Wert legen. Deren Zahl schätzt man auf jährlich etwa 1,5 Mio.

PANAMA

Flagge

Währung
1 Balboa (B/.) = 100 Centésimos

Staatsform
Präsidialrepublik seit 1912

Hauptstadt
Panama-Stadt

Sprachen
Spanisch (Amtssprache), englisches Kreolisch, indian. Sprachen (u.a. Buglere, Ngäbere)

Fläche 78 200 km²

Einwohnerzahl 3,2 Mio.

Religion
85 % Katholiken, 10 % Protestanten

Wann erlangte Panama die Unabhängigkeit?

1821 spaltete sich Panama von Spanien ab und wurde Teil des von Simón Bolívar (1783–1830) aus ehemaligen Kolonien geschaffenen Großkolumbiens. Schon früh waren die USA an dem Land interessiert, um von hier aus die Kanalzone kontrollieren zu können. 1903 schließlich drängte die Großmacht Panama zur Unabhängigkeitserklärung von Kolumbien.

Wer war Manuel Noriega?

Wegen seines pockennarbigen Gesichts nannte man ihn „Die Ananas". Manuel Antonio Noriega Moreno (*1934) führte die Geheimdienstabteilung des panamaischen Militärs, war zwischen 1983 und 1989 der mächtigste Mann Panamas und wichtigster Verbündeter der USA im Kampf gegen Kolumbiens Drogenkartelle. Als sich immer deutlicher zeigte, dass Noriega selbst enge Verbindungen zum organisierten Verbrechen unterhielt und überdies im Sold der CIA stand, wurde er für die USA untragbar. 1990 zu 40 Jahren Freiheitsstrafe verurteilt, sitzt er bis heute in einem Bundesgefängnis in Miami in Haft.

Was war die *Operation Just Cause*?

Unter dem Namen *Operation Just Cause* starteten die USA unter Präsident George W. Bush sen. (*1924) im Dezember 1989 eine Invasion Panamas, um – so die offizielle Version – Noriega zu stürzen. Es wurde die größte Luftlandeoperation nach dem 2. Weltkrieg; drei Tage lang durften weder neutrale Beobachter, das Rote Kreuz noch die Medien in die bombardierten Gebiete.

Panamakanal

Der Panamakanal ist eine künstliche Wasserstraße mit einer Länge von 81,6 km und einer Abfolge von 46 Schleusen, Kanälen und Bergdurchstichen, die das Karibische Meer mit dem Pazifik verbindet. Zwischen 1904 und 1914 wurde er von Ingenieuren der US-Armee gebaut.

Containerschiff auf dem zwischen 1904 und 1914 gebauten, 82 km langen Panamakanal

KUBA

Flagge

Währung
1 Kubanischer Peso (kub$)
= 100 Centavos

Staatsform
Sozialistische Republik seit 1959

Hauptstadt
La Habana (Havanna)

Sprachen
Spanisch (Amtssprache)

Fläche 110 860 km²

Einwohnerzahl 11,3 Mio.

Religion
40 % Katholiken,
55 % Konfessionslose

Besonderheiten
Kuba galt über viele Jahrzehnte als sozialistischer Modellstaat.

Auf Kuba gibt es viele alte amerikanische Autos, die mit der einstigen Touristenschwemme auf die Karibikinsel kamen.

Warum nennt man Kuba die „Zuckerinsel"?

Kuba war einst der weltweit größte Exporteur von Rohrzucker. Die hohen Gewinne verblieben jedoch bei US-Unternehmen und einer kleinen kubanischen Oberschicht. Die einfache Landbevölkerung lebte weiter unter einfachsten Verhältnissen. Auch heute noch ist Zucker das wichtigste Exportprodukt, die Gewinne sind aber insgesamt nur noch gering.

Was war die Kuba-Krise?

1962 stationierte die Sowjetunion auf Kuba Atomraketen, durch die sich die Vereinigten Staaten bedroht fühlten. Die Amerikaner reagierten mit einer Seeblockade der Insel, damit kein weiteres militärisches Material dorthin gelangen konnte. Im Oktober 1962 stand die Welt tagelang am Rande eines 3. Weltkriegs. Zähe Verhandlungen führten schließlich zum Abtransport der Raketen und zur Beilegung der Krise.

Cohibas

Die Cohiba ist eine von der kubanischen Firma Habanos vertriebene Zigarre, die weltweit für ihre Spitzenqualität bekannt ist. Sie wurde ursprünglich nur für den Präsidenten Fidel Castro und als Geschenk für Staatsgäste produziert. Erst seit 1982 sind Cohibas auch auf dem freien Markt erhältlich. Diese Zigarren werden vollständig in Handarbeit hergestellt.

Ist Kuba ein kommunistischer Staat?

Ja. Im Jahr 1959 wurde die Diktatur des Staatspräsidenten Fulgencio Batistas (1901–1973) durch eine Revolution beendet. Wichtige Führer der Revolution waren der heutige Präsident Fidel Castro (*1926) und der Volksheld Ernesto Che Guevara (1928–1967). Ab 1961 errichtete Castro eine sozialistische Diktatur unter Führung der Kommunistischen Partei Kubas. Die nachfolgende Verstaatlichungspolitik, von der auch große US-Unternehmen betroffen waren, führte zu einer Wirtschaftsblockade durch die USA, die bis heute andauert.

Farmer tragen frische Tabakblätter zum Trocknen in die Trockenschuppen. Dort bleiben sie bis zu 50 Tage.

BAHAMAS

Flagge

Währung
1 Bahama-Dollar (B$) = 100 Cents

Staatsform
Parlamentarische Monarchie (im Commonwealth) seit 1973

Hauptstadt
Nassau

Sprachen
Englisch (Amtssprache), Kreolisch

Fläche 13 940 km²

Einwohnerzahl 302 000

Religion
32 % Baptisten, 20 % Anglikaner, 19 % Katholiken

Wie viele Inseln gehören zu den Bahamas?

Die Bahamas bestehen aus etwa 700 Inseln und 2400 Korallenriffen, den sogenannten Cays. Von den Inseln sind allerdings nur 30 bewohnt. Die Bahamas gehören zur Gruppe der Westindischen Inseln und liegen südöstlich der USA. Geografisch gehören sie zu Mittelamerika.

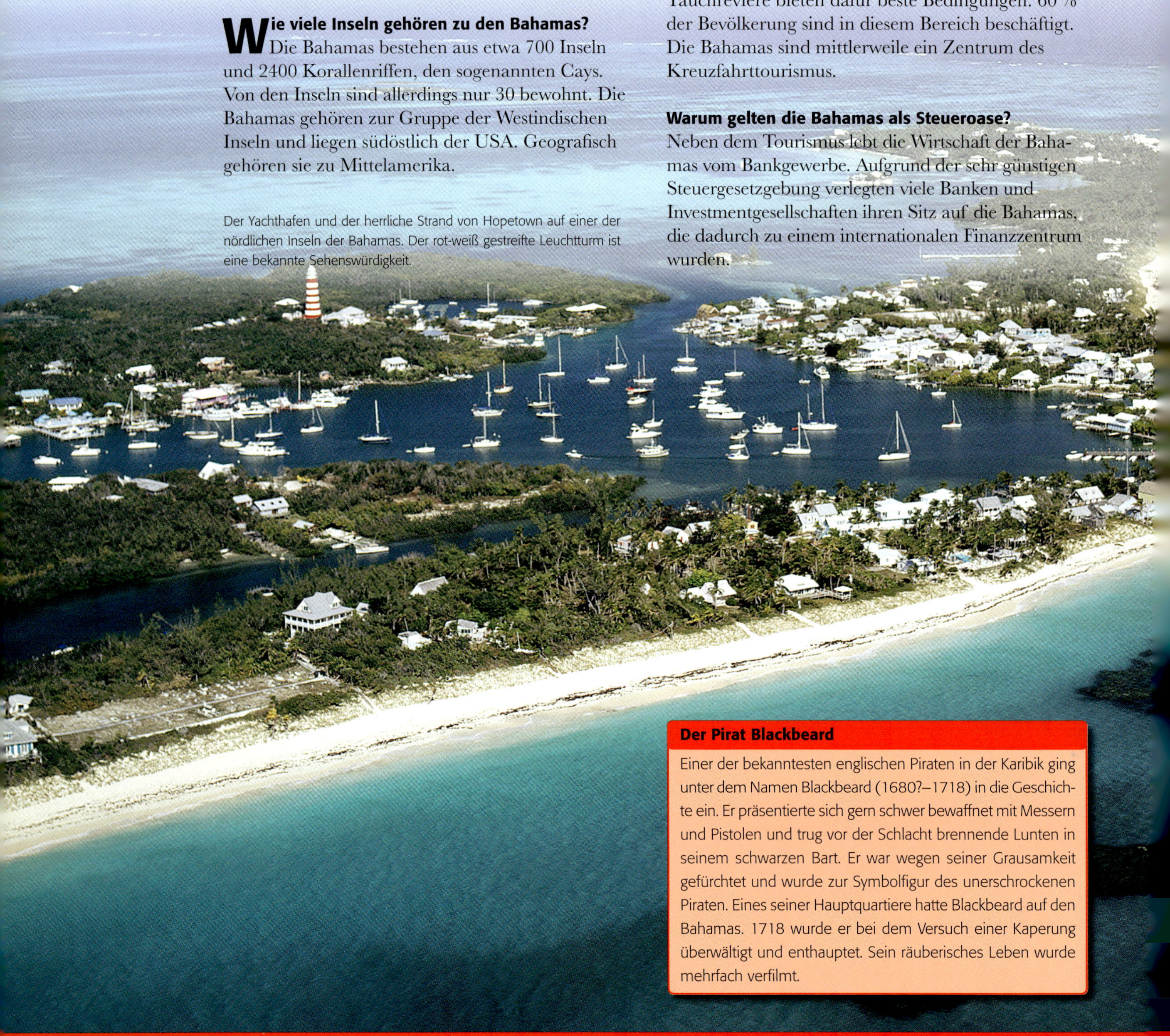

Der Yachthafen und der herrliche Strand von Hopetown auf einer der nördlichen Inseln der Bahamas. Der rot-weiß gestreifte Leuchtturm ist eine bekannte Sehenswürdigkeit.

Wer entdeckte die Bahamas?

Eine der Inseln der Bahamas war das erste Land, das Christoph Kolumbus (1451–1506) am 12. Oktober 1492 in der Neuen Welt betrat. Von den Einheimischen wurde diese Insel Guanahani genannt. Noch immer ist umstritten, ob es sich dabei um San Salvador oder um die heute unbewohnte Insel Samana Cay handelte.

Wovon lebt die Bevölkerung?

Da die Bahamas über keinerlei Rohstoffe verfügen, ist der Tourismus die einzige Chance zur wirtschaftlichen Entwicklung. Die herrlichen Strände und Tauchreviere bieten dafür beste Bedingungen. 60 % der Bevölkerung sind in diesem Bereich beschäftigt. Die Bahamas sind mittlerweile ein Zentrum des Kreuzfahrttourismus.

Warum gelten die Bahamas als Steueroase?

Neben dem Tourismus lebt die Wirtschaft der Bahamas vom Bankgewerbe. Aufgrund der sehr günstigen Steuergesetzgebung verlegten viele Banken und Investmentgesellschaften ihren Sitz auf die Bahamas, die dadurch zu einem internationalen Finanzzentrum wurden.

Der Pirat Blackbeard

Einer der bekanntesten englischen Piraten in der Karibik ging unter dem Namen Blackbeard (1680?–1718) in die Geschichte ein. Er präsentierte sich gern schwer bewaffnet mit Messern und Pistolen und trug vor der Schlacht brennende Lunten in seinem schwarzen Bart. Er war wegen seiner Grausamkeit gefürchtet und wurde zur Symbolfigur des unerschrockenen Piraten. Eines seiner Hauptquartiere hatte Blackbeard auf den Bahamas. 1718 wurde er bei dem Versuch einer Kaperung überwältigt und enthauptet. Sein räuberisches Leben wurde mehrfach verfilmt.

JAMAIKA

Flagge

Währung
1 Jamaika-Dollar (J$) = 100 Cents

Staatsform
Parlamentarische Monarchie (im Commonwealth) seit 1962

Hauptstadt
Kingston

Sprachen
Englisch (Amtssprache), jamaikanisches Kreolisch

Fläche 10 991 km²

Einwohnerzahl 2,7 Mio.

Religion
56 % Protestanten, 5 % Katholiken

Besonderheiten
Von 1535 bis 1872 war Santiago de la Vega (heute Spanish Town) die Hauptstadt von Jamaika.

Stammt der Reggae aus Jamaika?
Ja. Der Reggae entstand Ende der 1960er-Jahre auf Jamaika unter dem Einfluss amerikanischer Musikrichtungen. Ihr bekanntester Vertreter war der jamaikanische Musiker Bob Marley (1945–1981), der in seinem Heimatland wie ein Nationalheld verehrt wird.

Links: Der Reggae-Musiker Bob Marley mit der typischen gehäkelten Mütze über den Rastalocken

Rastafari

Die Rastafari sind Mitglieder einer schon in den 1930er-Jahren entstandenen christlichen Glaubensgemeinschaft, die sich auf Jamaika stark verbreitet hat. Die Rastafari verehren den ehemaligen äthiopischen Kaiser Haile Selassie (1892–1975) wie einen Messias, der die Befreiung von kolonialer Unterdrückung erreichte. Einige Untergruppierungen lehnen Alkohol und Tabak ab, andere konsumieren Canabis als Hilfsmittel zur Meditation.

Wie ist die Natur des Landes beschaffen?
Jamaika ist eine überwiegend gebirgige Karibikinsel. Die im Osten liegenden Blue Mountains erreichen mit ihrem höchsten Gipfel 2256 m. Der größte Inselteil wird von einem verkarsteten Hochplateau bedeckt. Im Süden des Landes befinden sich Ebenen auf Küstenniveau.

War Jamaika eine Pirateninsel?
Zu Beginn der britischen Kolonialzeit (1655–1962) war die Insel eine wichtige Anlaufstelle von Piraten, die mit britischer Duldung spanische Schiffe in der Karibik plünderten. Ihr Stützpunkt war der Ort Port Royal, der 1692 durch ein furchtbares Erdbeben zerstört wurde.

Welches sind die wichtigsten Wirtschaftszweige?
Bis in die 1940er-Jahre war der Export von Bananen, Kaffee und Zuckerrohr die einzige Einnahmequelle der jamaikanischen Wirtschaft. Seither hat der Abbau und Export des Aluminiumgrundstoffs Bauxit erheblich an Bedeutung gewonnen. Aber auch der Tourismus hat sich zu einem wachsenden Wirtschaftszweig entwickelt, wobei nicht zuletzt Tagesausflügler von Kreuzfahrtschiffen eine wichtige Rolle spielen.

Der Rio Cobre ist einer der vielen kurzen Flüsse auf Jamaika.

HAITI

Flagge

Währung
1 Gourde (Gde.) = 100 Centimes

Staatsform
Präsidialrepublik seit 1987

Hauptstadt
Port-au-Prince

Sprachen
Französisch, Kreolisch (Amtssprachen)

Fläche 27 750 km²

Einwohnerzahl 8,1 Mio.

Religion
80 % Katholiken, 10 % Baptisten

Besonderheiten
Haiti teilt sich mit der Dominikanischen Republik die Insel Hispaniola.

Leben die Bewohner auf einer Trauminsel?
Nein. Ganz im Gegenteil. Haiti ist das am wenigsten entwickelte Land beider Amerika. Die Lebenserwartung beträgt nur 53 Jahre, und die Säuglings- und Kindersterblichkeit ist sehr hoch. Noch Mitte der 1990er-Jahre waren mehr als die Hälfte der Einwohner Analphabeten.

Warum sind fast alle Haitianer Schwarze?
Nach der Entdeckung der Insel Hispaniola im Jahr 1492 durch Christoph Kolumbus (1451–1506) wurde in wenigen Jahrzehnten fast die gesamte Urbevölkerung ausgerottet. Im 17. Jahrhundert wurden afrikanische Sklaven als Arbeiter für die Zuckerrohrplantagen auf die Insel gebracht, deren Nachkommen heute 95 % der Bevölkerung ausmachen.

Hat Haiti eine alte republikanische Tradition?
Ja. Im 18. Jahrhundert war Haiti die reichste Kolonie des französischen Kolonialreichs. Aber schon 1791 gab es einen Sklavenaufstand, der schließlich 13 Jahre später in die Unabhängigkeit führte. Die Sklaverei wurde in der unabhängigen Republik abgeschafft.

Wie ist die wirtschaftliche Lage des Landes?
Haiti kann heute als wirtschaftlich ruiniert bezeichnet werden. Die Unabhängigkeit von Frankreich musste das Land mit hohen Zahlungsverpflichtungen teuer erkaufen, sodass der einstige Wohlstand der Kolonie immer mehr verloren ging. Dazu kamen lange Jahrzehnte der Diktatur und Misswirtschaft, die schließlich dazu führten, dass Haiti zum Armenhaus Amerikas wurde. Die Kriminalitätsrate in der Hauptstadt Port-au-Prince ist heute dementsprechend extrem hoch.

Voodoo

Voodoo ist eine ursprünglich afrikanische Religion, zu deren Kult Tieropfer und schwarze Magie gehören. Durch die afrikanischen Sklaven kam der Voodoo nach Haiti und seine Ausübung war nach der Unabhängigkeit 1804 nicht mehr verboten. Haiti wurde in der Folgezeit zu einer Hochburg dieses Kults außerhalb Afrikas. Etwa 70 % der Bewohner Haitis praktizieren – trotz ihrer Zugehörigkeit zu einer christlichen Kirche – den Voodoo-Kult.

Frauen tragen während einer Voodoo-Zeremonie Körbe mit Lebensmitteln auf ihren Köpfen.

Was haben die Dominikanische Republik und Haiti gemeinsam?
Die beiden Staaten teilen sich die zweitgrößte der Westindischen Inseln, Hispaniola. Im Westen der Insel liegt Haiti, im Osten die Dominikanische Republik. Kolumbus entdeckte Hispaniola 1492 und gab ihr den Namen.

Was macht die Dominikanische Republik für Touristen so attraktiv?
Das tropische Klima und die vielfältige Pflanzen- und Tierwelt machen das Land zu einem beliebten Reiseziel. Es zieht Touristen aus der ganzen Welt an, wobei Nordamerika mit 50 % und Europa mit 40 % als Herkunftsregionen dominieren. In den 1990er-Jahren galt die Dominikanische Republik in Europa als billiges Reiseziel für All-inclusive-Touristen. Inzwischen versucht das Land, diesem Ruf durch anspruchsvollere Angebote zu entkommen.

Sosúa

Der Ort Sosúa an der Nordküste der Insel ist heute wegen des schönen Strands ein beliebtes Ziel für Touristen. In den 1940er-Jahren war das Städtchen Zielort von Flüchtlingen, die der nationalsozialistischen Judenverfolgung in Deutschland entkommen konnten. Noch heute erinnern einige Straßennamen an die verfolgten deutschen Juden. Wirtschaftliche Spuren haben die Flüchtlinge in den Produkten der Metzgereien und Bäckereien hinterlassen.

DOMINIKANISCHE REPUBLIK

Flagge

Währung
1 Dominikanischer Peso (dom$)
= 100 Centavos

Staatsform
Präsidialrepublik seit 1966

Hauptstadt
Santo Domingo

Sprachen
Spanisch (Amtssprache), Französisch, haitianisches Kreolisch

Fläche 48 422 km²

Einwohnerzahl 9,0 Mio.

Religion
75 % Katholiken, 4 % Protestanten

Besonderheiten
Das Land teilt sich mit Haiti die Insel Hispaniola.

Wo befindet sich die älteste Kathedrale Amerikas?
Im Jahr 1540 wurde in Santo Domingo – der ältesten von Europäern gegründeten Stadt Amerikas – die Kathedrale Santa María de la Encarnación eingeweiht. Sie ist die älteste Kathedrale der Neuen Welt. Bis 1992 befand sich hier das Grab von Christoph Kolumbus (1451–1506).

Welche sozialen Probleme gibt es im Land?
In der Dominikanischen Republik herrscht mit 10 bis 15 % eine relativ hohe Armutsrate. Dazu kommen eine Arbeitslosenquote von 30 % und ein großer Anteil nicht vollbeschäftigter Menschen. Viele Einwohner sind von Geldtransfers im Ausland lebender Verwandter abhängig.

Ein Bauer und sein Sohn transportieren auf einem Pferd ihre Waren zum Markt, u. a. einen lebenden Truthahn.

ST. KITTS UND NEVIS

Flagge

Währung
1 Ostkaribischer Dollar (EC$) = 100 Cents

Staatsform
Parlamentarische Monarchie (im Commonwealth) seit 1983

Hauptstadt
Basseterre

Sprachen
Englisch (Amtssprache), Englisches Kreolisch

Fläche
St. Kitts 176 km², Nevis 93 km², zusammen 269 km²

Einwohnerzahl 39000

Religion
34 % Anglikaner, 31 % Methodisten, 8 % Katholiken, 9 % Moravier

Oben: Die Ruinen der Bergfestung Brimstone auf St. Kitts aus dem 18. Jahrhundert. Heute ist der Ort Teil des UNESCO-Weltkulturerbes.

Welche geologischen Eigenarten haben die Inseln?

Beide Inseln sind vulkanischen Ursprungs, wobei die Insel St. Kitts aus drei Vulkangruppen besteht, die durch tiefe Schluchten voneinander getrennt sind. Der höchste Berg der Insel ist mit 1156 m der Mount Liamugia. Nur ca. 3 km entfernt liegt die Insel Nevis, deren höchste Erhebung der Mount Nevis (1090 m) ist.

Rechts: Auf St. Kitts wird überwiegend Zuckerrohr angebaut. Zur Weiterverarbeitung wird die Ernte in die Fabrik gefahren.

Wann wurden die Inseln Großbritannien zugesprochen?

Die beiden Inseln wurden von Christoph Kolumbus (1451–1506) während seiner zweiten Reise (1493 bis 1496) entdeckt, aber erst ab 1620 von Franzosen und Briten besiedelt. Im Frieden von Versailles wurden sie 1783 Großbritannien zugesprochen, von dem sie 1983 in die Unabhängigkeit entlassen wurden.

Welches sind die wirtschaftlichen Eckpfeiler des Landes?

Der stärkste landwirtschaftliche Zweig ist der Anbau von Zuckerrohr. Darüber hinaus existiert ein geringes industrielles Aufkommen; dazu gehören Betriebe, die Textilien und elektronische Bauteile vorwiegend für den US-Markt herstellen. Zudem stützt sich das Land auf den Wirtschaftsfaktor Tourismus – vor allem für Reisende aus den USA sind die Inseln beliebte Ziele.

Westindische Föderation

Die *West Indies Federation* war ein Staat, der am 3. Januar 1958 gegründet wurde und nur bis zum 31. Mai 1962 existierte. Er entstand unter britischer Federführung als selbstständiger Bundesstaat aus zwölf ehemaligen britischen Kolonien. Ziel war es, den Wunsch nach Unabhängigkeit für alle Kolonien gleichzeitig erfüllen zu können. Das Vorhaben scheiterte allerdings an der Unfähigkeit der Mitglieder, als Bundesstaaten zu existieren. Die Föderation bestand aus: Antigua und Barbuda, Barbados, Dominica, Grenada, Jamaika mit den Kaimaninseln und den Turks- und Caicosinseln, Montserrat, St. Christopher-Nevis-Anguilla (heute St. Kitts und Nevis und das separate Anguilla), St. Lucia, St. Vincent und die Grenadinen, Trinidad und Tobago.

Wie ist die Bevölkerung auf die Inseln verteilt? Etwa 98 % der Bevölkerung des Staats leben auf Antigua. Redonda ist unbewohnt, auf Barbuda leben nur etwa 1500 Menschen. Barbuda ist zum größten Teil Naturschutzgebiet.

Wer waren bzw. sind die Einwohner des Landes?
Antigua wurde seit 10 000 v. Chr. von verschiedenen Indianervölkern besiedelt. Christoph Kolumbus entdeckte die Insel 1493. In der Folgezeit wurden die ansässigen Indianer zur Sklavenarbeit verschleppt. Der größte Teil der heutigen Einwohner (91 %) sind Nachfahren schwarzafrikanischer Sklaven, die im 17. Jahrhundert zur Arbeit in den Zuckerrohrplantagen auf die Insel gebracht worden waren.

ANTIGUA UND BARBUDA

Flagge

Währung
1 Ostkaribischer Dollar (EC$) = 100 Cents

Staatsform
Parlamentarische Monarchie (im Commonwealth) seit 1981

Hauptstadt
St. John's

Sprachen
Englisch (Amtssprache), Kreolisch

Fläche 442 km²

Einwohnerzahl 69 000

Religion
74 % Protestanten, 11 % Katholiken

Besonderheiten
Zum Staatsgebiet gehört neben den Inseln Antigua und Barbuda die unbewohnte Felseninsel Redonda.

König von Redonda

In den Kreisen britischer Schriftsteller gibt es heute noch den „King of Redonda", ein „Titel", der auf den Kaufmann Matthew Dowdy Shiell (1824–1888) zurückgeht, der 1865 auf der unbewohnten Insel landete und sich dort zum König von Redonda krönte. Die britische Regierung übernahm zwar schon 1869 die Herrschaft über die Insel, der Titel wurde aber weiterhin von Shiell beansprucht.

Wovon leben die Einwohner heute?
1972 wurde der jahrhundertelang vorherrschende Zuckerrohranbau eingestellt. Die Regierung förderte die Umstellung der Landwirtschaftsflächen auf Gemüse- und Obstanbau, um von teuren Lebensmittelimporten unabhängig zu werden. Heute lebt die Bevölkerung fast ausschließlich vom Tourismus. Für Segler ist die jährliche Regattawoche ein attraktives Ziel.

Der Ort English Harbour an der Südküste von Antigua. Hier befindet sich Nelson's Dockyard, eines der größten Freilichtmuseen der Karibik.

DOMINICA

Flagge

Währung
1 Ostkaribischer Dollar (EC$)
= 100 Cents

Staatsform
Republik (im Commonwealth) seit 1978

Hauptstadt
Roseau

Sprachen
Englisch (Amtssprache), französisches Kreolisch (Patois), Cocoy (Pidgin-Englisch)

Fläche 751 km^2

Einwohnerzahl 69 000

Religion
80 % Katholiken, 15 % Protestanten

Eine Gruppe der letzten Ureinwohner im Reservat der Kariben auf Dominica

Warum nennt man Dominica „die Naturinsel"?
Die gebirgige Insel verfügt über eine sehr üppige Tier- und Pflanzenwelt sowie ein umfangreiches System von Naturparks. 60 % der Insel sind von tropischem Regenwald bedeckt, und der vulkanische Ursprung zeigt sich in kochenden Seen und Fumarolen. Dominica bietet damit ideale Voraussetzungen für einen sanften Ökotourismus. Dies ist erkannt worden, und seit einigen Jahren ist man bestrebt, eine an ökologischen Idealen orientierte Reisebranche aufzubauen.

Ist das Land ein populäres Touristenziel?
Nein. Bislang konnte sich Dominica nicht als Touristenziel etablieren, da der Ausbau der entsprechenden Infrastruktur von zwei Faktoren stark verzögert wird: Zum einen fehlt ein Flughafen nach internationalen Standards, zum anderen hat das Land keine weiten, attraktiven Sandstrände, die die Touristen anziehen könnten.

Eine kleine Holzhütte auf einer der Bananenplantagen auf Dominica. Da das tropische Klima schwere Regenfälle mit sich bringt, steht die Hütte auf Holzpfählen.

Leben auf der Insel noch Ureinwohner?
Auf Dominica leben in einem Reservat ca. 400 Kariben, also Mitglieder jenes Indianerstamms, der der ganzen Region den Namen gab. Sie stellen die einzige größere Gruppe von Ureinwohnern der Karibik dar, ansonsten sind indigene Populationen in der Karibik heute nahezu ausgestorben.

Welche wirtschaftlichen Probleme gibt es?
Dominicas Wirtschaft ist stark abhängig vom Anbau tropischer Früchte, insbesondere vom Bananenanbau. Da die Insel jedoch immer wieder von karibischen Hurrikanen heimgesucht wird, kommt es oft zu einer weitgehenden Zerstörung der Ernte, so etwa 1995, als zwei Hurrikane die Bananenernte fast vollständig vernichteten. Die Wirtschaft der Insel wurde dadurch schwer erschüttert.

Ma Pampo

Auf Dominica leben verhältnismäßig viele Menschen, die über 100 Jahre alt sind. Unter dem Namen Ma Pampo wurde die 2003 verstorbene Dominicanerin Elizabeth Israel bekannt, die angeblich 128 Jahre alt geworden ist. Allerdings ist ihr Geburtsjahr nicht durch eindeutige Dokumente nachweisbar und wird daher angezweifelt. Die älteste Frau der Welt, deren Lebensalter zweifelsfrei nachgewiesen wurde, ist die Französin Jeanne Calment, die 122 Jahre alt wurde.

Woher stammt der Name der Insel?
Einer Theorie zufolge geht der Name auf eine Gruppe gestrandeter französischer Seeleute zurück, die hier am 13. Dezember 1502 Schiffbruch erlitten und die Insel nach Lucia von Syrakus benannten, der Namenspatronin des Tages. Dieser Tag ist auch heute noch der Nationalfeiertag. Vorher hatten die Amerindier, die Ureinwohner von St. Lucia, ihre Insel *Iouanalao* genannt, „Dort wo der Leguan lebt“.

Wer war der erste Europäer auf der Insel?
Der erste bezeugte europäische Siedler war der französische Pirat François Le Clerc, der als *Jambe de Bois*, „Holzbein“, berüchtigt war. Von der Insel aus griff er meist spanische Schiffe an.

Was ist Patois?
Neben der Amtssprache Englisch wird auf der Insel auch Patois gesprochen, eine Kreolsprache auf französischer Basis, die im gesamten Karibikraum verbreitet ist. Es gibt nur noch wenige Muttersprachler, und ihre Zahl ist zudem stark rückläufig, sodass man heute versucht, die Sprache künstlich am Leben zu erhalten.

ST. LUCIA

Flagge

Währung
1 Ostkaribischer Dollar (EC$) = 100 Cents

Staatsform
Parlamentarische Monarchie (im Commonwealth) seit 1979

Hauptstadt
Castries

Sprachen
Englisch (Amtssprache), französisches Kreolisch (Patois)

Fläche 616 km^2

Einwohnerzahl 168 000

Religion
68 % Katholiken, 7 % Protestanten

Welches sind die wichtigsten Wirtschaftszweige auf St. Lucia?
Auf St. Lucia ist eine Bananenmonokultur vorherrschend, die jedoch stark anfällig für Hurrikane ist, die regelmäßig über die Insel hinwegziehen. Neben der Landwirtschaft gewinnt in immer stärkerem Maß der Tourismus an Bedeutung, wozu die gute Infrastruktur der Insel das ihre beiträgt.

Was sind die Pitons?
Die Twin Pitons – Grand und Petit Piton – sind zwei im Westen schroff aus dem Meer aufragende vulkanische Berge, die Wahrzeichen der Insel. Dies ist der einzige Ort der Welt, wo man mit dem Auto in einen noch aktiven Vulkankrater fahren kann.

Blick von einem der umliegenden Berge auf Castries, Hauptstadt und größte Hafenstadt St. Lucias

ST. VINCENT UND DIE GRENADINEN

Flagge

Währung
1 Ostkaribischer Dollar (EC$)
= 100 Cents

Staatsform
Parlamentarische Monarchie
(im Commonwealth) seit 1979

Hauptstadt
Kingstown

Sprachen
Englisch (Amtssprache), kreolisches Englisch und Französisch (Patois)

Fläche 339 km^2

Einwohnerzahl 118 000

Religion
47 % Anglikaner, 28 % Methodisten, 13 % Katholiken

Besonderheiten
Der Staat umfasst 33 Inseln; sie gehören zu den Kleinen Antillen oder „Inseln über dem Wind".

Eine karibische Frau vor ihrem Haus auf der südlich von St. Vincent gelegenen Grenadinen-Insel Petit Martinique

Woher hat die Hauptinsel ihren Namen?
Ihren heutigen Namen hat St. Vincent nach dem Namenstag des Hl. Vinzenz von Valencia – an diesem Tag des Jahres 1498, dem 22. Januar, legte Christoph Kolumbus auf der Insel an.

Wer brachte die Brotfrucht auf die Insel?
William Bligh (1754–1817), der berüchtigte Kapitän der *Bounty*, brachte 1793 auf seiner zweiten Brotfruchtreise den Baum auf die Insel. Da immer mehr Sklaven nach St. Vincent geschafft wurden, um die Arbeit auf den Plantagen leisten zu können, mussten neue Ernährungswege gefunden werden – die Brotfrucht stellte eine Lösung dar.

Typisches „viktorianisches" Holzhaus auf St. Vincent

Wann wurde die Sklaverei abgeschafft?
Nach der Abschaffung der Sklaverei im Jahr 1838 entwickelte sich auf St. Vincent eine Gesellschaft aus Nachkommen der Sklaven, indischen Vertragsarbeitern und Portugiesen. Aus der Vermischung mit den Ureinwohnern ging die heutige Bevölkerungsstruktur hervor.

Was ist die Whaleboner Bar, und wo liegt sie?
Die Whaleboner Bar ist ein Lokal, dessen Bar und Mobiliar vollkommen aus Walknochen gefertigt sind. Sie liegt auf Bequia, der St. Vincent am nächsten gelegenen Insel, und ist ein beliebter Treffpunkt vor allem für Segler.

Brotfrucht

In drei Ernten pro Jahr liefert der Brotfruchtbaum grüne, bis zu 2 kg schwere Früchte – die Brotfrucht, deren weißes Fruchtfleisch an vielen Orten der Welt als Grundnahrungsmittel dient. Sie besteht zu 22 % aus Stärke und zu 1 bis 2 % aus Eiweiß. Brotfruchtbäume können bis zu 20 m hoch werden und bis zu 70 Jahre lang ertragreich bleiben.

Wie setzt sich die heutige Bevölkerung zusammen?

Die Bevölkerung ist zu 90 % schwarz und stammt von den Sklaven ab, die im 17. Jahrhundert von den Engländern auf die Zuckerrohrplantagen gebracht wurden. Die restlichen Bewohner sind Weiße und Mulatten.

Was geschah mit den Ureinwohnern der Insel?

Die Ureinwohner von Barbados waren die Arawak, die sich ab 350 n. Chr. hier angesiedelt hatten. Sie wurden von den spanischen Eroberern ab 1536 als Arbeitssklaven auf andere Inseln verschleppt. Als schließlich 1625 die Engländer eintrafen, fanden sie Barbados menschenleer vor.

Wie kam die Insel zu ihrem Namen?

Die portugiesischen Seefahrer des 16. Jahrhunderts waren von den Luftwurzeln der Feigenbäume auf Barbados stark beeindruckt. Sie verglichen die herabhängenden Wurzeln mit Bärten und nannten die Insel daher *Los Barbados*, „die Bärtigen". Die Feigenbäume sind hier heute selten geworden.

BARBADOS

Flagge

Währung
1 Barbados-Dollar (BDS$)
= 100 Cents

Staatsform
Parlamentarische Monarchie (im Commonwealth) seit 1966

Hauptstadt
Bridgetown

Sprachen
Englisch (Amtssprache), Bajan als Umgangssprache

Fläche 430 km²

Einwohnerzahl 279 000

Religion
70 % Anglikaner

Besonderheiten
Die Insel ist im Gegensatz zu vielen anderen karibischen Inseln nicht vulkanischen Ursprungs. Der Untergrund besteht aus Korallenriffen.

Warum gilt Barbados als Touristenparadies?

Das herrliche Klima zieht Badetouristen aus aller Welt an, die an der Süd- und Westküste traumhaft schöne Badebuchten vorfinden. Barbados hat ein tropisch-ozeanisches Klima mit nur geringen jahreszeitlichen Schwankungen. Die Durchschnittstemperatur liegt am Tag das ganze Jahr über bei 28 °C. Seit 1990 ist die Tourismusindustrie der wichtigste Wirtschaftssektor des Landes.

Sam Lord's Beach, einer der vielen traumhaften Strände auf Barbados. Wegen der kräftigen Winde ist die Bucht auch ein beliebtes Ziel für Surfer.

Chattel Houses

Typisch für die Insel sind die farbenfrohen Chattel Houses, einfache Holzhäuser, die so konstruiert sind, dass sie schnell auf- und abgebaut werden können. Sie gehen auf die Zeit zurück, in der befreite Sklaven Land zur eigenen Bewirtschaftung pachten konnten. Wurde der Pachtvertrag aufgelöst, konnten die Häuser schnell an anderer Stelle wieder errichtet werden. Einen merkwürdigen Kontrast zu den Chattel Houses bilden die feudalen Landsitze, die ehemals von den Plantagenbesitzern erbaut wurden.

GRENADA

Flagge

Währung
1 Ostkaribischer Dollar (EC$)
= 100 Cents

Staatsform
Parlamentarische Monarchie
(im Commonwealth) seit 1974

Hauptstadt
St. George's

Sprachen
Englisch (Amtssprache), kreolisches Englisch und Französisch (Patois)

Fläche 345 km²

Einwohnerzahl 90 000

Religion
53 % Katholiken, 30 % Protestanten

Besonderheiten
Bei der Entdeckung 1498 nannte Kolumbus die Insel Concepción.

Blüten der Muskatnuss liegen zum Trocknen in der Sonne. Die Blüten sind bei der Ernte rot oder purpur und werden beim Trocknen gelb.

Welche Kolonialgeschichte hat Grenada?
Die Insel wurde 1498 von Christoph Kolumbus (1451–1506) entdeckt, aber nicht besetzt. Etwa 150 Jahre später verkauften einheimische Häuptlinge die Insel an französische Händler. Von 1674 bis 1763 folgte eine französische Kolonialzeit. Danach übernahmen die Briten die Kolonie. Erst 1974 wurde Grenada ein unabhängiger Staat innerhalb des *Commonwealth of Nations.*

Warum besetzten die USA 1983 die Insel?
Die 1983 auf Grenada herrschende Militärjunta war politisch dezidiert linksgerichtet, sodass die Amerikaner eine starke Anlehnung des Staats an Kuba und das damals linksorientierte Nicaragua befürchteten. Unter dem Vorwand, amerikanische Staatsbürger auf Grenada zu schützen, besetzten die USA daraufhin die Insel. 1984 erfolgten Neuwahlen, nach denen Herbert Blaize (1918–1989) Premierminister wurde. Eng mit den USA verbündet, verfolgte er eine harte Wirtschaftpolitik, die ihn unpopulär machte.

Welche Bedeutung hat der Tourismus?
Er ist die wichtigste Einnahmequelle des Landes. Die Besucher kommen vorwiegend aus Großbritannien und den USA, jährlich etwa 400 000. Der bekannteste und beliebteste Strand der Insel ist Grand Anse Beach, der zu den schönsten Stränden der Karibik gehören soll. In jüngerer Zeit hat die Regierung auch die Vorteile des Ökotourismus erkannt und wirbt mit der Schönheit der Nationalparks und Korallenriffe vor der Insel.

Die „Muskatinsel"

Grenada wird häufig auch „Muskatinsel" genannt, da die Muskatnuss der Hauptexportartikel der Insel ist. Indonesien und Grenada dominieren auf dem Weltmarkt den Muskatnusshandel, wobei Grenada mit 20 % (Indonesien 75 %) der kleinere Partner ist. Die Muskatnuss ist ein beliebtes Gewürz in Kartoffelgerichten, Suppen und Eintöpfen. Wegen der großen wirtschaftlichen Bedeutung wurde sie sogar in die Flagge Grenadas aufgenommen.

Woher stammen die Namen der beiden Inseln? Christoph Kolumbus entdeckte beide Inseln im Sommer 1498. Weil Trinidad drei sehr auffällige Bergspitzen hat, nannte er sie nach der Heiligen Dreifaltigkeit (span. *trinidad*); Tobago erhielt von Kolumbus zunächst den Namen *Bella forma*. Ihr heutiger Name leitet sich vom spanischen Wort für Tabak (*tabaco*) her, der auf der Insel angebaut wird.

Wie setzt sich die Bevölkerung der Inseln zusammen?
Die Bevölkerung der beiden Inseln ist stark gemischt, wobei auf Tobago vorwiegend Schwarze leben, während Trinidad eine größere ethnische Vielfalt aufweist. Die Bevölkerung lässt sich in drei Gruppen unterteilen: Menschen afrikanischer Abstammung (43 %), Asiaten (40 %), vor allem Inder und Chinesen, schließlich Europäer und Einwanderer aus dem Mittleren Osten.
Im 18. und 19. Jahrhundert waren die Inseln ein Zentrum der Sklaverei, was sich noch heute an den Namen vieler Einwohner zeigt: Viele tragen als Nachnamen den englischen Vornamen, mit dem ihre Vorfahren gerufen wurden – so etwa bei den Namen der beiden Fußball-Nationalspieler Stern Jack und Kelvin John.

Wird das Land von Hurrikanen heimgesucht?
Wie die meisten Karibikinseln gehören Trinidad und Tobago zwar zu den „Inseln über dem Wind“. Da sie allerdings nur am südlichen Rand des Hurrikangürtels liegen, gelten sie im Gegensatz zu den anderen als relativ sicher.

Woher stammt der Wohlstand der Inseln?
Aus Erdölfunden im Pitch Lake auf Trinidad generiert sich ein bescheidener Wohlstand. Da die Erdölvorkommen aber bald erschöpft sein werden, ist man dabei, die Förderung von Erdgas auszubauen. Um diesen Sektor entstanden Industrien wie Erdgasverflüssigung u. Ä. Trinidad ist die am höchsten industrialisierte Insel der Karibik.

TRINIDAD UND TOBAGO

Flagge

Währung
1 Trinidad-und-Tobago-Dollar (TT$) = 100 Cents

Staatsform
Präsidialrepublik (im Commonwealth) seit 1976

Hauptstadt
Port of Spain

Sprachen
Englisch (Amtssprache), Hindi, Kreolisch

Fläche 5128 km²

Einwohnerzahl 1,1 Mio.

Religion
31 % Katholiken, 23 % Hindus, 14 % Protestanten, 12 % Anglikaner, 7 % Muslime

Eine Gruppe von Stelzenläufern im Karnevalskostüm. Gerade hier in Port of Spain, Trinidad, wird der karibische Karneval ausgiebig gefeiert.

Was ist eine *steelpan*?

Eine *steelpan*, dt. „Stahlpfanne“, ist das aus einem Ölfass entstandene nationale Musikinstrument (*Perkussion*) Trinidads und Tobagos. Besonders während des hier sehr üppig gefeierten Karnevals finden beim sogenannten Panorama-Musikfestival Wettstreits zwischen z. T. über 100 Gruppen statt. Manche der Bands haben bis zu 100 Mitglieder. Der ebenfalls von dieser Insel stammende Calypso wird bevorzugt auf diesem Instrument gespielt.

▲ Bolivien

Venezuela

Chile

Brasilien

SÜDAMERIKA

Südamerika ist mit 17,8 Mio. km² der kleinere Teil des Doppelkontinents Amerika und nach seinem Bruder im Norden mit 355,07 Mio. Bewohnern der viertgrößte der Welt. Die Gebirge erstrecken sich im Westen in nord-südlicher Richtung an der Pazifikküste entlang vom Panamakanal bis Kap Horn. Die Inka, Hochlandindianer der fast 7000 m hohen und 7240 km langen Anden, hatten bereits vor der Entdeckung durch die Europäer 1492 eine hoch entwickelte Kultur. Heute sind die meisten Länder des Subkontinents stark geprägt durch die Kultur der beiden Kolonialmächte Spanien und Portugal.

Guyana

Kolumbien

Argentinien

PHYSISCHE KARTE

Karibisches Meer
Atlantischer Ozean
Pazifischer Ozean
Nicaraguasee
Barranquilla
Maracaibo
Caracas
Valencia
Barquisimeto
San Cristóbal
Orinoco
Venezuela
Georgetown
Guyana
Paramaribo
Suriname
Cayenne
Franz.-Guayana
Medellín
Bogotá
Magdalena
Cali
Kolumbien
Vaupés
Boa Vista
Rio Branco
Äquator
Quito
Ecuador
Galápagosinseln (Ecuador)
Guayaquil
Japurá
Rio Negro
Içá
Manaus
Amazonas
Santarém
Belém
São Luís
Fortaleza
Iquitos
Marañón
Ucayali
Purús
Madeira
Tapajós
Xingu
Tocantins
Natal
Chiclayo
Trujillo
Chimbote
Peru
Brasilien
Pôrto Velho
Teles Pires
Juruena
Araguaia
Recife
Lima
Cuzco
Guaporé
São Francisco
Salvador
Titicacasee
Bolivien
Arequipa
La Paz
Santa Cruz
Paraguay
Goiânia
Brasília
Paranaíba
Sucre
Belo Horizonte
Iquique
Rio Grande
Paraná
Chile
Paraguay
São Paulo
Rio de Janeiro
Antofagasta
Asunción
Santo André
Curitiba
Resistencia
Pôrto Alegre
Córdoba
Santa Fe
Salto
Viña del Mar
Mendoza
Rosario
Uruguay
Santiago
Buenos Aires
Montevideo
Argentinien
Talcahuano
Colorado
Bahía Blanca
Puerto Montt
Comodoro Rivadavia
Falklandinseln (VK)
Rio Gallegos
Punta Arenas
Südgeorgien (VK)
1:40 000 000
80° W
60° W
40° W
0°
20° S
40° S
100° W
20° W

Einleitung

Was war der Vertrag von Tordesillas?
Es war Papst Alexander VI., der 1494, also nur zwei Jahre nach der Entdeckung Amerikas durch Kolumbus, im Vertrag von Tordesillas am 7. Juni 1494 die Welt in zwei Hälften aufteilte, eine portugiesische und eine spanische. Spanien und Portugal waren die wichtigsten Mächte der Erde, und es war das Bestreben des Papsts, einen Krieg zwischen ihnen zu verhindern. So wurde der östliche Teil Südamerikas Spanien und der westliche Portugal zugesprochen. Aus diesem Grund spricht man noch heute in Brasilien Portugiesisch, im restlichen Südamerika vorwiegend Spanisch.

Welche Sprachen werden in Südamerika neben Spanisch und Portugiesisch noch gesprochen?
In Französisch-Guayana spricht man Französisch, in Suriname ist Niederländisch die offizielle Landessprache und in Guyana Englisch, denn Suriname war bis 1975 niederländische und Guayana bis 1966 britische Kolonie. Die heute am weitesten verbreiteten Indianersprachen sind Aymara, Quechua und Guaraní.

Hintergrund: Das Amazonasbecken in Brasilien beherbergt den größten und artenreichsten Regenwald und, mit dem Amazonas, den wasserreichsten Fluss der Welt.

Unten: Geysire in 4300 m Höhe im erloschenen Tatio-Vulkan der Atacama-Wüste, Chile

Die Kultur der Inka

Das Inka-Reich hatte seine Blütezeit zwischen 1200 und 1532, als die Spanier ins Land einfielen. Sein Gebiet erstreckte sich über die heutigen Länder Kolumbien, Ecuador, Bolivien, Argentinien, Chile und Peru; Cusco war seine Hauptstadt. Das Reich zeichnete sich durch hoch entwickelte Kultur aus. Als direkte Nachfahren des Sonnengotts Inti nannten sich die Herrscher des Reichs Inka. Der Mythologie nach wurden der erste Herrscher Manco Cápac, der *Sohn der Sonne*, und seine Schwester Mama Ocllo von ihrem Vater Inti auf die Sonneninsel im Titicaca-See gesandt. Ihr Ziel war es, die Welt zu verbessern. Inti gab ihnen einen goldenen Stab und dort, wo sie den Stab in die Erde stoßen konnten, sollten sie siedeln. Um 1200 gründeten sie der Legende nach die Stadt Qusqu (Cusco), den „Nabel der Welt".

Wie viele Länder gibt es in Südamerika?
Insgesamt zwölf, hinzu kommen zwei abhängige Gebiete, die Falklandinseln, die zu Großbritannien gehören, aber von Argentinien beansprucht werden, und Französisch-Guayana, ein Überseedepartement Frankreichs.

Was sind die Besonderheiten des Amazonas?
Der Amazonas durchquert mit seinen zahlreichen Nebenflüssen Gebiete in Brasilien, Venezuela, Kolumbien, Ecuador, Peru und Bolivien. Mit 6518 km ist er nach dem Nil der zweitlängste Fluss der Erde, dem Volumen nach jedoch der größte – jeden Tag ergießen sich 11 Trillionen l Wasser in den Atlantik. Von den Anden im Westen bis zu seinem Delta am

Atlantik wird er von ca. 1100 größeren und ca. 9000 kleineren Nebenflüssen gespeist. Das riesige Amazonasbecken, also die Tiefebene im Norden des Subkontinents, nimmt fast die Hälfte der Gesamtfläche Südamerikas ein, allein sein Flutbecken ist doppelt so groß wie Großbritannien. Gleichzeitig beherbergt es den größten und artenreichsten Regenwald der Erde.

Woher stammt der große Pflanzen- und Artenreichtum?

In Südamerika ist die Hälfte aller Tier- und Pflanzenarten der Erde entstanden. Das mag daran liegen, dass der Subkontinent über eine sehr große Fülle verschiedener Landschaftsformen und ökologischer Extreme verfügt, die von flachen, feuchtheißen Tropenwaldebenen bis zu gletscherbedeckten Gipfeln reichen.

Was ist die Atacama-Wüste?

Vom Süden Perus bis zum Norden Chiles erstreckt sich in Pazifiknähe die Atacama-Wüste, die trockenste Region der Erde. Hier gibt es Landstriche, in denen kein Regen mehr gefallen ist, seit Menschen ihre Wetterbeobachtungen aufzeichnen. Die Wüste konnte sich durch den Regenschatten der Anden und den an der Küste verlaufenden kalten Humboldt-Strom bilden. Durch die zahlreichen Vulkane gibt es in der Atacama große Vorkommen vulkanischer Mineralsalze. Neben den Nitraten, die man zu Dünger und Sprengstoff verarbeitet, werden vor allem Kupfererze abgebaut.

Machu Picchu, die sagenumwobene Ruinenstadt der Inkas, liegt auf ca. 2400 m Höhe in den Anden Perus.

Was ist der Aconcagua?

Der Aconcagua ist mit 6960 m nicht nur der höchste Berg Argentiniens, sondern auch der höchste des Subkontinents. Er liegt nur 2 km entfernt von der chilenischen Grenze und markiert einen klimatischen Extrempunkt: Auf seinem Gipfel herrschen Temperaturen von bis zu −38 °C, während nur 64 km entfernt die Felder von San Felipe ganzjährig schneefrei sind. Santiago de Chile, die Hauptstadt Chiles, ist nur 130 km entfernt und hat sogar schon ein mildes, mediterranes Klima. Der Aconcagua erfreut sich unter Bergsteigern großer Beliebtheit.

Typische Boote aus Schilf auf dem Titicacasee in Peru

Simón Bolívar

Simón Bolívar (1783–1830) war der südamerikanische Nationalheld par excellence. Seit 1812 leitete er den Befreiungsaufstand der Kolonien gegen die spanischen Herren, gründete die Republik Kolumbien, die das heutige Kolumbien, Venezuela, Ecuador und Panama umfasste, und wurde 1819 ihr Präsident. 1821 wurde er auch Präsident von Peru, zu dem damals auch noch das heutige Bolivien gehörte. Sein Beiname war *El Liberador*, „der Befreier". Wegen seiner zunehmend diktatorischen und antiliberalen Haltung – er erwog sogar, sich zum Kaiser krönen zu lassen – musste er 1830 abdanken und wollte in die Karibik fliehen. Auf der Flucht starb er an Tuberkulose. Sein Grab befindet sich in Caracas.

Was sind Tepuis?

In der Sprache der venezolanischen Permón-Indianer bedeutet *Tepui* Berg. Gemeint sind die senkrecht aufragenden Tafelberge, von denen es in Venezuela und Guyana mehr als 100 gibt. Bisher wurden weniger als die Hälfte von ihnen erforscht, denn sie liegen in rauen und vollkommen unzugänglichen Gebieten. Geologisch sind die Tepuis das Ergebnis von Erosionen, die vor 20 Mio. Jahren einsetzten und die weichen Sedimente des Sandsteins fortgeschwemmt haben, während die härteren als schroffe Felsen stehen geblieben sind. Die Gipfel sind dicht bewaldet und für viele Pflanzen- und Tierarten wie Archen, unzugänglich und abgeschnitten vom Rest der Welt liegen sie unberührt und bewahren ihre „Fracht".

Wie heißen die höchsten Wasserfälle der Welt, und wo liegen sie?

Die höchsten Wasserfälle der Welt heißen Angel Falls und liegen in Venezuela an den Klippen des Auyán-Tepui, der übersetzt „Berg des Guten im Bösen" heißt. Sie sind 980 m hoch und werden gespeist durch ständige wolkenbruchartige Regenfälle, die über die Klippen in die Tiefe des Cañon del Diablo, des „Teufelscanyons", stürzen.

Wer war Manuela Sáenz?

Manuela Sáenz de Thorne (1797–1856) war die Geliebte von Simón Bolivar. Ihr Beiname war *Libertadora del Libertador* (dt.: „Befreierin des Befreiers"), weil sie Bolivar am 25. September 1828 vor einem Anschlag meuternder Offiziere schützte. Historiker betrachten sie heute als die bedeutendste Freiheitskämpferin des Subkontinents, viele sehen in ihr sogar die erste Feministin Südamerikas. Wegen ihrer Popularität wird sie mit Evita Perón verglichen. Nach Bolívars

Hintergrund: Die Angel Falls im Canaima-Nationalpark, Venezuela, sind mit 979 m und einem freien Fall des Wassers von 807 m die höchsten Wasserfälle der Erde.

Tod lebte Sáenz die letzten 25 Jahre verarmt und verachtet in dem peruanischen Küstenort Paita vom Tabakverkauf. 1856 fiel sie einer Diphterie-Epidemie zum Opfer.

Was ist die Valdívia-Kultur?

Valdívia heißt die älteste bekannte indianisch-amerikanische Fischer- und Pflanzerkultur, die schon im 4. Jahrtausend v. Chr. an der Südküste Ecuadors beheimatet war. Lange Zeit glaubte man, sie hätte japanische Wurzeln, aber diese These wurde durch neueste Keramikfunde widerlegt.

Wie heißt die größte Stadt Südamerikas?

São Paulo ist nicht nur die größte Stadt Südamerikas, sondern mit über 11 Mio. Einwohnern im eigentlichen Stadtgebiet auch die größte Stadt der Südhalbkugel und eine der größten Metropolen der Welt. In den die Stadt umgebenden Satellitenstädten, die meist aus Baracken bestehen, leben schätzungsweise weitere 20 Mio. nicht vom Zensus erfasste Menschen.

Ist Südamerika ein reicher Kontinent?

Südamerika ist ein an Rohstoffen sehr reicher Kontinent, deren Erträge aber in der gesamten Geschichte seit seiner Entdeckung sehr ungleich verteilt sind, denn der Unterschied zwischen Reich und Arm ist sehr groß. In vielen Ländern hält eine reiche Minderheit etwa 2 % des Landes und 60 % des Geldvermögens, wovon die arme Mehrheit der Bevölkerung nicht einmal 5 % besitzt. Die Arbeitslosenquote liegt im Durchschnitt bei ca. 11 %. Slums bestimmen das Bild an der Peripherie vieler Städte, während in ihrem Innern luxuriöse Gebäude liegen. Eine Ausnahme stellen die Staaten Argentinien, Chile und Uruguay dar; hier sind die sozialen Unterschiede nicht so groß.

Lateinamerikanische Musik und Tänze

Lateinamerikanische Musik ist ein Sammelbegriff für Musikrichtungen aus Süd- und Mittelamerika. Eine Vielzahl von Tänzen in Südamerika ist nach den jeweiligen Musikrichtungen benannt. Die wichtigsten sind Salsa, Calypso, Merengue und Bachata aus Kolumbien; Bossa Nova und Samba aus Brasilien; Tango und Cuarteto aus Argentinien; Tipico, Cumbia und Vallenato vorwiegend aus Venezuela; Kongotänze, die ihren Ursprung bei afrikanischen Sklaven haben; als Carnevalito bezeichnet man die auf die Musik der Andenindianer zurückgehenden Stilrichtungen.

Lamas sind die einzigen Vertreter der südamerikanischen Gattung der Schwielensohler. Da sie kaum mehr als Lasttiere eingesetzt werden, kommen sie fast nur noch in Südperu, Nordbolivien und Nordargentinien vor.

KOLUMBIEN

Flagge

Währung
1 Kolumbianischer Peso (kol$)
= 100 Centavos

Staatsform
Präsidialrepublik seit 1886

Hauptstadt
Santa Fe de Bogotá (Bogotá)

Sprachen
Spanisch (Amtssprache), indian. Sprachen (u.a. Chibcha, Quechua)

Fläche 1,14 Mio. km²

Einwohnerzahl 45,6 Mio.

Religion
91 % Katholiken

Besonderheiten
Die kolumbianischen Inseln St. Andrés und Providencia liegen 700 km von der kolumbianischen Küste entfernt in der Karibik. Da die Distanz zur Küste Nicaraguas nur 200 km beträgt, erhebt das Land ebenfalls Anspruch auf die Inseln.

Hintergrund: Eine Kaffeeplantage in der Provinz Quindío, der kleinsten kolumbianischen Provinz, die stark landwirtschaftlich geprägt ist.

Was sind die wichtigsten topografischen Merkmale Kolumbiens?

Kolumbien liegt im Norden Südamerikas und besitzt Küstenstreifen an der Karibik und am Pazifik. Der Westen des Landes wird von den Anden beherrscht, die hier Höhen von 5775 m erreichen. Der Osten ist flach und besteht teils aus Savannen, teils aus Regenwald.

Ein Plantagenarbeiter erntet Kaffeebohnen. Kaffee ist die Hauptanbaufrucht Kolumbiens.

Welche Länder gehörten zu Großkolumbien?

Die Spanier hatten den Norden Südamerikas im 16. Jahrhundert erobert und hier das Vizekönigreich Neugranada errichtet. Unter Führung des Freiheitskämpfers Simón Bolívar (1783–1830) wurden die spanischen Eroberer zu Beginn des 19. Jahrhunderts wieder aus dem Land vertrieben. 1813 gründete Bolívar Großkolumbien, das allerdings bereits 1830 in die Staaten Venezuela, Ecuador und Kolumbien zerfiel. 1903 spaltete sich dann auch Panama vom ehemaligen Großkolumbien ab.

Was verbindet Kolumbien mit den Niederlanden?

Beide Länder sind weltweit die größten Blumenproduzenten, wobei Kolumbien im Nelkenhandel führend ist. Zudem hat man sich spezialisiert auf die Züchtung von Orchideen, von denen es in Kolumbien 3500 Arten gibt.

Worauf basiert die Wirtschaft des Landes?

Neben Blumen sind Kaffee, Bananen und Kartoffeln wichtige landwirtschaftliche Produkte, die zu dem großen Exportvolumen des Landes beitragen. An Rohstoffen findet man Smaragde, Steinkohle und Nickel. Kolumbien kann seinen Bedarf an Erdöl mit eigenen Ressourcen abdecken und darüber hinaus Überschüsse ausführen, die immerhin 30 % des Exportvolumens ausmachen.

Das Medellín-Kartell

Das Medellín-Kartell war von 1978 bis 1993 der größte Kokainexporteur der Welt. Seine Zentrale lag in der kolumbianischen Stadt Medellín und wurde von Pablo Escobar (1949–1993) geführt. In der Blütezeit verzeichnete das Kartell jährliche Einnahmen von bis zu 35 Mrd. US-Dollar und schreckte selbst vor politischen Morden nicht zurück. Auf Druck der USA begann Kolumbien 1989 mit der Zerschlagung der Drogenorganisation, einer Maßnahme, die beinahe kriegerische Ausmaße annahm. 1993 wurde Escobar auf der Flucht erschossen. Damit war die Macht des Kartells endgültig gebrochen.

Woher stammt der Name Venezuela?

Die im bzw. über dem Wasser errichteten Pfahlbauten der indianischen Urbevölkerung sollen den italienischen Entdecker Amerigo Vespucci (1451–1512) an Venedig erinnert haben, darum nannte er die Region „Klein-Venedig" – Venezuela.

Seit wann ist Venezuela ein unabhängiges Land?

1498 hatte Kolumbus das Land zum Eigentum der spanischen Krone erklärt. Weil aber keine nennenswerten Goldfunde zu verzeichnen waren, vernachlässigten die Spanier in der Folgezeit ihre Kolonie. Die nach Unabhängigkeit strebenden Kräfte wurden Anfang des 19. Jahrhunderts immer stärker, und 1821 gelang es Simón Bolivar (1783–1830), das Land von der Herrschaft der Spanier zu befreien.

Woher stammt Venezuelas Reichtum?

Vier Fünftel der Exporte und die Hälfte der Staatseinnahmen des Landes sind dem Rohstoff Öl zu verdanken. Anders als die meisten lateinamerikanischen Länder hat Venezuela keine Schulden beim Internationalen Währungsfond (IWF) oder bei der Weltbank, was es wirtschaftlich vollkommen unabhängig macht.

VENEZUELA

Flagge

Währung
1 Bolívar (Bs.) = 100 Céntimos

Staatsform
Präsidiale Bundesrepublik seit 1961

Hauptstadt
Caracas

Sprachen
Spanisch (Amtssprache), indian. Sprachen (u.a. Goajiro, Guaraúno, Cariña, Pemón)

Fläche 912 050 km²

Einwohnerzahl 26,7 Mio.

Religion
84 % Katholiken, 5 % Protestanten

Besonderheiten
Venezuela ist weltweit der fünftgrößte Ölexporteur und verfügt über die größten Erdgasreserven des Subkontinents.

Wo lagern die größten Erdölvorkommen, und was bedeutet Öl für das Land?

Die größten Erdölvorkommen Venezuelas lagern unter dem Ostufer des Maracaibosees und im östlichen Orinoco-Tiefland. Venezuela ist weltweit der achtgrößte Erölproduzent. Erdöl stellt vier Fünftel der Exporte des Landes und die Hälfte der Staatseinnahmen. Die USA sind der größte Abnehmer venezolanischen Erdöls.

Warao-Indianer in ihrem Dorf aus Pfahlbauten im Orinoco-Delta, das im Südosten Venezuelas liegt

Ist der Maracaibosee wirklich ein See?

Nein. Eigentlich ist der 13 000 km² große See ein Binnenmeer, das durch eine 75 km lange Meerenge, den Canal de San Carlos, mit dem Golf von Venezuela verbunden ist. Wegen seiner fast vollkommenen Trennung vom Karibischen Meer wird das Gewässer jedoch als See bezeichnet.

GUYANA

Flagge

Währung
1 Guyana-Dollar (G$) = 100 Cents

Staatsform
Präsidialrepublik seit 1980

Hauptstadt
Georgetown

Sprachen
Englisch (Amtssprache), guyanisches Kreolisch, Hindi, Urdu, indian. Sprachen

Fläche 214 970 km²

Einwohnerzahl 765 000

Religion
54 % Christen, 33 % Hindus, 8 % Muslime

Besonderheiten
Das Landesinnere ist nur sehr dünn besiedelt, die Bevölkerung lebt vorwiegend an der Küste.

Der tropische Regenwald ist die feuchteste Vegetationszone der Erde. Große Teile Guyanas sind von undurchdringlichem Regenwald bedeckt.

Wo liegt Guyana?
Guyana liegt im Nordosten Südamerikas an der Atlantikküste. Das Land ist fast so groß wie Großbritannien, seine Bevölkerungszahl liegt jedoch lediglich bei etwa 1,3 % derjenigen des Vereinigten Königreichs. Weite Teile des Inlands sind mit tropischem Regenwald bedeckt und nur von kleinen Indianerstämmen bevölkert.

Wie verlief die Kolonialgeschichte?
Schon im 17. Jahrhundert wurden an der Küste des heutigen Guyana von den Briten und den Niederländern Handelsniederlassungen gegründet. In der Folgezeit war das Gebiet zeitweilig unter niederländischer oder unter britischer Herrschaft. Erst 1831 wurde das Land als Britisch-Guyana zur Kronkolonie. 1966 erlangte Guyana die Unabhängigkeit von Großbritannien.

Wieso gibt es so viele Hindus im Land?
Nach der Aufhebung der Sklaverei wurden sehr viele Inder als Arbeitskräfte ins Land geholt. Heute bilden deren Nachfahren mit 51 % die Mehrheit der Bevölkerung. Die Kultur Guyanas ist daher stark vom Hinduismus geprägt.

Welche Güter bilden die wirtschaftliche Basis?
Die Wirtschaftskraft des Landes basiert neben den Exportgütern Gold, Zucker und Shrimps auf dem Abbau von Bauxit, dem Grundstoff zur Aluminiumherstellung. Guyana liegt in der Liste der größten Bauxit-Förderländer an elfter Stelle.

Im Grenzgebiet von Venezuela und Guyana liegt der Canaima-Nationalpark, in dem einige der höchsten Wasserfälle der Erde in die Tiefe rauschen.

Die Kaieteur-Wasserfälle

Die Kaieteur-Fälle gehören zu den eindrucksvollsten Wasserfällen der Welt. Das Wasser des Flusses Potaro stürzt vom Hochland Guyanas über eine Klippe 225 m in die Tiefe und fließt dann weiter durch die Potaro-Schlucht. 1908 hatte der deutsche Biologe Carl Eigenmann (1863–1927) die Kaieteur- Fälle auf einer Expedition erreicht und dort unbekannte Fischarten erforscht.

Was geschah beim sogenannten Frieden von Breda?
Am 31. Juli 1667 wurde nach dem Ende des 2. Englisch-Niederländischen Seekriegs der Frieden von Breda geschlossen. Mit dem Friedensvertrag fiel das Gebiet des heutigen Suriname, das damals Niederländisch-Guayana genannt wurde, als Kolonie an die Niederlande; England erhielt im Gegenzug Neu-Amsterdam, das heutige New York.

Wann wurde in Suriname die Sklaverei abgeschafft?
Am 1. Juli 1863 wurde die Sklaverei offiziell abgeschafft, doch hatten die 35 000 nun freien Sklaven noch für zehn weitere Jahre gegen Bezahlung auf den Plantagen zu arbeiten. Die früheren Eigentümer erhielten pro Sklave eine Entschädigung von 300 Gulden vom niederländischen Staat. Mit demselben Datum musste die Verwaltung den Sklavenfamilien Nachnamen geben.

Was ist der wichtigste Transportweg Surinames?
Nicht die Straßen sind die wichtigsten Transportwege des Landes, sondern Flüsse und andere Wasserwege, die mit einer Gesamtlänge von 1200 km das unzugängliche Buschland mit der Küste verbinden. Die wichtigsten Flüsse des Landes sind der Marowijne (Grenzfluss nach Guayana), der Corantijn (Grenzfluss zu Französisch-Guayana) und vor allem der Suriname, der durch die Hauptstadt Paramaribo fließt.

Woher stammen die Haupteinnahmen des Landes?
Neben dem bereits erwähnten Bauxit verfügt das Land über Ölreserven, die seit 1982 ausgebeutet werden. Bis Ende des Jahres 2004 wurden ca. 55 Mio. Barrel gefördert. Vor der Küste gibt es weitere Vorkommen, die gemeinsam mit dem spanischen Petrochemie-Unternehmen Repsol YPF S.A. ausgebeutet werden.

SURINAME

Flagge

Währung
1 Suriname-Dollar (SRD) = 100 Cents

Staatsform
Präsidialrepublik seit 1987

Hauptstadt
Paramaribo

Sprachen
Niederländisch (Amtssprache), Hindi, Javanisch, Sranan (Taki-Taki), englisches Kreolisch

Fläche 163 270 km²

Einwohnerzahl 438 144

Religion
27 % Hindus, 23 % Katholiken, 22 % Muslime, 17 % Protestanten

In der Hauptstadt Paramaribo finden sich noch viele typische holländische Kolonialhäuser.

Brain-Drain in Suriname

Mit der Unabhängigkeit im Jahr 1975 kam es zu politischen Unruhen. Nach dem Staatsstreich von 1980 und einer Reihe von Morden an Oppositionellen im Dezember 1982 wanderten ca. 350 000 Surinamer allein in die Niederlande aus. Für das Land war dies ein schwerer Verlust, denn es waren gerade die gut ausgebildeten und geschulten Menschen, die das Land verließen oder nach ihrem Studium in Übersee nicht zurückkehrten – man nannte diesen Abzug der geistigen Elite auch den *Brain-Drain*.

ECUADOR

Flagge

Währung
1 US-Dollar (US-$) = 100 Cents

Staatsform
Präsidialrepublik seit 1978

Hauptstadt
Quito

Sprachen
Spanisch (Amtssprache), Quechua

Fläche 283 560 km^2

Einwohnerzahl 13,2 Mio.

Religion
90 % Katholiken

Besonderheiten
Die Galápagosinseln gehören zu Ecuador.

Oben: Die Hauptstadt Quito liegt fast genau auf dem Äquator. Aufgrund ihrer Höhenlage hat sie ein gemäßigtes Klima und wird auch „Stadt des ewigen Frühlings" genannt.

Wie ist Ecuador landschaftlich gegliedert?
Ecuador liegt an der Westküste Südamerikas auf dem Äquator und ist deutlich in drei Landschaftszonen gegliedert. Im Westen liegt die Küstenebene (Costa) mit fruchtbaren Böden. Östlich davon durchziehen zwei Ketten der Anden das Land (Sierra); daran schließt sich als östlicher Landesteil (Oriente) ein Abschnitt des Amazonasbeckens mit Regenwäldern an.

Unten: Ein Leguan auf der Insel Fernandina, die zu den Galápagosinseln gehört. Weltweit gibt es 700 Leguan-Arten, von denen die größten bis zu 2 m lang werden können.

Ist die Hauptstadt Quito gleichzeitig die größte Stadt des Landes?
Nein. Quito liegt in einem Hochtal zwischen den beiden Andenketten auf 2500 m Höhe. Die Stadt wurde schon 1534 von den spanischen Eroberern gegründet und hat heue 1,4 Mio. Einwohner. Die größte Stadt des Landes ist jedoch Guayaquil mit etwa 3 Mio. Einwohnern und dem wichtigsten Hafen Ecuadors. Sie befindet sich im westlichen Landesteil in der feucht-heißen Küstenebene.

Ist Ecuador ein armes Land?
Ja. Zwar besitzt das Land im Amazonasbecken Erdölquellen, die immerhin die Hälfte der Wirtschaftsleistung ausmachen. Dennoch gehört Ecuador zu den ärmsten Staaten Südamerikas. Der größte Teil der Landbevölkerung lebt unter dem Existenzminimum, und fast 25 % der Ecuadorianer leben als Arbeitsemigranten im Ausland.

Warum hat Ecuador keine eigene Währungseinheit?
Bis 1999 besaß Ecuador eine eigene Währung, den Sucre. Zu diesem Zeitpunkt kostete ein US-Dollar 6500 Sucre. Die Inflationsrate war allerdings so enorm, dass die ecuadorianische Regierung vorschlug, den Sucre zugunsten des US-Dollars abzuschaffen. Im Jahr 2000 wurde der Sucre endgültig durch den Dollar ersetzt, bei einem Kurs von 25 000:1. Seitdem ist die offizielle Landeswährung der US-Dollar.

Galápagos

Fast 1000 km vor der Westküste liegen die zu Ecuador gehörenden Galápagosinseln im Pazifischen Ozean. Die Tierwelt der Inseln ist einzigartig, viele Arten kommen nur hier vor. Die Galápagosinseln sind damit zum Traumziel aller Biologen geworden. Schon Charles Darwin (1809–1882) erhielt hier eine Reihe von Anregungen für seine Evolutionstheorie. Heute stehen 97 % der Fläche unter Naturschutz.

Was sind Quechua und Aymara?
Quechua und Aymara sind die Namen zweier in Peru ansässiger Indianervölker, die noch heute fast 50 % der Bevölkerung stellen; gleichzeitig sind es die Namen ihrer Sprachen.

Wie viele Klimazonen hat Peru?
Peru ist in drei sehr unterschiedliche Klimazonen geteilt:
• Costa (11 %), unter dem Einfluss des kalten Humboldt-Stroms bilden sich an der Küste Wüsten. In Südperu liegt die trockenste Wüste der Welt, die Atacama;
• Sierra (15 %), das Hochland der Anden mit seinen Flüssen und über 6000 m hohen Gipfeln im ewigen Schnee bei trockenem Klima;
• Selva und Montaña (64 %), die undurchdringlichen Regen- und Nebelwälder der tropischen Zone mit hohem Niederschlag und hohen Temperaturen. Hier entspringt der Amazonas.

Was ist das Besondere am Titicacasee?
Mit einer Fläche von 8288 km² und seiner Lage in 3810 m Höhe über dem Meeresspiegel ist dieser mythische See der Inkas das höchstgelegene kommerziell schiffbare Gewässer der Erde. Er zeichnet sich durch großen Fischreichtum aus, und seine Inseln gelten als Geburtsstätten der Inkakultur.

Was war das Vizekönigreich Peru?
1532 eroberten die Spanier das Andenland und gründeten das Vizekönigreich Peru, das in seiner Hochphase von Panama bis nach Feuerland reichte, also den Großteil Südamerikas umfasste. Im 18. Jahrhundert verlor es durch die Gründungen der Vizekönigreiche Neugranada und Rio de la Plata zunehmend an Bedeutung und Größe, bis es mit der Unabhängigkeit Chiles 1818 und Perus 1821 endgültig unterging.

PERU

Flagge

Währung
1 Nuevo Sol (S/.) = 100 Céntimos
Staatsform
Präsidialrepublik seit 1980
Hauptstadt
Lima
Sprachen
Spanisch, Quechua (Amtssprachen), Aymara
Fläche 1,29 Mio. km²
Einwohnerzahl 28,3 Mio.
Religion
92 % Katholiken
Besonderheiten
Zwischen Nazca und Palpa finden sich die sog. Nazca-Linien, Scharrbilder bzw. überdimensionale Erdzeichnungen, deren geheimnisvolle Ursprünge seit ihrer Entdeckung in den 1920er-Jahren zu vielfältigen Spekulationen anregen.

In den Grabtürmen – *Chulpas* – von Sillustani am Rande des Titicacasees wurden hochgestellte Inkas bestattet.

BOLIVIEN

Flagge

Währung
1 Boliviano (Bs) = 100 Centavos

Staatsform
Präsidialrepublik seit 1967

Hauptstadt
Sucre

Sprachen
Spanisch, Quechua, Aymara (Amtssprachen)

Fläche 1,09 Mio. km²

Einwohnerzahl 8,8 Mio.

Religion
92 % Katholiken

Besonderheiten
Die Grenze zu Peru verläuft durch den Titicacasee, einen der höchstgelegenen Seen der Welt.

War Bolivien immer ein Binnenland?
Nein. Nach der Unabhängigkeitserklärung von Spanien unter der Führung des südamerikanischen Freiheitskämpfers Simón Bolívar (1783–1830) betrachtete Bolivien die ursprünglich chilenische Atacama-Region an der Pazifikküste als bolivianisches Territorium. Erst nachdem dort ab 1860 Salpeter abgebaut wurde, forderte Chile dieses Gebiet zurück. Im Salpeterkrieg (1879–1883) eroberte Chile das Küstengebiet, und Bolivien verlor seinen Zugang zum Pazifik.

Wie ist die Bevölkerungsstruktur von Bolivien?
Die Bevölkerung Boliviens setzt sich aus vier etwa gleich großen Volksgruppen zusammen – den Quechua und den Aymara, beides Stämme von Ureinwohnern, den Mestizen, also Mischlingen von Indianern und Weißen, und den weißen Nachfahren der spanischen Kolonisatoren. Geeint werden diese Gruppen durch ihre gemeinsame Religion. 92 % der Bevölkerung sind römisch-katholischen Glaubens.

Ist Bolivien ein Hochgebirgsland?
Ja. Bolivien wird von zwei Gebirgszügen der Anden beherrscht, die Höhen von bis zu 6500 m erreichen. Zwischen diesen Gebirgsketten liegt das zentrale Hochland Altiplano in 3000 bis 4000 m Höhe. Hier lebten 80 % der Bevölkerung in Höhen über 3000 m.

Warum ist die Bevölkerung so arm?
Bolivien verfügt kaum über Exportgüter. Der größte Teil der Bevölkerung lebt von der Landwirtschaft, die im Altiplano lediglich den Eigenbedarf deckt. Zwei Drittel der Bevölkerung leben von weniger als 1 US-Dollar pro Tag. Die Industrie ist nur wenig entwickelt.

El Mutún

Große Hoffnungen hinsichtlich der wirtschaftlichen Zukunft des Landes ruhen auf der Region El Mutún an der Grenze zu Brasilien. Dort lagern die größten oberflächennahen Eisenerzvorkommen der Erde. Die wirtschaftliche Nutzung scheiterte bisher an den fehlenden Investitionsmöglichkeiten und der schlechten Anbindung der Region an eine industrielle Infrastruktur. Aktuell wird das Projekt verfolgt, die dort zu errichtenden Hochöfen mit einheimischem Erdgas zu betreiben. Das Vorhaben könnte lohnenswert sein, denn Bolivien besitzt die zweitgrößten Erdgasvorkommen Südamerikas.

Oben: Eine Zeremonie des Volks der Aymara, das zur bolivianischen Urbevölkerung gehört. Die Aymara sind zwar Katholiken, pflegen aber noch viele vorchristliche Traditionen.

Hintergrund: Der Salar de Uyuni im Südwesten Boliviens ist einer der größten Salzseen der Erde. Gleißende Helligkeit und Hitze am Tag wird von dunkler Nacht und bitterer Kälte abgelöst.

Wo kommt der Landesname her?
Die Nachfahren der Ureinwohner bezeichneten mit dem Wort *brasil* das dunkle Palisanderholz. Dieses Holz war früher der wichtigste Exportartikel des Landes und gab ihm seinen Namen, „Brasilien“. Der „Rio-Palisander“ darf seit 1968 nicht mehr ausgeführt werden. Das hochwertige Edelholz war heiß begehrt für den Bau von Designermöbeln.

Warum spricht man in Brasilien portugiesisch?
Im Jahr 1494 wurden im Vertrag von Tordesillas die Interessenssphären von Spanien und Portugal in den neu entdeckten Gebieten Amerikas aufgeteilt. Portugal bekam dabei die Küstenabschnitte des heutigen Brasilien, die teilweise noch unentdeckt waren, zugesprochen. Allerdings dauerte es noch fast 100 Jahre, bis Portugal das ganze heutige Brasilien unter kolonialer Kontrolle hatte.

Gab es jemals einen brasilianischen Kaiser?
1807 besetzten die Truppen Napoleons Portugal. Der portugiesische König Joao VI. floh mit seinem gesamten Hofstaat nach Brasilien und residierte dort in Rio de Janeiro. 1821 kehrte er wieder zurück nach Portugal, ließ aber seinen Sohn Pedro als Regenten in Brasilien. 1822 erklärte sich der Sohn als Pedro I. zum Kaiser eines unabhängigen Brasiliens. 1831 musste er nach einem Militäraufstand wieder abdanken und nach Portugal zurückkehren. Sein Sohn wurde als Pedro II. im Alter von nur fünf Jahren neuer Kaiser von Brasilien und regierte bis zur

BRASILIEN

Flagge

Währung
1 Real (R$) = 100 Centavos
Staatsform
Präsidiale Bundesrepublik seit 1988
Hauptstadt
Brasília
Sprachen
Portugiesisch (Amtssprache), indian. Sprachen (u. a. Tupi, Guaraní, Gê, Arwak, Karib)
Fläche 8,51 Mio. km²
Einwohnerzahl 186,4 Mio.
Religion
70 % Katholiken, 15 % Protestanten
Besonderheiten
Brasilien nimmt 47 % der Fläche des Kontinents Südamerika ein.

Die meisten Kinder in Brasilien sind begeisterte Fußballer. Die Nr. 10 auf dem Trikot ist eine Verneigung vor dem nationalen Fußballheld Pelé.

Brasilianischer Fußball
Der brasilianische Volkssport ist der Fußball. Für viele Kinder in den Favelas ist eine Karriere als Fußballer der große Traum und die einzige Möglichkeit, der Armut zu entkommen. Von Kindesbeinen an wird dort mit selbstgefertigten einfachen Bällen auf Sandplätzen gespielt. Aus diesem riesigen Reservoir schöpft der brasilianische Fußball Talente, die dann weltweit als Ballkünstler in Spitzenvereinen spielen. Die Nationalmannschaft Brasiliens ist als fünfmaliger Weltmeister die erfolgreichste Elf der Welt. Für viele Fußballfans ist und bleibt der Brasilianer Edson Arantes do Nascimento (*1940) – genannt Pelé – der beste Spieler aller Zeiten.

Ausrufung der Republik 1889. Seine letzte bedeutende Leistung war die Abschaffung der Sklaverei im Jahr 1888, die auch zu seinem Sturz führte.

Ist Brasilien ein Einwanderungsland für Europäer?
Während der portugiesischen Kolonialzeit wanderten mehr als 1 Mio. Portugiesen in das Land ein. Auch nach der Errichtung des Kaiserreichs setzte sich diese Entwicklung fort, wobei nun auch verstärkt Italiener, Spanier und Deutsche in das Land kamen. Allein zwischen 1800 und 1950 wanderten mehr als 5 Mio. Europäer nach Brasilien aus. Heute ist der größte Teil der Bevölkerung dunkelhäutig. Es sind Nachfahren der afrikanischen Sklaven, die vom 16. bis zum 19. Jahrhundert nach Brasilien verschleppt wurden.

Was sind Favelas?
Favelas heißen die Armenviertel, die sich am Rand der brasilianischen Großstädte entwickelt haben. Es sind keine Slums, also Stadtviertel, die durch Verfall heruntergekommen sind, sondern Zonen, die durch

Oben: Am Ipanema, *dem* Strand von Rio de Janeiro, tummeln sich neben den Badegästen aus aller Welt auch gerne die Jugendlichen aus den reicheren Vierteln der Stadt.

Unten: Die Amazonasregion Brasiliens zieht mit ihrer Artenvielfalt zahlreiche Touristen an. Am Rio Negro in der Nähe der Stadt Manaus kann man Schiffsreisen durch den Urwald unternehmen.

Fakten

- Brasilien ist der fünftgrößte Staat der Erde.
- In Brasilien gibt es 13 Millionenstädte.
- Der höchste Berg des Landes ist der 3014 m hohe Pico des Neblina.
- Der berühmteste Berg ist der Corcovado (dt.: „der Bucklige") in Rio de Janeiro, auf dem seit 1931 die weltbekannte 30 m hohe Christusstatue, das Wahrzeichen der Stadt, steht.
- Zu Brasilien gehört auch die 800 km östlich der Küste liegende Felsgruppe Penedos de São Pedro e São Paulo (dt.: „Sankt-Peter-und-Paul-Felsen"). Auf den unbewohnten Inseln befindet sich nur ein Leuchtfeuer.

Karneval in Rio

Der Karneval in Rio ist eine der wichtigsten Attraktionen der Stadt und zieht jedes Jahr Touristen aus aller Welt an. In erster Linie ist er aber ein traditionelles Fest der Brasilianer, die sich oft das ganze Jahr darauf vorbereiten. Die Parade der Sambaschulen, in der sich prächtig kostümierte „Königinnen" und „Könige" präsentieren, ist eine der größten Paraden der Welt. Die Sambaschulen sind gleichzeitig die Organisatoren der Umzüge. Sie sind wie beim Fußball in verschiedene Ligen aufgeteilt und können bei der Parade in die nächsthöhere Liga aufsteigen. Jede Sambaschule tritt mit bis zu 5000 Teilnehmern an und hat genau 90 Minuten Zeit für ihre Präsentation. Die Teilnehmer müssen ihre Kostüme selbst bezahlen und sparen oft das ganze Jahr für diesen Auftritt.

unregulierte Zuwanderung in den Randlagen der Städte entstanden sind. Der Zustrom in die Großstädte entwickelte sich nach der Sklavenbefreiung 1888. Die Verwaltung der Favelas wird heute faktisch nicht von den Kommunen, sondern von den Bossen der Drogenkartelle kontrolliert.

Ist die Amazonasregion ökologisch intakt?
Das Amazonasbecken ist von immergrünem, tropischem Regenwald geprägt. Mehr als die Hälfte der weltweiten Regenwaldfläche befindet sich hier. Dieses für das Ökosystem der gesamten Erde wichtige Gebiet wird nicht nur seit Jahren durch großflächige Rodung bedroht, sondern verstärkt auch durch die Vergiftung der Flüsse. In den Amazonas münden etwa 10 000 Nebenflüsse, von denen allein 17 länger sind als mancher europäische Strom wie z. B. der Rhein. Goldgräber nutzen bei der Gewinnung von Gold verstärkt hochgiftiges Quecksilber, das nach Gebrauch einfach in die Flüsse gespült wird und dort große Schäden anrichtet.

Ist Brasilien ein wirtschaftlich armes Land?
Nein. Brasilien ist nach den USA das wirtschaftlich stärkste Land Amerikas. Schon jetzt werden 40 % des Bruttoinlandprodukts von der Industrie erwirtschaftet, wobei das wirtschaftliche Potenzial noch lange nicht ausgeschöpft zu sein scheint. Entsprechende Prognosen gründen auf den gewaltigen Rohstoffvorkommen des Landes (Eisenerz, Zinn, Aluminium, Gold, Phosphat, Platin, Uran, Mangan, Kupfer, Kohle). Fleisch gehört neben Kaffee und Kakao zu den wichtigsten landwirtschaftlichen Exportgütern.

Seit wann ist Brasília die Hauptstadt des Landes?
Schon wenige Jahre nach dem Ende des brasilianischen Kaiserreichs wurde in der Verfassung verankert, dass das Land eine neue Hauptstadt erhalten sollte. Durch die Lage im Landesinnern wollte man die Entwicklung des Binnenlandes vorantreiben. Der Grundstein wurde zwar schon 1922 gelegt, aber intensiv wurde das Hauptstadtprojekt erst ab 1956 verfolgt. 1960 löste Brasília offiziell Rio de Janeiro als Hauptstadt ab.

Die Parade im Sambadrom von Rio ist der absolute Höhepunkt des brasilianischen Karnevals. Sie wird neben Tausenden Zuschauern auch im Fernsehen von Millionen Menschen live verfolgt.

CHILE

Flagge

Währung
1 Chilenischer Peso (chil$)
= 100 Centavos

Staatsform
Präsidialrepublik seit 1925

Hauptstadt
Santiago (Santiago de Chile)

Sprachen
Spanisch (Amtssprache), indian. Sprachen (u.a. Mapudungun, Quechua, Aymara)

Fläche 756 950 km²

Einwohnerzahl 16,3 Mio.

Religion
72 % Katholiken, 13 % Protestanten

Besonderheiten
Chile beansprucht einen Teil der Antarktis für sich.

Hintergrund: Die gebirgige chilenische Küste bietet eine Vielzahl weit ins Land reichender Meeresarme, wie hier den Garibaldi-Fjord.

Unten: An der Südostküste der Osterinsel bei Ahu Tongariki findet man diese beeindruckende Reihe von 15 aufrecht stehenden Moais.

Ist Chile ein Land der geografischen Extreme?
Ja. Das südamerikanische Land hat mit 4300 km eine enorme Nord-Süd-Ausdehnung, misst in Ost-West-Richtung an der breitesten Stelle aber nur 240 km. Zudem sind die Höhenunterschiede von West nach Ost extrem. Das Land steigt vom Meeresspiegel der langen Pazifikküste in den Anden auf Höhen über 6000 m auf. Zu Chile gehört der höchste, vermutlich erloschene Vulkan der Erde, der 6880 m hohe Ojos del Salado.

Ist das Land gleichmäßig besiedelt?
Nein. Etwa ein Drittel der Bevölkerung lebt im Großraum der Hauptstadt Santiago de Chile. Die Wüstengebiete im Norden und die stürmischen Gebiete im Süden des Landes sind kaum besiedelt. Die Bevölkerung ist sehr homogen. 90 % der Menschen haben europäische Vorfahren oder sind Mestizen, haben also teilweise europäische Vorfahren.

Was war der Salpeterkrieg?
Nachdem die südamerikanischen Kolonien zu Beginn des 19. Jahrhunderts ihre Unabhängigkeit von Spanien erreicht hatten, blieb umstritten, zu welchem der neuen Staaten Chile, Peru oder Bolivien die an der Pazifikküste gelegene Atacama-Wüste gehörte. Als dort nach 1860 umfangreiche und wertvolle Salpetervorkommen gefunden wurden, bekam die Streitfrage auch wirtschaftliche Brisanz. Im Salpeterkrieg von 1879 bis 1883 eroberte schließlich Chile das Gebiet, und Bolivien verlor seinen einzigen Zugang zum Pazifik. Heute befindet sich in dem Areal der größte Kupfertagebau der Welt.

Ist Chile ein armes Land?
Nein. Chile ist das wohlhabendste Land Südamerikas. Gleichzeitig sind hier die Gegensätze des Kontinents zwischen Arm und Reich am deutlichsten. Es ist heute ein Paradebeispiel für die reine Marktwirtschaft, wobei die Regierung sich in den letzten Jahren bemüht hat, das extreme soziale Ungleichgewicht durch die Errichtung solider sozialer Sicherungssysteme, u. a. durch das Programm „Chile Solidario“, abzufedern.

Die Osterinsel

Die Osterinsel ist eine isolierte Insel, die zu Chile gehört, wenngleich sie 3700 km vor der Westküste des Landes im Pazifik liegt. Auf der Insel leben nur knapp 4000 Menschen. Berühmt ist sie wegen ihrer gigantischen Steinskulpturen rätselhaften Ursprungs, den Moais. Seit 1995 gehört die Insel bzw. der Nationalpark Rapa Nui zum UNESCO-Weltnaturerbe.

Welche Bevölkerungsgruppen leben in Argentinien?

Mehr als 90 % der argentinischen Bevölkerung sind Nachfahren weißer Einwanderer, vorwiegend aus Spanien und Italien. Die vor der Kolonialzeit dort lebenden Indianer wurden von den spanischen Eroberern weitgehend ausgerottet. Ihre Nachkommen stellen heute nur eine kleine Minderheit.

Kommt der Tango aus Argentinien?

Ja und Nein. Am Anfang des 20. Jahrhunderts brachten Reisende den sogenannten *Tango Argentino* von Buenos Aires nach Paris. Die konservativen Kreise der gesellschaftlichen Elite lehnten den Tanz jedoch wegen seiner vermeintlichen Wildheit und Anstößigkeit ab. In Großbritannien wurde er dann so weit verändert, dass er den gesellschaftlichen Normen Europas entsprach. In seiner neuen Form entwickelte er sich zu einem der fünf Standardtänze des internationalen Tanzprogramms.

Wo liegt Feuerland, und woher stammt der Name?

Die Inselgruppe Feuerland liegt an der Südspitze Südamerikas. Der östliche Teil gehört zu Argentinien, der westliche zu Chile. Ihren Namen erhielt die Inselgruppe von Ferdinand Magellan (1480–1521), der sie 1520 bei der Suche nach der Südpassage um Südamerika herum entdeckte. Dabei beobachtete er tagelang die Lagerfeuer der Ureinwohner und benannte das Gebiet danach.

Der *Tango Argentino* ist im Grunde ein Improvisationstanz, bei dem es keine feste Schrittfolge gibt. Die Paare können aus einer Vielzahl von „Figuren“ wählen.

Der Falkland-Krieg

Die im südlichen Atlantik gelegenen Falklandinseln gehören geografisch zu Südamerika, politisch aber zu Großbritannien. Argentinien erhebt seit 1833 Anspruch auf die Inseln und besetzte sie 1982. Damit löste das Land den Falkland-Krieg aus, denn Großbritannien schickte nun Truppen, die sieben Wochen nach Beginn der Besetzung dort landeten und die Inseln zurückeroberten. Der Krieg forderte mehr als 1000 Tote.

ARGENTINIEN

Flagge

Währung
1 Argentinischer Peso (arg$)
= 100 Centavos

Staatsform
Präsidiale Bundesrepublik seit 1853

Hauptstadt
Buenos Aires

Sprachen
Spanisch (Amtssprache), indian. Sprachen (u. a. Quechua und Guaraní)

Fläche 2,76 Mio. km²

Einwohnerzahl 38,7 Mio.

Religion
92 % Katholiken

Besonderheiten
Vor dem Eintreffen der Spanier lebten etwa 30 verschiedene Indianervölker im heutigen Argentinien.

Evita Perón

Eva Maria Duarte de Perón (1919–1952), genannt Evita, war die zweite Ehefrau des argentinischen Präsidenten Juan Perón (1895–1974). Obwohl sie kein offizielles politisches Amt bekleidete, setzte sie sich leidenschaftlich für die Rechte der Frauen und der Armen ein und erlangte dadurch große Popularität weit über die Landesgrenzen hinaus. Ihre Lebensgeschichte wurde nicht nur verfilmt, sondern auch in dem Musical „Evita“ dargestellt.

PARAGUAY

Flagge

Währung
1 Guaraní (₲) = 100 Céntimos
Staatsform
Präsidialrepublik seit 1967
Hauptstadt
Asunción
Sprachen
Spanisch, Guaraní (Amtssprachen)
Fläche 406 750 km²
Einwohnerzahl 6,2 Mio.
Religion
90 % Katholiken, 6 % Protestanten

Rechts: Ein junger Guaraní-Mann. Die Guaraní stellen mit 1 % die bedeutendste Minderheit Paraguays, aber 80 % der Bevölkerung sprechen ihre Sprache.

Was bedeutet der Name Paraguay?
Der Name stammt aus der Sprache der Guaraní, der Ureinwohner des Landes, und bedeutet „Wasser, das zum Wasser geht". Das Wasser, wohin der Fluss führt, ist der Ozean, der von diesem Binnenstaat weit entfernt ist.

Aus welchen Volksgruppen besteht die Bevölkerung?
Der Hauptanteil (etwa 90 %) der Bevölkerung sind Mestizen, also Mischlinge zwischen Spaniern und Indianern. Zu Beginn des 20. Jahrhunderts kamen Einwanderer aus Europa, Brasilien und Argentinien hinzu. Die heute bedeutendste Minderheit sind die eingeborenen Guaraní. Und obwohl sie nur 1 % der Bevölkerung stellen, sprechen 80 % der Bewohner Paraguays Guaraní, da es nach Spanisch die zweite Amtssprache ist.

Was ist Plautdietsch?
Plautdietsch ist ein Dialekt des Ostniederdeutschen, wie er im 16. und 17. Jahrhundert vor allem in Osteuropa gesprochen wurde. Im 18. Jahrhundert verbreiteten wandernde Mennoniten den Dialekt über die ganze Welt. Im Nordwesten Paraguays wird Plautdietsch noch heute von ca. 50 000 Menschen gesprochen. Damit ist es die dritthäufigste Sprache des Landes, etwa 7 % der Bevölkerung sind deutschstämmig. In den USA ist der Dialekt auch als *Mennonite Low German* bekannt.

Unten: Itaipú ist das größte Wasserkraftwerk der Welt. Es wird gemeinsam von Paraguay und Brasilien betrieben. Der Stausee hat 940 km² Wald und Farmland überflutet.

Guaraní und Jesuitenreservate in Paraguay

Die Guaraní sind Indianer, die schon vor Christoph Kolumbus (1451–1506) in Südamerika siedelten, im heutigen Paraguay, Bolivien, Argentinien, Uruguay und Brasilien. Der erste spanische Gouverneur förderte die Vermischung der spanischen mit der eingeborenen Bevölkerung. Schon zu Beginn des 17. Jahrhunderts leisteten die Jesuiten Missionsarbeit, und um die Guaraní vor Ausbeutung und Versklavung zu schützen, errichteten sie die sogenannten Jesuitenreduktionen, die ersten Indianerreservate auf dem Kontinent. Nur geladene Gäste durften diese Reservate betreten, sie unterstanden direkt der spanischen Krone. Aufgrund von Konflikten mit den Großgrundbesitzern und der Kolonialregierung wurden die Jesuiten 1767 unter König Karl III. vertrieben und die Ureinwohner zum Freiwild der Ausbeutung.

Die Zerstörung der Jesuitenreservate durch die spanischen Kolonialherren ist Thema des Films *The Mission* mit Robert De Niro von 1986.

Was ist die bedeutendste Energiequelle des Landes?
Die wichtigste Energie- und Einnahmequelle ist Itaipú, das größte Wasserkraftwerk der Welt, das Paraguay gemeinsam mit Brasilien betreibt. Fast der gesamte Energiebedarf des Landes wird durch diese Anlage gedeckt und der Überschuss vor allem an Brasilien verkauft.

Seit wann ist Uruguay besiedelt?
Prähistorische Funde beweisen, dass hier schon um 7000 v. Chr. Menschen in meist nomadischen Gruppen lebten. Das erste Volk mit einer fortgeschrittenen Zivilisationsform waren die Charrúas, die im 19. Jahrhundert von den Spaniern allerdings endgültig ausgerottet wurden.

Worauf basieren die landwirtschaftlichen Erfolge des Landes?
Die spanischen Kolonialherren hatten gehofft, in Uruguay große Silberschätze zu finden. Die Erwartung erfüllte sich jedoch nicht, da das Land arm an Bodenschätzen ist. Allerdings setzten die Spanier hier Pferde und Rinder aus, die sie auf den Seereisen mitgeführt hatten. In der Pampa vermehrten sie sich zu großen Herden, und die Viehzucht bildet heute eine wichtige Säule der Landwirtschaft, dem größten Wirtschaftszweig des Landes.

Gibt es einen uruguayischen Nationalsport?
Wenn eine Sportart in diesem Land die Bezeichnung „Nationalsport" verdient hat, dann ist es der Fußball. 1924 und 1928 holte die Nationalelf in Paris und Amsterdam jeweils die olympische Goldmedaille. Am 30. Juli 1930 gewann das Team im Estadio Centenario in Montevideo, dem damals mit 93 000 Plätzen größten Stadion der Welt, mit 4:2 gegen Argentinien und wurde erster Fußballweltmeister. Abermals gewann die Mannschaft 1950 den Titel mit einem 2:1 gegen Brasilien im Macaranã-Stadion von Rio de Janeiro.

URUGUAY

Flagge

Währung
1 Uruguayischer Peso (urug$)
= 100 Centésimos

Staatsform
Präsidialrepublik seit 1967

Hauptstadt
Montevideo

Sprachen
Spanisch (Amtssprache)

Fläche 176 220 km²

Einwohnerzahl 3,5 Mio.

Religion
66 % Katholiken

Besonderheiten
Uruguay ist der kleinste spanischsprachige Staat in Südamerika.

Welche kulinarischen Spezialitäten hat Uruguay zu bieten?
Nationalgericht ist das *Asado*, die Zutaten bestehen aus allen Teilen, die man vom Rind, Schaf oder Schwein auf offenem Holzkohlefeuer grillen kann. Die klassischen Zutaten sind Blutwürstchen (*morcillas*), Kalbsbries, Nieren und Leber. Der beliebteste Nachtisch ist *Dulce de leche*, die eine Milchcreme, die pur, mit Kuchen oder als Eiscreme gegessen wird. *Dulce de leche* ist in ganz Südamerika beliebt.

Interessante Fakten

- In Uruguay herrscht eine strikte Trennung von Kirche und Staat, weshalb religiöse Feste zusätzlich einen weltlichen Namen bekommen haben; Weihnachten z. B. heißt auch „Tag der Familie".
- Uruguay zählt zu den wenigen Ländern mit einem digitalen Telefonnetz. Alle Orte mit über 2000 Einwohnern haben Glasfaser-Datenleitungen, und die Zahl der Internetanschlüsse pro Einwohner ist die höchste in ganz Südamerika.
- Öffentliche Krankenhäuser sind kostenlos und sichern so die medizinische Versorgung der Bevölkerung.

Punta del Este, 140 km von Montevideo entfernt, ist ein Urlaubsort am südlichsten Punkt Uruguays. Tausende Touristen besuchen den Ort jährlich zwischen Weihnachten und Ende Januar.

▲ Elfenbeinküste

Marokko

Äthiopien

Südafrika

AFRIKA

Jahrhundertelang wurde der afrikanische Kontinent, der zweitgrößte der Welt, der dreimal so groß ist wie Europa, von europäischen Kolonialherren ausgebeutet. Seit der Mitte des 20. Jahrhunderts geht der „dunkle Erdteil", wie die Kolonialherren Afrika nannten, zunehmend seinen eigenen Weg, mit etlichen Problemen, die sich aus der schwer erkämpften Unabhängigkeit ergeben. 53 Staaten haben sich herausgebildet, in denen Menschen mit fast 2000 verschiedenen Sprachen daran arbeiten, eine gemeinsame Zukunft aufzubauen.

São Tomé

Mauritius

Angola

PHYSISCHE KARTE

Atlantischer Ozean
Mittelmeer
Schwarzes Meer
Kaspisches Meer
Donau
Ebro
Tajo
Tuzsee
Vansee
Urmia-see
Euphrat
Tigris
Persischer Golf
Rotes Meer
Golf von Aden
Madeira (Portugal)
Kanarische Inseln (Spanien)
Rabat
Fès
Casablanca
Marokko
Marrakech
Oran
Algier
Tunis
Sfax
Tunesien
Tripolis
Bengasi
Alexandria
Kairo
Gise
Suez
Tindouf
Algerien
In Salah
Ghadames
Libyen
Marzuq
Ägypten
Nil
Luxor
Assuan
El-Aaiún
Sahara (von Marokko besetzt)
Tamanrasset
Wadi Halfa
Nouâdhibou
Mauretanien
Nouakchott
Mali
Timbuktu
Niger
Agadez
Tschad
Port Sudan
Eritrea
Asmara
Omdurman
Khartum
Sudan
St. Louis
Senegal
Dakar
Gambia
Banjul
Guinea-Bissau
Bissau
Guinea
Conakry
Bamako
Niamey
Ougadougou
Burkina Faso
Tschadsee
Abéché
N'Djamena
Nyala
El Obeid
Blauer Nil
Weißer Nil
Tanasee
Dschibuti
Dire Dawa
Berbera
Addis Abeba
Somalia
Äthiopien
Sierra Leone
Freetown
Elfenbeinküste
Yamoussoukro
Ghana
Togo
Benin
Kano
Maiduguri
Nigeria
Abuja
Benue
Ibadan
Lagos
Enugu
Zentralafrikanische Republik
Bangui
Ubangi
Monrovia
Liberia
Abidjan
Accra
Lomé
Porto Novo
Kamerun
Douala
Jaunde
Malabo
Golf von Guinea
Äquatorial-guinea
Äquator
São Tomé
São Tomé u. Príncipe
Libreville
Gabun
Kongo
Mbandaka
Kisangani
Uganda
Kampala
Turkana-see
Kenia
Nairobi
Mogadischu
Victoria-see
Ruanda
Kigali
Bujumbura
Burundi
Mwanza
D. R. Kongo
Brazzaville
Pointe Noire
Kinshasa
Matadi
Kananga
Tanganyika-see
Dodoma
Daressalam
Mombasa
Tansania
Indischer Ozean
Seychellen
Victoria
Kap Verde
Praia
Luanda
Lobito
Angola
Huambo
Lubumbashi
Ndola
Sambia
Lusaka
Malawi
Lilongwe
Malawi-see
Mosambik
Sambesi
Moroni
Komoren
Mahajanga
Madagaskar
Antananarivo
Maramba
Harare
Simbabwe
Beira
Bulawayo
Namibia
Walfischbai
Windhuk
Botsuana
Gaborone
Limpopo
Pretoria
Johannes-burg
Mbabane
Swasiland
Maputo
Straße von Mosambik
Toliara
Port Louis
Mauritius
Réunion (Frankreich)
Bloemfontein
Maseru
Lesotho
Oranje
Durban
Südafrika
Kapstadt
Port Elisabeth
East London
1:47 000 000
20° W
0°
20° O
40° O
60° O
40° N
20° N
20° S
15° N
25° W

Einleitung

Was sind die Hauptprobleme Afrikas im beginnenden 21. Jahrhundert?
Die gegenwärtigen Hauptprobleme Afrikas sind Dürre, Hungersnöte, Seuchen, vor allem Aids, wirtschaftliche Rückständigkeit, Korruption, Armut und militärische Auseinandersetzungen um Territorien und politische Macht.

Welchen Religionen gehört die Bevölkerung an?
Je ca. 40 % der Bevölkerung sind Muslime und Christen, die restlichen 20 % sind Anhänger von Naturreligionen und – unter den nichtafrikanischen Bevölkerungsgruppen – Buddhisten, Hinduisten und Juden.

Was sind die wichtigsten Bodenschätze des Kontinents?
Zu den wichtigsten Bodenschätzen zählen Gold, Diamanten, Kupfer und Chrom. Aber die verarbeitenden Industrien sind aufgrund der verkehrstechnisch teilweise nur mangelhaft erschlossenen Landesteile allgemein nur schlecht entwickelt, sodass die Verarbeitung meist nicht in Afrika erfolgt. Viele der reichen Mineralvorkommen warten nur auf eine Infrastruktur, die effizienten Bergbau erlaubt.

Hintergrund: Wanderdünen, wie auf diesem Bild aus Algerien, sind ein wesentliches Merkmal von Sandwüsten, auch Ergs genannt.

Unten: Von der Hungersnot betroffene Kinder in Somalia

Kanarische Inseln

Die sieben kanarischen Inseln Teneriffa, Gran Canaria, Fuerteventura, El Hierro, La Gomera, Lanzarote und La Palma gehören zwar geografisch zu Afrika, politisch sind sie jedoch Spanien angegliedert. Sie blicken auf eine bewegte Geschichte zurück: Schon die Griechen kannten die Inseln und nannten sie Hesperiden. Herakles sollte von hier für die Göttin Athene die ewiges Leben verleihenden Äpfel der Hesperiden holen. Mit dem Vertrag von Alcaçovas (1479) gelang es der spanischen Königin Isabella I., dass die Kanarischen Inseln Kastilien zugesprochen wurden. Aber es gab noch eine Reihe von kriegerischen Auseinandersetzungen, bis 1496 mit der Unterwerfung Teneriffas die Inseln endgültig zu Spanien gehörten. Die Urbevölkerung, die Guanchen, kamen wahrscheinlich von Nordafrika aus in Binsenbooten auf die Inseln. Ihre Sprache ist mit den Berber-Sprachen verwandt.

Wie groß ist das Einzugsgebiet des Nils?
Der Nil ist mit 6671 km vermutlich der längste Fluss der Erde. Sein Einzugsgebiet umfasst mehr als 2,5 Mio. km², er entspringt in den Bergen von Ruanda und Burundi und durchfließt Tansania, Uganda, Sudan und Ägypten, bevor er dort ins Mittelmeer mündet. Der Hauptfluss des Nils ist der Weiße Nil, der sich bei Khartum im Sudan zum Nil vereinigt. Durch mehrere Quell- und Nebenflüsse erreicht der Nil insgesamt einen Einzugsbereich von 2,87 Mio. km². Der fruchtbarste Teil des Flusses ist sein 22 500 km² großes, in Ägypten gelegenes Delta. Für Millionen von Afrikanern ist der Nil immer noch der Lebensspender, als den bereits die alten Ägypter ihn besangen.

Was ist das Afar-Dreieck?

In der Tiefebene am Horn von Afrika, wo der Golf von Aden auf das Arabische Meer trifft, liegt mit 156 m unter dem Meeresspiegel der niedrigste Punkt des Kontinents, der Assalsee zwischen Dschibuti und Äthiopien. Diese Tiefebene, die Geologen das Afar-Dreieck nennen, ist der Schnittpunkt dreier tektonischer Verwerfungen, d. h. Bruchstellen der Erdkruste. Bricht diese, tritt an der Küste Dschibutis Magma aus und bildet neue Landmassen.

Wie heißt der höchste Punkt Afrikas?

Mit 5895 m ist der östliche Gipfel des Kilimandscharo, der Uhuru, der höchste Berg Afrikas, im Westen erhebt sich als kleinerer Gipfel der Mawenzi mit 5148 m. Der Kilimandscharo ist ein schlafender, von Gletschern bedeckter Vulkan in der Nähe des Äquators. An seinen Hängen werden Kaffee, Getreide und Gemüse angebaut.

Der Amboseli-Nationalpark im Süden Kenias ist berühmt für seinen Ausblick auf den schneebedeckten Gipfel des Kilimandscharo, der mit 5895 m der höchste Berg Afrikas ist.

Was sind Ergs?

Ergs sind sternförmige Sanddünen, die sich wie ein gewaltiger Teppich über die Grenzen dreier Länder erstrecken – Algerien, Tunesien und Libyen. Ergs können einen Durchmesser von 800 bis 1000 m und eine Höhe von bis zu 1600 m erreichen. Wegen ihrer Unzugänglichkeit werden diese Gebiete sogar von den furchtlosen Tuaregs gemieden. Das Gelände ist gnadenlos, eiskalte Nächte wechseln mit tödlich heißen Tagestemperaturen ab, Sandstürme kommen ohne Vorankündigung auf, und Wasser gibt es lediglich als Fata Morgana.

Ist die Sahelzone eine fest definierte Region?

Nein. *Sahel* ist das arabische Wort für „Küste“ und meint die Übergangsregion zur Sahara. Sie ist ein Gürtel aus Halbwüsten mit einer Breite zwischen 320 und 1130 km. Die Ausdehnung der Sahelzone ist stark abhängig von Dürren, plötzlichen Regenfällen und der von Menschen verursachten Versteppung.

Wie groß ist die Sahara?

Die Sahara umfasst 9 Mio. km^2, mehr als ein Drittel Nordafrikas. Allerdings wächst sie weiter und dehnt sich langsam, aber beständig nach Süden hin aus.

Oldowan

In Afrika wurden die ältesten menschlichen Lebensspuren gefunden, von hier breitete sich der *Homo erectus* und der *Homo sapiens* über die Welt aus. 1951 wurden in der Oldowan-Schlucht in Tansania von den beiden Archäologen Louis Seymour Bazett Leakey (1903–1972) und Mary Leakey (1913–1996) erstmals Überreste früher Menschen zusammen mit den nach dem Fundort benannten Oldowan-Geräten gefunden, die in Afrika aus der frühen Steinzeit bekannt sind und mit europäischen Funden der Altsteinzeit korrespondieren.

Oben: Kairo, die Hauptstadt Ägyptens, liegt im Nordosten des Landes am rechten Nilufer.

Eine Gruppe von Kriegern vom Stamm der Hamer in Äthiopien patrouilliert an der Grenze am Chew-Bahir-See.

Besteht die Sahara nur aus Sand?
Zwar ist die Sahara wegen ihrer wandernden Sanddünen bekannt, tatsächlich aber besteht sie hauptsächlich aus Geröll und Stein, und es sind riesige Felsplatten, die den Untergrund der Sahara bilden. Hier wechseln sich hohe Gebirge mit Senken ab, die mehr als 30 m unter dem Meeresspiegel liegen.

Warum gibt es in Afrika immer wieder Hungersnöte?
Der Hunger in Afrika ist in erster Linie ein politisch-wirtschaftliches und weniger ein Nahrungsmittel-Problem. Die westafrikanische Sahelzone z. B. produziert genug Nahrung für die ansässige Bevölkerung – die fehlende Infrastruktur und mangelnde politische Kooperation verhindern, dass die Lebensmittel dorthin gelangen, wo sie gebraucht werden. Außerdem wird die Situation durch Kriege und Korruption der Machthaber verschlimmert.

Wegen der reichen und einmaligen Flora und Fauna im erloschenen Ngorongoro-Krater Tansanias, einem der größten nicht gefluteten Krater der Welt, gehört dieser Naturpark heute zum Weltnaturerbe der UNESCO.

Welche sind die größten Städte Afrikas?
Die größte Stadt Afrikas ist das ägyptische Kairo mit 15,7 Mio. Einwohnern, es folgen Lagos in Nigeria mit 11,2 Mio. und Kinshasa in der Demokratischen Republik Kongo mit 8,1 Mio. Einwohnern.

Welche afrikanischen Autoren erhielten bislang den Literaturnobelpreis?
Wole Soyinka bekam als erster afrikanischer Autor 1986 den Literaturnobelpreis, 1988 erhielt ihn Naguib Mahfouz aus Ägypten, 1991 ging er an die weiße Südafrikanerin Nadine Gordimer und 2003 an den ebenfalls weißen Südafrikaner John M. Coetzee.

Was ist eine Tonsprache?
Eine Tonsprache oder tonale Sprache ist eine Sprache, die zur Bedeutungsunterscheidung ein komplexes System von Tonhöhen einsetzt. Dasselbe Wort kann verschiedene Bedeutungen haben und die jeweils gültige erschließt sich einzig durch dessen Betonung innerhalb des Satzgefüges. In Afrika sind, neben zahlreichen Dialekten, die afroasiatischen Sprachen wie das Hausa in Westafrika, viele Niger-Kongo-Sprachen sowie das Kanuri oder Nilo-Saharisch Tonsprachen.

Interessante Fakten – Kolonialismus

- Nach der Entdeckung Amerikas 1492 war Afrika für die Europäer hauptsächlich als Sklavenlieferant attraktiv.
- Im Zuge des Imperialismus wurde Afrika ab 1877 für die europäischen Großmächte wirtschaftlich interessant, innerhalb von 20 Jahren war fast der gesamte Kontinent unter den Europäern aufgeteilt.
- Bis 1912 verloren die meisten afrikanischen Völker ihre Freiheit.
- Als letzte europäische Kolonie wurde Dschibuti 1977 von Frankreich unabhängig.
- In Südafrika wird die schwarze Bevölkerungsmehrheit erst seit 1994 durch die Regierung auch tatsächlich vertreten.
- Es gibt heute immer noch einige Inseln, die geografisch zu Afrika, politisch jedoch zu europäischen Staaten gehören.
- Die Grenzen der Staaten waren von den Kolonialherren willkürlich gezogen worden und als Folge haben viele afrikanische Staaten kein Nationalgefühl entwickeln können.

MAROKKO

Flagge

Währung
1 Dirham (DH) = 100 Centimes

Staatsform
Parlamentarische Monarchie seit 1972

Hauptstadt
Rabat

Sprachen
Arabisch (Amtssprache), Französisch, Spanisch, Berber-Sprachen

Fläche 446 550 km²

Einwohnerzahl 32,7 Mio.

Religion
99 % Muslime (überwiegend Sunniten)

Besonderheiten
Marokko verwaltet das Territorium Westsahara, das nach Unabhängigkeit strebt.

Casablanca

Das wirtschaftliche Zentrum Marokkos ist die Küstenstadt Casablanca am Atlantik. Sie liegt südlich der Hauptstadt Rabat und ist mit fast 3 Mio. Einwohnern die größte Stadt des Landes. International berühmt wurde sie durch den gleichnamigen Film mit Humphrey Bogart und Ingrid Bergman aus dem Jahr 1942. In Casablanca steht auch die Hassan-II.-Moschee, die mit 200 m das höchste Minarett der Welt hat.

Im Teppich-Souk von Marrakesch. Souks sind in der Regel unbewohnt und dienen ausschließlich dem Handel und dem Handwerk.

Was bedeutet Maghreb?
Das arabische Wort *Maghreb*, abgeleitet von *gharaba* („untergehen" – gemeint ist die Sonne), bedeutet „Westen" und bezeichnet die afrikanischen Länder Tunesien, Algerien und Marokko. In der arabischen Welt ist mit Maghreb oft nur Marokko selbst gemeint, da es das westlichste arabische Land ist.

Was ist der Hohe Atlas?
Der Hohe Atlas ist ein Hochgebirgszug, der Marokko von Südwesten nach Nordosten durchzieht. Er ist ein erdgeschichtlich junges Gebirge mit Höhen bis über 4000 m. Der Hohe Atlas trennt in Marokko den atlantisch geprägten Küstenteil vom Landesinnern, das optisch von der Sahara bestimmt wird.

Wer ist der König von Marokko?
Der heutige König Mohammed VI. aus der Dynastie der Alawiden ist seit 1999 im Amt. Die Dynastie der Alawiden beherrscht seit 1640 das Land – zunächst als Sultane, seit 1957 als Könige von Marokko. Der König hat in Marokko weitreichende Machtbefugnisse, die politischen Tagesgeschäfte werden jedoch von einem Ministerpräsidenten geführt.

Besitzt das Land Bodenschätze?
Ja. Für die Wirtschaft von besonderer Bedeutung sind die Phosphatvorkommen. Aus Marokko stammen 75 % der weltweiten Fördermenge. Der größte Devisenbringer des Landes sind allerdings die Überweisungen der marokkanischen Arbeitsemigranten, von denen allein in Europa 1 Mio. leben.

Aït-Ben-Haddou, ein befestigtes Dorf im Südosten Marokkos, ist berühmt für seine ineinander verschachtelten Kasbahs (Wohnburgen) aus Lehm.

Wie ist Algerien geografisch gegliedert?

Algerien hat an seiner Mittelmeerküste nur einen schmalen fruchtbaren Flachlandstreifen. Daran schließt sich der Tellatlas an, ein Teil des Atlasgebirges mit Höhen bis zu 2300 m. Küstenebene und Teile des Gebirges bilden den eigentlichen Lebensraum des Landes. Südlich davon befindet sich die algerische Sahara, die 85 % der Landesfläche einnimmt.

ALGERIEN

Flagge

Währung
1 Algerischer Dinar (DA)
= 100 Centimes

Staatsform
Präsidialrepublik seit 1962

Hauptstadt
Algier

Sprachen
Arabisch (Amtssprache), Französisch, Berber-Sprachen

Fläche 2,4 Mio. km²

Einwohnerzahl 32,5 Mio.

Religion
99 % Muslime (Sunniten)

Besonderheiten
80 % des Landes sind ohne Vegetation.

Warum nennt man die Algerier ein junges Volk?

Etwa 34 % der Bevölkerung des Landes sind unter 15 Jahre alt. Die hohe Jugendarbeitslosigkeit führt jedoch zu starker Abwanderung der jungen Algerier, die bevorzugt nach Frankreich gehen.

Wann fand der Algerienkrieg statt?

1954 begann ein Unabhängigkeitskrieg der algerischen Bevölkerung gegen die Kolonialmacht Frankreich (seit 1830). Der Krieg wurde von beiden Seiten mit brutaler Härte geführt. Erst 1962 wurde die Unabhängigkeit Algeriens von Frankreich anerkannt.

Was ist die Kasbah?

Kasbah ist ursprünglich eine arabische Bezeichnung für eine Festung. In der algerischen Hauptstadt Algier wird aber die gesamte Altstadt als Kasbah bezeichnet. Sie wurde 1992 von der UNESCO in die Liste des Weltkulturerbes aufgenommen.

Eine Beduinen-Karawane in der algerischen Sahara. Die nomadischen Beduinen leben vorwiegend von der Viehzucht.

Algerisches Erdöl

In Algerien befindet sich das drittgrößte Erdölvorkommen Afrikas. Rohöl, Erdgas und Erdölerzeugnisse stellen mit 98 % des Exportwerts eine bedeutende Einnahmequelle des Landes dar. Die Öleinnahmen wurden teilweise in Prestigeobjekte investiert. Ein großer Teil der Gewinne verblieb allerdings bei der Oberschicht des Landes.

TUNESIEN

Flagge

Währung
1 Tunesischer Dinar (tD)
= 1000 Millimes

Staatsform
Präsidialrepublik seit 1959

Hauptstadt
Tunis

Sprachen
Arabisch (Amtssprache), Berber-Sprachen, Französisch

Fläche 163 610 km²

Einwohnerzahl 10,1 Mio.

Religion
98 % Muslime
(überwiegend Sunniten)

Was sind die bedeutendsten Wirtschaftszweige?
Die Wirtschaft Tunesiens teilt sich in drei Bereiche:
a) Landwirtschaft: Etwa 50 % der Landesfläche werden landwirtschaftlich genutzt. Schon zu römischen Zeiten und nach der Zerstörung Karthagos (im 3. Punischen Krieg 149–146 v. Chr.) wurde das Land neben Ägypten zur Kornkammer Roms. Darüber hinaus ist Tunesien einer der wichtigsten Exporteure von Olivenöl. Die Weinproduktion des Landes ist hingegen rückläufig.
b) Bodenschätze: Die bedeutendsten Bodenschätze sind neben Erdöl und Erdgas auch Phosphate, die zu Phosphorsäure und Düngemitteln verarbeitet werden.
c) Tourismus: Schon Anfang der 1970er-Jahre entwickelte sich der Tourismus, der heute jährlich etwa 4 Mio. Gäste ins Land bringt, die vor allem die Küstenorte Hammamet, Nabeul, Monastir und die Insel Djerba besuchen.

Ghorfas nennt man Silos für die Einlagerung von Getreide.

Ein typischer Gewürzstand auf einem Dorfmarkt in Tunesien

Wo steht die älteste Synagoge der Welt?
Seit mehr als 1000 Jahren steht auf der Insel Djerba die Synagoge *La Ghriba*, was so viel bedeutet wie „die Bizarre". Es soll die älteste Synagoge des Judentums sein. Am 33. Tag nach dem Pessach-Fest, das zur selben Zeit gefeiert wird wie Ostern, pilgern mit der wichtigsten jüdischen Wallfahrt Nordafrikas Gläubige aus der ganzen Welt hierher. Es gibt im Land heute allerdings nur noch etwa 2000 Juden, 98 % der Bevölkerung sind sunnitische Muslime.

Gibt es in Tunesien das Frauenwahlrecht?
Seit 1964 gibt es im Land das Frauenwahlrecht. Tunesien war damit das erste arabische Land, das der weiblichen Bevölkerung bei der Staatsgründung dieses Recht gewährte. Außerdem herrscht eine strikte Trennung von Staat und Religion. Es geht der Regierung auch darum, die Gleichstellung der Frau generell voranzutreiben, so liegt die Beschäftigungsquote von Frauen heute bei etwa 33 %.

Was ist Malouf?
Malouf ist die bekannteste, aus Tunesien stammende Musikrichtung, die nach der spanischen Eroberung im 15. Jahrhundert mit andalusischen Flüchtlingen ins Land kam. Versetzt mit arabischen und spanischen Elementen sowie Zitaten der Berber-Musik, spielt ein kleines Ensemble aus Violine, Trommel, Sitar und Laute.

Wie verteilt sich die Bevölkerung im Land? Die Bevölkerung lebt fast ausschließlich in den Städten der Mittelmeerküste. Die Wüste Sahara bedeckt 85 % der Landesfläche und ist bis auf einige Oasen fast menschenleer.

Was ist die Große Syrte?
Die Große Syrte ist eine weitläufige Bucht des Mittelmeers an der Nordküste Libyens. Hier lagern nicht nur Erdöl- und Erdgasvorkommen, die Küstenstädte, in denen die Pipelines aus dem Landesinneren enden, sind auch wichtige Umschlagplätze für den Export des Öls.

Haben die Libyer eine alte Geschichte?
Ja. Das Volk der Libyer ist seit dem Altertum bekannt, es stellte sogar ab 945 v. Chr. die ägyptischen Pharaonen der 22. Dynastie. Auch den Griechen war das Volk der Libyer bekannt, und große Teile des heutigen Libyens gehörten nach 146 v. Chr. zum Römischen Reich. Im Mittelalter war das Land Teil des Osmanischen Reichs.

Was ist das GMMR-Projekt?
Das Great-Man-Made-River-Projekt ist weltweit das größte Projekt zur Förderung von eiszeitlichen Süßwasservorkommen. Es wird in der libyschen Wüste seit 1984 aufgebaut und hat als Ziel den Ausbau einer Bewässerungslandwirtschaft. Für den Staat Libyen ist es auch ein Investitionsprojekt für die wirtschaftliche Zukunft, wenn die Ölquellen des Landes eines Tages versiegen.

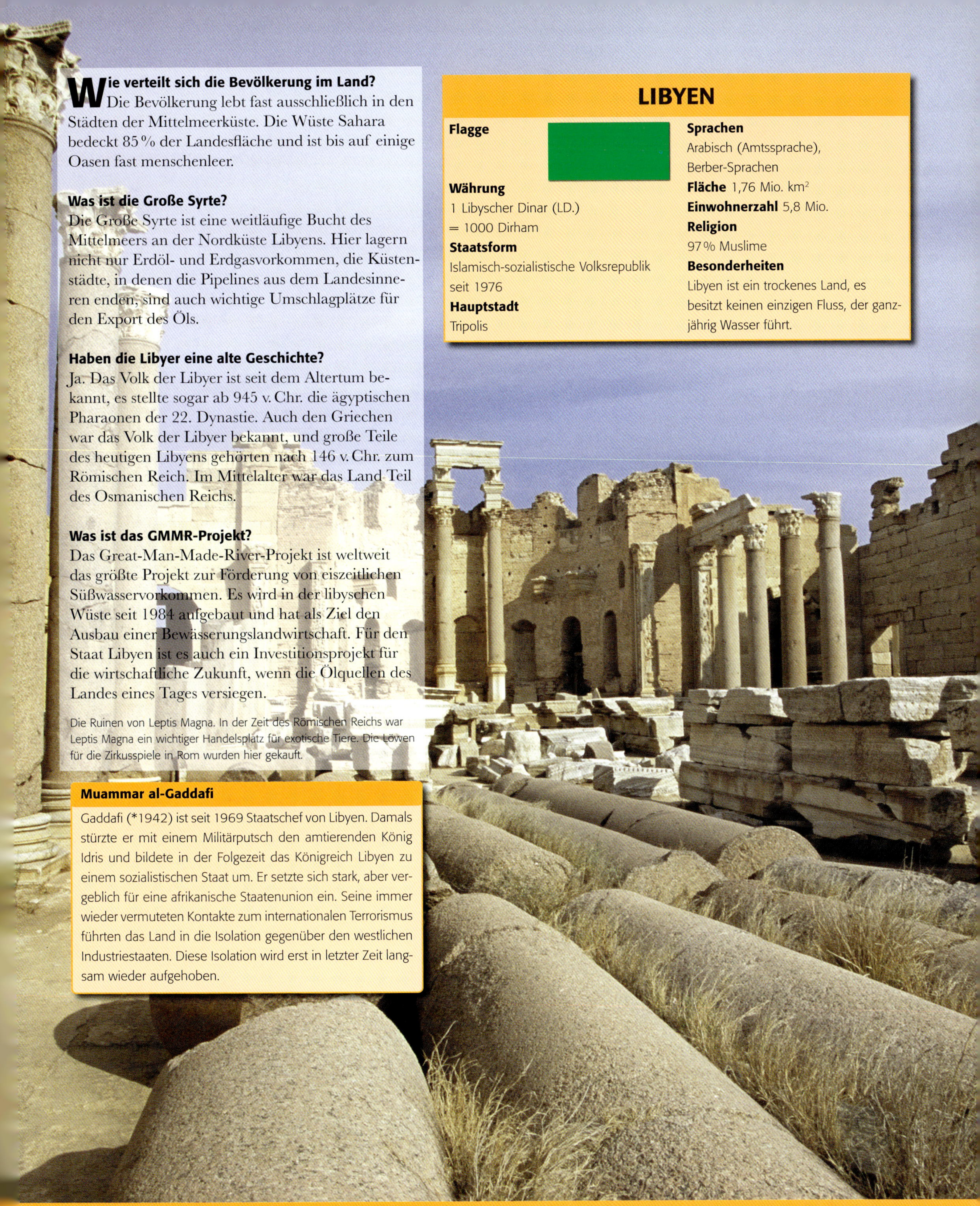

Die Ruinen von Leptis Magna. In der Zeit des Römischen Reichs war Leptis Magna ein wichtiger Handelsplatz für exotische Tiere. Die Löwen für die Zirkusspiele in Rom wurden hier gekauft.

LIBYEN

Flagge

Währung
1 Libyscher Dinar (LD.) = 1000 Dirham

Staatsform
Islamisch-sozialistische Volksrepublik seit 1976

Hauptstadt
Tripolis

Sprachen
Arabisch (Amtssprache), Berber-Sprachen

Fläche 1,76 Mio. km^2

Einwohnerzahl 5,8 Mio.

Religion
97 % Muslime

Besonderheiten
Libyen ist ein trockenes Land, es besitzt keinen einzigen Fluss, der ganzjährig Wasser führt.

Muammar al-Gaddafi

Gaddafi (*1942) ist seit 1969 Staatschef von Libyen. Damals stürzte er mit einem Militärputsch den amtierenden König Idris und bildete in der Folgezeit das Königreich Libyen zu einem sozialistischen Staat um. Er setzte sich stark, aber vergeblich für eine afrikanische Staatenunion ein. Seine immer wieder vermuteten Kontakte zum internationalen Terrorismus führten das Land in die Isolation gegenüber den westlichen Industriestaaten. Diese Isolation wird erst in letzter Zeit langsam wieder aufgehoben.

ÄGYPTEN

Flagge

Währung
1 Ägyptisches Pfund (ägypt£)
= 100 Piaster

Staatsform
Präsidialrepublik seit 1953

Hauptstadt
Kairo

Sprachen
Arabisch (Amtssprache), Nubisch

Fläche 1,00 Mio. km²

Einwohnerzahl 77,5 Mio.

Religion
90 % Muslime (Sunniten),
9 % koptische Christen

Besonderheiten
Die Bevölkerung lebt fast ausschließlich im Niltal und im Nildelta.

Der Pharao mit der Goldmaske

Tutanchamun war ein ägyptischer Pharao der 18. Dynastie, der etwa von 1333 bis 1323 v. Chr. regierte. Er starb im Alter von ca. 18 Jahren. Der britische Archäologe Howard Carter (1874–1939) entdeckte sein Grab 1922 im Tal der Könige. Die Entdeckung erregte weltweit Aufsehen, da das Grab weitgehend unversehrt und nicht geplündert war wie die übrigen Pharaonengräber. Viele der gefundenen Grabbeigaben waren aus Gold, insbesondere die Totenmaske, die Kopf, Schultern und Brust bedeckte. Bis heute geben viele Grabbeigaben den Archäologen Rätsel auf, und zum plötzlichen Tod des jungen Pharao kursieren verschiedene Theorien.

Die Pyramiden von Gise gehören zu den ältesten Bauwerken der Menschheit. Sie zählten schon im Altertum zu den „Sieben Weltwundern".

Ist Ägypten ein Wüstenland?
Etwa 95 % des Landes bestehen aus Wüste. Ägyptens Westen gehört zur Libyschen Wüste, der Osten zur Arabischen Wüste. Im Nordosten liegt die Sinai-Halbinsel, ein Wüstengebiet, das, getrennt durch den Suezkanal, geografisch schon zu Asien gerechnet wird. Auf der Sinai-Halbinsel liegt auch die höchste Erhebung des Landes, der Katharinenberg (Gabal Katrîna) mit 2637 m.

Warum nennt man den Nil die Lebensader des Landes?
Wirtschaftlich nutzbare Flächen besitzt Ägypten lediglich an den Ufern des Nils, der die Wüstengebiete im Westen und Osten des Landes voneinander trennt. Dort wird mithilfe von Bewässerungssystemen Landwirtschaft betrieben. Die nutzbare Fläche macht zwar nur 5 % des Staatsgebiets aus, ist aber für das Land von großer Bedeutung.

Wie oft regnet es in Ägypten?
Der größte Teil des Landes wird vom Wüstenklima ohne nennenswerte Niederschläge geprägt. Südlich von Kairo regnet es fast nie. Im Nildelta und an der Mittelmeerküste kommt es immerhin im Winter zu Regenfällen. Dort herrscht Mittelmeerklima, dementsprechend sinken die Temperaturen im Winter.

Ist der Nil der längste Fluss der Erde?
Der Nil ist mit 6671 km vermutlich der längste Fluss der Erde. Lediglich der Amazonas in Südamerika könnte ihn noch an Länge übertreffen. Da man die Quellflüsse des Amazonas nicht eindeutig bestimmen kann, muss diese Frage allerdings offen bleiben. Die Quellen des Nils liegen in den Bergen von Ruanda und Burundi. In seinem weiteren Verlauf durchquert der Strom neben Tansania Uganda und den Sudan, bevor er in Ägypten in einem großen Delta ins Mittelmeer mündet.

Wann wurde die Quelle des Nils entdeckt?
Das ganze 19. Jahrhundert über suchten zahlreiche europäische Forscher nach den Nilquellen. Der berühmteste unter ihnen war der Brite David Livingstone (1813–1873), der selbst glaubte, die Quelle im Bangweulusee gefunden zu haben. Er irrte sich jedoch. 1893 entdeckte man die Quelle des Flusses Luvironza, der heute als Quellfluss des Nils betrachtet wird.

Der Tempel von Luxor. Vor den beiden Sitzfiguren, die den Pharao Ramses II. darstellen, steht heute nur noch ein Obelisk. Der zweite Obelisk befindet sich auf dem Place de la Concorde in Paris.

Wer erbaute die Pyramiden?
Viele Pharaonen des Alten Reichs (ca. 2680–2180 v. Chr.) wurden in Pyramiden bestattet. Die Form der Pyramide entwickelte sich aus flachen Bauten (Mastaba) über die Stufenpyramide bis zu der reinen Pyramidenform, wie sie in den drei großen Pyramiden von Gise erhalten ist. Es gibt in Ägypten etwa 80 bekannte Pyramiden, von denen die Cheops-Pyramide bei Gise mit einer Grundfläche von 230 m x 230 m die größte ist.

War Kairo schon die Hauptstadt des Pharaonenreichs?
Nein. Die Hauptstädte des Reichs waren Theben und Memphis. Kairo wurde erst 973, also in muslimischer Zeit, Hauptstadt des fatimidischen Reichs. Heute ist Kairo mit fast 15,7 Mio. Einwohnern die Hauptstadt Ägyptens und die größte Stadt der arabischen Welt.

Lebt Ägypten vom Tourismus?
Nein. Aber der Tourismus ist neben den Einnahmen aus dem Suezkanal und dem Export von Erdöl und Erdgas eine der wichtigsten Devisenquellen des Landes, da die vielen ägyptischen Altertümer Besucher aus aller Welt anlocken. Durch terroristische Anschläge auf touristische Sehenswürdigkeiten erlitt die Branche in der Vergangenheit aber immer wieder starke Rückschläge. Zuletzt wurden im April 2006 23 Menschen bei einem Anschlag in Dahab (Sinai) getötet.

Der Assuan-Staudamm

Der Assuan-Staudamm (*Sadd el-Ali*) wurde zwischen 1960 und 1971 im südlichen Ägypten in der Nähe der Stadt Assuan errichtet. Er staut den Nil zum riesigen Nassersee auf, der sich bis in den südlich angrenzenden Sudan erstreckt und etwa 150 Mrd. m^3 Wasser fasst. Der Staudamm wurde mithilfe von 2000 sowjetischen Ingenieuren und 30 000 Arbeitern gebaut. 100 000 Menschen mussten umgesiedelt werden, da ihr ehemaliges Siedlungsgebiet von den Fluten des Sees überschwemmt wurde. Während der Bauphase erlangte der Ort Abu Simbel, 280 km südlich von Assuan, internationale Berühmtheit. Dort befanden sich zwei Felsentempel des Pharaos Ramses II., die in mehr als 1000 Einzelteile zerschnitten und 64 m höher wieder aufgebaut wurden, um zu vermeiden, dass sie in den Fluten des Nassersees versinken. Die Tempel gehören heute zum UNESCO-Weltkulturerbe.

Oben: Die Sultan-Hasan-Moschee in Kairo. Kairo besitzt mehrere hundert Moscheen, von denen viele architektonisch bemerkenswert sind.

Welche Rolle spielt der Islam?

In Ägypten ist der Islam Staatsreligion. Fast 90 % der Ägypter sind sunnitische Muslime, die einen fortschrittlichen Islam vertreten. Es gibt allerdings auch Zentren des islamischen Fundamentalismus, von denen Gewalt gegen „Ungläubige" als Mittel eines gerechten Kampfs vertreten wird. Eine bedeutende Minderheit im Land stellen die koptischen Christen, die sich selbst als direkte Nachfahren der pharaonischen Ägypter betrachten.

Mädchen in der Koranschule von Dachla. Die Oase Dachla gilt mit ihren 14 Dörfern als die schönste Oase Ägyptens.

Welche Bedeutung hat der Suezkanal?

Der Suezkanal wurde 1869 eröffnet und verbindet den Nahen und Fernen Osten über das Rote Meer mit dem Mittelmeer. Wegen seiner wirtschaftlichen und strategischen Bedeutung war der Kanal immer wieder Zankapfel in kriegerischen Auseinandersetzungen. Heute werden etwa 14 % der weltweiten Schiffsfracht durch den Suezkanal transportiert.

Die Fellachen

Die Angehörigen der Ackerbau betreibenden Landbevölkerung in Ägypten werden als Fellachen bezeichnet. Sie bebauen die landwirtschaftlichen Nutzflächen entlang des Nils, im Nildelta und in einzelnen Oasen. Ägypten ist allerdings nicht mehr in der Lage, seine stark anwachsende Bevölkerung selbst zu ernähren. 1980 musste dreimal so viel Weizen importiert werden, wie im Inland angebaut wurde.

Was sind der Weiße und der Blaue Nil?

Der Weiße und der Blaue Nil vereinigen sich bei Khartum im Sudan und bilden so den eigentlichen Nil. Beide sind nicht – wie häufig beschrieben – die Quellflüsse des Nils, da der Weiße Nil zwei eigene Quellflüsse besitzt (Albert-Nil, Victoria-Nil) und der Blaue Nil, der im äthiopischen Hochland entspringt, heute eher als Nebenfluss gilt. Seinen Namen hat er von der dunklen, erdigen Farbe des fruchtbaren Bodens Äthiopiens, den er fortschwemmt.

Wo liegt Nubien?

Oft findet man für das Gebiet zwischen Karima und Khartum die Bezeichnung Südnubien. Nubien galt von jeher als Schnittstelle zwischen dem zum Mittelmeerraum zählenden Ägypten und Schwarzafrika. Für das alte Ägypten war Nubien Lieferant von Gold und Sklaven. Im 10. Jahrhundert v. Chr. entstand das Reich Kusch, dessen nubische Fürsten eine kurze Zeit über Ägypten herrschten. Das Reich bestand etwa bis 300 n. Chr.

Scharia

Außer im Südsudan gilt islamisches Recht im Land, die Scharia, zu dt. „der Weg" – gemeint ist der Weg zu Gott. Die Scharia umfasst Tugend-, Glaubens- und religiöse Pflichtenlehre, aber auch Zivil- und Strafrecht auf der Basis des Korans. Beispiele für die Rechtsprechung: Unzucht (Homosexualität gilt als Unzucht), Verleumdung, Weinkonsum oder Diebstahl werden mit Körperstrafen bis zum Tod bestraft. Diebstahl beispielsweise wird mit der Amputation der stehlenden Hand und, im Wiederholungsfall, eines Fußes bestraft. Außerehelicher Geschlechtsverkehr wird bei volljährigen und verheirateten Muslimen mit lebenslangem Hausarrest oder einem von Gott geschaffenen „Ausweg" bestraft, in der Praxis oft die Steinigung.

SUDAN

Flagge

Währung
1 Sudanesischer Dinar (sD) = 100 Piaster

Staatsform
Islamische Republik seit 1986; seit 1989 Militärregierung

Hauptstadt
Khartum

Sprachen
Hocharabisch (Amtssprache), sudanesisches Arabisch, Dinka

Fläche 2,51 Mio. km²

Einwohnerzahl 40,2 Mio.

Religion
70 % Sunniten, 25 % Anhänger traditioneller Religionen, 5 % Christen

Besonderheiten
Der Sudan ist der größte Flächenstaat des afrikanischen Kontinents.

Was sind die wichtigsten Wirtschaftszweige?

Der Sudan gehört zu den ärmsten Ländern der Erde, dennoch verfügt das Land über reiche Bodenschätze wie Erdöl, Marmor, Uran und Gold. Die Volksrepublik China ist heute der wichtigste ausländische Investor; bis zu 8 % der Ölimporte Pekings stammen aus dem Sudan.

Welcher Konflikt besteht seit Jahren im Sudan?

Seit der Unabhängigkeit 1956 kommt es immer wieder zu bürgerkriegsähnlichen Auseinandersetzungen, und von 1983 bis 2005 befand sich der Sudan ununterbrochen im Bürgerkrieg. Hintergrund des Krieges ist der ethnisch-religiöse Gegensatz zwischen dem arabisch-muslimischen Norden und dem christlich-schwarzafrikanischen Süden. Die im Südosten gefundenen Ölfelder konnten bisher wegen des Kriegs nicht erschlossen werden. Bis April 2006 sind mehr als 300 000 Flüchtlinge in den Tschad und die Region Darfur gezogen, wo entsetzliches Elend das tägliche Leben bestimmt (s. Tschad).

Bis April 2006 flüchteten mehr als 300 000 Menschen vor den kriegerischen Auseinandersetzungen, die zwischen 1983 und 2005 im Sudan ununterbrochen stattfanden.

ERITREA

Flagge

Währung
1 Nakfa (Nfa) = 100 Cents

Staatsform
Republik seit 1983

Hauptstadt
Asmara

Sprachen
Arabisch, Tigrinya (Amtssprachen), Englisch

Fläche 121 320 km²

Einwohnerzahl 4,6 Mio.

Religion
50 % Christen, 50 % Muslime (Sunniten)

Besonderheiten
Zwischen der heißen und feuchten Küstenebene und dem klimatisch gemäßigten Hochland herrschen starke klimatische Unterschiede.

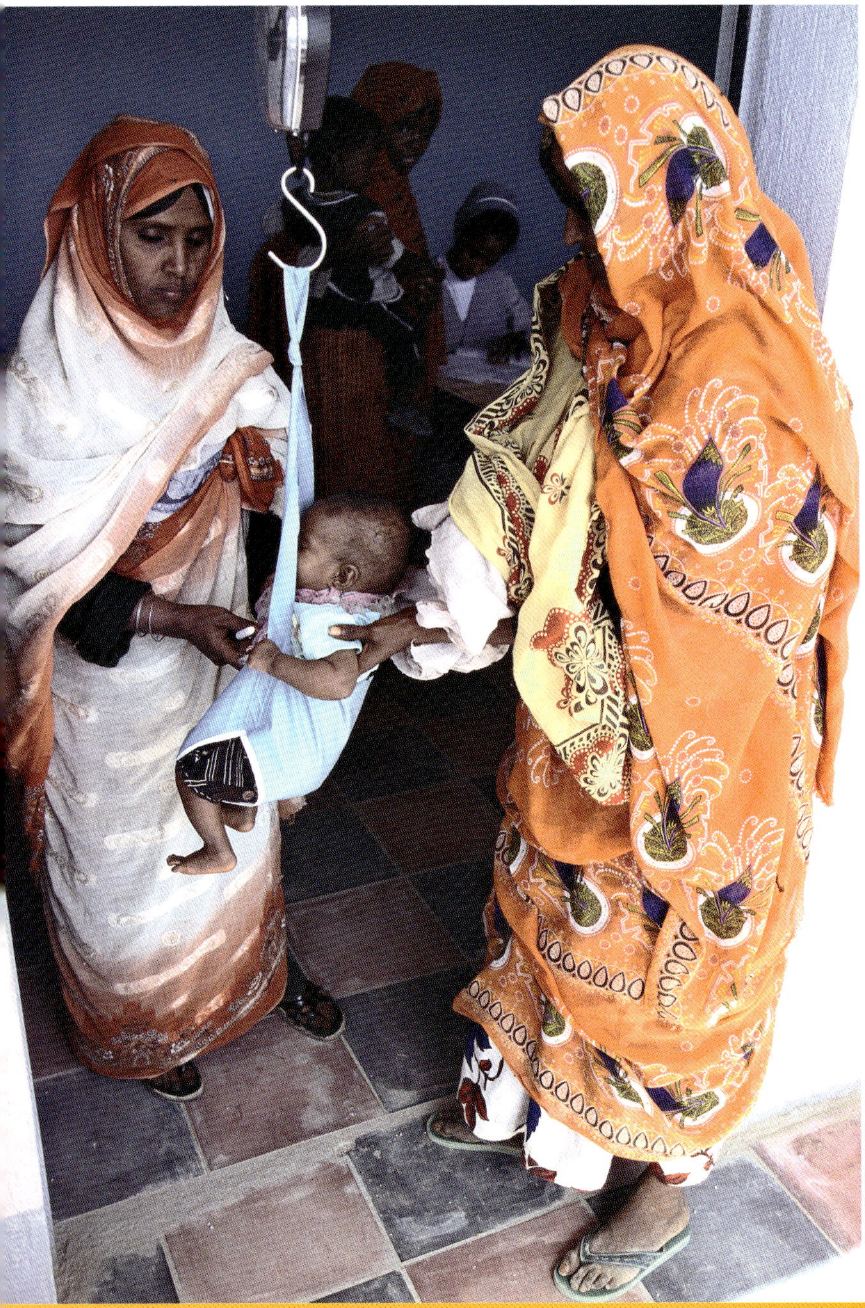

Was bedeutet der Landesname?
Eritrea leitet sich aus dem Griechischen ab, bedeutet „Rotes Meer" und kennzeichnet die geografische Lage des Landes. Es liegt im Osten Afrikas an der Küste des Roten Meers. Auf der Landseite hat es Grenzen zu den Nachbarländern Sudan, Äthiopien und Dschibuti.

Seit wann gibt es Eritrea?
Eritrea war von 1890 bis 1941 eine italienische Kolonie. Vorher war es in verschiedene kleine Herrschaftsbereiche lokaler Fürsten aufgeteilt gewesen und das eritreische Hochland vom äthiopischen Kaiser kontrolliert worden. Nach der italienischen Kolonialzeit wurde es von den Vereinten Nationen zu einer Föderation mit Äthiopien vereinigt. Von etwa 1960 bis 1990 herrschte ein 30-jähriger Unabhängigkeitskrieg, der 1993 mit der Unabhängigkeit des Staates Eritrea endete.

Ist das Land wirtschaftlich gesund?
Nein. Eritrea hat mit 50 % eine extrem hohe Arbeitslosigkeit. Von den Beschäftigten arbeiten 75 % in der Landwirtschaft, die aber nur 15 % zur Wirtschaftskraft des Landes beitragen. Zur Versorgung der Bevölkerung müssen Lebensmittel importiert werden. Das Land verfügt über Bodenschätze, wie Gold, Silber, Kupfer und Erdöl, die aber zum größten Teil noch nicht erschlossen sind. Die Industrie entwickelt sich nur langsam.

Bilden die Eritreer eine einheitliche Volksgruppe?
Nein. Es gibt im Land neun verschiedene Volksgruppen, unter denen allerdings die Tigrinya (41 %) und die Tigre (32 %) eine dominierende Stellung einnehmen. Auch hinsichtlich der Religionszugehörigkeit ist die Bevölkerungsstruktur nicht einheitlich. 50 % sind Christen, die andere Hälfte sind Muslime. Trotz dieser Unterschiede bildet die Bevölkerung eine nationale Einheit.

Ein Baby wird gewogen. Eritrea ist durch Dürreperioden immer wieder von Hungerkatastrophen bedroht. Hilfsorganisationen kümmern sich um die Versorgung der Bevölkerung.

Beschneidung

Eritrea zählt zu den Ländern, in denen die Beschneidung der weiblichen Genitalien noch sehr stark verbreitet ist, 90 % der Mädchen werden dieser grausamen Prozedur unterworfen, für die es keine medizinische Gründe gibt. Diese Tradition gerät in heutiger Zeit immer stärker in die öffentliche Kritik. Nach Angaben der WHO (Weltgesundheitsorganisation) sterben bei diesem Eingriff 5 bis 10 % der Mädchen, weitere 20 % sterben an den Spätfolgen.

Der äthiopisch-orthodoxen Kirche gehören ca. 1,7 Mio. Christen an. 1500 Kirchen und 22 Klöster stehen im Land zur Verfügung, wie diese Kirche in Addis Abeba.

Was ist Abessinien, und wo liegt es?
Äthiopien wird häufig auch als Abessinien bezeichnet, obwohl dieser Begriff eigentlich nur das Hochgebirge bezeichnet, das sich in Zentral- und Nordäthiopien befindet. Das Hochland von Abessinien liegt in einer Höhe zwischen 2000 und 4620 m, hat eine Nord-Süd-Ausdehnung von 1000 km und eine Ost-West-Ausdehnung von 500 km. Es entspricht damit der Größe der Alpen.

Ist Äthiopien ein christliches Land?
Äthiopien ist neben Armenien der älteste Staat der Erde, der stark durch das Christentum geprägt ist. Die äthiopisch-orthodoxen Christen stellen 45 % der Bevölkerung, daneben gibt es weitere 10 % protestantische und katholische Christen. 40 % der Äthiopier sind Muslime.

Wer war Haile Selassie?
Haile Selassie I. (1892–1975) war der letzte Kaiser von Äthiopien. Er trug auch die Titel „König der Könige" sowie „Löwe von Juda" und betrachtete sich als der 225. Nachfolger des biblischen Königs Salomon. Er wurde 1974 von der äthiopischen Armee gestürzt und starb bald darauf im Arrest.

ÄTHIOPIEN

Flagge

Währung
1 Birr (Br) = 100 Cents
Staatsform
Bundesrepublik seit 1994
Hauptstadt
Addis Abeba
Sprachen
Amharisch (Amtssprache), Oromo, Englisch
Fläche 1,13 Mio. km²
Einwohnerzahl 73,1 Mio.
Religion
55 % Christen, 40 % Muslime (Sunniten), 5 % Anhänger traditioneller Religionen
Besonderheiten
In Äthiopien werden über 80 Sprachen gesprochen.

Äthiopisches Essen

Eine wichtige Grundlage des einheimischen Essens ist die Zwerghirse *Teff*. Dieses uralte Getreide lässt sich schon im alten Ägypten der Pharaonenzeit nachweisen, ist aber als Kulturpflanze nur in Äthiopien erhalten geblieben. Aus Teffmehl wird das äthiopische Nationalgericht *Injera*, ein weiches Fladenbrot, hergestellt. Zu Injera werden verschiedene Saucen gereicht, die – ohne Besteck – mit kleinen Stücken des Fladenbrots aufgenommen werden. Das Essen wird mit *Berbere* sehr scharf gewürzt.

Eine Gruppe von Frauen hat Wasser aus dem Tanasee geholt. Der Tanasee liegt im Hochland von Abessinien und ist der höchstgelegene See in Afrika.

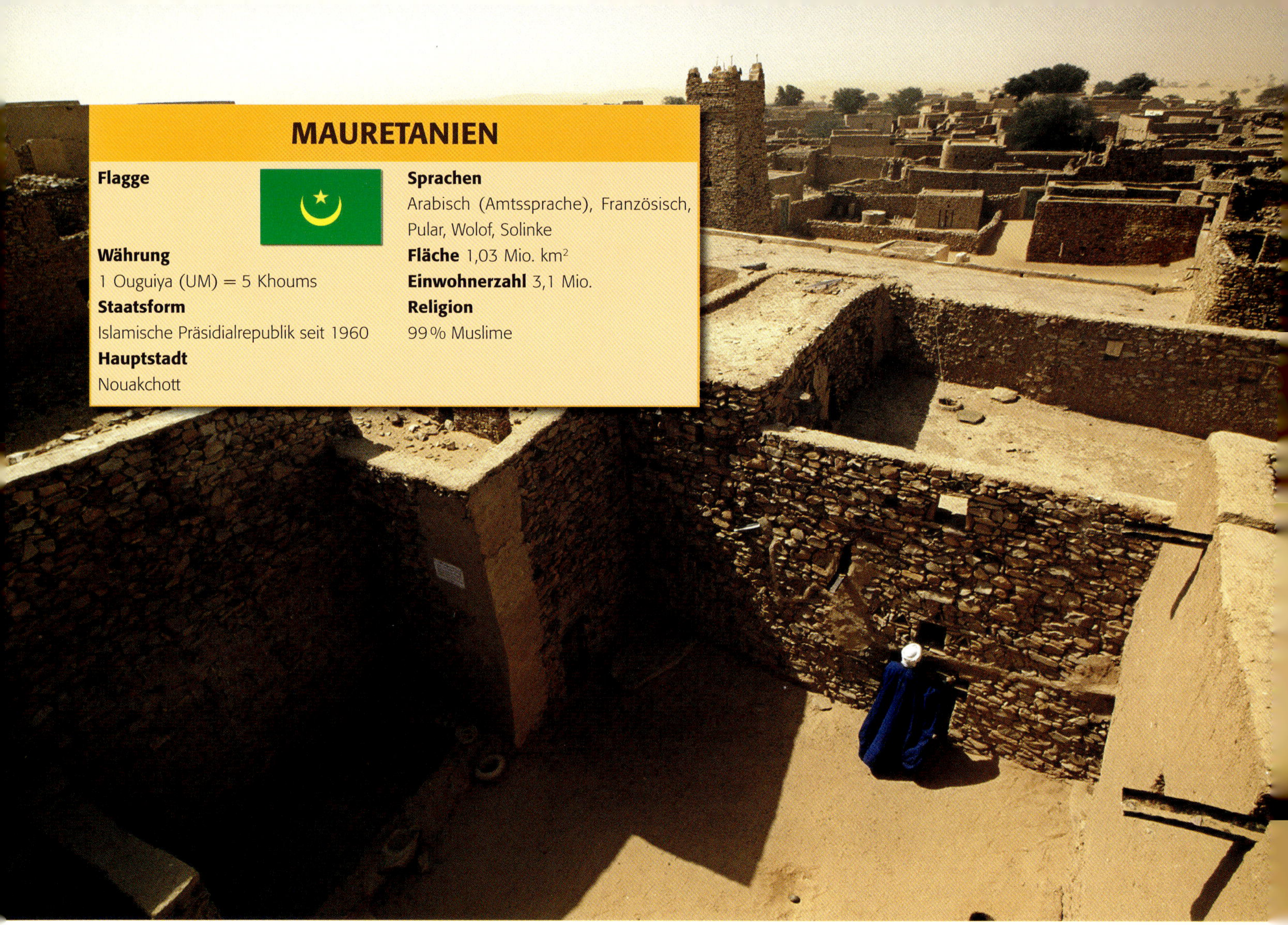

MAURETANIEN

Flagge

Währung
1 Ouguiya (UM) = 5 Khoums

Staatsform
Islamische Präsidialrepublik seit 1960

Hauptstadt
Nouakchott

Sprachen
Arabisch (Amtssprache), Französisch, Pular, Wolof, Solinke

Fläche 1,03 Mio. km²

Einwohnerzahl 3,1 Mio.

Religion
99 % Muslime

Heute sind große Teile der alten Handelsstadt Chinguetti menschenleer und der Wüste überlassen.

Ist Mauretanien ein Wüstenland?

Ja. Der größte Teil des Landesinnern besteht aus Sanddünen und Geröllfeldern. Mauretanien hat nur einen Fluss, der ständig Wasser führt, den Senegal im Süden, der gleichzeitig Grenzfluss zum gleichnamigen südlichen Nachbarland ist.

Ist das Land arm?

Ja. Das trocken-heiße Wüstenklima macht große Teile des Landes für eine landwirtschaftliche Nutzung unbrauchbar. 80 % der Einwohner verteilen sich auf 15 % der Landesfläche im Süden. Mauretanien gehört zu den ärmsten Ländern der Welt.

Hat Mauretanien eine lange Kolonialgeschichte?

Nein. Die Küste des Landes ist schwer zugänglich und von Bodenschätzen war nichts bekannt. Dementsprechend zeigten die Kolonialmächte wenig Interesse an dem Gebiet. Erst 1904 wurde das Land in die Kolonie Französisch-Westafrika eingegliedert, vorwiegend um eine Verbindung zwischen den nordafrikanischen und den westafrikanischen Kolonien der Franzosen herzustellen. 1960 wurde Mauretanien unabhängig.

Chinguetti

Jahrhundertelang wurde Mauretanien als das „Land von Chinguetti" bezeichnet. Heute ist der Ort Chinguetti im Nordwesten von Mauretanien Teil des UNESCO-Weltkulturerbes. Die fast 1000 Jahre alte Stadt war lange Zeit ein kulturelles Zentrum des Islam und Sammelpunkt der Mekka-Pilger aus Westafrika. Gleichzeitig war die kleine Stadt Zentrum vieler Handelsrouten, die durch die Sahara verliefen. In der alten Handelsstadt befinden sich noch fünf alte Bibliotheken mit vielen mittelalterlichen Manuskripten zum Koran.

Welche Perspektive besitzt die Wirtschaft?

Neben Fischerei und Erzbergbau basiert die Wirtschaft des Landes vorwiegend auf der Landwirtschaft, die aber nur für die Selbstversorgung ausreicht. Nur 0,2 % der Landesfläche – vorwiegend im Senegaltal – sind für die landwirtschaftliche Nutzung geeignet. Für die Zukunft hofft man auf die Erschließung von Bewässerungsflächen durch neue Staudammprojekte.

Was war das Großreich Mali?
Das Königreich Mali beherrschte im 13. und 14. Jahrhundert weite Teile Westafrikas. Die Herrscher trugen den Titel *Mansa*, was „König der Könige" bedeutet. Unter Mansa Musa erreichte das Königreich Mali um 1320 seine größte Ausdehnung, vom Atlantik bis zum heutigen Nigeria. Die Herrscher des Reichs waren für ihren sagenhaften Reichtum bekannt.

Wie ist die Natur des Landes beschaffen?
Mehr als 60 % des Landes bestehen aus Wüste, die insbesondere den Norden Malis prägt. Der Süden ist stärker vom tropisch-feuchten Klima geprägt, sodass hier auch Landwirtschaft möglich ist. Der bedeutendste Fluss ist der Niger, der das Land im Süden durchquert.

Was ist das sagenhafte Timbuktu?
Timbuktu ist heute eine kleine Oasenstadt mit etwa 30 000 Einwohnern im zentralen Mali. In seiner Blütezeit war Timbuktu Hauptstadt der Reiche Mali und Songhai und hatte bis zu 100 000 Einwohner. Die Stadt war Zentrum des Gold- und Salzhandels und galt als sagenhaft reich.

MALI

Flagge

Währung
1 CFA-Franc
Staatsform
Präsidialrepublik seit 1960
Hauptstadt
Bamako
Sprachen
Französisch (Amtssprache), Bambara, Fulfulde, Songhai

Fläche 1,24 Mio. km^2
Einwohnerzahl 12,3 Mio.
Religion
90 % Muslime, 8 % Anhänger traditioneller Religionen
Besonderheiten
Der Niger bildet in Mali ein großes Binnendelta, die Massina, ein 450 km langes, sumpfiges Niederungsgebiet.

Ist Mali auch heute noch ein reiches Land?
Nein. Mali ist heute eines der ärmsten und am wenigsten entwickelten Länder der Welt. 80 % der Bevölkerung sind in der Landwirtschaft beschäftigt, die nur auf 2 % der Landesfläche möglich ist. Immer wieder bedrohen lange Trockenzeiten die Ernte. Mehr als 80 % der erwachsenen Bürger des Landes sind Analphabeten.

Die aus Lehmziegeln gebaute Moschee von Djenné war im Mittelalter eines der wichtigsten Zentren des Islams.

Die Moschee von Djenné
Die Moschee der Stadt Djenné in Mali ist das größte aus Lehmziegeln erbaute Gebäude der Welt. Sie zählt zu den berühmtesten Architekturwerken Afrikas. Die heutige Moschee wurde ab 1906 erbaut, geht aber auf ein Vorbild aus dem 13. Jahrhundert zurück. Seit 1988 ist sie Teil des Weltkulturerbes der UNESCO.

NIGER

Flagge

Währung
CFA-Franc
Staatsform
Parlamentarische Demokratie
Hauptstadt
Niamey

Sprachen
Französisch (Amtssprache), Hausa, Zarma, Fulfulde
Fläche 1,26 Mio. km²
Einwohnerzahl 11,7 Mio.
Religion
95 % Muslime, Minderheit Anhänger traditioneller Religionen und Christen

Früher lag ein Großteil des Salzhandels in den Händen der Tuareg. Die Frauen der Tuareg nehmen eine hohe gesellschaftliche Stellung ein und gelten als die Bewahrerinnen der Kultur.

Tuareg

Das Wort Tuareg stammt aus dem Arabischen, und oft wird der Name volksethymologisch als *Tarqi*, „von Gott Verstoßene", interpretiert. Sich selbst nennen die Tuareg in ihrer Sprache *Kel Tagelmust*, „Schleiermänner", oder *Imuschaq*, „Freie". Sie sind auch unter der Bezeichnung *Blaues Volk* bekannt, weil ihre Kleidung vorwiegend indigoblau ist. Als Volk stammen sie von den Berbern ab und ihr Lebensraum sind die Sahara und die Sahelzone. Seit Jahrhunderten leben sie als Nomaden in den heutigen Staaten Mali, Niger, Burkina Faso, Mauretanien, Nigeria und Algerien. Man schätzt ihre Stammesgröße heute auf ca. 500 000 Angehörige. In Niger kommt es immer wieder zu Aufständen der Tuareg, weil man ihre traditionelle nomadische Lebensweise gewaltsam verändern will.

Warum gibt es in der Republik Niger immer wieder Hungersnöte?
Niger gehört zu den ärmsten und am wenigsten entwickelten Ländern der Welt, zwei Drittel des Landes liegen in der Sahara, und nur der schmale Südrand entlang der nigerianischen Grenze liegt in der gemäßigteren Sahelzone und kann landwirtschaftlich genutzt werden.

Wie kommt es zum Problem der Bodenerosion?
Wälder und Felder werden durch Abholzung zur Gewinnung von Brennmaterial und Rodung der ungehinderten Sonneneinstrahlung ausgesetzt. Dies lässt die Erde ausdörren und verhindert jegliche Düngerwirkung. Die Folgen sind verstärkte Erosion sowie Nährstoffverluste. Um eine völlige Versteppung zu verhindern, werden seit den 1980er-Jahren ganze Landstriche systematisch bepflanzt. Als besonders geeignet hat sich die Akazienart *Faidherbia albida* erwiesen. Inzwischen sind mehr als 3 Mio. ha mit der Akazie bepflanzt, eine weitere Abholzung wird verhindert und große Flächen werden landwirtschaftlich genutzt.

TSCHAD

Flagge

Währung
CFA-Franc
Staatsform
Präsidialrepublik seit 1960
Hauptstadt
N'Djamena
Sprachen
Hocharabisch, Französisch (Amtssprachen), Tschadisches Arabisch, Maba

Fläche 1,28 Mio. km^2
Einwohnerzahl 9,8 Mio.
Religion
50 % Muslime, 30 % Christen, 20 % Anhänger traditioneller Religionen
Besonderheiten
Der Tschad ist etwa dreieinhalbmal so groß wie Deutschland und verfügt nur über 400 km befestigte Straßen.

Links: Die Vereinten Nationen nennen Darfur die größte Krise der Menschheit. Diese Kinder sind Flüchtlinge aus dem Sudan in einem Flüchtlingslager in Farchana.

Verfügt der Tschad über ausreichende Wassermengen?

Nein, die trockenen Zonen der Sahara und Sahelzone im Norden und in der Mitte des Landes überwiegen bei weitem die Fläche der nahezu tropischen Zone im Süden, die allein nennenswerte Niederschläge aufweist. Wegen der starken Bevölkerungszunahme und der häufig wiederkehrenden Dürrejahre werden unkontrolliert Brunnen gegraben, was auf Dauer ein Absinken des Grundwasserspiegels zur Folge hat. Dies wiederum führt zu Wasserverlusten z. B. im Tschadsee im Südosten.

Wie viele Sprachen werden im Land gesprochen?

Im Tschad leben Vertreter von mehr als 200 verschiedenen Ethnien, die zumeist über eigene Sprachen oder Dialekte verfügen. Als Folge werden hier mehr als 100 Sprachen und Dialekte gesprochen, und die meisten Bewohner sprechen mehr als eine Sprache. Die wichtigste Sprache ist Arabisch, sie wird von 26 % der Bevölkerung gesprochen. Die Amtssprache Französisch beherrscht nur eine gebildete Minderheit.

Interessante Fakten

- Der Tschad steht entsprechend der Korruptionsstudie aus dem Jahr 2006 von Transparency International auf Platz 157 von 163 untersuchten Staaten, hat also eine der höchsten Korruptionsraten weltweit.
- Wegen schlechter medizinischer Versorgung sterben jährlich Tausende an den Folgen von Meningitis, Malaria, Cholera und Masern.
- 80 % der Bevölkerung leben in absoluter Armut.

Was ist das größte politische Problem?

Seit 2003 treffen immer mehr Flüchtlinge aus der vom Krieg zerrissenen westsudanischen Region Darfur ein, bis April 2006 waren es mehr als 300 000. Ohne internationale Hilfe ist das Land nicht in der Lage, dieses Flüchlingsstroms Herr zu werden. Überdies ist es inzwischen zu kriegerischen Auseinandersetzungen mit Rebellen aus dem Sudan gekommen, durch die Hunderte Tote zu beklagen sind.

Das Ennedi-Massiv liegt im Norden Tschads und war vielleicht Ursprung des Uramazonas, als dieses Gebiet vor 130 Mio. Jahren noch zum Superkontinent Gondawa gehörte.

KAP VERDE

Flagge

Währung
1 Kap-Verde-Escudo (KEsc)
= 100 Centavos

Staatsform
Republik seit 1975

Hauptstadt
Praia

Sprachen
Portugiesisch (Amtssprache), Kreolisch

Fläche 4036 km²

Einwohnerzahl 495 000

Religion
90 % Katholiken, 10 % Protestanten

Besonderheiten
Der Inselstaat besteht aus 15 Inseln, von denen neun bewohnt sind.

Tarrafal

Auf Santiago, der größten der Kapverdischen Inseln, liegt der kleine Ort Tarrafal, dessen Erwähnung bei Portugiesen lange Zeit Angst und Schrecken hervorrief. Während der Diktaturzeit des Salazar-Regimes in Portugal von 1926 bis 1974 befand sich ab 1933 in diesem Ort ein Konzentrationslager, das für politische Gegner eingerichtet worden war.

Woher stammt die Bevölkerung von Kap Verde? Die Inseln waren vor ihrer Entdeckung durch die Portugiesen im Jahr 1456 unbewohnt. Danach kam es immer wieder zu Einwanderungswellen aus Portugal, aber auch zu großen Auswanderungsbewegungen nach Hungerkatastrophen. Die Bevölkerung besteht aus den Nachfahren von Verbindungen zwischen Portugiesen und afrikanischen Sklaven. Heute leben mehr Kap-Verdier im Ausland als auf den Inseln selbst.

Welche Bedeutung hatte Kap Verde für Portugal?
Die Inselgruppe wurde von den Portugiesen vorwiegend als Militärposten zur Sicherung weiterer Entdeckungsfahrten genutzt. Im 16. Jahrhundert hatte besonders die Insel Santiago die Funktion eines Sklaven-Umschlagplatzes zwischen Afrika und Amerika. 1975 wurde Kap Verde von Portugal unabhängig.

Worunter leidet die Wirtschaft des Landes?
Um die Wirtschaftskraft des Landes ist es schlecht bestellt. Kap Verde hat keine Rohstoffe, und aufgrund des trockenen Wüstenklimas ist eine landwirtschaftliche Nutzung des Bodens kaum möglich. Eine Bewässerungslandwirtschaft ist auf die spärlichen Regenfälle angewiesen. Über 90 % der Nahrungsmittel müssen importiert werden. Etwa 20 % der Einnahmen der Bevölkerung stammen aus Geldüberweisungen von Emigranten.

Welche Bedeutung hat der Tourismus?
Er ist noch sehr unterentwickelt und trägt nur zu 10 % zur Wirtschaftskraft des Landes bei. Bisher werden nur Strandtouristen, Segler und Surfer angelockt. Für Natur- und Kulturtouristen gibt es keine nennenswerten Angebote.

Ein kleiner Fischerhafen auf Santo Antao, der zweitgrößten der Kapverdischen Inseln. Der Fang der Fischer wird gleich im Hafen weiterverkauft.

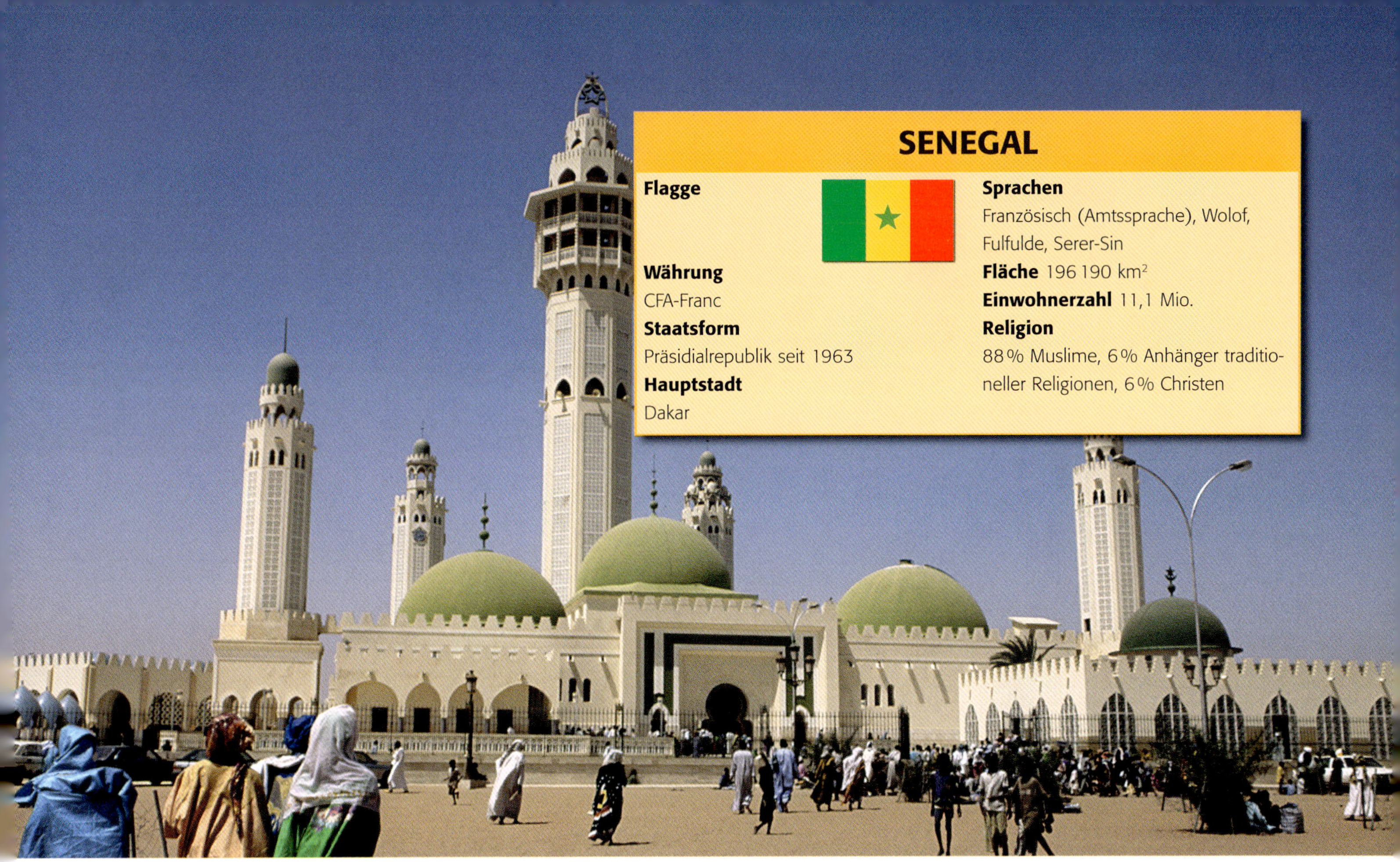

SENEGAL

Flagge

Währung
CFA-Franc

Staatsform
Präsidialrepublik seit 1963

Hauptstadt
Dakar

Sprachen
Französisch (Amtssprache), Wolof, Fulfulde, Serer-Sin

Fläche 196 190 km^2

Einwohnerzahl 11,1 Mio.

Religion
88 % Muslime, 6 % Anhänger traditioneller Religionen, 6 % Christen

Gläubige auf dem Weg zum Gebet in die Große Moschee von Touba

Was war der Casamance-Konflikt?
So nennt man den bewaffneten Konflikt zwischen der Regierung des Senegal und der Mouvement des Forces Démocratique de la Casamance (MFDC), der 1990 begann. Der Konflikt setzte mit der Unabhängigkeitserklärung der Region Casamance ein. Die Djola, die Bewohner der Casamance, organisierten friedliche Demonstrationen für ihre Unabhängigkeit, bis 1982 ihre Anführer inhaftiert wurden und eine bürgerkriegsähnliche Auseinandersetzung begann, die mehrere Tausend Tote forderte.

Was geschah mit der Fähre *La Joola*?
Die Fähre *La Joola* war nach dem Stamm der Djola benannt worden und stellte die wichtigste Fährverbindung zwischen Dakar und der Region Casamance dar. Das Schiff war für 550 Passagiere, 13 Fahrzeuge und 250 t Fracht vorgesehen. Am 26. September 2002 ging die *La Joola* unter, die Katastrophe forderte 1863 Tote, nur 65 Personen konnten gerettet werden. Der Untergang führte zu einer politischen Krise in Senegal und zur Entlassung der Regierung durch Präsident Abdoulaye Wade.

Was ist der Lac Retba?
Französisch heißt dieser ca. 3 km^2 große Salzsee in der Nähe Dakars, der vom Meer nur durch eine Düne getrennt ist, auch Lac Rose. Diesen Namen hat der See aufgrund der rosaroten Färbung des Wassers, verursacht von Cyanobakterien und Mikroorganismen, die im Salz leben. Die Ufer sind von weißen Salzbergen gesäumt, die hier abgebaut werden. Wegen seines extrem hohen Salzanteils (ca. 400 g/Liter) kann man hier wie auch im Toten Meer mühelos auf dem Wasser treiben. Der See ist das Endziel der Rallye Dakar.

Eine Gruppe von Fischern sitzt unter den Schatten spendenden Ästen eines Feigenbaums am Ufer des Flusses Casamance in Kafountine.

GAMBIA

Flagge

Währung
1 Dalasi (D) = 100 Bututs

Staatsform
Präsidialrepublik (im Commonwealth) seit 1970

Hauptstadt
Banjul

Sprachen
Englisch (Amtssprache), Mandingo, Wolof, Fulfulde

Fläche 11 295 km²

Einwohnerzahl 1,6 Mio.

Religion
90 % Muslime, 9 % Christen

Besonderheiten
Gambia wird auf der Landseite vollständig vom Senegal umschlossen.

Senegambischer Steinkreis. Besucher lassen auf den Megalithen kleine Steinchen zurück, die vermutlich Glück bringen sollen.

Woher stammt der Landesname?

Gambia liegt in Westafrika an den Ufern des Flusses Gambia. Der Ursprung des Landesnamen wird in dem portugiesischen Wort *câmbio*, das „Austausch" oder „Handel" bedeutet, vermutet. Damit wurde die Stelle an der Flussmündung beschrieben, an der die portugiesischen Seefahrer Handel mit der Bevölkerung betrieben.

Welche Kolonialmächte waren in Gambia?

Schon im 15. Jahrhundert trafen portugiesische Händler an der Westküste Afrikas ein. Im 17. und 18. Jahrhundert stritten Franzosen und Engländer um die Vorherrschaft über die Flüsse im Senegal und in Gambia. Seit 1763 hatte dann Großbritannien die Herrschaft über Gambia. Über die Flüsse wurden Elfenbein, Gold und Sklaven aus dem Inland gebracht.

Besitzt das Land Bodenschätze?

Nein. Das Land hat keine wirtschaftlich bedeutenden Bodenschätze. Die Bevölkerung lebt von der Landwirtschaft, dem Tourismus und der Fischerei. Die Erdnuss ist das wichtigste landwirtschaftliche Exportprodukt. Gambia gehört zu den ärmsten Ländern der Welt.

Was sind die senegambischen Steinkreise?

Entlang des Flusses Gambia befinden sich mehr als 1000 Monumente, die aus Kreisen oder Doppelkreisen von tonnenschweren Megalithen bestehen. Die Höhe der Steine reicht bis zu 2,5 m. Archäologen konnten bisher weder die Erbauer noch die Bedeutung der Steinkreise zweifelsfrei bestimmen. Eventuell handelt es sich um Herrschergräber. Seit 2006 gehören sie zum Weltkulturerbe der UNESCO.

Heilige Krokodile

In Gambia ist das Krokodil ein Tier mit großer mythologischer Bedeutung. Die bei Vollmond auf dem Mond sichtbaren Formen werden von den Westafrikanern als Krokodil interpretiert. Am Rand des gambischen Orts Bakau befindet sich das „Heilige Krokodilbecken von Kachikally", das vermutlich schon seit dem 13. Jahrhundert von der Familie Bojang versorgt wird. Das Krokodil wird als Fruchtbarkeitssymbol betrachtet und ist auch auf gambischen Münzen abgebildet.

Warum spricht man portugiesisch?

Das Gebiet von Guinea-Bissau gehörte im Mittelalter zum Königreich Mali. Schon 1446 besetzten die Portugiesen den Küstenstreifen, der seither als Portugiesisch-Guinea zu Portugal gehörte. Erst 1974 erlangte Guinea-Bissau die Unabhängigkeit. Reines Portugiesisch sprechen aber nur 14 % der Bevölkerung. Die Mehrheit spricht portugiesisches Kreolisch, ein vereinfachtes und durch Stammessprachen gefärbtes Portugiesisch.

Ist Guinea-Bissau rückständig?

Ja. Das Land zählt zu den zehn ärmsten Ländern der Welt. Die Bevölkerung lebt von der Landwirtschaft, die nur zur Selbstversorgung reicht. Eine Industrie existiert nicht. In neuerer Zeit entwickelte sich das Land zu einem bedeutenden Exporteur von Cashewnüssen. Guinea-Bissau besitzt auch Ölvorkommen, deren Erschließung aber bislang zu teuer ist.

Bissagos-Archipel

Der Bissagos-Archipel ist eine aus 88 Inseln bestehende Inselgruppe vor der Küste von Guinea-Bissau. Vor der Ankunft der Portugiesen im 15. Jahrhundert hatten die Bewohner des Archipels eine mächtige Flotte aufgebaut und spielten eine wesentliche Rolle im westafrikanischen Handel. Damals konnten sie eine Eroberung durch die Portugiesen verhindern. Erst 1936 wurden die Inseln teilweise von Portugal annektiert. Im Zuge der Unabhängigkeit 1974 schloss sich der Archipel Guinea-Bissau an.

Ein Fischer schöpft Wasser aus dem Rumpf seines traditionellen Einbaum-Kanus, dessen Rumpf aus einem einzigen Baumstamm hergestellt ist.

GUINEA-BISSAU

Flagge

Währung
1 CFA-Franc

Staatsform
Präsidialrepublik seit 1963

Hauptstadt
Bissau

Sprachen
Portugiesisch (Amtssprache), portugiesisches Kreolisch, Fulfulde, Mandingo

Fläche 36 120 km²

Einwohnerzahl 1,4 Mio.

Religion
50 % Muslime, 40 % Anhänger traditioneller Religionen, 10 % Christen

Besonderheiten
22 % der Landesfläche verteilen sich auf die Inseln des Bissagos-Archipels.

Getreide wird auf Podesten aus Holz und einem Bett aus Palmwedeln getrocknet.

Gibt es ein staatliches Schulsystem?

Offiziell gibt es eine sechsjährige Schulpflicht, tatsächlich besuchen aber nur wenige Kinder eine Schule, da sie entweder von den Eltern in der Landwirtschaft gebraucht werden oder die nächste Schule unerreichbar ist. Die Folge ist eine Analphabetenrate von 61 %. Weiterführende Schulen existieren nur in der Hauptstadt Bissau, eine Universität besitzt das Land nicht.

GUINEA

Flagge

Fläche 245 857 km²
Einwohnerzahl 9,5 Mio.
Religion
85 % Muslime, 8 % Christen, 7 % Anhänger traditioneller Religionen
Besonderheiten
Der Mount Nimba ist mit 1752 m der höchste Berg von Guinea und gleichzeitig der höchste Berg der Elfenbeinküste, da über seinen Gipfel die Grenze zwischen beiden Ländern verläuft.

Währung
Guinea-Franc (F.G.)
Staatsform
Präsidialrepublik seit 1991
Hauptstadt
Conakry
Sprachen
Französisch (Amtssprache), Fulfulde, Malinka

Seit wann ist Guinea ein unabhängiger Staat?
Guinea war seit 1892 als Teil von Französisch-Westafrika eine französische Kolonie. Im Jahr 1958 wurde Guinea nach einer Volksabstimmung als Republik vollständig unabhängig von Frankreich. Die übrigen Gebiete Französisch-Westafrikas erreichten diesen Status erst 1960.

Welche Bevölkerungsgruppen leben in Guinea?
In Guinea leben etwa 20 Volksgruppen. Die bedeutendsten sind die Fulbe (40 %) und die Malinke (30 %). Die Fulbe sind relativ hellhäutig, und einige Indizien sprechen dafür, dass ihre Vorfahren aus dem alten Ägypten stammen. Die Malinke waren das Hauptvolk des bedeutenden Königreichs Mali, das seine Blütezeit im 15. Jahrhundert erreichte und für seinen sagenhaften Reichtum bekannt war.

Ist Guinea ein armes Land?
Ja. Es ist eines der ärmsten Länder der Welt. 80 % der Bevölkerung arbeiten in der Landwirtschaft, die vorwiegend der Selbstversorgung dient. Landwirtschaftliche Erzeugnisse machen nur 2 % der Exporterlöse aus. Die Industrie ist nur schwach entwickelt.

Hat das Land Bodenschätze?
Ja. Sogar sehr bedeutende. Fast die Hälfte der Weltvorräte an Bauxit werden in Guinea vermutet. Nach Australien ist Guinea der zweitgrößte Bauxitlieferant. Ferner gibt es Eisenerz, Uran, Diamanten und Gold. Die Bodenschätze bringen 85 % der Exporterlöse des Landes.

Fischer in Einbaum-Kanus. Kleine Boote, deren Rumpf aus einem einzigen Baumstamm hergestellt ist, werden nicht nur bei Naturvölkern, sondern auch in modernen Gesellschaften benutzt.

Sékou Touré

Sékou Touré (1922–1984) führte Guinea 1958 in die Unabhängigkeit und wurde der erste Präsident Guineas. Nach der Unabhängigkeit kam es zum Bruch mit Frankreich, und Touré propagierte einen panafrikanischen Sozialismus. Er errichtete in Guinea eine der grausamsten Diktaturen Afrikas, durch die mindestens 2 Mio. Einwohner zur Flucht gezwungen wurden. Nach seinem Tod übernahm 1984 der derzeitige Präsident Oberst Lansana Conté die Macht.

SIERRA LEONE

Flagge

Währung
1 Leone (Le) = 100 Cents

Staatsform
Präsidialrepublik (im Commonwealth) seit 1978

Hauptstadt
Freetown

Sprachen
Englisch (Amtssprache), Mende, Temne

Fläche 71 740 km^2

Einwohnerzahl 6,0 Mio.

Religion
70 % Muslime, 15 % Anhänger traditioneller Religionen, 15 % Christen

Wieso heißt das Land Sierra Leone?
Den Namen Sierra Leone, „Löwengebirge", gaben die Portugiesen der Küste, die sie 1460 erreichten. Zwei runde Berge des Küstengebirges sehen vom Meer aus betrachtet wie ein schlafender Löwe aus.

Woher hat Freetown seinen Namen?
Im Jahr 1787 wurde die Hauptstadt Freetown als Niederlassung freigelassener Sklaven gegründet – daher der Name. Die britische Organisation „The Black Poor Society" half verwahrlosten Afrikanern, die während des Unabhängigkeitskriegs von 1776 für Großbritannien gekämpft hatten, zur Rückkehr in die Heimat.

Was sind die Banana Islands?
Die Banana Islands sind drei kleine Inseln an der Spitze der Halbinsel vor Freetown. Die beiden Hauptinseln Dublin und Ricketts sind durch einen Damm verbunden, die dritte Insel – Mes-Meheux – ist unbewohnt. Wegen ihrer weißen Sandstrände und den klaren Gewässern sind sie ein Paradies für Sporttaucher.

Hat Sierra Leone Bodenschätze?
Sierra Leone ist ein an Bodenschätzen sehr reiches Land, aber wegen des Bürgerkriegs gehört die ehemalige britische Kolonie seit über einem Jahrzehnt zu den ärmsten und am wenigsten entwickelten Ländern der Welt.

Interessante Fakten: Diamantenschmuggel

Von 1991 bis 2002 war der Diamantenhandel und -schmuggel die Finanzierungsgrundlage des blutigen Bürgerkriegs in Sierra Leone. Am Fortbestehen der florierenden dunklen Geschäfte hat sich auch nach Kriegsende nichts geändert. Ein im Jahr 2003 von 70 Staaten unterzeichnetes Zertifizierungs-Abkommen konnte den Schwarzmarktring ebenfalls nicht zerschlagen. Man schätzt, dass heute immerhin noch rund 50 % aller im Land geschürften Rohdiamanten illegal gehandelt werden. Das legale Geschäft beläuft sich auf einen Wert von etwa 140 Mio. US-Dollar pro Jahr.

Oben: Blütenpracht im tropischen Klima Sierra Leones

Arbeiter in einer Diamantmine. Während des Bürgerkriegs waren die offiziellen Schürfungen nahezu zum Stillstand gekommen.

LIBERIA

Flagge

Währung
1 Liberianischer Dollar (Lib$) = 100 Cents

Staatsform
Präsidialrepublik seit 1847

Hauptstadt
Monrovia

Sprachen
Englisch (Amtssprache), Mande, Kru u.a.

Fläche 111 370 km²

Einwohnerzahl 3,5 Mio.

Religion
40 % Christen, 20 % Muslime, Anhänger traditioneller Religionen

Besonderheiten
Liberia steigt von der Küste zum Landes-inneren in drei Stufen an. Der niedrigen Küstenzone folgt das zentrale Plateau mit tropischen Regenwäldern. Daran schließt sich das gebirgige Innere des Landes an.

Warum ähnelt die Flagge Liberias derjenigen der USA?

Die Amerikanische Kolonialgesellschaft unter dem Vorsitz des ehemaligen US-Präsidenten James Monroe (1758–1831) kaufte Anfang des 19. Jahrhunderts Land im Westen Afrikas, um dort freigelassene afroamerikanische Sklaven anzusiedeln. 1822 gründeten sie die Stadt Monrovia – benannt nach James Monroe. Als der Staat Liberia 1847 unabhängig wurde, wählte man die Flagge in Anlehnung an das Sternenbanner.

Welche Bedeutung haben die Afroamerikaner heute?

Die von den ehemaligen amerikanischen Sklaven abstammende Bevölkerung macht nur etwa 2,5 % der Bewohner Liberias aus. Sie hatten aber bis 1980 alle wichtigen Ämter und Positionen inne und behandelten die Mehrheit der Bevölkerung zeitweise wie Kolonialherren. Durch einen Putsch im Jahr 1980 wurde diese Vorherrschaft gebrochen, allerdings um den Preis eines sehr lange andauernden Bürgerkriegs.

Besitzt das Land Bodenschätze?

Ja. Das Land verfügt über große Eisenerzvorkommen in den Nimbabergen, die einst die Grundlage der liberianischen Wirtschaft waren. Während des Bürgerkriegs wurden die Förderanlagen jedoch zerstört, sodass der Bergbau zum Erliegen kam. Die derzeitige Präsidentin Ellen Johnson-Sirleaf hat erreicht, dass der weltgrößte Stahlkonzern Arcelor-Mittal 1 Mrd. US-Dollar investieren will, um den Eisenerzbergbau wiederzubeleben. Das Projekt ist verbunden mit der Hoffnung auf fast 20 000 neue Arbeitsplätze. Man hofft außerdem, im Zuge dieses Projekts weitere Investoren ins Land zu holen.

Billigflagge

Für viele Reedereien ist es attraktiv, ihre Schiffe unter der Flagge eines anderen Landes fahren zu lassen. Dies hat nicht nur steuerliche Vorteile, sondern bietet auch die Möglichkeit, strenge Auflagen des Heimatlandes zur Bezahlung und Sozialversorgung der Besatzung zu umgehen. Zu den bedeutendsten Billigflaggen-Ländern zählen Panama und Liberia. Die Flagge Liberias weht weltweit auf ca. 1600 Schiffen.

Der langjährige Bürgerkrieg zwang Tausende von Liberianern zur Flucht. Sie konnten von ihrer Habe oft nur das retten, was sie tragen konnten.

ELFENBEINKÜSTE

Flagge

Währung
1 CFA-Franc

Staatsform
Präsidialrepublik seit 1960

Hauptstadt
Yamoussoukro

Sprachen
Französisch (Amtssprache), weitere 70 Landessprachen

Fläche 322 460 km²

Einwohnerzahl 17,3 Mio.

Religion
34 % Christen, 27 % Muslime, 15 % Anhänger traditioneller Religionen

Besonderheiten
Der Elefant, dessen Stoßzähne dem Land seinen Namen gaben, ist heute sehr selten und unterliegt rigiden Schutzbestimmungen.

Notre-Dame-de-la-Paix

Der erste Präsident der Elfenbeinküste ließ in der neuen Hauptstadt Yamoussoukro zwischen 1986 und 1989 eine Kathedrale nach dem Vorbild des Petersdoms in Rom errichten – aus italienischem Marmor. Die Basilika Notre-Dame-de-la-Paix wurde das größte christliche Kirchengebäude der Welt. 1990 wurde sie vom damaligen Papst Johannes Paul II. geweiht. Der Bau wurde weltweit kritisiert, da die dort investierten Gelder besser zur Beseitigung der wirtschaftlichen und sozialen Probleme des Landes verwendet worden wären.

Links: In der aufgegebenen Diamantenmine in Tortiya suchen immer noch Tausende von illegalen Arbeitern nach Diamanten.

Woher stammt der Landesname?

Der Landesname erinnert an das einst wichtigste Exportprodukt des Landes und stammt noch aus der französischen Kolonialzeit. Im offiziellen Sprachgebrauch wird das Land *Côte d'Ivoire* genannt, und im Land selbst ist eine andere Bezeichnung – auch Übersetzungen – bei Strafe verboten.

Was wird exportiert?

Die Elfenbeinküste galt bis in die 1990er-Jahre hinein als wohlhabendes Land. Es war einer der größten Kakaoproduzenten der Welt. Als dann die Kakaopreise auf dem Weltmarkt rapide sanken, kam es zu einer wirtschaftlich schwierigen Situation, die schließlich auch eine tiefe politische Krise nach sich zog.

Wer beherrscht die Elfenbeinküste?

Seit September 2002 ist das Land praktisch zweigeteilt. Der Norden wird von rebellierenden Teilen der Armee beherrscht, der Süden von Regierungstruppen. Die UNO hat derzeit ein großes Kontingent an Blauhelm-Soldaten im Land stationiert, um die feindlichen Gruppen zu trennen. Alle Bemühungen um die Entwaffnung der Konfliktparteien scheiterten jedoch bisher.

Seit wann ist Abidjan nicht mehr die Hauptstadt?

Die Hafenstadt Abidjan war ursprünglich die Hauptstadt der französischen Kolonie Elfenbeinküste und ist auch heute noch die mit Abstand größte Stadt des Landes. Die Bevölkerungszahl explodierte von 65 000 Einwohnern im Jahr 1950 auf 3,7 Mio. im Jahr 2005. 1983 wurde der Geburtsort des damaligen Staatspräsidenten Felix Houphouet-Boigny zur Hauptstadt erklärt; Yamoussoukro liegt im Landesinnern und hat heute etwa 200 000 Einwohner.

Der Elefant ist das Wappentier der Elfenbeinküste.

BURKINA FASO

Flagge

Währung
1 CFA-Franc
Staatsform
Präsidialrepublik
Hauptstadt
Ouagadougou

Sprachen
Französisch (Amtssprache), Mossi, Dioula
Fläche 274 200 km²
Einwohnerzahl 14,0 Mio.
Religion
50 % Muslime, 40 % Anhänger traditioneller Religionen, 10 % Katholiken
Besonderheiten
Bis 1984 hieß das Land Obervolta.

In Burkina Faso leben etwa 60 verschiedene Volksgruppen. Vielerorts existieren noch Dörfer mit den traditionellen Rundhütten.

Ist Burkina Faso ein armes Land?

Der westafrikanische Binnenstaat gehört zu den ärmsten Ländern der Welt. Er liegt auf einem Hochplateau und reicht im Norden bis in die Sahelzone. Die hauptsächlich aus Bauern bestehende Bevölkerung leidet sehr unter den regelmäßig wiederkehrenden Dürreperioden.

Der Che Guevara Schwarzafrikas

Der fünfte Präsident von Burkina Faso, Thomas Sankara (1949–1987), war ein linksgerichteter Führer, der besonders von der Jugend glühend verehrt wurde. 1987 wurde er bei einem Militärputsch ermordet. Wegen der Nähe seiner politischen Ideen zu den Idealen des südamerikanischen Revolutionärs wurde er auch als „Che Guevara Schwarzafrikas" bezeichnet.

Ist das Land ein ehemaliger Kolonialstaat?

Seit 1898 hatte Frankreich die koloniale Herrschaft über das Gebiet des heutigen Burkina Faso inne. Ab 1919 wurde die Kolonie Obervolta genannt, zwischenzeitlich aber wieder auf die Nachbarkolonien aufgeteilt. 1960 wurde Obervolta unabhängig, 1984 erhielt der Staat seinen heutigen Namen.

Worauf basiert Burkina Fasos Wirtschaft?

Die armen Bauern des Landes betreiben mit dem Anbau von Hirse, Sorghum, Reis und Mais Subsistenzwirtschaft, also auf Selbstversorgung ausgerichtete Landwirtschaft. Dennoch ist das Land auf den Import von Lebensmitteln angewiesen. Für den Export wird Baumwolle angebaut. Die Industrie ist nur in den Bereichen Lebensmittel und Textilien entwickelt.

Was ist Ouaga 2000?

In der Hauptstadt Ouagadougou gibt es nur sehr wenige große, moderne Gebäude, sie wirkt eher wie ein gigantisches Dorf. Der größte Teil der Stadt ist ohne Strom und fließendes Wasser. Um Platz für eine moderne Bebauung zu schaffen, wurden im Rahmen eines Stadtentwicklungsprojekts alle einstöckigen Häuser in der Innenstadt abgerissen. Am Südrand der Stadt entsteht unter dem Namen Ouaga 2000 ein neues Verwaltungsviertel mit dem Sitz des Präsidenten und einer großen Sportarena.

Die alte Moschee in dem Dorf Larabanga stammt aus dem Jahr 1421. Sie ist vermutlich das älteste Gebäude in Ghana.

Was war die Kronkolonie Goldküste?

Die Kronkolonie Goldküste war von 1878 bis 1958 ein Teil von Britisch-Westafrika. Das damalige Gebiet der Kronkolonie umfasste die südlichen Landesteile des heutigen Ghana. Den Namen Goldküste verdankte es den ergiebigen Goldfunden im Hinterland.

Was ist der „Stern der Hoffnung"?

Nach dem Erreichen der Unabhängigkeit 1957 wurde in die Flagge des neuen Staates ein fünfzackiger schwarzer Stern, der „Stern der Hoffnung", aufgenommen. Er symbolisiert die Hoffnung auf wirtschaftlichen Aufschwung und findet sich auch auf dem *Black Star Arch*, einem Triumphbogen in der Hauptstadt Accra, der an die Erringung der Unabhängigkeit erinnert.

Profitiert Ghana noch immer vom Gold?

Der Anteil Ghanas an der weltweiten Goldgewinnung ist heute sehr bescheiden. Dennoch ist der Goldexport für das Land selbst noch immer von großer wirtschaftlicher Bedeutung; sein Anteil am Gesamtexport liegt heute bei rund 30 %. Insgesamt sind die Exporterlöse aber sehr gering, sodass Ghana heute zu den ärmsten Ländern der Welt gehört.

GHANA

Flagge

Währung
1 Cedi (₵) = 100 Pesewa

Staatsform
Präsidialrepublik (im Commonwealth) seit 1979

Hauptstadt
Accra

Sprachen
Englisch (Amtssprache), Akan, Ewe, Abron und weitere 100 Sprachen

Fläche 239 460 km²

Einwohnerzahl 21,0 Mio.

Religion
69 % Christen, 16 % Muslime, 7 % Anhänger traditioneller Religionen

Besonderheiten
Ghana ist ein relativ flaches Land. Mehr als die Hälfte seiner Fläche liegt unter 150 m über dem Meeresspiegel.

Wovon leben die Ghanaer?

Ghana ist immer noch ein Agrarland, in dem die Mehrheit der Menschen als Selbstversorger lebt. Etwa 60 % der Bevölkerung sind in der Landwirtschaft und der Fischerei beschäftigt. Wirtschaftlichen Aufschwung soll vor allem der Tourismus bringen.

Der größte Stausee der Welt

Etwa 100 km nordöstlich der Hauptstadt Accra liegt der Voltasee – mit einer Fläche von 8501 km² ist er der größte Stausee der Erde. Der Staudamm wurde 1966 vollendet und dient der Stromerzeugung, aber auch dem Hochwasserschutz. Mittlerweile haben die Fährverbindungen des Voltasees große Bedeutung als regionale Verkehrs- und Handelswege.

Für etwa 3 US-Dollar am Tag schleppen junge Frauen in Accra schwere Lasten durch die Stadt.

TOGO

Flagge

Währung
CFA-Franc
Staatsform
Präsidialrepublik seit 1967
Hauptstadt
Lomé
Sprachen
Französisch, Kabiyé, Ewe (Amtssprachen)
Fläche 56 785 km²
Einwohnerzahl 5,7 Mio.
Religion
50 % Anhänger traditioneller Religionen, 35 % Christen, 15 % Muslime

Eine kleine römisch-katholische Kirche in Togoville. Mehrheitlich sind die Einwohner Togos Anhänger traditioneller Religionen.

Wer waren die Kolonialherren Togos?
Von 1884 bis zum Ende des 1. Weltkriegs waren Togo und der östliche Teil Ghanas eine deutsche Kolonie (Togoland). Nach dem Krieg fiel die Kolonie an Frankreich, 1960 erhielt Togo die Unabhängigkeit.

Was sind die Hauptexportartikel Togos?
Togo exportiert hauptsächlich Palmöl, Palmkerne, Mais, Baumwolle, Kautschuk, Kakao, Kaffee und Erdnüsse. Etwa zwei Drittel der Gesamtproduktion werden nach Deutschland geliefert.

Angehörige des Tamberma-Stamms in Togo wohnen in doppelstöckigen Lehmburgen, den sog. *Tatas*. Ähnliche Festungen gibt es auch in Burkina Faso und Benin.

Was ist der Unterschied zwischen Schutzgebiet bzw. Protektorat und Kolonie?
Es besteht kein Unterschied. Der deutsche Ausdruck Schutzgebiet war ein Euphemismus: Die weißen Herren betraten afrikanischen Boden und gelobten, sich des Landes und seiner Bewohner anzunehmen und sie zu beschützen – tatsächlich verfolgten sie nur ihre eigenen Interessen und schützten das Land lediglich gegen andere Kolonialherren. Zunächst kamen meist private Handelsgesellschaften ins Land und schlossen Schutzverträge mit einheimischen Herrschern. Anschließend wurde das Hinterland gewaltsam erobert. Vor allem in der zweiten Hälfte des 19. Jahrhunderts ging es darum, sich gegenüber den anderen Kolonialmächten, hauptsächlich Großbritannien und Frankreich, zu behaupten.

Togos reiche Tierwelt

Zu den am meisten vorkommenden Tieren zählen in Togo Giraffen, Wasserbüffel, Nashörner, Hyänen, Warzenschweine und Paviane. Durch extreme Abholzungen sind in den Savannen- und Regenwaldgebieten Elefanten und Löwen inzwischen sehr selten geworden. Die häufigsten Vogelarten sind Störche, Kraniche und Marabus.

Warum hieß Benin früher Dahomey?

Ende des 19. Jahrhunderts eroberten die Franzosen das Königreich Dahomey, das im Gebiet des heutigen Benin lag. Bis 1960 war dieses Gebiet dann ein Teil der Kolonie Französisch-Westafrika mit der Hauptstadt Dakar (heute Senegal). Nach der Unabhängigkeit hieß das Land wieder Dahomey. 1975 wurde aus Dahomey die Volksrepublik Benin mit einer marxistisch-leninistischen Staatsideologie.

BENIN

Flagge

Währung
1 CFA-Franc

Staatsform
Präsidialrepublik seit 1991

Hauptstadt
Porto Novo

Sprachen
Französisch (Amtssprache), 90 lokale Sprachen und Dialekte

Fläche 112 620 km^2

Einwohnerzahl 7,5 Mio.

Religion
50 % Anhänger traditioneller Religionen, 21 % Katholiken, 20 % Muslime

Gibt es Analphabetismus?

Ja. 2005 waren noch 60 % der Männer und 75 % der Frauen Analphabeten. Die Alphabetisierung ist ein wichtiges Ziel im Rahmen der Armutsbekämpfung. Die Einschulungsraten im Primarbereich weisen aber immer noch große Unterschiede zwischen Jungen und Mädchen auf.

Welche Wirtschaftsgüter produziert das Land?

Benins Wirtschaft ist ganz auf die Landwirtschaft ausgerichtet, von der 90 % der Bevölkerung leben. Es werden traditionelle Früchte wie Mais, Maniok und Yamswurzel in Hackbauernkultur angebaut. Exportiert wird fast nur Baumwolle. Die Viehzucht spielt in wirtschaftlicher Hinsicht nur eine marginale Rolle.

Was ist Voodoo?

Voodoo ist eine ursprünglich westafrikanische Religion, die heute vorwiegend in den afrikanischen Ländern Benin, Ghana und Togo verbreitet ist. 17 % der Bewohner Benins bekennen sich zum Voodoo-Kult. Im Westen wird Voodoo häufig mit schwarzer Magie und Voodoo-Puppen in Verbindung gebracht und darauf reduziert. Diese Puppen waren ursprünglich nur als einfache Abbildungen von Gottheiten entstanden.

Die Hafenstadt Ouidah in Benin war einst ein Zentrum des Sklavenhandels. Daran erinnert heute die „Sklavenroute" mit zahlreichen Monumenten, u. a. der „Pforte ohne Wiederkehr".

Beschneidung von Mädchen

Seit 2003 ist die Verstümmelung der weiblichen Genitalien in Benin verboten. 2005 feierte man in Benin als erstem afrikanischem Staat die Abschaffung des grausamen Rituals. 200 ehemalige Beschneiderinnen legten ihr Handwerkszeug im Rahmen einer öffentlichen Veranstaltung feierlich nieder.

NIGERIA

Flagge

Währung
1 Naira (N) = 100 Kobo

Staatsform
Präsidiale Bundesrepublik (im Commonwealth) seit 1979

Hauptstadt
Abuja

Sprachen
Englisch (Amtssprache), Yoruba, Kwa-Sprachen (u.a. Hausa als Umgangssprache)

Fläche 923 768 km^2

Einwohnerzahl 140,0 Mio.

Religion
50 % Muslime, 40 % Christen, 10 % Anhänger traditioneller Religionen

Welche ethnischen Konflikte gibt es im Land?
Fast 100 Jahre lang, von 1861 bis 1960, hielt Großbritannien Nigeria als Kolonie, dann entließ es das Land in die Unabhängigkeit. Seitdem kommt es immer wieder zu kriegerischen Auseinandersetzungen zwischen dem muslimischen Norden und dem christlichen Süden des Landes. Insgesamt leben schätzungsweise ca. 280 verschiedene Volksgruppen in Nigeria, wobei die Ibo mit 30 % und die Yoruba mit 20 % die größten sind. Wegen der ständig schwelenden Kämpfe konnten die Erdölressourcen nicht hinreichend gefördert werden, um das Land aus der Armut zu befreien.

Was war Biafra?
Biafra war ein kleiner Staat im Osten Nigerias, der kaum drei Jahre, zwischen 1967 und 1970, existierte. Da seine Gründung das Ergebnis eines Militärputschs gewesen war, wurde es zu keiner Zeit von anderen Nationen anerkannt oder unterstützt. Namensgeber für das Land war die Bucht von Biafra, ein kleiner Abschnitt des Golfs von Guinea. Während der gesamten Zeit seiner Existenz als Staat lag Biafra im Krieg mit Nigeria, dem über 2 Mio. Menschen zum Opfer fielen. Vor allem Kinder litten unter der kriegsbedingten, drei Jahre währenden Hungersnot.

Welche Art von Kriminalität kennzeichnet die sozialen Probleme des Landes?
Organisierte Banden zapfen immer wieder die durch das Land verlaufenden Ölpipelines an und verkaufen das Öl auf dem Schwarzmarkt. Die Behörden unternehmen nichts gegen diese Aktivitäten. Immer

Interessante Fakten

- Nigeria ist das bevölkerungsreichste Land Afrikas.
- Seit den 1970er-Jahren ist das Land der größte Erdölexporteur des Kontinents.

In Makoko in der Nähe von Lagos verkaufen Frauen ihre Waren von Kanus aus.

Die Oshodi Road ist eine der Hauptverkehrsadern der Stadt Lagos.

wieder kommt es an diesen Orten durch Funkenbildung oder unvorsichtigen Umgang mit Feuer zu gewaltigen Explosionen, die Hunderte Menschenleben fordern.

Welche Umweltschäden gibt es?
Im Delta des Niger und entlang der Pipelines, die ohne Rücksicht auf die Bevölkerung oft mitten durch Dörfer, über Weideland und Äcker verlaufen, hat die Umwelt in den fast 40 Jahren der Ölausbeutung einen nahezu irreparablen Schaden erlitten.

Gibt es eine allgemeine Schulpflicht?
Ja. Aber wegen fehlender Lehrer – bedingt durch ausbleibende Gehälter – und mangelnder Infrastruktur besuchen fast 50 % aller Kinder keine Schule. In den nördlichen Provinzen sind sogar viele Schulen ganz geschlossen. Einzig Koranschulen sind aktiv, sie tragen allerdings nicht nur zur Ausbildung bei, sondern führen oft nur zur einer Verschärfung des schwelenden religiösen und ethnischen Konflikts.

Polio

Muslimische Geistliche hatten 2004 ein Gerücht in Umlauf gebracht, wonach der Polio-Impfstoff unfruchtbar mache. In weiten Teilen des Landes zeigte die Kampagne Wirkung – die Behörden setzten die Impfungen aus. Als Folge gab es 2004 in Nigeria die meisten Fälle von Polio oder Kinderlähmung der Welt, über 800 von insgesamt 1250 Fällen. Nicht nur Nigeria litt unter diesen Vorurteilen, die Kinderlähmung wurde danach auch in Nachbarländer eingeschleppt.

Hat Nigeria eine nennenswerte Filmindustrie?
Nigerias Filmindustrie, Nollywood genannt, ist recht aktiv; sie versorgt ganz Afrika mit TV-Soapoperas. Einige Drehbuchautoren konnten ihre Skripte sogar in die USA verkaufen, denn viele der Arbeiten zeichnen sich durch extreme Dramatik aus. Gemessen an der Anzahl der nigerianischen Filme ist der Staat die drittgrößte Filmnation der Welt, denn hier werden schätzungsweise 1000 bis 2000 Filme pro Jahr produziert.

Der nigerianische Musiker Fela Kuti trat vehement für die Rechte der Armen ein.

KAMERUN

Flagge

Währung
1 CFA-Franc
Staatsform
Präsidialrepublik (im Commonwealth) seit 1972
Hauptstadt
Jaunde
Sprachen
Französisch, Englisch (Amtssprachen), weitere 200 Sprachen und Dialekte

Fläche 475 440 km²
Einwohnerzahl 16,4 Mio.
Religion
53 % Christen, 25 % Anhänger traditioneller Religionen, 22 % Muslime
Besonderheiten
Die Insel Bioko liegt nur 40 km vor der Küste von Kamerun, gehört aber zum südlich an Kamerun angrenzenden Staat Äquatorialguinea.

Wie heißt der höchste Berg des Landes?
Der Kamerunberg ist mit 4095 m nicht nur der höchste Berg Kameruns, sondern auch die höchste Erhebung Zentralafrikas. Er ist ein aktiver Vulkan, der im Westen Kameruns nahe der Atlantikküste liegt. Die Küste Kameruns ist in ihrem nordwestlichen Teil von einem vulkanischen Gebirge geprägt, an das sich nach Osten die flachen Plateaus des Inlands anschließen.

Douala

Douala an der Atlantikküste ist die größte Stadt Kameruns und war bis 1920 Hauptstadt, bevor sie in dieser Funktion von der landeinwärts gelegenen Stadt Jaunde abgelöst wurde. Douala ist allerdings nach wie vor das wirtschaftliche und kulturelle Zentrum des Landes und besitzt den größten Hafen.

Wer war Kolonialmacht in Kamerun?
Kamerun war bis 1884 von europäischen Kolonialmächten unabhängig. Danach wurde der Einfluss der Deutschen stärker, und das Land wurde Deutsches „Schutzgebiet". Nach dem 1. Weltkrieg übergab der Völkerbund das Gebiet an Frankreich und Großbritannien als Mandatsgebiet. Der größere französische Teil erhielt 1960 die Unabhängigkeit, der englische Teil ein Jahr später. Beide wurden im Oktober 1961 zum Staat Kamerun vereinigt.

Gibt es in Kamerun Gorillas?
Ja. Es gibt zwei Arten von Gorillas, den Westlichen und den Östlichen Gorilla, die in unterschiedlichen Regionen Zentralafrikas leben. In Kamerun kommt der Westliche Gorilla vor, wobei die Unterart des Cross-River-Gorillas vom Aussterben bedroht ist. In seinem Lebensraum im Grenzgebiet zwischen Nigeria und Kamerun leben nur noch etwa 200 Tiere.

Was wird exportiert?
Erdöl, Holz, Kakao und Kaffee. Den größten Teil der Wirtschaftskraft erbringt aber die Landwirtschaft, in der 60 % der Erwerbstätigen beschäftigt sind. Eines der zentralen Probleme des Landes, die seiner wirtschaftlichen Entwicklung entgegenstehen, ist die nahezu allgegenwärtige Korruption.

Ein Dorf in Kamerun mit den typischen strohgedeckten Rundhütten aus Lehmziegeln

Wer sind die Bewohner der Zentralafrikanischen Republik?
Ursprünglich lebten in diesem Land Pygmäen, aber bis auf wenige überlebende Stämme ist das Volk hier ausgelöscht worden. Andere Bevölkerungsgruppen sind Bantu, Sara, Runga und Azande. In den Städten leben einige Tausend Europäer, hauptsächlich Franzosen.

Welche Tiere leben hier?
Der dichte Regenwald im Süden ist eine der letzten Zufluchtsstätten für Flachlandgorillas und Waldelefanten. In der Savanne leben Antilopen, Affen, Büffel, seltene Vögel, Warane und Flusspferde.

Welche Bodenschätze besitzt das Land?
Der wichtigste Bodenschatz sind Diamanten, trotzdem zählt die Zentralafrikanische Republik zu den ärmsten Ländern der Welt. 2003 hatten ca. 67 % der Bevölkerung weniger als 1 US-Dollar pro Tag.

Warum unterstützte Frankreich das Regime Bokassa?
Frankreich unterstützte Jean Bedel Bokassas (s. Kasten) diktatorisches Regime und lieferte ihm Waffen im Tausch gegen Uran für das französische Nuklearwaffenprogramm. Besonders enge Kontakte pflegte Staatspräsident Valéry Giscard d'Estaing (*1926).

ZENTRALAFRIKANISCHE REPUBLIK

Flagge

Währung
CFA-Franc

Staatsform
Präsidialrepublik seit 1986

Hauptstadt
Brangui

Sprachen
Französisch, Sango (Amtssprache), Banda, Fulfulde

Fläche 622 984 km^2

Einwohnerzahl 3,8 Mio.

Religion
55 % Anhänger verschiedener Stammesreligionen, 30 % Christen, ca. 15 % Muslime

Jean Bedel Bokassa

Bokassa (1921–1996) war 1966 durch einen Putsch an die Macht gekommen und hatte sich 1976 in einer mehr als 30 Mio. US-Dollar teuren Zeremonie zum Kaiser gekrönt. Er war gefürchtet wegen Folterungen und Hinrichtungen von Systemkritikern, an denen er selbst beteiligt gewesen sein soll. Es wurde sogar der Vorwurf des Kannibalismus laut. Als Bokassa 1996 mit 75 Jahren starb, hinterließ er 17 Frauen und mindestens 50 Kinder.

Afrikanische Waldelefanten graben mit Stoßzähnen und Rüssel im mineralreichen Schlamm des Dzanga-Ndoki-Nationalparks.

SÃO TOMÉ UND PRÍNCIPE

Flagge

Währung
1 Dobra (Db) = 100 Céntimos
Staatsform
Präsidialrepublik seit 1975
Hauptstadt
São Tomé
Sprachen
Portugiesisch (Amtssprache), Crioulo (portugiesisches Kreolisch)

Fläche 1001 km²
Einwohnerzahl 187 000
Religion
80 % Katholiken, 10 % Protestanten
Besonderheiten
Die USA wollen einen Marine-Stützpunkt errichten, um so ihr Interesse an den Erdölvorkommen des Landes besser durchzusetzen zu können.

Anhänger der Mitte-Rechtspartei ADI (Independent Democratic Action) bei einer Demonstration in São Tomé; debattiert wird die Nutzung der gerade entdeckten Ölfelder.

Wann wurden die Inseln entdeckt?
1471 entdeckte der portugiesische Seefahrer João Santarém, dessen Lebensdaten nicht bekannt sind, die Insel São Tomé, ein Jahr später Príncipe, die er zunächst Santo António taufte (1502 wurde sie umbenannt). 1469 hatte der portugiesische König Alfons V. das Recht verpachtet, auf eigene Kosten, jedoch im Namen und zur Ehre der portugiesischen Krone, die Küsten Afrikas zu erkunden. Aus diesem Grund reiste Santarém im Auftrag des Kaufmanns Fernão Gomes.

Gibt es auf den Inseln Vulkane?
Beide Inseln sind vulkanischen Ursprungs, aktive Vulkane gibt es jedoch heute nicht mehr.

Welche Produkte bilden das wirtschaftliche Fundament des Inselstaats?
Während ihrer Zeit als portugiesische Kolonie herrschte Plantagenwirtschaft mit starker Monokultur vor, Zuckerrohr wurde von Kaffee abgelöst, der wiederum durch Kakao ersetzt wurde. Anfang des 20. Jahrhunderts war São Tomé der weltweit größte Kakaoproduzent, und auch heute noch stellt Kakao über 90 % des Exports dar.

Welche Rohstoffe gibt es auf den Inseln?
Vor der Küste gibt es reiche Erdöl- und Erdgasfelder. Dies gilt nicht nur für die Inseln, sondern für die gesamte Küste Westafrikas. Schon jetzt bahnt sich ein Wettrennen zwischen der Volksrepublik China und den USA an, beide wollen sich die Off-Shore-Schürf- und Bohrrechte sichern.

Kreolsprache

Als Kreolsprache bezeichnet man die Übernahme europäischer Sprachen, vor allem Französisch, Portugiesisch und Englisch durch die ursprüngliche Bevölkerung. Eine Kreolsprache ist also eine Mischsprache in Gebieten intensiver Kontakte zwischen verschiedenen Sprachen, die heute den Charakter einer Muttersprache angenommen hat (s. Salomonen).

Viele alte, inzwischen leer stehende koloniale Gutshöfe der Plantagen verfallen, wie die Gebäude der Roca Bombaim.

Liegt Äquatorialguinea auf dem Äquator?
Der Staat liegt nicht – wie der Name vermuten lässt – auf dem Äquator, sondern etwas nördlich davon an der Westküste Afrikas. Fast 90 % der Fläche liegen auf dem Festland, der Rest ist auf einige Inseln verteilt. Auf Bioko, der größten dieser Inseln, liegt auch die Hauptstadt Malabo. Hier leben etwa 20 % der Bevölkerung von Äquatorialguinea.

Wer ist Fernão Pó?
Der portugiesische Seefahrer Fernão Pó entdeckte die Insel Bioko im Golf von Guinea im Jahr 1472. Die Portugiesen waren damals auf der Suche nach dem südlichen Seeweg nach Indien. Die Insel trug anschließend bis 1973 den Namen Fernão Pó. Erst 1968 wurde sie unabhängig und schloss sich mit dem Festlandteil Mbini (damals noch Rio Muni) zu Äquatorialguinea zusammen.

Ist das Land auf Entwicklungshilfe angewiesen?
Seit 1991 vor den Küsten von Bioko und dem Festland Erdöl entdeckt wurde, ist die Wirtschaft des Landes stark gewachsen. Seitdem erwirtschaften die Ölfirmen 90 % des Bruttoinlandsprodukts. Die Einnahmen reichen aus, um Äquatorialguinea von finanzieller Entwicklungshilfe unabhängig zu machen.

Warum spricht man in Äquatorialguinea spanisch?
Das Land ist das einzige spanischsprachige Land in Afrika. Portugal hatte die Insel Fernão Pó 1778 an die Spanier abgetreten, die dann auf der Insel eine Plantagenwirtschaft einrichteten. Ab 1926 begann Spanien auch mit der Kolonisierung des Festlandteils Rio Muni – das Spanisch hat sich bis heute als Amtssprache gehalten.

ÄQUATORIALGUINEA

Flagge

Währung
1 CFA-Franc
Staatsform
Präsidialrepublik seit 1962
Hauptstadt
Malabo
Sprachen
Spanisch (Amtssprache), Französisch (Verwaltungssprache), Bantu-Sprachen Fang und Bubi
Fläche 28 051 km²
Einwohnerzahl 536 000
Religion
94 % Katholiken

Éric Moussambani

Der Schwimmer Éric Moussambani (*1978) aus Äquatorialguinea erlangte bei den Olympischen Spielen 2000 in Sydney internationale Berühmtheit. Die Presse gab ihm den Spitznamen *Eric, the eal* (dt.: „Eric, der Aal"). Er benötigte für die Strecke über 100 m Freistil sieben Sekunden mehr als die internationalen Spitzenschwimmer über 200 m schwammen. Vor seinem Start in Sydney hatte er noch nie ein 50 m-Becken gesehen. Sein Training hatte er vorwiegend in Flüssen absolviert.

Viele Bürger Äquatorialguineas leben illegal im Nachbarland Gabun. Ein illegaler Einwanderer lädt seine Habe auf ein Boot, da er Gabun wieder verlassen muss.

GABUN

Flagge

Währung
1 CFA-Franc
Staatsform
Präsidialrepublik seit 1961
Hauptstadt
Libreville
Sprachen
Französisch (Amtssprache), Bantu-Sprachen (z. B. Fang)
Fläche 267 667 km²
Einwohnerzahl 1,4 Mio.
Religion
60 % Christen, 30 % Anhänger traditioneller Religionen, 5 % Muslime

Wie ist Gabun geografisch gegliedert?

Das Land hat einen etwa 200 km breiten und 885 km langen Küstenstreifen, dahinter erhebt sich ein bis zu 1000 m hohes Bergland, das mit immergrünem Regenwald bewachsen ist. Der wichtigste Fluss des Landes, der 1200 km lange Ogowe (franz.: *Ogooué*), bildet mit seinen zahlreichen Nebenflüssen die Mittelachse des Landes.

Warum spricht man in Gabun französisch?

Ab der Mitte des 19. Jahrhunderts kamen französische Siedler ins Land. 1888 wurde Gabun Teil des französischen Kongo, später gehörte es zur Kolonie Französisch-Äquatorialafrika. 1960 wurde Gabun unabhängig von Frankreich, die französische Amtssprache blieb.

Ist Gabun ein armes Land?

Nein. Das Land gehört zu den reichsten Ländern Schwarzafrikas. Der Reichtum beruht auf den vorhandenen Rohstoffen. Vor der Küste befinden sich Erdöl-Lagerstätten, im Landesinnern findet man Mangan, Gold und Uran. Die Einnahmen aus Rohöl und Erdölprodukten machen 80 % des Exportvolumens aus.

Wie kam die Hauptstadt zu ihrem Namen?

Die Stadt wurde 1849 gegründet und war als Siedlung für freigelassene Sklaven gedacht. Nach dem Vorbild von Freetown, der Hauptstadt von Sierra Leone, wurde die Stadt dann Libreville genannt. Sie ist heute mit 580 000 Einwohnern die mit Abstand größte Stadt des Landes.

Im Petit-Loango-Nationalpark reicht der Regenwald bis an die Atlantikküste. Hier kann man mit etwas Glück Gorillas beobachten.

Albert Schweitzer und Lambaréné

In Gabun liegt der Ort Lambaréné, in dem der deutsche Arzt Albert Schweitzer (1875–1965) im Jahr 1913 sein berühmtes Urwaldkrankenhaus gründete. Der vielseitige Schweitzer hatte vorher in Philosophie, Theologie und Medizin Doktortitel erworben. Im Jahr 1952 erhielt er als Anerkennung seiner Leistungen den Friedensnobelpreis. Das heute noch existierende Albert-Schweitzer-Hospital in Lambaréné hat diverse Fachabteilungen, widmet sich aber auch der Erforschung und Behandlung der Malaria.

REPUBLIK KONGO

Flagge

Währung
CFA-Franc

Staatsform
Präsidialrepublik seit 2002

Hauptstadt
Brazzaville

Sprachen
Französisch (Amtssprache), Monokutuba, Kikongo, Lingala u. a.

Fläche 342 000 km²

Einwohnerzahl 3,9 Mio.

Religion
50 % Christen, 48 % Anhänger traditioneller Religionen

Die Stadt Brazzaville verdankt ihren Namen dem Franzosen Pierre Graf Savorgnan de Brazza, der hier 1883 die erste Expeditionsstation anlegte.

Was sind Kinshasa und Brazzaville?

Kinshasa ist die Hauptstadt der Demokratischen Republik Kongo, dem ehemaligen Zaïre, und Brazzaville ist die Hauptstadt der Republik Kongo. Die Städte liegen einander gegenüber am Pool Malebo, einer seeartigen Verbreiterung des Flusses Kongo.

Was ist der wichtigste Industriezweig?

Der wirtschaftliche Schwerpunkt des Landes liegt auf der Forstwirtschaft, ca. 60 % der Landesfläche sind von tropischem Regenwald bedeckt, dessen Hölzer zum Teil im Land selbst zu Furnieren verarbeitet werden. Andere wichtige Industrien liegen in den Bereichen Textil, Zement und Chemie. Darüber hinaus gibt es umfangreiche Erdölvorkommen, die aber bisher aufgrund der schlechten Infrastruktur und den drei Bürgerkriegen zwischen 1997 und 2003 nur in geringem Maß ausgebeutet werden.

Warum gibt es keine nennenswerte Viehwirtschaft?

Viehhaltung ist wegen der Tsetsefliegen (*Glossina spec.*) von untergeordneter Bedeutung. Diese Stechfliegen übertragen die gefürchtete Schlafkrankheit auf Menschen, bei Tieren lösen sie die tödliche Nagana-Seuche aus.

Pygmäen

Im Kongo leben neben Angehörigen der Bantu-Völker (98 %) auch ca. 1 % Pygmäen, kleinwüchsige Afrikaner vom Stamm der Baka. Der Ausdruck „Pygmäen" ist eine gängige, aber nicht korrekte Bezeichnung für etwa 150 000 Menschen in Zentralafrika, die sich durch ihre geringe Körpergröße auszeichnen. Das Wort stammt vom Altgriechischen *pygmaios* ab, einem antiken griechischen Maß, dem *pygmé*, das etwa 35 cm entspricht und „so kurz wie eine Faust" bedeutet. Tatsächlich sind die Menschen kleinwüchsig, sie werden meist nicht größer als 145 cm.

Im 140 km von Brazzaville entfernt gelegenen Lefini-Naturpark wurde am 21. September 2006 nach über 50 Jahren der erste Gorilla in Freiheit geboren.

DEMOKRATISCHE REPUBLIK KONGO

Flagge

Währung
1 Kongo-Franc = 100 Centimes

Staatsform
Präsidialrepublik seit 1978

Hauptstadt
Kinshasa

Sprachen
Französisch (Amtssprache), Lingala, Kikongo, Swahili und ca. 200 weitere Sprachen

Fläche 22,34 Mio. km^2

Einwohnerzahl 160,1 Mio.

Religion
50 % Katholiken, 20 % Protestanten, 10 % Kimbanguisten, 10 % Muslime

Besonderheiten
Die Provinz Katanga war zeitweilig unabhängig.

Wie hieß das Land früher?

Seit 1908 war die damals belgische Kolonie unter dem Namen Belgisch-Kongo bekannt. 1959 verließen die Belgier das Land, und 1960 wurde es unter dem heutigen Namen unabhängig. Nach dem Sturz des ersten Ministerpräsidenten Patrice Lumumba (1925–1961) erhielt das Land 1971 den Namen Zaïre. Bis 1997 wurde Zaïre von Mobutu Sese Seko (1930–1997) sehr autoritär regiert. Seitdem heißt es wieder Demokratische Republik Kongo.

Was ist das Kongobecken?

Das weitläufige Kongobecken ist das Einzugsgebiet des Flusses Kongo, des zweitlängsten und wasserreichsten Stroms in Afrika. 60 % der Demokratischen Republik Kongo werden von dem etwa 400 m hohen Kongobecken ausgefüllt. Das von Höhenzügen begrenzte Becken beherbergt den – nach dem Amazonasbecken – zweitgrößten tropischen Regenwald der Erde.

Gehört Katanga zum Kongo?

Die südlichste Provinz des Kongo heißt heute wieder Katanga. Von 1971 bis 1997 trug sie den Namen Shaba und machte international immer wieder durch bewaffnete Konflikte von sich reden. Die Region ist reich an Kupfer, Kobalt und Uran und weckte daher Begehrlichkeiten bei Nachbarstaaten und nationalen Unabhängigkeitsbewegungen. Aber nur von 1960 bis 1963 war Katanga tatsächlich unabhängig.

Stanley und Leopold II. von Belgien

Der Entdeckungsreisende Henry Morton Stanley (1841–1904) bereiste als erster Europäer das Gebiet des Kongo. England zeigte jedoch kein Interesse, das Gebiet zur Kolonie zu machen. Der belgische König Leopold II. (1835–1909) hingegen war interessiert. Da das belgische Volk und die Regierung seine Wünsche nicht teilten, übernahm König Leopold II. das Land kurzerhand als Privatbesitz. Damit wurden der Kongo und alle seine Bewohner ab 1885 zum Privateigentum eines Mannes. Bei der nachfolgenden wirtschaftlichen Ausbeutung kam es zu derartigen Gräueltaten, dass Leopold II. 1908 gezwungen wurde, das Land als Kolonie an den belgischen Staat zu übergeben.

Bei Mbandaka im Norden des Landes durchfließt der Kongo eine weitläufige Sumpflandschaft.

ANGOLA

Flagge

Währung
1 Kwanza (Kz) = 100 Céntimos
Staatsform
Republik seit 1975
Hauptstadt
Luanda
Sprachen
Portugiesisch (Amtssprache), Bantu-Sprachen (Umbundu, Kimbundu, Kikongo u. a.)
Fläche 1,24 Mio. km²
Einwohnerzahl 11,2 Mio.
Religion
47 % Anhänger traditioneller Religionen, 38 % Katholiken, 15 % Protestanten
Besonderheiten
Zum Staatsgebiet gehört die Exklave Cabinda (s. Kasten).

Was war der Angola-Vertrag?
Portugal ging es Ende des 19. Jahrhunderts wirtschaftlich schlecht. Die beiden Kolonialmächte Deutschland und Großbritannien vereinbarten im Angola-Vertrag von 1898, Portugal Geld zu leihen – gegen Kolonien als Pfand. Sollte die Rückzahlung ausbleiben, würden Angola und Nord-Mosambik an Deutschland, Süd-Mosambik an Großbritannien fallen. Der Vertrag wurde jedoch nie unterschrieben.

Wann wurde Angola unabhängig?
Im Jahr 1959 begannen erste Aufstände nationaler Kräfte gegen die Portugiesen, die bereits seit dem 15. Jahrhundert als Kolonialherren im Gebiet des heutigen Angola ansässig waren. Erst nach der Beendigung der Diktatur im Mutterland Portugal durch die Nelkenrevolution 1974 (s. S. 58) konnte auch Angola 1975 die Unabhängigkeit erlangen.

Weshalb kam Angola auch nach der Unabhängigkeit nicht zur Ruhe?
Nach Erringen der Unabhängigkeit versuchte die Befreiungsbewegung MPLA, die alleinige Macht im neuen Staat an sich zu reißen. Sie wurde dabei von der Sowjetunion unterstützt. Die rivalisierende Gruppe UNITA wurde daraufhin von den USA und von Südafrika militärisch gestärkt. Erst 1991 kam es zu einer Einigung zwischen den beiden Gruppen.

Exklave Cabinda
Zum Staatsgebiet von Angola gehört ein kleiner Landesteil, der nördlich der Kongomündung liegt und vollständig von anderen Staaten umschlossen wird. Seit 1968 wird dort Erdöl gefördert, aus dem heute 80 % des angolanischen Finanzhaushalts bestritten werden. Alle Unabhängigkeitsbestrebungen dieses Landesteils werden von Angola militärisch unterdrückt. Die Organisation für Afrikanische Einheit (OAU) betrachtet Cabinda aber als eigenständigen Staat.

Warum ist die Kindersterblichkeitsrate so hoch?
Alle drei Minuten stirbt in Angola ein Kind unter fünf Jahren. Die medizinische Versorgung ist katastrophal, und nur 40 % der Bevölkerung haben Zugang zu sauberem Trinkwasser. Fast 75 % der Bevölkerung leben unterhalb der Armutsgrenze, mehr als die Hälfte ist arbeitslos. Fast die gesamte arbeitende Bevölkerung ist in der Landwirtschaft beschäftigt, deren wichtigster Exportartikel Kaffee ist. Als Folge der jahrzehntelangen Kriege sind weite landwirtschaftliche Flächen mit Landminen durchsetzt, sodass sich viele Menschen weigern, in der Landwirtschaft zu arbeiten. Ein Drittel der Bevölkerung ist von ausländischen Nahrungsmittelhilfen abhängig.

Durch den Bürgerkrieg mussten sich viele Menschen unter einfachsten Bedingungen einrichten, wie hier im Flüchtlingsdorf von Camacupa.

Giraffen sind in Angola selten geworden. Auch andere Tierarten, wie z. B. Löwen und Elefanten, sind durch Wilderei bedroht.

SAMBIA

Flagge

Währung
1 Kwacha (K) = 100 Ngwee
Staatsform
Präsidialrepublik (im Commonwealth) seit 1964
Hauptstadt
Lusaka
Sprachen
Englisch (Amtssprache), Bantu-Sprachen
Fläche 752 614 km²
Einwohnerzahl 11,3 Mio.
Religion
28 % Katholiken, 26 % Protestanten, Anhänger tradtioneller Religionen
Besonderheiten
Die Viktoriafälle sind, bezogen auf Höhe und Breite, die größten Wasserfälle der Welt.

Ein Schneider auf einem Markt in Lusaka, Sambia, näht für seine Kunden Gewänder aus Stoffen mit traditionellen Mustern.

Was versteht man unter Kalttropen?
Tropische Gebiete in der Nähe des Äquators, die sich – wie Sambia (fast das gesamte Staatsgebiet liegt zwischen 1000 und 1400 m hoch) – in großen Höhen befinden, haben wegen ihrer Höhenlage relativ niedrige Temperaturen und werden als Kalttropen bezeichnet.

Wer entdeckte die Viktoriafälle?
Der schottische Missionar und Entdecker David Livingstone (1813–1873) hatte schon 1851 von den Fällen am Sambesi gehört. Im November 1855 entdeckte er sie als erster Weißer und nannte sie nach seiner Königin *Victoria Falls*. Die Fälle liegen an der Grenze zwischen Simbabwe und Sambia (der Sambesi ist Grenzfluss), 1989 wurden sie von der UNESCO zum Weltnaturerbe erklärt.

Am 16.11.1855 notierte David Livingstone zu den Viktoriafällen: „Bei einem derart schönen Anblick müssten selbst Engel im Flug bewundernd innehalten."

Copper Belt

Der Copper Belt, Kupfergürtel, erstreckt sich vom nordwestlichen Sambia bis hinein in die Demokratische Republik Kongo, dort werden neben Kupfer auch Blei und Zink gewonnen. Sambia gehört zu den größten Kupferproduzenten weltweit. Das Ende der Vorkommen ist jedoch absehbar.

Wie nennen die Ureinwohner die Wasserfälle?
Der Stamm der Kololo, der sich nach den Zulukriegen zu Beginn des 19. Jahrhunderts im Norden der Viktoriafälle angesiedelt hat, nennt das Naturschauspiel *Mosi-oa-Tunya*, „Donnernder Rauch". Der Name ist auf den bis zu 300 m aufsteigenden und aus einer Entfernung von über 30 km sichtbaren feinen Wasserdampf zurückzuführen, der von den in die Tiefe stürzenden Wassermassen aufsteigt.

Wird die Wasserkraft des Sambesi nutzbar gemacht?
Ja. Es gibt am Sambesi bereits den Cabora-Bassa-Stausee und den Kariba-Staudamm. Aktuell plant man an der Batoka-Schlucht den Bau eines weiteren Staudamms. Naturschützer warnen davor, durch dieses Projekt Flora und Fauna in der unberührten Schlucht zu zerstören. Außerdem könnte der Bau zu Einbußen beim Tourismus führen.

Verfügt das Land über Rohstoffe?
Nein. Dschibuti besitzt keine nennenswerten Bodenschätze, keine Industrie, und die Landwirtschaft kann nur 9% der Landesfläche nutzen. Der größte Teil der Bevölkerung drängt sich in der Hauptstadt Dschibuti zusammen, deren Hafen das wirtschaftliche Zentrum des Landes bildet.

Wovon leben die Menschen?
60% der Bevölkerung sind arbeitslos. Arbeitsplätze bietet vor allem der Hafen in der Hauptstadt. Ein Hafenarbeiter muss dort zehn Tage arbeiten, um die Monatsmiete für ein Bett in einer Sammelunterkunft bezahlen zu können. Die Bevölkerung ist auf Lebensmittelhilfen der Vereinten Nationen angewiesen.

Was ist Französisch-Somaliland?
Dschibuti war 1862 von Frankreich erworben und 1896 zur Kolonie Französisch-Somaliland erklärt worden. In zwei Abstimmungen 1958 und 1967 verzichtete die Bevölkerung auf die Unabhängigkeit und stimmte für den Verbleib bei Frankreich. Erst 1977 wurde das Land unabhängig.

DSCHIBUTI

Flagge

Währung
1 Dschibuti-Franc (FD)
= 100 Centimes
Staatsform
Präsidialrepublik seit 1977
Hauptstadt
Dschibuti
Sprachen
Arabisch, Französisch (Amtssprachen), Somalisch, Afar
Fläche 23 200 km²
Einwohnerzahl 477 000
Religion
95% Muslime (Sunniten)
Besonderheiten
Der im Land befindliche Assalsee liegt 155 m unter NN.

Bietet der Tourismus eine Chance für die Zukunft?
Ja. Aber der Ausbau dieses Wirtschaftssektors steckt noch in den Anfängen. Die Bucht von Tadjoura besitzt nicht nur herrliche Sandstrände, sondern gilt wegen der Korallenriffe auch als Geheimtipp unter Tauchern. Sehenswertes im Inland kann allerdings nur mit Allradfahrzeugen erreicht werden.

Operation Enduring Freedom
Nach den Terroranschlägen vom 11. September 2001 in New York wurde die *Operation Enduring Freedom* („Operation dauerhafte Freiheit") zur Bekämpfung des internationalen Terrorismus ins Leben gerufen. Ein Teil dieser Operation besteht in der militärischen Überwachung der Region am Horn von Afrika. Viele der dort angrenzenden Länder gelten als politisch instabil und als mögliche Nachschub- oder Rückzugsgebiete internationaler Terroristen.

Der Abbesee ist ein Salzsee im Grenzgebiet von Äthiopien und Dschibuti und ist bekannt für seine Flamingo-Kolonien.

SOMALIA

Flagge

Währung
1 Somalia-Schilling (So.Sh.) = 100 Centesimi

Staatsform
bis 1991 Präsidialrepublik (de facto gibt es keine staatlichen Strukturen)

Hauptstadt
Mogadischu

Sprachen
Somali (Amtssprache), Maay u. a.

Fläche 637 657 km^2

Einwohnerzahl Über 8 Mio.

Religion
99 % Muslime (Sunniten)

Warum gibt es de facto keine staatlichen Strukturen in Somalia?

Seit dem Sturz der Regierung Mohammed Siad Barres (1919–1995) im Jahr 1991 befindet sich Somalia im Bürgerkrieg und hatte bis zur Bildung der Übergangsregierung im Jahr 2000, die heute noch die Staatsgeschäfte führt, keine Führung.

Warum ist es schwer, die genaue Einwohnerzahl anzugeben?

60 % aller Somalier leben als Nomaden, darüber hinaus zerriss der Bürgerkrieg das Land, was zu starken Migrationsbewegungen führte. Darum schwanken die Zahlen zwischen 8 Mio. und über 12 Mio.

Was kennzeichnet die Gesellschaftsstruktur Somalias?

In Somalia existiert ein weit verzweigtes Clansystem, das für Gesellschaftsstruktur und Politik von großer Bedeutung ist. Dabei teilt sich jeder Clan in Unterclans und Geschlechter. Innerhalb dieses Systems genießt der Einzelne Schutz, aber da viele der Clans miteinander in Blutfehde liegen, verwickelt die Zugehörigkeit den Einzelnen andererseits immer wieder in Auseinandersetzungen über Weide- oder Wasserrechte und, in den letzten Jahren, über politische Macht.

Wie wichtig sind Nomaden für die somalische Wirtschaft?

Grundlage der somalischen Wirtschaft ist bis heute neben der Landwirtschaft vor allem die ausgedehnte Weidewirtschaft. Aus diesem Grund lebt über die Hälfte der Bevölkerung immer noch nomadisch oder halbnomadisch, und nur knapp ein Drittel wohnt in Städten. Im Süden des Landes werden vorwiegend Rinder gehalten, während in den trockeneren Gebieten des Nordens Schafe, Ziegen, vor allem aber auch Kamele gehalten werden, die auf der Suche nach Nahrung durch den Landstrich ziehen. Zusammen mit der mündlich überlieferten Dichtung prägt das Nomadentum maßgeblich die Kultur Somalias.

Kunstvoll beladener somalischer Laster am Straßenrand von Mogadischu

Das Horn von Afrika

Das Horn ist der östlichste Teil von Ostafrika. Es liegt auf einer eigenen tektonischen Platte, die sich, ebenso wie vor 160 Mio. Jahren Madagaskar, vom Kontinent lösen und eine weitere Insel im Indischen Ozean bilden könnte. Neben dem Staat Somalia umfasst das Gebiet auch den östlichen Teil Äthiopiens.

Die traditionelle Kleidung der Massai ist farbenfroh. Dazu tragen Frauen und Männer handgefertigten Schmuck.

Was ist das Rift Valley?

Das Rift Valley, ein Abschnitt des Ostafrikanischen Grabenbruchs, ist ein bis zu 100 km breites Tal, das in nordsüdlicher Richtung durch den Osten Kenias verläuft. Die im Tal liegenden Ebenen sind oft sehr fruchtbar. Das Rift Valley ist berühmt für viele Fossilien- und Knochenfunde, die wichtige Hinweise auf die Erdgeschichte liefern.

Welche Volksgruppen besiedeln das Land?

In Kenia leben etwa 40 verschiedene Volksgruppen, von denen die Mehrheit zu den Bantu-Völkern gehört. Die stärkste Volksgruppe stellen die Kikuyu mit etwa 22 %. An der Ostküste leben aber auch Araber, Inder und Chinesen, die durch die Handelskontakte ins Land kamen. Im Nordosten, an der Grenze zu Somalia, leben vorwiegend Somalier.

Ist Kenia ein armes Land?

Nein. Die wirtschaftliche Entwicklung des Landes ist gut. Das Land hat zwar nur geringe Vorkommen an Bodenschätzen, ist aber ein bedeutender Exporteur von Kaffee, Tee und Blumen. Viele Devisen bringt auch der Tourismus, denn Kenia zieht nicht nur mit weiten Sandstränden, sondern auch mit bedeutenden Nationalparks wie dem Amboseli- oder dem Lake-Nakuru-Nationalpark Gäste aus aller Welt an.

KENIA

Flagge

Währung
1 Kenia-Schilling (K.Sh.) = 100 Cents

Staatsform
Präsidialrepublik (im Commonwealth) seit 1963

Hauptstadt
Nairobi

Sprachen
Englisch, Swahili (Amtssprachen), Kikuyu, Luhya u. a. traditionelle Sprachen

Fläche 582 650 km²

Einwohnerzahl 33,8 Mio.

Religion
70 % Christen, 20 % Muslime, 10 % Anhänger traditioneller Religionen

Besonderheiten
Das Ilemi-Dreieck im Norden des Landes wird von Kenia verwaltet, aber auch von Äthiopien und vom Sudan beansprucht.

Wer sind die Massai?

Die Massai sind ein nomadisch lebendes Hirtenvolk, das die Serengeti, eine fast baumlose Savannenlandschaft, bevölkert. Sie sind über den Süden Kenias und den Norden Tansanias verbreitet. Sie pflegen ihre Traditionen und sind ebenso stolz auf ihren alten Ruf als Krieger wie auf den als Hirten. Durch die internationale Berühmtheit des Serengeti-Nationalparks sind die Massai zur bekanntesten einheimischen Volksgruppe Ostafrikas geworden.

Die Giraffe ist vorwiegend in den Grassteppen Ost- und Südafrikas zu finden, wie hier am Fuß des Kilimandscharo. Sie ist das höchste landlebende Tier der Welt.

Jenseits von Afrika

Der international erfolgreiche Film „Jenseits von Afrika" („Out of Africa") aus dem Jahr 1985 schildert das Leben europäischer Siedler in Kenia zu Beginn des 20. Jahrhunderts. Er geht auf einen autobiografischen Roman der dänischen Schriftstellerin Karen Blixen (1885–1962) zurück. Der Film wurde u. a. mit sieben Oscars ausgezeichnet.

UGANDA

Flagge

Währung
Uganda-Schilling (U.Sh.)

Staatsform
Präsidialrepublik (im Commonwealth) seit 1967

Hauptstadt
Kampala

Sprachen
Englisch (Amtssprache), Swahili, Ganda

Fläche 241 548 km²

Einwohnerzahl 27,3 Mio.

Religion
33 % Katholiken, 33 % Protestanten, 18 % Anhänger traditioneller Religionen, 16 % Muslime

Was war Operation Jonathan?

Am 27. Juni 1976 wurde eine Air-France-Maschine auf dem Weg von Athen nach Paris entführt und über Bengasi in Libyen zum ugandischen Entebbe geflogen. Die Entführer waren acht Terroristen, darunter Mitglieder der Volksfront zur Befreiung Palästinas (PFLP) und der deutschen Revolutionären Zellen (RZ). Unterstützt vom pro-palästinischen Regime Idi Amins, forderten sie die Freilassung von 53 Inhaftierten und 5 Mio. US-Dollar. Die „Operation Jonathan" – benannt nach dem Kommandanten der Operation, Oberst Jonathan Netanjahu, der in Entebbe ums Leben kam – fand in der Nacht vom 3. auf den 4. Juli auf dem Flughafen statt. Von 103 Geiseln starben drei.

Warum gehört Uganda zur „Wiege der Menschheit"?

Vor 2 Mio. Jahren entstand in Ostafrika eine frühe Form des *homo sapiens*, des modernen Menschen. Vor etwa 120 000 Jahren verließ er Afrika, zog nach Indien und in den Nahen Osten und besiedelte von dort aus weitere Gebiete der Erde.

Wer sind die ursprünglichen Bewohner des Landes?

Die ältesten noch in Uganda lebenden Bewohner sind die Twa, auch Pygmäen genannt. Man schätzt ihre Zahl heute auf 50 000 bis 80 000. Da sie als indigene Bevölkerungsgruppe gelten, verstehen sich die Twa traditionell als „Besitzer des Landes".

Was sind die wichtigsten Rohstoffe des Landes?

Kupfer, Kobalt, Kalkstein und Steinsalz. Die gute Bodenqualität und das in ausreichender Menge vorhandene Wasser fördern den Anbau von Kaffee, Tee und Tabak. Winston Churchill nannte Uganda einst die „Perle Afrikas", heute zählt das Land zu den ärmsten Staaten der Welt. 2003 hatten 82 % der Bevölkerung nur 1 US-Dollar pro Tag zur Verfügung.

Wer waren Milton Obote und Idi Amin?

Milton Obote (1924–2005) wurde nach der Unabhängigkeit des Landes 1962 erster Premierminister. Schon nach kurzer Zeit geriet seine Amtszeit zur Schreckensherrschaft, in blutigen Massakern löste er die alten Königreiche auf. Durch einen Militärputsch übernahm Generalmajor Idi Amin Dada (1925–2003) 1971 die Macht und führte bis 1979 eine noch blutigere Diktatur – über 300 000 Oppositionelle, Angehörige anderer Volksstämme, asiatische Einwanderer (hauptsächlich Inder), wurden getötet, viele des Landes verwiesen.

Der Lake-Mburo-Nationalpark ist mit 260 km² der kleinste Park in Uganda, besitzt aber eine sehr abwechslungsreiche Landschaft und eine vielfältige Fauna und Flora.

RUANDA

Flagge

Währung
1 Ruanda-Franc (F.Rw)
= 100 Centimes

Staatsform
Präsidialrepublik seit 1962

Hauptstadt
Kingali

Sprachen
Englisch, Französisch, Kinyarwanda (Amtssprachen), Kisuaheli

Fläche 26 338 km²

Einwohnerzahl 8,6 Mio.

Religion
48 % Katholiken, 44 % Protestanten, 5 % Muslime

Welche Kolonialmächte waren in Ruanda?
Zwischen 1884 und 1916 war das Land eine deutsche Kolonie. Während des 1. Weltkriegs eroberte Belgien Ruanda, das 1962 seine Unabhängigkeit erhielt.

Welche seltenen Tiere leben in Ruanda?
Im Grenzgebiet zwischen Kongo und Uganda an den Hängen der Virunga-Vulkane leben noch einige wenige Berggorillas. Die Region und ihre bedrohten Tiere wurden durch die amerikanische Forscherin Dian Fossey (1932–1985) bekannt.

Warum gibt es in Ruanda immer wieder Hungersnöte?
Die Niederschlagsmengen weisen in Ruanda sehr starke Unregelmäßigkeiten auf; allein 40 % der Jahresniederschläge fallen zwischen März und Mai. Bei plötzlich einsetzendem, starkem Regen können die ausgetrockneten Böden, die sich häufig in Hanglagen befinden, die niedergehenden Wassermengen nicht aufnehmen – sie erodieren, und die Ernten werden vernichtet. Dies trägt in erheblichem Maß zur Entstehung von Hungersnöten bei.

Hutu und Tutsi

In Ruanda stellten ehemals die Tutsi (*Watussi*) die Adelsklasse und die Hutu (*Bahutu*) die einfache Bevölkerung, obwohl beide Gruppen einem Volk entstammen. Die Kolonialmächte setzten die Tutsi als Elite und Rinderzüchter ein, die Hutu als Bauern. Die ungleiche Behandlung führte zu Spannungen zwischen den Volksgruppen, die in den 1950er-Jahren ein Ventil in der Gewalt suchten. Im Zuge der Entkolonialisierung fanden 1959 die ersten freien Wahlen statt; die die Hutu gewannen. Es folgten wieder Unruhen und Massaker sowie Flüchtlingsströme in die Nachbarländer. Lange kam das Land nicht zur Ruhe. Allein 1994 wurden durch Völkermord 800 000 bis 1 Mio. Menschen getötet. Erst seit 2003 wird der Friedensprozess als formal abgeschlossen betrachtet.

Berggorillas leben in familienähnlichen Sippen. Zur Verständigung benutzen die Tiere eine „Sprache" aus Heul-, Brüll-, Hust- und Knurrlauten.

Arbeiter in den Teeplantagen in Mulindi verdienen etwa 1 Euro pro Tag, während sie ca. 80 kg Teeblätter einbringen. Tee ist eines der Hauptexportgüter des Landes.

BURUNDI

Flagge

Währung
1 Burundi-Franc (F.Bu.)
= 100 Centimes

Staatsform
Präsidialrepublik seit 1966

Hauptstadt
Bujumbura

Sprachen
Französisch, Kirundi (Amtssprachen), Swahili

Fläche 27 834 km²

Einwohnerzahl 7,8 Mio.

Religion
65 % Katholiken, 13 % Protestanten, 20 % Anhänger traditioneller Religionen

Besonderheiten
Burundi ist sehr dicht besiedelt.

Wie ist die Landesnatur beschaffen?
Burundi ist ein Binnenstaat, hat aber eine mehrere 100 km lange Küste am Tanganjikasee, einem der größten Seen Afrikas. Der größte Teil des Landes befindet sich auf einem Hochplateau, das zum Tanganjikasee hin steil abfällt. Das tropische Klima wird durch zwei Regenzeiten geprägt.

Eine folkloristische Trommlergruppe aus Gitega in Burundi. Das Trommeln gehörte früher zur höfischen Tradition der Stammesfürsten und wird heute als kulturelle Tradition gepflegt.

Der König von Burundi

Schon vor der Kolonialzeit hatte es im Gebiet von Burundi ein Königreich gegeben. Daher wurde Burundi 1962 als konstitutionelle Monarchie in die Unabhängigkeit entlassen. 1966 wurde der letzte König Ntare V. Ndizeye gestürzt und die Monarchie abgeschafft.

Wieso ist die Amtssprache Französisch?
Während das Land zu Beginn des 20. Jahrhunderts zur deutschen Kolonie Deutsch-Ostafrika gehörte, wurde es vom Völkerbund nach dem 1. Weltkrieg Belgien als Teil des Mandatsgebiets Ruanda-Urundi zugesprochen. Aus dieser Zeit stammt die Verbreitung des Französischen als Amtssprache.

Warum gab es in Burundi so viele Bürgerkriege?
Schon seit den 1960er-Jahren gab es immer wieder Kämpfe zwischen den Bevölkerungsgruppen der Hutu und der Tutsi. Die Hutu, die mit 85 % die größte Bevölkerungsgruppe bilden, sind einfache Bauern, während das Hirtenvolk der Tutsi zwar nur 14 % der Einwohner stellt, aber seit Jahrhunderten die politische Führungsschicht bildet. Allein in den Bürgerkriegsjahren von 1993 bis 2003 flohen 10 % der Bevölkerung in die Nachbarländer.

Ist Burundi arm?
Durch jahrzehntelange Kämpfe und Vertreibungen kann von einer funktionierenden Wirtschaft keine Rede mehr sein – Burundi zählt zu den ärmsten Ländern der Welt. Es gibt zwar einen relativ großen Viehbestand, dessen Produktivität aber nur sehr gering ist. Exportiert werden ausschließlich Kaffee und Tee.

Was war der Helgoland-Sansibar-Vertrag?

Der Vertrag regelte 1890 die Gebiets- und Hoheitsansprüche zwischen dem Deutschen Reich und Großbritannien. Oft wird fälschlich behauptet, Sansibar sei gegen Helgoland getauscht worden. Sansibar war nie deutsche Kolonie, sondern bis 1890 freies Sultanat. Das Gerücht vom Tausch hat der deutsche Reichskanzler Otto von Bismarck (1815–1898) in die Welt gesetzt, um die Arbeit seines Nachfolgers Leo von Caprivi (1831–1899) am umfangreichen Vertragswerk herabzusetzen.

TANSANIA

Flagge

Währung
1 Tansania-Schilling (T.Sh.)
= 100 Cents

Staatsform
Präsidialrepublik (im Commonwealth) seit 1964

Hauptstadt
Dodoma

Sprachen
Kisuaheli (Amtssprache), Englisch, Sukuma, Gogo, Haya, Chaga

Fläche 945 087 km^2

Einwohnerzahl 36,8 Mio.

Religion
40 % Christen, 40 % Muslime, 20 % Anhänger traditioneller Religionen

Ein Fischer auf seinem typischen Dhow setzt vor der Küste Sansibars das Segel.

Welche Naturschönheiten hat Tansania zu bieten?

An Tansanias Grenzen liegen drei der schönsten und größten Seen Afrikas, der berühmte Viktoriasee, der Tanganjikasee und der Malawisee. Im Norden liegt die Serengeti, einer der berühmtesten Nationalparks, und im Nordosten an der Grenze zu Kenia der 5895 m hohe Kilimandscharo.

Wie entstand der Name des Landes?

Nach der Unabhängigkeit Sansibars 1963 gründeten Tanganjika (Tan) und Sansibar (San) die Vereinigte Republik Tansania. Auf der Insel Sansibar gibt es jedoch Bestrebungen, sich vom Festland zu lösen, aber lediglich die Türkei erkennt die Insel als unabhängigen Staat an.

Gab es in dieser Region Sklaverei?

Immer schon gab es in Afrika entlang der Küste des Indischen Ozeans Sklaverei, ab dem 18. Jahrhundert kontrollierten die Araber Inseln und Festlandküsten. Zu Beginn des 19. Jahrhunderts wurde der Sklavenhandel zum Hauptgeschäft – bis zu 10 000 Sklaven wurden alljährlich verkauft. Heute geht man von einem Anteil von 75 % ehemaliger Sklaven in der Gesamtbevölkerung aus.

Wie lange dauerte der „kürzeste Krieg der Weltgeschichte"?

Der Britisch-Sansibarische-Krieg von 1896 dauerte genau 38 Minuten. Der zweite Sohn des verstorbenen Sultans von Sansibar drängte auf den Thron und glaubte sich in seinem Vorhaben vom Deutschen Kaiserreich unterstützt. Die Engländer erklärten daraufhin den Krieg und bombardierten den Sultanspalast bis zur Kapitulation 38 Minuten nach Beginn des Angriffs.

Warum nennt man Sansibar die duftende Insel?

Im 19. Jahrhundert war Sansibar der weltweit größte Produzent von Gewürznelken, und auch heute lebt Sansibars Wirtschaft vorwiegend vom Handel mit Gewürzen wie Muskatnuss, Zimt, Vanille und Pfeffer.

Wer war Farrokh Bulsara?

1946 wurde unter dem Namen Farrokh Bulsara der britische Musiker Freddie Mercury (†1991) auf Sansibar geboren.

Die Beobachtung von Löwen ist sicherlich ein Höhepunkt für jeden Besucher der Serengeti, des berühmten Nationalparks im Norden von Tansania.

SEYCHELLEN

Flagge

Währung
1 Seychellen-Rupie (SR) = 100 Cents

Staatsform
Präsidialrepublik (im Commonwealth) seit 1976

Hauptstadt
Victoria

Sprachen
Kreolisch (Seselwa), Englisch, Französisch (Amtssprachen)

Fläche 455 km²

Einwohnerzahl 82 000

Religion
90 % Katholiken, 8 % Protestanten

Besonderheiten
49 % des Landes sind Naturschutzgebiete

Tourismus ist der größte Wirtschaftsfaktor der Seychellen, die von dem Tsunami 2004 kaum betroffen waren.

Wie groß ist das Seegebiet der Seychellen?
Die 115 Inseln der Republik, von denen nur 32 die eigentlichen Seychellen darstellen, liegen auf einer Meeresfläche von über 400 000 km². Man unterscheidet die Outer Islands und die Inner Islands. Letztere umfassen Mahé, Praslin und La Dique, die am dichtesten besiedelten Inseln.

Wer entdeckte und kolonalisierte die Inseln?
Die ersten Europäer, die die Inseln erwähnten, waren portugiesische Seefahrer um 1505. Zuvor waren arabische Händler auf die Inseln gekommen. Besiedelt wurden sie allerdings erst ab der Mitte des 17. Jahrhunderts von Franzosen. Nach dem Ende eines Konflikts zwischen Frankreich und England in den Jahren von 1794 bis 1811 fielen sie an England und wurden 1814 Teil von Mauritius. 1903 wurden die Seychellen eine eigenständige Kolonie, d. h., sie waren nicht länger mit Mauritius verbunden. Ihre Unabhängigkeit erlangten sie jedoch erst 1970.

Was ist der bedeutendste Wirtschaftszweig der Seychellen?
30 % der arbeitenden Bevölkerung sind im Tourismus beschäftigt, und über 70 % der Staatseinnahmen stammen aus diesem Sektor. Die Gewinne dieses bedeutendsten Wirtschaftszweigs investiert man erneut in Hotelanlagen der obersten Luxusklasse, wodurch zu befürchten ist, dass Touristen der Mittelklasse langfristig ausbleiben könnten. Dass die Tourismusbranche von Krisen nicht unabhängig ist, zeigte der Einbruch der Besucherzahlen nach dem 11. September 2001.

Warum nennt man die Seychellen auch Meeresoasen?
In Tausenden von Jahren haben sich die Inseln kaum verändert – sie wurden von Naturkatastrophen wie Wirbelstürmen verschont, es gab und gibt keine Tropenkrankheiten und keine giftigen Lebewesen. Die vorherrschende Flora und Fauna ist zu einem großen Teil nur oder nur noch auf diesen Inseln zu finden. Darum nennt man die Seychellen auch Meeresoasen und behandelt die Umwelt mit besonderer Vorsicht.

Interessante Fakten: Natur und Umwelt

- Auf den Seychellen gibt es einige Arten von Riesenschildkröten, allein auf dem Aldabra-Atoll leben 150 000 Aldabra-Tiere.
- Der letzte überlebende flugunfähige Vogel des Indischen Ozeans, die Weißkehlige Ralle, lebt hier.
- Die Verfassung des Landes garantiert seinen Bürgern das Recht auf eine saubere, gesunde und ökologisch ausgewogene Umwelt.

MALAWI

Flagge

Währung
1 Malawi-Kwacha (MK)
= 100 Tambala

Staatsform
Präsidialrepublik (im Commonwealth) seit 1966

Hauptstadt
Lilongwe

Sprachen
Englisch, Chichewa (Amtssprachen)

Fläche 118 484 km²

Einwohnerzahl 12,7 Mio.

Religion
70 % Christen, 20 % Muslime, 10 % Anhänger traditioneller Religionen

Besonderheiten
Zu Malawi gehören die Inseln Likoma und Chizumulu im Malawisee. Sie liegen im Territorialgewässer von Mosambik.

Was ist das Njassaland?

Während der britischen Kolonialzeit von 1891 bis 1964 wurde das Gebiet von Malawi als Protektorat Njassaland verwaltet. Damals wurde auch der heutige Malawisee noch Njassasee genannt, da die einheimischen Bantus ihn in ihrer Sprache *njassa*, das heißt „See", nannten. Der große Afrikaforscher David Livingstone (1813–1873) erreichte 1859 als erster Europäer den Njassasee.

Welche Probleme hat das Land?

Malawi zählt zu den ärmsten Ländern der Welt. Die Lebenserwartung liegt bei nur 33 Jahren, und Schätzungen gehen davon aus, dass 50 % der Bevölkerung mit Aids infiziert sind. Da dies vor allem die wirtschaftlich aktiven Altersgruppen betrifft, gibt es nur wenig Hoffnung auf eine positive wirtschaftliche Entwicklung.

Was wird aus Malawi exportiert?

Malawi hat nur sehr geringe Vorkommen an Bodenschätzen. Abgebaut wird in kleineren Mengen Bauxit, das aber nicht exportiert wird. Die Wirtschaft ist fast vollständig landwirtschaftlich orientiert, aber die Erträge reichen kaum zur Selbstversorgung. Für die nähere Zukunft ruhen die Hoffnungen auf dem Tabakanbau, aus dem jetzt schon mehr als 50 % der Exporterlöse stammen.

Diese Familie in Malawi hat mit einem Kleinstkredit einer britischen Hilfsorganisation ein Fischerboot gekauft.

Ein Blick von oben auf die dicht bebaute Bucht an der Money Bay im Nationalpark des Malawisees

Mulanje

Das Mulanjemassiv ist ein Bergmassiv, das sich im Süden Malawis beeindruckend aus dem Flachland erhebt. Es ist wegen seiner Höhe von bis zu 3000 m ein Regenfänger und daher von Teeplantagen umgeben. Die steil aufragenden Granitfelswände sind spektakulär und gipfeln in einer fast senkrechten Wand von 1500 m Höhe. Die Flüsse im Bergmassiv führen ganzjährig Wasser und bieten sich für die Energiegewinnung durch Wasserkraft an. Konkrete Pläne liegen aber noch nicht vor.

MOSAMBIK

Flagge

Währung
1 Metical (MT) = 100 Centavos

Staatsform
Präsidialrepublik (im Commonwealth) seit 1990

Hauptstadt
Maputo

Sprachen
Portugiesisch (Amtssprache), Makua, Swahili u.a. Bantu-Sprachen

Fläche 799 380 km²

Einwohnerzahl 19,4 Mio.

Religion
50 % Anhänger traditioneller Religionen, 27 % Christen, 21 % Muslime

Große Ratten (*Cricetomys gambianus*) werden darauf trainiert, den Geruch von Explosivstoffen mit Futter zu assoziieren. Man setzt sie zur „Minenräumung" ein, wie hier in Vilancoulos, 450 km entfernt von Maputo.

Wer entdeckte und kolonialisierte das Land?
Als 1498 der portugiesische Entdecker Vasco da Gama (1469–1524) als erster Europäer an der Küste Mosambiks landete, lebten dort schon lange arabische Händler, die mit Indien Gold-, Elfenbein- und Sklavenhandel trieben. Die Portugiesen übernahmen den Handelsplatz, betrieben Sklavenhandel und unterjochten das Volk bis ins 20. Jahrhundert, u. a. durch Zwangsarbeit.

Was ist der Njassasee?
Der bekanntere Name dieses Sees ist Malawisee. Mit 29 604 km² Fläche ist er das drittgrößte Binnengewässer Afrikas. Er ist 550 km lang, durchschnittlich 50 km breit (an einigen Stellen bis zu 80 km) und liegt 472 m über dem Meeresspiegel. Mit einer Tiefe von bis zu 695 m gehört er zu den tiefsten Seen der Welt. Der Njassasee wurde 1859 von dem schottischen Forscher David Livingstone (1813–1873) entdeckt.

Wann erlangte Mosambik die Unabhängigkeit?
Mit der Nelkenrevolution (s. Portugal) und dem Sturz der Diktatur in Portugal erlangte Mosambik nach fast 500 Jahren am 25. Juni 1975 die Unabhängigkeit. Samuel Machel (1933–1986) wurde der erste Präsident.

Der Sambesi ist der viertlängste Fluss Afrikas. Im Flusstal leben etwa 80 % der Bevölkerung von der Bewirtschaftung der fruchtbaren Böden des Überschwemmungsgebiets.

FRELIMO und RENAMO

FRELIMO bedeutet *Frente da Libertação de Moçambique* („Mosambikische Befreiungsfront"); die Befreiungsbewegung entstand in den 1960er-Jahren als antikoloniale, sozialistische Bewegung.

RENAMO steht für *Resistência Nacional Moçambicana* („Nationaler Widerstand Mosambiks"); die antikommunistische Partei wurde 1975 mit dem Ziel gegründet, die FRELIMO materiell und ideologisch zu bekämpfen.

1976 stürzte das Land in einen 16-jährigen Bürgerkrieg zwischen den beiden Gruppen, der fast bis zum kompletten wirtschaftlichen Zusammenbruch geführt wurde. Es standen Ausbilder aus der DDR, der Sowjetunion und Kuba zur Verfügung. Nach über 900 000 Toten und 1,3 Mio. Flüchtlingen konnte sich Mosambik 1992 stabilisieren.

Wo liegen die Komoren?
Die Komoren sind ein Inselstaat zwischen dem nördlichen Madagaskar und dem afrikanischen Festland. Zu den Komoren gehören die drei großen Inseln Grande Comore, Anjouan und Moheli sowie einige kleine Koralleninseln.

Welchen politischen Anspruch symbolisiert die neue Landesflagge?
Auf der erst 2003 eingeführten Landesflagge sind u. a. vier gleich breite, farbige Streifen und vier weiße Sterne zu sehen. Die Zahl Vier zeigt an, dass die Komoren sich als einen aus vier Inseln bestehenden Staat betrachten. Die vierte Insel ist die geografisch zum Komoren-Archipel gehörende Insel Mayotte, die aber politisch derzeit noch französisches Territorium ist.

Sind die Komoren politisch stabil?
Nein. Nachdem die Komoren 1975 ihre Unabhängigkeit von Frankreich erreicht hatten, gab es bis heute fast 20 Putschversuche gegen die jeweilige Regierung. In mehrere dieser Putsche war der französische Söldner Bob Denard verwickelt, der auf den eingesetzten Präsidenten großen Einfluss hatte. Nach 1997 hatten die drei Hauptinseln zeitweilig jede einen eigenen Präsidenten und wollten sich selbstständig machen. Die Komoren blieben dennoch bis heute in einer losen Union vereinigt.

KOMOREN

Flagge

Währung
1 Komoren-Franc (FC)
= 100 Centimes
Staatsform
Bundesrepublik
Hauptstadt
Moroni

Sprachen
Französisch, Komorisch (Amtssprachen), Arabisch
Fläche 1862 km²
Einwohnerzahl 671 000
Religion
95 % Muslime
Besonderheiten
Die Komoren erheben Anspruch auf das französische Überseeterritorium Mayotte.

Der Vulkan Karthala
Der Karthala ist mit 2361 m einer der höchsten Vulkane der Welt. Er liegt auf der Insel Grande Comore in der Nähe der Hauptstadt Moroni. Auch in jüngster Zeit war er aktiv, so in den Jahren 2005 und 2006. Bei dem Ausbruch von 2005 mussten 40 000 Menschen evakuiert werden.

Moheli, eine der drei größeren Inseln der Komoren. Der fruchtbare vulkanische Boden sorgt für eine üppige Vegetation und ermöglicht eine landwirtschaftliche Nutzung.

MADAGASKAR

Flagge

Währung
1 Ariary (Ar) = 5 Iraimbilanja

Staatsform
Präsidialrepublik seit 1992

Hauptstadt
Antananarivo

Sprachen
Madagassisch (Malagasy), Französisch (Amtssprachen)

Fläche 587 040 km²

Einwohnerzahl 18,1 Mio.

Religion
52 % Anhänger traditioneller Religionen, 41 % Christen, 7 % Muslime

Besonderheiten
Madagaskar ist nach Indonesien der zweitgrößte Inselstaat der Welt.

Rechts: Die Lemuren konnten nur in der ökologischen Nische Madagaskars bis heute überleben. Hier sind sie mit 72 Arten vertreten.

Warum nennt man Madagaskar den achten Kontinent?

Die Insel Madagaskar hat sich vor 150 Mio. Jahren als Landmasse vom afrikanischen Kontinent und vor 90 Mio. Jahren von Asien abgetrennt. Seit dieser Zeit hat sich die Pflanzen- und Tierwelt unabhängig vom asiatischen und afrikanischen Festland entwickelt, was zur Entstehung einer einzigartigen Flora und Fauna führte. Die Lemuren etwa gibt es nirgendwo sonst auf der Welt. Umgekehrt fehlen auf Madagaskar Tiere, die in Afrika oder Asien vorkommen, wie beispielsweise Giftschlangen und Affen.

Was war das Königreich Madagaskar?

Am Anfang des 19. Jahrhunderts erweiterte das Volk der Merina, das vorher nur Gebiete im Hochland beherrscht hatte, sein Königreich nach und nach über die ganze Insel. 1824 stand Madagaskar unter der Macht von König Radama I. Das Königreich existierte bis 1896, als Frankreich die Insel erobern konnte. Die amtierende Königin Ranavalona III. ging ins Exil nach Algerien. Die französische Kolonialzeit dauerte bis 1960.

Seegras-Farmer bei der Ernte im flachen Küstenwasser. Seegras kann als Polstermaterial und als Dämmstoff verwendet werden.

Ist Madagaskar ein wohlhabendes Land?

Nein. Ganz im Gegenteil. Madagaskar gehört zu den ärmsten Ländern der Welt und ist auf Entwicklungshilfe angewiesen. Das wichtigste Nahrungsmittel ist der auf der Insel angebaute Reis, sehr viele Nahrungsmittel müssen importiert werden. Exportiert werden Kaffee, Vanille, Gewürznelken und Zucker.

Elefantenvögel

Zur einzigartigen Tierwelt Madagaskars zählte bis vor wenigen Hundert Jahren auch der mächtige Elefantenvogel. Er erreichte eine Höhe von 3,50 m und ein Gewicht von 500 kg. Um das Jahr 1700 ist dieses Tier, ein großer Verwandter des afrikanischen Strauß, ausgestorben. Man vermutet, dass die Ursache dafür die Zerstörung seines Lebensraums durch Brandrodung war.

Wer waren die Ureinwohner von Mauritius? Es gibt keine Ureinwohner, da die Inseln vor der Kolonialzeit unbewohnt waren. Heute stammen fast 70 % der Bevölkerung von indischen Einwanderern ab, die im 19. Jahrhundert als Plantagenarbeiter auf die Insel kamen. Die übrigen Bewohner sind vorwiegend Kreolen mit afrikanischen und europäischen Vorfahren.

Welche Kolonialmacht beherrschte Mauritius?
Fast alle europäischen Kolonialmächte hatten die Insel zeitweilig im Besitz. Zunächst die Portugiesen, denen Mauritius lediglich als Stützpunkt diente, dann die Niederländer, die 1715 von den Franzosen abgelöst wurden. In der französischer Zeit legte man Zuckerrohrplantagen an, die dann von den Engländern (1810–1968) weitergeführt wurden.

Ist der Staat heute arm?
Nein. Die Abhängigkeit der Insel vom Zuckerrohr, die in der Kolonialzeit bestand, konnte überwunden werden. Die stabile politische Lage hat ausländische Investoren dazu ermutigt, in die Entwicklung der Industrie und des Tourismus zu investieren. Heute ist das Pro-Kopf-Einkommen auf Mauritius eines der höchsten in Afrika.

MAURITIUS

Flagge

Währung
1 Mauritius-Rupie (MR) = 100 Cents

Staatsform
Republik (im Commonwealth) seit 1968

Hauptstadt
Port Louis

Sprachen
Englisch (Amtssprache), Mauretanisch (französisches Kreolisch), Bhojpuri

Fläche 2040 km^2

Einwohnerzahl 1,2 Mio.

Religion
50 % Hindus, 26 % Katholiken, 17 % Muslime

Besonderheiten
Mauritius gehört wie das französische Überseegebiet La Réunion zur Inselkette der Maskarenen.

Die Blaue Mauritius

Die Blaue Mauritius (engl.: *Blue Penny*) zählt zu den bekanntesten und wertvollsten Briefmarken der Welt. Sie wurde 1847 auf Mauritius herausgegeben und zeigt das Porträt der englischen Königin Victoria. Heute existieren nur noch acht gebrauchte und vier ungebrauchte Exemplare, deren Besitzer in der Regel unbekannt bleiben wollen. 1993 wurde ein ungebrauchtes Exemplar für 1,1 Mio. Euro versteigert.

Die Île aux Cerfs ist ein kleines Inselchen in der Nähe der Hauptinsel. Sie ist bei touristischen Tagesbesuchern wegen der weißen Sandstrände und des kristallklaren Wassers beliebt.

NAMIBIA

Flagge

Währung
1 Namibia-Dollar (N$) = 100 Cents

Staatsform
Republik (im Commonwealth) seit 1990

Hauptstadt
Windhoek

Sprachen
Englisch (Amtssprache), u.a. Ovambo, Afrikaans, Herero, Deutsch

Fläche 824 292 km²

Einwohnerzahl 2,0 Mio.

Religion
62 %Protestanten, 17 % Katholiken, 13 % Anhänger traditioneller Religionen

Besonderheiten
Namibia besitzt eines der größten Diamantenvorkommen der Welt.

Oben: Unverheiratete Mädchen vom Stamm der Himba in Namibia tragen ihr Haar in zwei zur Stirn gerichteten Zöpfen, nach der Pubertät werden die Haare (wie hier) mit Lehm zu kleinen Zöpfen gedreht.

Warum heißt das Land Namibia?
Im Küstenbereich des Landes befindet sich die Namibwüste, die als neutraler Namensgeber diente, um keinem der verschiedenen Stämme den Vorzug zu geben.

Was ist der größte Wirtschaftszweig Namibias?
50 % der Exporte des Landes stammen aus dem Bergbau. Namibia verfügt über reiche Vorkommen an Diamanten, Erdgas und Uranerz.

Warum ist Nambia ein Vielvölkerstaat?
Wie bei Kolonialmächten üblich, zog man Grenzen ohne Rücksicht auf Stammesgebiete. Dadurch und durch Wanderbewegungen im Übergang zum 20. Jahrhundert wurde Namibia zum Vielvölkerstaat.

Welche Sprachen werden gesprochen?
Als Deutsch-Südwestafrika war Namibia ab 1884 deutsche Kolonie, darum sprechen noch heute viele Weiße, aber auch viele Schwarze deutsch. Afrikaans, Englisch und Deutsch waren bis zur Unabhängigkeit 1990 die offiziellen Amtssprachen. Daneben gibt es über 30 Stammessprachen, z. B. der Nama, San, Herero, Himba, Ovambo oder Damara, und vielfältige Dialekte. Englisch, das aus Neutralitätsgründen zur Amtssprache gewählt wurde, sprechen nur 7 % der Bevölkerung.

Hintergrund: Der Namib-Naukluft-Park (Gesamtfläche ca. 50 000 km²) ist Namibias größtes Naturschutzgebiet. Er bietet eine grandiose Landschaftsvielfalt, schroffe Bergmassive wechseln ab mit endlosen Dünenfeldern.

Der Aufstand der Herero und Nama

So bezeichnet man den Aufstand zweier Stämme, auch Hottentotten genannt, zwischen 1904 und 1908 gegen die deutsche Kolonialmacht. Im sozialen Gefüge der Stämme kannte man keinen Untertanengeist, wie ihn die Siedler von den Schwarzen erwarteten, denen gegenüber sie sich als überlegen empfanden. Auch war das Land an Siedler gegeben worden, ohne die Stammesrechte oder die Weidegründe der Herden zu beachten. Unter Samuel Maharero (1856–1923) schlugen die perfekt organisierten Stämme mit Tausenden Männern gegen deutsche Siedler und Einrichtungen los. Allerdings hatten sie nicht damit gerechnet, dass das Kaiserreich in der Lage sein würde, sehr schnell 15 000 Soldaten ins Land zu bringen, die die Aufstände blutig niederschlugen. Tausende Afrikaner verloren ihr Leben.

War Botswana je eine Kolonie?
Nein. Botswana war über 100 Jahre unter dem Namen Betschuanaland lediglich britisches Protektorat. Das Land hatte immer eine gewisse innere Autonomie und wurde nur in Fragen der Verteidigung und der Außenpolitik von Großbritannien vertreten. 1966 wurde Botswana unabhängig und gab sich den heutigen Namen.

Warum nennt man Botswana das „Musterland" Afrikas?
Kurz nach der Unabhängigkeit 1966 wurden in Botswana Diamantenvorkommen entdeckt. Deren Gewinnung und Verkauf führten in der Folge zu einem stetigen wirtschaftlichen Wachstum, zumal die Exporteinnahmen aus dem Diamantenhandel, die heute 70 % des Gesamtvolumens ausmachen, überwiegend in die Entwicklung des Landes investiert wurden.

Was ist das größte Problem für die Zukunft?
Botswana hat mit knapp 40 % Aids-Infizierten eine der höchsten Raten weltweit. Die Seuche stellt damit eine existenzielle Gefahr für die gesamte Volkswirtschaft dar. Die durchschnittliche Lebenserwartung sank von 63 Jahren (1991) auf erschreckende 31 Jahre (2004). Seit 2002 werden von staatlicher Seite kostenlos Medikamente an die Betroffenen ausgegeben.

BOTSWANA

Flagge

Währung
1 Pula (P) = 100 Thebe
Staatsform
Präsidialrepublik (im Commonwealth) seit 1966
Hauptstadt
Gaborone
Sprachen
Englisch (Amtssprache), Bantu-Sprachen (u.a. Setswana)
Fläche 581 730 km²
Einwohnerzahl 1,6 Mio.
Religion
50 % Christen, 50 % Anhänger traditioneller Religionen
Besonderheiten
Große Teile des Landes bestehen aus der Halbwüste Kalahari.

Das Nilpferd
Das Nilpferd oder Flusspferd war in historischer Zeit in Afrika sehr verbreitet und kam in biblischen Zeiten sogar im Jordantal vor. Heute ist es in weiten Teilen seines ehemaligen Lebensraums ausgerottet. In Botswana zählt es zu den bekanntesten Vertretern der Tierwelt. Das Flusspferd ist keineswegs ein friedliches Tier – es verursacht in Afrika mehr Todesfälle als das Krokodil oder der Löwe.

Heute findet man das Flusspferd in Afrika nur noch südlich der Sahara, wie hier im Moremi-Wildreservat von Botswana.

SIMBABWE

Flagge

Währung
1 Simbabwe-Dollar (Z.$) = 100 Cents

Staatsform
Präsidialrepublik seit 1980

Hauptstadt
Harare

Sprachen
Englisch (Amtssprache), gesprochen werden vorwiegend Shona und Ndebele

Fläche 390 580 km²

Einwohnerzahl 12,8 Mio.

Religion
75 % Christen, 24 % Anhänger traditioneller Religionen

Besonderheiten
Die 1855 von David Livingstone entdeckten Viktoriafälle des Sambesi stürzen auf einer Breite von 1700 m in eine Tiefe von 120 m.

Wie hieß Simbabwe früher?

In der Sprache der Shona hieß das Land *dzimba dza mabwe*, „große Häuser aus Stein" (s. Kasten). Ab 1895 nannte man es nach seinem Entdecker Cecil Rhodes (1853–1902) Rhodesien, bis es 1980 als Simbabwe unabhängig wurde.

Welche Lebenserwartung hat die Bevölkerung von Simbabwe?

Nirgendwo auf der Welt ist die Lebenserwartung innerhalb so kurzer Zeit so dramatisch gesunken wie in Simbabwe – von 55 auf 35 Jahre in nicht ganz zehn Jahren. Zwischen 24 und 35 % der Bevölkerung sind HIV-positiv, damit hat Simbabwe eine der höchsten Infektionsraten der Welt.

Welche Regierung führt Robert Mugabe?

Robert Gabriel Mugabe (*1924) ist Chef der ZANU-Partei und seit der Unabhängigkeit Simbabwes 1980 Staatsoberhaupt des Landes. Mugabe wird eine diktatorische Führung vorgeworfen, z. B. hat die Regierung Justiz und Medien gleichgeschaltet sowie die Meinungs- und Versammlungsfreiheit sehr stark eingeschränkt. Wegen massiver Menschenrechtsverletzungen wurde das Land vom Commonwealth ausgeschlossen.

Groß-Zimbabwe

Die Portugiesen fanden im 16. Jahrhundert zwischen den Flüssen Sambesi und Orange eine große steinerne Ruinenstadt, und sie verbreiteten die Legende, die Stadt sei die Heimat der sagenhaften Königin von Saba. 1871 gelang es dem deutschen Forscher Karl Gottlieb Mauch (1837–1875), Groß-Zimbabwe wiederzuentdecken. Die Keramikfunde sind Zeugnisse ferner Handelsbeziehungen vom 13. bis zum 15. Jahrhundert nach Persien und China. Trotz intensiver Forschungsarbeit konnten allerdings bis heute nicht alle Rätsel um diesen Ort, seine Erbauer und seine Funktion gelöst werden.

Die Hörner von Antilopen werden als Blasinstrumente benutzt: Gläubige der Zionistischen Kirche in Mbare spielen in einem Stadtteil von Harare.

REPUBLIK SÜDAFRIKA

Flagge

Währung
1 Rand (R) = 100 Cents

Staatsform
Präsidialrepublik (im Commonwealth) seit 1961

Hauptstadt
Pretoria

Sprachen
Englisch, Afrikaans, Ndebele, Xhosa, Zulu, Nordsotho, Südsotho, Setswana, Swati, Venda, Tsonga (alle Amtssprachen)

Fläche 1,22 Mio. km²

Einwohnerzahl 44,3 Mio.

Religion
32 % Anhänger unabhängiger afrikanischer Kirchen, 8 % Pfingstler, 7 % Methodisten, 7 % Katholiken

Besonderheiten
Mit 10,8 Mio. Karat jährlich ist Südafrika der sechstgrößte Diamantförderer der Welt.

Warum heißt Südafrika auch die Regenbogennation?

In Südafrika wohnen Menschen aller Hautfarben, vieler Ethnien und Herkunftsländer. Wegen dieser Vielfalt wird das Land auch „Regenbogennation" genannt.

Warum heißt die Spitze Südafrikas Kap der Guten Hoffnung?

1488 entdeckte der Portugiese Bartholomeu Diaz das Kap und nannte es *Cabo das Tormentas* („Kap der Stürme"), der portugiesische König Johann II. änderte den Namen dann in „Kap der Guten Hoffnung", *Cabo da Boa Esperança*, da er hoffte, den Seeweg nach Indien gefunden zu haben. Das Kap ist allerdings nicht der südlichste (das ist das Kap Agulhas), sondern der südwestlichste Punkt Afrikas.

Was ist Capensis?

Unter Capensis versteht man die Flora der Kapregion. Es ist das kleinste, aber artenreichste von sieben Florenreichen der Erde. Es gibt in Südafrika über 20 000 verschiedene Pflanzen, die meisten davon nur in der Kapregion beheimatet, was etwa 10 % aller Pflanzenarten der Welt ausmacht.

Wie ist die Wirtschaft strukturiert?

Die südafrikanische Wirtschaft ist die wichtigste und am weitesten entwickelte des afrikanischen Kontinents. Sie verfügt über eine gut ausgebaute und moderne Infrastruktur. Südafrika zählt zu den am reichsten mit Bodenschätzen ausgestatteten Ländern der Welt, dazu gehören Platin, Gold, Diamanten, Vanadium, Titan, Uran, Chrom, Mangan und Asbest.

Oben: Das Kap der Guten Hoffnung nahe Kapstadt. Es bildet nicht den südlichsten, sondern den südwestlichsten Punkt Afrikas.

Kapstadt, Symbiose aus Großstadtflair, bezaubernder Lage am Ozean, interessanter Geschichte und einem schönen Hinterland, zieht jährlich 7,3 Mio. Touristen an.

Schon im 17. Jahrhundert führten hugenottische Familien in Südafrika den Weinbau ein – hier die Weinberge der Region Stellenbosch.

Felsige Küstenlinie nördlich vom Kap der Guten Hoffnung

Apartheid

Apartheid, „Trennung" auf Deutsch, ist die Bezeichnung für die ehemalige, weltweit geächtete Politik der Rassentrennung in Südafrika zur Sicherung der Vorrangstellung der weißen burischen Minorität gegenüber der schwarzen Mehrheit. Sie war die schärfste Form rassischer Diskriminierung und Entrechtung, die bis zur Reglementierung der Intimsphäre reichte. Nach dem Wahlsieg der National Party 1948 wurde sie installiert und erst 1990 nach jahrelangem Kampf beendet. 1994 wurde Nelson Mandela (s. Kasten) zum ersten schwarzen Präsidenten des Landes gewählt.

Was war der Cullinan?

1906 fand man den Rohdiamanten Cullinan, den mit 3106 Karat größten Diamanten, der je auf der Erde gefunden wurde. Er wurde in 105 Steine aufgespalten, wovon die neun größten Teil der britischen Kornjuwelen wurden. In Kimberley, der Hauptstadt der Provinz Nordkap, hatte man 1869 die ersten südafrikanischen Diamanten gefunden. Da sich die Vorräte in Indonesien und Brasilien zu erschöpfen begannen, wurde Südafrika Hauptlieferant.

Wie viele verschiedene Sprachen werden in Südafrika gesprochen?

In Südafrika gibt es elf offizielle Landessprachen (s. Steckbrief) – kein anderes Land der Erde besitzt mehr offizielle Sprachen. Afrikaans ist die Muttersprache von immerhin 59 % der weißen Bevölkerung, aber nur von 0,7 % der schwarzen Einwohner. Und obwohl Englisch die gebräuchlichste Sprache im öffentlichen Leben Südafrikas ist, sprechen nur 40 % der weißen und sogar nur 0,5 % der schwarzen Bewohner zu Hause englisch.

Was ist Afrikaans?

Afrikaans oder Kap-Holländisch ist die Sprache der Buren, die sich aus niederländischen Dialekten des 17. Jahrhunderts entwickelt hat. Als Schriftsprache ist Afrikaans seit 1861 belegt. In vielerlei Hinsicht ist diese Sprache einfacher als Niederländisch, beide sind aber gegenseitig verständlich.

Nelson Mandela

Nelson Mandela (*1918) war neben den Amerikanern Malcolm X (1925–1965) und Martin Luther King (1929–1968) einer der weltweit führenden Vertreter im Kampf gegen die Unterdrückung Schwarzer. In Südafrika war er der Wegbereiter des friedlichen Übergangs vom Apartheidsstaat zu einem demokratischen Staatswesen, in dem alle Angehörigen der unterschiedlichen Rassen gleiche Rechte und Pflichten besitzen. Mandela war Anwalt, verbrachte aber wegen seiner Aktivitäten in der Anti-Apartheid-Bewegung 28 Jahre seines Lebens als politischer Gefangener in Haft. Unter dem weißen Präsidenten Frederik Willem de Klerk (*1936) wurde 1990 seine Freilassung angeordnet, die Jahre der Apartheid gingen zu Ende. In einer Rede vor 120 000 Menschen im Stadion von Soweto mahnte Mandela „alle Menschen, die die Apartheid aufgegeben haben, zur Mitarbeit an einem nichtrassistischen, geeinten und demokratischen Südafrika mit allgemeinen, freien Wahlen und Stimmrecht für alle". Beiden, Mandela und de Klerk, wurde 1993 der Friedensnobelpreis verliehen.

Wer sind die Buren?

Boer, gesprochen „Bur", ist das niederländische Wort für „Bauer". Die so bezeichneten südafrikanischen Siedler sind Nachfahren der ersten Niederländer, die 1647 an der Tafelbucht anlegten – hier, wo das heutige Kapstadt liegt, hatten sie Schiffbruch erlitten. Ab 1652 wurde Kapstadt als befestigte Proviantstation der Niederländischen Ostindien-Kompanie angelegt. In den folgenden Jahren ließen sich Angestellte der Gesellschaft als Siedler nieder, neben den Niederländern vorwiegend Rheinländer und Franzosen. Mitte des 18. Jahrhunderts lebten bereits über 4000 burische Siedler im Land. Andere Bezeichnungen für die Siedler waren *Afrikaander*, *Kapholländer* oder *Weißafrikaner*.

Seit wann wird in Südafrika Wein angebaut?

Im April 1688 erreichte ein niederländisches Schiff Kapstadt, auf dem sich auch hugenottische Familien befanden, die vor den religiösen Verfolgungen Ludwig XIV. aus Frankreich geflohen waren. Diese Familien führten bereits Ende des 17. Jahrhunderts den Weinbau in Südafrika ein.

Frau aus der Volksgruppe der Zulu mit festlichem Kopfschmuck vor einer Dorfkulisse in der Provinz KwaZulu-Natal an der Ostküste Südafrikas

LESOTHO

Flagge

Währung
1 Loti (M) = 100 Lisente

Staatsform
Parlamentarische Monarchie (im Commonwealth) seit 1993

Hauptstadt
Maseru

Sprachen
Sesotho, Englisch (beide Amtssprachen)

Fläche 30 355 km^2

Einwohnerzahl 1,8 Mio.

Religion
90 % Christen (davon 44 % Katholiken)

Besonderheiten
Lesotho ist vollständig von südafrikanischem Staatsgebiet umgeben.

Rechts: Zwei Basotho-Frauen tragen ihre Lasten auf dem Kopf.

Was ist das Besondere an der Geografie Lesothos?

Das gesamte Staatsgebiet liegt auf über 1000 m Höhe, der größte Teil sogar über 1800 m hoch. Der Westen des Landes liegt auf einem Hochplateau zwischen 1400 und 1700 m und ist der Hauptsiedlungsraum. Im Osten schließen sich Berge an, die bis in Höhen über 3000 m reichen.

Wie setzt sich die Bevölkerung zusammen?

Die Bevölkerung von Lesotho gehört zu 99 % zu einem einzigen Bantuvolk, den Basotho, und verfügt dementsprechend über einen hohen Grad an gemeinsamer Kultur und Tradition sowie einem ausgeprägten Zusammengehörigkeitsgefühl. Die in anderen afrikanischen Staaten übliche Sprachenvielfalt ist nicht gegeben.

Die Basotho sind eines der wenigen afrikanischen Völker, die sich auf ein Leben im Gebirge einrichten mussten.

Das Versprechen von Lesotho

Seit 2004 wird in der Mine Letseng in Lesotho wieder nach Diamanten gesucht, nachdem diese fast 40 Jahre lang stillgelegen hatte. 2006 wurde dort einer der größten Diamanten der Welt gefunden, der den Namen „Das Versprechen von Lesotho" (engl.: *Lesotho Promise*) erhielt. Er wurde noch im selben Jahr für fast 10 Mio. Euro an eine südafrikanische Diamantenschleiferei verkauft.

Wer ist der König von Lesotho?

Der König von Lesotho ist Letsie III. Er hat in Lesotho und England Rechtswissenschaft studiert und regiert sein Land seit 1990, nachdem sein Vater erzwungenermaßen ins Exil gehen musste. Seine Amtszeit wurde 1995 für ein Jahr unterbrochen, in dem er zugunsten seines Vaters Moshoeshoe II. auf die Königswürde verzichtete. Nach dessen Unfalltod bestieg Letsie III. erneut den Thron.

Ist Lesotho arm?

Ja. Die Natur des Landes erlaubt lediglich eine Form der Landwirtschaft, die nicht einmal zur Selbstversorgung ausreicht. Ein Teil der Nahrungsmittel muss aus dem angrenzenden Südafrika eingeführt werden. Viele Bürger Lesothos müssen sich als Wanderarbeiter im Nachbarland verdingen. Unterstützung erhält das Land von den USA, der Europäischen Union und der Weltbank.

Welche Ethnie stellt den Hauptteil der Bevölkerung?

Etwa 90 % der Bevölkerung stellt das Bantuvolk der Swasi, der Rest sind Minderheiten von Zulu, Tonga, Sotho, Weißen und den sogenannten *coloureds*, Mischlinge mit einem weißen Elternteil oder deren Eltern unterschiedlichen Stämmen angehören.

Was sind die Hauptwirtschafszweige des Landes?

Vornehmlich Land- und Forstwirtschaft. Neben der traditionellen Selbstversorgungswirtschaft werden einige Produkte (Ananas, Mais, Hirse, Baumwolle, Kartoffeln, Zuckerrohr) exportiert, aber die Plantagen sind mehrheitlich in der Hand einiger weißer Farmer oder internationaler Handelsgesellschaften. Auch die Viehzucht (Rinder, Schafe, Ziegen) stellt einen beachtlichen Faktor dar. Im Bergbau werden Diamanten, Asbest und Steinkohle abgebaut, aber wegen der gesundheitsschädlichen Wirkung von Asbest ist dessen Verkauf stark rückläufig. Eine weitere wichtige Einnahmequelle des Landes ist der Tourismus. Hauptattraktionen sind das Spielkasino in der Nähe von Mbabane und die Wildparks. Insgesamt ist die Wirtschaft stark von Südafrika abhängig.

Wird die Monarchie vom Volk unterstützt?

Nein. Da im Land größte Armut herrscht, wächst der Unmut gegen den König, 1996 kam es zu blutigen Aufständen gegen die Monarchie. König Mswati III., seit 1986 mächtigster Mann im Land, ist der letzte absolute Monarch Afrikas. Als Staatsoberhaupt bestimmt er sowohl Exekutive als auch Legislative, und seit 1973 sind politische Parteien verboten. Berüchtigt für seinen ausschweifenden Lebensstil, kaufte er sich zu seinem 37. Geburtstag acht Mercedes mit vergoldeten Nummernschildern, die aus Deutschland eingeflogen wurden.

SWASILAND

Flagge

Währung
1 Lilangeni (E) (Plural: Emalangeni) = 100 Cents

Staatsform
Absolute Monarchie (im Commonwealth) seit 1973

Hauptstadt
Mbabane

Sprachen
Siswati (Amtssprache), Englisch

Fläche 17 363 km²

Einwohnerzahl 1,2 Mio.

Religion
40 % Anhänger der Zion Church, 20 % Katholiken

Aids in Swasiland

Etwa 44 % der Bevölkerung leiden an der Immunschwächekrankheit, damit hat das Land die weltweit höchste Aidsrate. Auch Kinder und Alte sind in hohem Maß betroffen: Mit 33 Jahren hat Swasiland eine der niedrigsten Lebenserwartungen ohne stärkeren Zuwachs der Bevölkerungszahl. Als Folge ist ein Niedergang der Bevölkerungsstruktur praktisch nicht mehr aufzuhalten.

In ländlichen Regionen werden Schulkinder auch im Gemüseanbau unterrichtet. Ältere Kinder haben dabei eigene Beete zu versorgen.

▲ Palau

Mikronesien

Neuseeland

Australien

AUSTRALIEN

Australien ist der flachste Kontinent, 95 % des Landes liegen weniger als 600 m über dem Meeresspiegel. Gleichzeitig ist er nach der Antarktis auch der trockenste Erdteil, ein Drittel ist von Wüsten bedeckt, ein weiteres besteht aus Steppen. Australien und Ozeanien umfassen über 7500 Inseln, eine Landfläche von ca. 1,3 Mio. km^2 und ein Meeresgebiet von ca. 70 Mio. km^2. Nur ca. 2100 Inseln sind bewohnt, insgesamt leben auf ihnen ca. 14,9 Mio. Menschen. Keiner der Staaten besitzt eine Festlandgrenze, alle Länder werden von Meer umschlossen.

Fidschi

Salomonen

Samoa

PHYSISCHE KARTE

POLITISCHE KARTE

Einleitung

Sind Australien und Ozeanien im geografischen Sinn ein Kontinent?
Die Bezeichnung „Kontinent“ ist tektonisch und geografisch unrichtig, denn die Länder liegen nicht nur auf einer Kontinentalplatte, sondern auf der australischen, der pazifischen und einigen kleineren Platten der Erdkruste. So liegt östlich von Tonga der fast 11 000 m tiefe Tongagraben, wo die schwerere pazifische Platte sich unter die australische Platte schiebt und eine sogenannte Subduktionszone bildet. Darum sind diese Gegenden so stark erdbebengefährdet.

Was bedeutet Ozeanien?
Eigentlich bezeichnet das Wort die pazifische, in der „Südsee“ verstreute Inselwelt. Von Westen nach Osten gliedert sich dieses Gebiet in Melanesien, Mikronesien und Polynesien. Zu dieser letzten Gruppe zählt auch Hawaii, das aber, da es Teil der USA ist, zu Nordamerika gerechnet wird und nicht zu Ozeanien.

Woher stammt der Ausdruck „Südsee“?
Als der Entdecker Vasco Nuñez de Balboa (1475–1517) im Jahr 1513 die Meerenge von Panama durchquerte, nannte er das vor ihm liegende Meer (den Pazifik) *Mar del Sur*, also „Südmeer“ oder „Südsee“. Geografisch gehören zur Südsee alle Bereiche südlich des Breitengrads von Panama. Tatsächlich bezeichnet man heute diese Teile Ozeaniens als Südsee.

Vertrag von Rarotonga

Am 2. August 1986 unterzeichneten die 13 Mitgliedstaaten des *Pacific Island Forum* auf Rarotonga, einer der Cookinseln, einen Vertrag, der Tests, Stationierung, Besitz sowie Herstellung von Atomwaffen und auch die Lagerung von Atommüll im Südpazifik untersagt. Vor allem verbietet der Vertrag den fünf Atommächten nicht nur die Durchführung von Atomexplosionen, sondern auch die Androhung derselben. Die unterzeichnenden Nationen waren: Australien, Neuseeland, die Cookinseln, Kiribati, Nauru, Vanuatu, Tuvalu, Fidschi, Papua-Neuguinea, Samoa, Niue und die Salomonen. China und die UdSSR unterzeichneten das Abkommen 1989, beide Staaten besitzen keine Gebiete im Südpazifik. Die USA und Großbritannien unterschrieben erst am 23. März 1996, Frankreich schließlich am 10. September desselben Jahres, nachdem sie alle geplanten Kernwaffentests in der Region abgeschlossen hatten.

Wo liegt Tasmanien?
Tasmanien liegt ca. 200 km vor der südöstlichen Spitze Australiens. Noch vor ca. 12 000 Jahren war die Insel Teil des australischen Festlands. Durch Anhebung des Meeresspiegels am Ende der Wisconsin-Eiszeit entstand die Bass-Straße, die Tasmanien zur Insel machte. Hier finden sich unberührte Regenwälder mit den höchsten und ältesten Laubwäldern der Erde. Tasmanien wurde Anfang

Auf vielen Südseeinseln, wie hier auf New Britain Island, wachsen Mangrovenwälder bis ans Meer.

Hintergrund: Auf Tongas Hauptinsel Tongatapu gibt es sogenannte *blow holes*, unterirdische Verbindungen zum Meer, durch die das Wasser in hohen Fontänen in die Luft schießt.

des 19. Jahrhunderts entdeckt und kolonialisiert. Der englische Einfluss endete jedoch mit einem Genozid an der Urbevölkerung der Tasmanier – nur ein Jahrhundert nach der Entdeckung Tasmaniens waren dessen Einwohner von den Engländern ausgerottet worden.

Welche Folgen hat die Erderwärmung?
Der Treibhauseffekt verursacht in Australien verheerende Dürren, Buschfeuer und Überschwemmungen. Der Schaden geht schon heute in die Milliarden, Tausende von Tieren sterben, und viele Menschen kamen bereits zu Schaden. In Ozeanien drohen viele Inseln und ganze Staaten im stetig steigenden Meer zu versinken.

Wer waren die Ureinwohner Ozeaniens, und woher stammen sie?
Ihren Ursprung hat die Urbevölkerung in den austronesischen Völkern, den Maori, den Polynesiern und Aborigines. Maori und Polynesier kamen vermutlich auf Holzbooten und Flößen aus dem Norden, während die Aborigines aus dem Südosten stammen. Der norwegische Zoologe Thor Heyerdahl (1914–2002) versuchte nachzuweisen, dass die Besiedlung Polynesiens von Osten, von Südamerika aus stattgefunden haben könnte. Mit seinem aus Balsaholz und Schilfrohr gefertigten Floß Kon-Tiki startete er 1949 in Peru und ließ sich von der starken Strömung des Humboldt-Stroms, zusammen mit den Passatwinden, nach Westen, nach Polynesien treiben.

Der Lalomanu Beach an der Südostküste von Upolu Island, Samoa, ist einer der längsten und schönsten Strände des Landes.

Was sind Waka?
Als Waka bezeichnet man die reich verzierten Auslegerkanus der polynesischen Völker. Für Hochseereisen werden doppelrümpfige Kanus von bis zu 40 m Länge verwendet, die von bis zu 80 Männern gepaddelt werden, zusätzlich aber mit einem Segel ausgestattet sind. Kleinere Waka werden aus einem ausgehöhlten Baumstamm hergestellt und meist auch mit Segeln versehen. Größere Waka werden aus mehreren Teilen zusammengesetzt. Der Bau ist auch abhängig von der jeweiligen Vegetation der verschiedenen Inseln; so baut man sie auf den Chathaminseln aus Schilf, weil es dort keine großen Bäume gibt.

In Rotorua auf der Nordinsel Neuseelands steigt aus einer der vielen Thermalquellen Wasserdampf – hier aus dem sogenannten Champagner-Pool bei Wai-o-Tapu.

Terra australis incognita

„Land" heißt auf Lateinisch *terra* und *australis* „südlich" – „Südland" war eine Bezeichnung, die Claudius Ptolemäus (85–150) prägte. Er ging von der These aus, alle Meere seien von Land umgeben, und vermutete im Süden die sagenhafte *Terra australis incognita*, die man mit unvorstellbaren Reichtümern verband. In antiken und mittelalterlichen Karten findet sich dieses „unbekannte" (lat. *incognita*) Land ausgestattet mit Bergen, Flüssen und Lebewesen. Es war schließlich Abel Tasman (1603–1659), der mit seiner Umseglung von Australien nachwies, dass es nicht mit der Antarktis verbunden ist, also nicht das geheimnisvolle Südland sein konnte. Der Name indes ist erhalten geblieben – Australien.

Wer sind die Aborigines?
Die Aborigines sind ein Nomadenvolk, die Ureinwohner Australiens, die vor 50 000 Jahren erstmals ins Land kamen. Der Name wurde 1770 zum ersten Mal von europäischen Seefahrern unter James Cook (1725–1779) verwendet; er stammt aus dem Lateinischen *ab origine*, „vom Ursprung an". Sie leben in Australien, Tasmanien und auf einigen benachbarten Inseln.

Was ist ein Didgeridoo?
Es ist ein Musikinstrument der australischen Ureinwohner und gehört zur Familie der Aerophone, deren Klänge dadurch erzeugt werden, dass die Luft in Schwingung gebracht wird. Der Musiker bringt die Töne durch Mundbewegungen, eine spezielle Atemtechnik und durch Stimmeffekte hervor, wobei die Röhre des Instruments als Verstärker dient. Es entsteht ein eher monotoner und dunkler Klang. Das Didgeridoo wird aus einem Ast des Eukalyptusbaums hergestellt und bunt bemalt. Es dient als rhythmische Begleitung für Gesänge und Tänze.

Schneebedeckte Berge im Cardrona Valley auf der Südinsel Neuseelands

In der alten Tradition der Aborigines Australiens schnitzt ein Mann im Uluru-Nationalpark einen Bumerang.

Wie stand die Kirche im 17. Jahrhundert zu den Entdeckungsreisen in die Südsee?

Im 17. Jahrhundert waren die meisten Gebiete im Südpazifik entdeckt und kartografiert. Es blieben allerdings immer noch viele weiße Flecken; auch hatte sich die Hoffnung auf Entdeckung sagenhafter Reichtümer nicht erfüllt. Nun dachte die katholische Kirche zum ersten Mal über die Auswirkungen möglicher Vermischungen von Christen und Heiden nach – auf der einen Seite sollte „sexuelle Zügellosigkeit" verhindert, andererseits sollten die Heiden zum „rechten Glauben" geführt werden. Unzucht mit „Wilden" wurde als Sünde angeprangert, und in der Folge begleiteten Missionare die Fahrten der Entdecker, um den christlichen Glauben mit „Feuer und Schwert" zu verbreiten.

Was ist Rai?

Rai ist der Name einer Steingeldwährung auf der Insel Ulithi in Yap, einem der Föderierten Staaten Mikronesiens. Rai gilt immer noch als Tausch- bzw. Zahlungsmittel, obwohl die bis zu 4 m großen Steinscheiben seit 1931 nicht mehr hergestellt werden. Das Gestein, aus dem die Scheiben gemeißelt wurden, stammt von der 400 km entfernt liegenden Insel Palau und musste in abenteuerlichen Reisen beschafft werden, was seinen Wert steigerte bzw. festigte. Als zu Beginn des 20. Jahrhunderts die Reise durch moderne Schiffe einfacher, schneller und gefahrloser wurde, erlebte Rai eine Inflation. Rai wird nur von Männern und vorwiegend für symbolische Geschäfte verwendet.

Wie wichtig war die Kunst bei den Urvölkern des Kontinents?

Unter den Urvölkern war die Schrift unbekannt, darum spielte die Kunst in der Übermittlung von Geschichte und Herkunft eine entscheidende Rolle. Mit dem Aussterben vieler Völker ging jedoch das Wissen um die Bedeutung der Kunstwerke verloren, weshalb Informationen aus der Zeit vor dem 16. Jahrhundert fehlen. Geschichtsschreibung im westlichen Sinn existiert erst seit Entdeckung und Kolonialisierung durch den Westen.

Tätowierungen

Das Wort „Tätowieren" stammt von dem Tahiti-Wort *tatan*, „zeichnen". Wahrscheinlich ist sein Ursprung lautmalerisch, also ein Nachahmen vom Geräusch des in Polynesien traditionell verwendeten Tätowierkamms. Die Haut wird mit Ornamenten, figürlichen Darstellungen oder Mustern geschmückt, entweder durch Einbringen von Farbe in tiefere Hautschichten oder durch Schnitte zur Erzeugung von Narben. In der polynesischen Gesellschaft galt die Tätowierung nicht nur als Schmuck, sie wies auch auf Stellung und Beruf hin.

Ein traditionelles Langhaus der Männer, ein sogenanntes *bai*, in einem Dorf auf der Insel Babeldaob, Palau

AUSTRALIEN

Flagge

Währung
1 Australischer Dollar ($A)
= 100 Cents

Staatsform
Parlamentarische Monarchie
(im Commonwealth) seit 1901

Hauptstadt
Canberra

Sprachen
Englisch (Amtssprache), Aborigines-Sprachen

Fläche 7,69 Mio. km²

Einwohnerzahl 20,1 Mio.

Religion
26 % Katholiken, 21 % Anglikaner,
21 % andere christliche Religionen,
5 % nichtchristliche Religionen

Besonderheiten
Australien beansprucht ein Territorium in der Antarktis. Der Anspruch ist aber international nicht anerkannt.

Wann wurde Australien entdeckt und kolonialisiert?

Ab 1606 erreichten immer wieder niederländische Handelsschiffe einzelne Küstenabschnitte Australiens. Da das Land aber unfruchtbar wirkte, zeigten die Niederländer kein Interesse an einer Kolonisation. Im Jahr 1770 kam der Seefahrer James Cook (1728–1779) an die fruchtbare Ostküste und nahm das Land für die britische Krone in Besitz. Es erhielt den Namen New South Wales.

Wie wurde Australien zur Strafkolonie?

Die britische Regierung suchte im Anschluss an die Niederlage im amerikanischen Unabhängigkeitskrieg nach neuen Möglichkeiten, Strafgefangene außer Landes zu bringen. Das kurz zuvor als britische Kolonie New South Wales in Besitz genommene Australien bot hierfür gute Bedingungen. 1788 traf die erste Schiffsflotte mit englischen Siedlern und verurteilten Straftätern im weit entfernten Australien ein. Die für die Gefangenen errichtete Siedlung wurde Sydney genannt. Bis 1868 wurden 160 000 Menschen dorthin verbannt. Neben dem australischen Festland wurde auch die südlich davon gelegene Insel Tasmanien – damals noch unter dem Namen Van-Diemens-Land – als Strafkolonie genutzt. Dorthin wurden insbesondere die gefährlichen Gefangenen verbracht, da die Insel wegen ihrer geringeren Größe besser zu überwachen war.

Was macht das Opernhaus von Sydney so bemerkenswert?

Die Sydney Opera am Hafen der Stadt ist das wohl bekannteste Bauwerk des Kontinents. Die faszinierende Architektur hat dem Gebäude weltweit zu Ruhm und Anerkennung verholfen. Der besondere Reiz des Hauses geht von den gefächerten Dach-

Die beiden Wahrzeichen Sydneys, die Sydney Opera und die Harbour Bridge. Die 503 m lange Brücke wird von den Einheimischen *coat hanger*, „Kleiderbügel" genannt.

bauten aus, die wie sieben Segel eines Schiffs wirken. Konzipiert vom dänischen Architekten Jorn Utzon (*1918), wurde sie nach langen, schwierigen und vor allem kostspieligen Jahren der Planung und Ausführung 1973 eingeweiht.

Ist Australien noch heute ein Land für Einwanderer?
Australien zählt neben den USA und Kanada zu den klassischen Zielen europäischer Einwanderer. Mehr als 90 % der australischen Bevölkerung sind europäischer Abstammung, wobei die große Mehrheit aus England oder Irland kommt. Nach dem 2. Weltkrieg wurde die Einwanderung von Europäern besonders stark gefördert, da zum einen im kriegszerstörten Europa viele Menschen zur Auswanderung bereit waren, zum anderen die Zuwanderung von Europäern ganz im Sinne der damaligen „White-Australia"-Politik war. Seit den 1960er-Jahren wandern verstärkt Menschen asiatischer Abstammung ein, was zeitweilig zu ethnischen Konflikten führte.

Welche Rolle spielt die Viehzucht?
Die Viehzucht ist einer der wichtigsten Wirtschaftszweige des Landes. Etwa 100 Mio. Schafe und 25 Mio. Rinder gibt es in Australien. Dementsprechend ausgedehnt sind die Weidegebiete. 29 % der Weltproduktion an Wolle stammen allein aus Australien. Der Getreideanbau ist in den meisten Gebieten nur mithilfe von Bewässerungssystemen möglich.

Aborigines mit einem typischen Musikinstrument ihrer Kultur, dem Didgeridoo. Das Blasinstrument hat eine mindestens 2500 Jahre alte Tradition.

Fakten

- Australien ist von der Fläche her der sechstgrößte Staat der Erde.
- Der Name des Landes kommt von *Terra australis*, „südliches Land".
- Australien wird manchmal auch als *Down Under* („unten drunter") bezeichnet, da es aus europäischer Sicht in den „unteren" Regionen der Erde liegt.
- In Australien gibt es über 400 öffentliche und private Flugplätze. Das Land hat eines der dichtesten Flugnetze der Welt.
- Zu Australien gehört – neben einigen kleineren Inseln – auch die Insel Tasmanien, die fast so groß wie Irland ist.

Ein Känguru mit einem Jungen. Das Jungtier verlässt erst nach einem halben Jahr den schützenden Beutel.

Das Great Barrier Reef, eines der Weltwunder der Natur. Es wird jährlich von mehr als 8 Mio. Touristen besucht.

Die Weihnachtsinsel

Unter dem Namen Weihnachtsinsel sind zwei verschiedene Inseln bekannt. Die eine gehört zur pazifischen Republik Kiribati und wurde am 24. Dezember 1777 von James Cook (1728–1779) entdeckt, die andere gehört zu Australien und wurde am 25. Dezember 1643 von William Mynors entdeckt. Beide Inseln verdanken ihren Namen dem Tag ihrer Entdeckung. Die australische Weihnachtsinsel ist nur 135 km^2 groß und steht heute zu zwei Dritteln unter Naturschutz. Früher wurde auf der Insel Phosphat abgebaut. In der Hauptstadt Flying Fish Cove leben nur rund 500 Einwohner, etwa ein Drittel der Gesamtbevölkerung.

Ist das Känguru ein australisches Tier?

Das Känguru ist wie der Koala ein typischer Vertreter der australischen Tierwelt und wurde zusammen mit dem Emu in das australische Wappen aufgenommen. Es kommt außer in Australien nur noch in Neuguinea vor. Den Ureinwohnern diente das Känguru als wichtiger Fleischlieferant.

Was ist das Great Barrier Reef?
Das Great Barrier Reef ist das größte Korallenriff der Erde; es befindet sich vor der Nordostküste Australiens und hat eine Länge von mehr als 2000 km. 1981 wurde es von der UNESCO zum Weltnaturerbe erklärt. Es zählt zu den bedeutendsten touristischen Attraktionen Australiens.

Was ist der Ayers Rock, und wo liegt er?
Der Ayers Rock ist eine große Felsformation in Zentralaustralien 340 km südwestlich von Alice Springs. Der Felsen wird heute nicht mehr nur von den Ureinwohnern, sondern auch offiziell Uluru genannt. Er überragt die umliegende Wüstengegend um 350 m. Da der Ayers Rock von den Aborigines als Heiligtum verehrt wird, ist sein Besteigen zwar erlaubt, wird aber von den Aborigines nicht gerne gesehen.

Ist der Bumerang eine typisch australische Jagdwaffe?
Nein. Nach neueren Funden muss man davon ausgehen, dass der Bumerang schon lange vor Christi Geburt weltweit als Jagdwaffe verbreitet war. Zur Jagd wird er heute allerdings nur noch von den australischen Ureinwohnern und einigen nordamerikanischen Indianerstämmen verwendet. Er erfreut sich in jüngerer Zeit als Sportgerät weltweiter Beliebtheit.

Der Tasmanische Teufel

Der Beutelteufel, der auch Tasmanischer Teufel genannt wird, ist eine Raubtierart, die heute nur noch in Tasmanien zu finden ist. Er wurde früher zum Schutz der Weidevieh-Bestände intensiv gejagt und dadurch fast ausgerottet. Seit 1941 steht er unter Artenschutz. Er hat ein schwarzes Fell, einen unangenehmen Geruch, ist sehr aggressiv und neugierig. Für Menschen ist der Tasmanische Teufel ungefährlich, da er lediglich 60 cm lang und 8 kg schwer ist. Seit 1999 wird der Bestand durch eine krebsartige Seuche stark bedroht.

Warum ist Canberra als achtgrößte Stadt des Landes Hauptstadt?
Nachdem Australien im Jahr 1907 die Unabhängigkeit von Großbritannien erhalten hatte, entbrannte zwischen den Großstädten Sydney und Melbourne eine Rivalität um die Hauptstadtrolle des neuen Staats. 1908 wurde zur Beilegung des Konflikts beschlossen, eine völlig neue Hauptstadt zu bauen. So wurde die neue Stadt Canberra im Südosten des Landes nach einem internationalen Städtebauwettbewerb ab 1913 errichtet. Sie befindet sich 300 km südwestlich von Sydney und 650 km nordöstlich von Melbourne.

Der gigantische Sandsteinfelsen Uluru (Ayers Rock) in der zentralaustralischen Wüste. Er hat einen Umfang von fast 10 km.

MIKRONESIEN

Flagge

Währung
1 US-Dollar (US-$) = 100 Cents
Staatsform
Bundesrepublik seit 1980
Hauptstadt
Kolonia (Regierungssitz: Palikir)
Sprachen
Englisch (Amtssprache), mikronesische Sprachen (u. a. Chuukesisch, Pohnpeanisch)
Fläche 702 km²
Einwohnerzahl 108 000
Religion
50 % Katholiken, 47 % Protestanten
Besonderheiten
Insgesamt umfasst Mikronesien mehr als 700 Inseln.

Wie lange werden die Inseln schon bewohnt?
Archäologische Funde auf den Inseln, besonders auf der in den Westkarolinen gelegenen Insel Yap, weisen nach, dass hier schon Ende des vierten vorchristlichen Jahrtausends eine Zivilisation lebte.

Hintergrund: Bechiyal ist der nördlichste Punkt der Insel Yap.

Welche Besatzungsmächte besaßen die Inseln im Laufe der Jahrhunderte?
Die Inseln wurden zwar schon im 16. Jahrhundert von den Portugiesen entdeckt, aber erst 1696 von den Spaniern besetzt. Nach dem Spanisch-Amerikanischen Krieg verkaufte Spanien sie 1898 an das Deutsche Kaiserreich, das sie ihrer Kolonie Deutsch-Neuguinea hinzufügte. Schon zu Beginn des 1. Weltkriegs besetzten die Japaner die Inseln, die sie ab 1920 als Völkerbundmandat verwalteten. Nach der japanischen Kapitulation 1947 fielen die Inseln an die USA, und erst 1991 wurden die Föderierten Staaten von Mikronesien unabhängig.

Welche Sprachen werden gesprochen?
Englisch ist die Amtssprache des Landes, die von den meisten Bewohner zumindest in Grundzügen gesprochen wird; Yapesisch, Pohnpeanisch, Kosreanisch, Chuukesisch, Ulithisch und Woleaianisch sind die sieben offiziellen Sprachen des Landes. Es gibt darüber hinaus über zehn Minderheitensprachen, meist Kreolsprachen der verschiedenen Inseln. Viele alte Menschen sprechen noch fließend japanisch.

Welche geografische Struktur haben die Inseln?
In der Mehrzahl sind es Koralleninseln, die nur wenige Meter über den Meeresspiegel hinausragen. Die wichtigen Inseln wie Yap, Ponape oder die Trukinseln sind die Spitzen von Vulkanen, die aus großen Tiefen aufragen und Höhen über dem Meeresspiegel von bis zu 800 m erreichen. Die Vulkaninseln sind stark zerklüftet und werden von Riffen umsäumt.

Mit reichem Thunfischfang kehren Fischer vom Ifaluk-Atoll der Karolinen an den Strand zurück.

Gesundheitsprobleme
Wie überall im pazifischen Raum haben die Bewohner große Gewichtsprobleme, in Mikronesien und auf Nauru wohnen die meisten übergewichtigen Menschen der Welt. Über drei Viertel der Bewohner, vor allem Frauen, leiden unter dem Übergewicht, das jedoch ästhetisch nicht als „Leid" empfunden wird – Dicksein entspricht dem pazifischen Schönheitsideal.

Wie beugt man in Palau der Meeresverschmutzung durch Plastik vor?
Reisende, die Plastiktüten mitbringen, müssen 1 US-$ Strafe zahlen. Wer als Ladeninhaber Plastiktüten abgibt, wird mit 100 US-$ pro Stück bestraft. Man vermeidet so, dass die Tüten durch die starken Winde ins Meer gelangen.

Was war der Deutsch-Spanische Vertrag?
Nachdem Spanien den Spanisch-Amerikanischen Krieg von 1898 verloren hatte (man bezeichnet diesen Krieg oft als den ersten Krieg zur Neuaufteilung der Welt), setzte das Deutsche Kaiserreich Spanien unter Druck und erwarb am 12. Februar 1899 die Karolinen-, die Marianen- sowie die Palauinseln für 17 Mio. Goldmark. Noch heute gibt es viele alte Männer auf Palau, die Otto oder August heißen.

Was war die Schlacht um die Palauinseln?
Zu Beginn des 1. Weltkriegs hatte Japan die Inseln besetzt und dort Truppen stationiert. Zwischen dem 17. und dem 30. September 1944 kam es während des Pazifikkriegs auf der Insel Angaur und zwischen dem 15. September und dem 30. November auf der Insel Peleliu zu heftigen Gefechten zwischen den amerikanischen und japanischen Einheiten.

Wer war Ibedul Gibbons?
1978 stimmten die Bürger Palaus gegen eine Beteiligung an den Föderierten Staaten Mikronesiens und für ihre Unabhängigkeit. Ihr Häuptling Ibedul Gibbons machte sich in den Folgejahren für das Recht des Volks stark, den USA als Protektoratsmacht die Stationierung von Atomwaffen zu untersagen – 1983 wurde Palau zur atomwaffenfreien Zone erklärt, und Gibbons und sein Volk erhielten den alternativen Nobelpreis.

Dugong

Die Seegras fressenden Dugongs, auch Seeschweine genannt, gehören zur Familie der Gabelschwanzseekühe, die in den seichten Küstengewässern der Palauinseln leben. Das relativ stark mit Tasthaaren behaarte Tier wird 230 bis 900 kg schwer und 1,5 bis 4 m lang, kann aber auch größer werden. Es ist ein Rekordgewicht von 908 kg belegt, wobei die Weibchen etwas größer als die Männchen sind. Wegen ihres Fleischs, das wie Kalbfleisch schmeckt, werden sie gejagt. Doch auch ihr Fett, ihre Haut (zur Ledergewinnung) sowie ihre Knochen und Stoßzähne (zur Weiterverarbeitung zu Elfenbeinkunstwerken) sind begehrt. Einige asiatische Länder verwenden Dugong-Produkte für medizinische Zwecke.

PALAU

Flagge

Währung
1 US-Dollar (US-$) = 100 Cents

Staatsform
Präsidialrepublik seit 1947

Hauptstadt
Melekeok

Sprachen
Englisch, Palauisch (Amtssprachen), mikronesische Sprachen

Fläche 458 km²

Einwohnerzahl 20 000

Religion
42 % Katholiken, 23 % Protestanten, 25 % Angehörige der einheimischen Modekngei-Religion

Besonderheiten
Von den 241 auf vulkanische Tätigkeit zurückgehenden Inseln sind nur neun bewohnt.

Was ist der Jellyfish Lake?
Der Jellyfish Lake ist ein Salzwassersee auf der Insel Mecherchar. In dem Tauchparadies leben Millionen freundlicher, weil nesselloser Quallen, die mit der Sonne kreisförmig durch den See ziehen. Die kopfgroßen Quallen – *jellyfish* –, die dem See den Namen geben, sind vollkommen ungefährlich, Taucher müssen ihre Berührung nicht fürchten.

35 km südlich der Hauptstadt Melekeok findet sich eine Kette von über 70 kleinen, dicht bewachsenen Inseln, die sogenannten Rock Islands.

MARSHALLINSELN

Flagge

Währung
1 US-Dollar (US-$) = 100 Cents
Staatsform
Republik seit 1990
Hauptstadt
Majuro
Sprachen
Englisch, Marshallisch (Amtssprachen)

Fläche 181 km^2
Einwohnerzahl 59 000
Religion
90 % Protestanten, 9 % Katholiken
Besonderheiten
Bedingt durch die nährstoffarmen Böden und die große Entfernung zum asiatischen Kontinent ist die Vegetation durch Artenarmut gekennzeichnet.

Rechts: Atompilz über dem Bikini-Atoll im Jahr 1946. Die Bombe wurde unter Wasser gezündet.

Ist die Bevölkerung über die Marshallinseln gleichmäßig verteilt?
Nein. Obwohl die Marshallinseln, die zur Inselwelt Mikronesiens gehören, aus mehr als 1150 Inseln und Atollen bestehen, leben fast 70 % der Bevölkerung auf dem Majuro-Atoll.

Die Marshallinseln hoffen auf eine positive Entwicklung des Tourismus. Man setzt dabei auf die idyllische Lage der Südseeinseln.

Wie heißt die Hauptstadt?
Der Ort Majuro ist die offizielle Hauptstadt des Staats. Er liegt auf einer der 64 Inseln, die zum Majuro-Atoll – einem ringförmigen Korallenriff – gehören. Auf drei anderen Inseln des Atolls – Dalap, Uliga und Darrit – konzentriert sich aber der größte Teil der Bevölkerung, weshalb die Gruppe Dalap-Uliga-Darrit oft als Hauptstadt des Landes bezeichnet wird.

Besitzt das Land eine gesunde Wirtschaft?
Nein. Im Jahr 2006 bestand der Staatshaushalt zu 50 % aus direkten Finanzhilfen der USA. Für die Zukunft erhofft man sich wirtschaftliche Impulse durch die Förderung von Manganvorkommen auf dem Meeresboden und durch die Entwicklung des Tourismus.

Bikini

Das Bikini-Atoll gehört zu den Marshallinseln. International bekannt wurde es durch die Atomwaffentests, die die USA von 1946 bis 1958 hier durchgeführt haben. Die Bevölkerung war vorher evakuiert worden und konnte erst Ende der 1960er-Jahre zurückkehren. 1978 musste das Atoll allerdings wieder geräumt werden, da sich die Strahlenbelastung als zu hoch herausstellte. Die schärfsten Kritiker rechnen erst um 2040 wieder mit einer Bewohnbarkeit.

Der 1946 erfundene Badeanzug „Bikini" ist nach dem Atoll benannt, da sein Erfinder, der französische Modemacher Louis Réard (1896–1984), für das freizügige Kleidungsstück mit derselben moralischen Entrüstung rechnete, die sich weltweit gegen die Atomtests erhoben hatte.

Wie entstand das Phosphat auf Nauru?
Die Insel ist von löslichem Kalkstein bedeckt, in dem sich durch Erosion tiefe Trichter gebildet hatten. Hier nisteten sich Abermillionen Seevögel ein, deren Exkremente sich in Tausenden von Jahren meterhoch auf der Insel abgelagert haben. Diese Ablagerungen (Guano) haben sich unter dem Einfluss der Witterung in Kalziumphosphat umgewandelt. Das auf Nauru entstandene Kalziumphosphat ist von so hoher Reinheit – es besitzt mit 90 % den höchsten Phosphatgehalt in Kalzium auf der Welt –, dass es als „Nauruit" eine eigene Bezeichnung bekommen hat.

Was bedeutete das Phosphat für Nauru?
Die extrem großen Phosphatvorkommen machten Nauru während einiger Jahre zum Land mit dem höchsten Pro-Kopf-Einkommen der Welt. Da die Vorkommen heute erschöpft sind, ist Nauru verarmt und steht kurz vor dem wirtschaftlichen Kollaps.

Interessante Fakten

- Nauru ist die kleinste Republik bzw. der drittkleinste unabhängige Staat der Welt; mit 624 Einwohnern pro km^2 hat die Insel dabei eine der höchsten Bevölkerungsdichten der Welt.
- Es gibt kaum Kriminalität, die Delikte beschränken sich auf Verkehrsvergehen, Hausfriedensbruch und Fahrraddiebstahl.
- Während der Zeit des Reichtums besaß jeder Nauruer zwei bis drei Autos (bei 29 km asphaltierten Straßen!) und ein Motorboot.
- Trinkwasser ist extrem knapp, denn obwohl es viel regnet, versickert das Wasser so schnell im porösen Kalk- und Phosphatboden, dass es in Nauru kaum Trinkwasser gibt. Daher wird es mit Schiffen aus Australien importiert.

NAURU

Flagge

Währung
1 Australischer Dollar ($A)
= 100 Cents

Staatsform
Republik (im Commonwealth) seit 1968

Hauptstadt
Yaren

Sprachen
Englisch, Nauruisch (Amtssprachen)

Fläche 21 km^2

Einwohnerzahl 13 000

Religion
67 % Protestanten, 33 % Katholiken

Besonderheiten
Nauru ist ein Atoll auf der Spitze eines erloschenen Vulkans, dessen Hänge steil abfallen; schon 1 km vor der Küste erreicht das Wasser eine Tiefe von 1000 m.

Welche Länder haben versucht, an Naurus Reichtum teilzuhaben?
Deutschland annektierte Nauru im Jahr 1888 und beteiligte sich ab 1900 am Phosphatabbau. Nach dem 1. Weltkrieg und bis zur Unabhängigkeit 1968 wurde das Phosphat von den Australiern abgebaut und verkauft. Heute fordert die Regierung Wiedergutmachungen, da der Inselstaat damals übervorteilt worden sei.

Warum gibt es auf Nauru eine so hohe Diabetesrate?
Fast jeder dritte Erwachsene auf Nauru leidet an Diabetes – nirgendwo auf der Erde leiden mehr Menschen an dieser Krankheit, was wohl daher rührt, dass hier gerne sehr fettig gegessen und Fettleibigkeit nicht als Problem, sondern, wie im gesamten pazifischen Raum, als schön und erstrebenswert empfunden wird. Statistisch betrachtet leben auf Nauru die dicksten Menschen der Welt.

Weite Teile Naurus waren lange Zeit mit Phosphat bedeckt. Die Vorkommen sind heute aber erschöpft.

FIDSCHI

Flagge

Währung
1 Fidschi-Dollar ($F) = 100 Cents

Staatsform
Republik (im Commonwealth) seit 1987

Hauptstadt
Suva

Sprachen
Englisch, Fidschi (Amtssprachen), Fidschi Bat

Fläche 18 370 km²

Einwohnerzahl 848 000

Religion
53 % Christen, 38 % Hindus, 8 % Muslime

Besonderheiten
Nur 106 der 330 Inseln sind bewohnt.

Oben: Ureinwohner bei einer typischen Kava-Zeremonie. Kava ist das Nationalgetränk Polynesiens.

Aus wie vielen Inseln besteht Fidschi, und wo liegt es?

Die Fidschiinseln sind eine Inselgruppe aus 330 Inseln im Südwestpazifik. Die beiden Hauptinseln Viti Levu und Vanua Levu nehmen 90 % der Landesfläche ein. Das Land befindet sich östlich von Australien und 2000 km nördlich von Neuseeland.

Warum gibt es so viele Hindus auf Fidschi?

Während der britischen Kolonialherrschaft holten die Kolonialherren für den Zuckerrohranbau eine große Zahl indischer Arbeitskräfte ins Land. Die Nachfahren dieser Arbeitskräfte bildeten zeitweilig sogar die Bevölkerungsmehrheit. Zurzeit stellt die melanesische Urbevölkerung mit 50 % die größte Gruppe der Einwohner.

Ist Fidschi von Wirbelstürmen bedroht?

Ja. Von November bis April dauert die jährliche Wirbelsturm-Saison, in der immer wieder auch Teile des Inselstaats von mehr oder weniger heftigen Zerstörungen betroffen werden. Zuletzt richtete der Wirbelsturm „Ami" im Jahr 2003 schwere Verwüstungen auf den Inseln an.

Welche Rolle spielt der Tourismus?

Im südpazifischen Raum sind die Fidschiinseln im Tourismusbereich führend. Die Gäste kommen vorwiegend aus Australien (33 %), aber auch aus Neuseeland, Großbritannien und Japan. Neben dem Tourismus sind die Zuckerwirtschaft und die Textilindustrie die wichtigsten Wirtschaftszweige des Landes.

Wakaya, eine der mehr als 300 Inseln des Staates Fidschi. Die Insel verfügt über 32 herrliche Strände.

„Fiji Water"

Eines der exklusivsten Mineralwasser der Welt kommt von den Fidschiinseln. Das „Fiji-Water" gehört in Amerika mittlerweile zu den beliebtesten natürlichen Wassern und ist bekannt für seine Weichheit. Die Werbestrategie für dieses Mineralwasser setzt auf den Aspekt der nicht vorhandenen Umweltverschmutzung auf den Fidschi-Inseln. Das Wasser ist für das Land zu einem Exportschlager geworden.

Wie viele Sprachen werden gesprochen?
Papua-Neuguinea ist ein Land mit extremer sprachlicher Vielfalt, es werden über 770 Sprachen gesprochen. Die geografischen Bedingungen der größeren und über 600 kleineren Inseln fördern diese Vielfalt. Aus diesem Grund sind die als Verkehrssprachen dienenden Pidgin-Sprachen Tok Pisin und Hiri Moto, die sich langsam zu Kreolsprachen entwickeln (s. São Tomé und Príncipe), von großer Bedeutung. Immer mehr Menschen erlernen sie als Muttersprache.

Was ist das wichtigste Verkehrsmittel des Landes?
Da es in Papua-Neuguinea wegen der Unzugänglichkeit des Geländes und der unerschlossenen Gebiete keine Eisenbahn und kaum ausgebaute Straßen gibt, ist das Flugzeug das wichtigste Verkehrsmittel.

Was ist Tolai, und wo erhält man es?
Zum einen bezeichnet das Wort Tolai einen Volksstamm auf der Insel New Britain, wo er ein Drittel der Bevölkerung stellt. Zum anderen gibt es das Tolai oder Muschelgeld, das nach diesem Volk benannt ist und das seit 2002 in Papua-Neuguinea als offizielle Währung gilt. In dem Ort Rabaul wurde die erste Muschelbank der Welt eröffnet, die „Tolai Exchange Bank". Dort wechselt man die Landeswährung Kina in *fathom*, Ketten aus Muscheln. Der Umrechnungskurs beträgt 4 Kina für ein *fathom*. Man schätzt den Umlauf des Muschelgelds auf ca. 8 Mio. Kina.

Was war Kaiser-Wilhelm-Land?
Schon zu Beginn des 19. Jahrhunderts hatte das Deutsche Kaiserreich großes Interesse an den Inselgebieten nördlich von Australien. 1885 teilten England und Deutschland die Gebiete auf, der Norden wurde Kaiser-Wilhelm-Land (KWL) genannt und zum Schutzgebiet der deutschen Neuguinea-Kompanie erklärt. Insgesamt umfassten die deutschen Ländereien neben KWL auch die Marianen, die Karolinen, Palau, die Marshallinseln und Nauru. Zu Beginn des 1. Weltkriegs besetzten australische Truppen die deutschen Gebiete.

PAPUA-NEUGUINEA

Flagge

Währung
1 Kina (K) = 100 Toea
1 fathom = 4 Kina

Staatsform
Parlamentarische Monarchie (im Commonwealth) seit 1975

Hauptstadt
Port Moresby

Sprachen
Englisch, Tok Pisin, Hiri Motu (Amtssprachen), 742 Papua-Sprachen

Fläche 462 840 km^2

Einwohnerzahl 5,5 Mio.

Religion
66 % Christen, 34 % traditionelle Religionen

Besonderheiten
Papua-Neuguinea ist weltweit das einzige Land, wo Muschelgeld als offizielle Währung gilt (seit 2002).

Pidgin

Im Gegensatz zu Kreolsprachen wird Pidgin nicht als Muttersprache erlernt. Pidgin zeichnet sich durch einen eingeschränkten Wortschatz und einfache Satzstrukturen aus. Es entstand im 19. Jahrhundert in chinesischen Häfen als Verkehrssprache zwischen Engländern und Chinesen aus der Verballhornung des englischen Wortschatzes und den grammatischen Regeln und der Aussprache des Chinesischen. Die Bezeichnung selbst stammt von der falschen chinesischen Aussprache des englischen Wortes *business*. 1977 wurden zwei Pidgin-Sprachen als jüngste Sprachen der Welt in Neuguinea Amtssprache des neuen Staats.

Aus dem Mark der Sagopalme wird durch Waschen, Filtern und Trocknen Sago gewonnen, das in Papua-Neuguinea als Mehl zum Kochen und Backen verwendet wird.

SALOMONEN

Flagge

Währung
1 Salomonen-Dollar (SI$) = 100 Cents
Staatsform
Parlamentarische Monarchie (im Commonwealth) seit 1978
Hauptstadt
Honiara
Sprachen
Englisch (Amtssprache), Pijin (Neu-Salomonisch oder Pidgin-Englisch), Kwara'ae, über 80 Regionalsprachen
Fläche 28 450 km²
Einwohnerzahl 466 000
Religion
33 % Anglikaner, 19 % Katholiken, 17 % Mitglieder der South Sea Evangelical Church, 21 % andere Protestanten
Besonderheiten
Die Inselgruppe vulkanischen Ursprungs umfasst insgesamt 998 Inseln und Atolle.

Uepi Island ist Teil des New-Georgia-Archipels, das die Marovo-Lagune umschließt. Sie ist die größte Salzwasserlagune der Welt.

Welche Sprachen werden auf den Salomonen gesprochen?

Neben der Verkehrssprache Englisch werden von der Urbevölkerung 70 Sprachen der ozeanischen Sprachengruppe und der Papua-Sprachen gesprochen. Daneben sprechen vor allem die chinesischen und indischen Zuwanderer ihre jeweiligen Sprachen. Als zweite Verkehrssprache dient Pijin – auch Salomonen-Pidgin genannt –, die mit den Kreolsprachen (s. São Tomé und Príncipe), Tok Pisin (s. Papua-Neuguinea) und Bislama (s. Vanuatu) verwandt ist, welche im mikronesischen Raum gesprochen werden.

Wie sind die wirtschaftlichen Verhältnisse des Landes?
Die Inseln verfügen über große Vorkommen an Gold, Kupfer, Bauxit, Zink, Phosphat, Blei, Silber und Kobalt. Ferner werden Landwirtschaft und Fischfang betrieben; auch der Tourismus war ein wichtiger Wirtschaftszweig – bis 1998, als ethnische Konflikte zwischen verfeindeten Stämmen die gesamte Infrastruktur zum Erlahmen brachten und ausländische Investitionen bremsten. Die Auseinandersetzungen dauerten bis 2003, und heute zählen die Salomonen zu den ärmsten Ländern Ozeaniens.

Wie praktizierte man auf den Salomonen Geburtenkontrolle?
Die kleine Insel Tikopa umfasst ein Gebiet von nur ca. 5 km², und die Einwohnerzahl wurde über Jahrhunderte konstant bei ca. 1000 Menschen gehalten. Eine größere Anzahl Menschen hätte hier nämlich nicht ernährt werden können. Um diese Marke nicht zu überschreiten, war es nur dem jeweils ältesten Sohn einer Familie gestattet, Kinder zu haben. Wurde ein ungewolltes Kind gezeugt, war es dem Tod geweiht.

Interessante Fakten: Medien
Auf den Salomonen gibt es keinen Fernsehsender, denn die Bewohner glauben, Fernsehen zerstöre ihre Kultur. Die einzige Radiostation sendet auf Englisch und Pijin.

Welche geologischen Merkmale haben die Inseln Vanuatus?

Der Archipel Vanuatu besteht aus über 80 meist vulkanischen Inseln und Inselgruppen, die sich über eine Länge von 1300 km erstrecken. Die beiden größten Inseln sind Espiritu Santo und Makalula. Auf den Inseln Tanna und Aoba gibt es die aktiven Vulkane Mount Yasur und Manaro.

Seit wann sind die Inseln bevölkert?

Die ältesten Funde, die eine Besiedlung des Archipels nachweisen, datieren auf die Zeit um 2000 v. Chr.

Woher stammt Bungee-Jumping?

Der Legende nach liegen die Wurzeln dieser Extremsportart, bei der man mit einem Gummiseil gesichert in die Tiefe springt, um kurz über dem Boden auszupendeln, in Vanuatu: Eine junge Frau floh vor ihrem eifersüchtigen Mann auf einen Baum und sprang in die Tiefe. Der Mann sprang hinterher. Die Frau aber hatte eine List angewandt und sich vor dem Sprung Lianen um die Beine geschlungen und entging so dem Tod, ihr Mann jedoch verlor sein Leben bei dem Sprung. Im pazifischen Raum ist das Lianen-Springen seit Hunderten von Jahren eine Mutprobe für junge Männer und soll zudem eine reiche Ernte garantieren.

Welche Kolonialmächte haben über den Archipel geherrscht?

Am 3. Mai 1606 nahm der portugiesische Seefahrer Pedro Fernandez de Quirós (1565–1614) die Insel Espiritu Santo für die spanische Krone und die katholische Kirche in Besitz. Er glaubte, den legendären Südkontinent gefunden zu haben. Nach James Cooks (1728–1779) zweiter Reise 1839 ließen sich europäische Siedler auf den Inseln nieder. 1906 einigten sich Franzosen und Engländer auf eine gemeinsame Herrschaft über den Archipel und gründeten ein Kondominium – von lat. *con-dominium*, also „gemeinsames Eigentum" –, das mit der Unabhängigkeit 1980 sein Ende fand.

Glücksfaktor

Es gibt in Vanuatu keine nennenswerten Bodenschätze, und die Wirtschaft besteht lediglich aus Landwirtschaft, Fischerei und einem gerade aufkommenden Tourismus; außerdem ist der Archipel anfällig für Naturkatastrophen. Dennoch gelten einer Studie des britischen NEF (New Economist Foundation) zufolge die Einwohner von Vanuatu als die glücklichsten Menschen weltweit, wobei Glück sich in der Studie aus Zufriedenheit, Lebenserwartung und dem Umgang mit der Umwelt ergibt.

VANUATU

Flagge

Währung
1 Vatu (VT) = 100 Centimes

Staatsform
Parlamentarische Republik (im Commonwealth) seit 1980

Hauptstadt
Port Vila

Sprachen
Englisch, Französisch, Bislama (Vanuatu-Pidgin) (Amtssprachen)

Fläche 12 200 km²

Einwohnerzahl 206 000

Religion
35 % Presbyterianer, 15 % Anglikaner, 15 % Katholiken, Minderheit Anhänger von Naturreligionen und Cargo-Kulten

Besonderheiten
Bis 1980 hieß der Archipel Neue Hebriden.

Welche wirtschaftliche Bedeutung hat das Internet für den Staat?

Im Internet erlangte Vanuatu durch seine kostenlose Domäne „.vu" weltweite Bedeutung. Viele Netzwerkbetreiber und Softwarehersteller wechselten ihren Standort dorthin, um geltende Steuervorteile zu nutzen. Mit dem Verkauf der Domäne verdiente der Inselstaat über 42 Mio. Euro.

Ein Bewohner Vanuatus in der traditionellen Tracht der Ni-Vanuatu-Krieger

KIRIBATI

Flagge

Währung
1 Australischer Dollar/Kiribati ($A/K) = 100 Cents

Staatsform
Präsidialrepublik (im Commonwealth) seit 1979

Hauptstadt
Bairiki

Sprachen
Englisch, I-Kiribati (Gilbertesisch) (Amtssprachen)

Fläche 811 km²

Einwohnerzahl 103 000

Religion
53 % Katholiken, 39 % Protestanten

Besonderheiten
Die 32 Inseln von Kiribati gehören teils zu Mikronesien, teils zu Polynesien.

Unten: Ein Junge besteigt eine Kokosnusspalme. Das Ernten der Nüsse durch Palmkletterer ist heute noch weit verbreitet.

Rechts: Die Bevölkerung und die Kultur auf Kiribati sind noch sehr ursprünglich. Fast 99 % sind Mikronesier.

Aus welchen Inseln besteht Kiribati?
Kiribati ist ein Inselstaat im Pazifik, der aus 32 weit verstreuten Atollen – ringförmigen Korallenriffen – besteht. Die Atolle werden üblicherweise zu Inselgruppen zusammengefasst, den Gilbertinseln, den Phoenixinseln und den Linieninseln. Die Ost-West-Ausdehnung des Inselreichs beträgt fast 5000 km, die Nord-Süd-Ausdehnung fast 2000 km.

Welche Einnahmequellen hat das Land?
Die ehemals vorhandenen Phosphatlagerstätten wurden schon vor der Unabhängigkeit von den Engländern abgebaut. Heute stellen der Fischfang und der Anbau von Kokosnüssen die wichtigsten Einnahmequellen dar. Wegen der großen Entfernung zu den Weltmärkten hat eine exportorientierte Wirtschaft kaum Erfolgsaussichten. Finanzhilfen aus Australien und Japan sind ein wichtiger Faktor für die Staatsfinanzen.

Ist der Staat durch den Klimawandel bedroht?
Ja. Er droht im Meer zu versinken. Der größte Teil der Landesfläche liegt weniger als 2 m über dem Meeresspiegel. Durch den Klimawandel steigt der Spiegel des Pazifiks unaufhörlich, sodass Kiribati im 21. Jahrhundert eines der ersten Länder sein wird, das im Meer versinkt. Schon jetzt ist das Wasser vieler Süßwasser-Reservoire durch den steigenden Meeresspiegel ungenießbar geworden, sodass die Bevölkerung auf den Regen als Trinkwasserquelle angewiesen ist.

Millennium Island

Durch den Inselstaat verläuft der 180. Längengrad und damit die internationale Datumsgrenze. Das hatte zur Folge, dass innerhalb des Staats Kiribati zur gleichen Zeit zwei verschiedene Wochentage waren. Daher wurde zum 1. Dezember 1995 die Datumsgrenze so verschoben, dass jetzt der ganze Staat westlich davon liegt. Die östlichste Insel des Staats – das unbewohnte Atoll Caroline Island – war daher auch der erste Teil der Erde, in dem offiziell das 3. Jahrtausend begann. Sie wurde daher in *Millennium Island* umbenannt.

Warum heißt Neuseeland auch „Die grüne Insel"?

Wegen seiner geringen Bevölkerungsdichte, der Unberührtheit der Natur, seiner einzigartigen Vegetation und dem hohen Umweltbewusstsein seiner Bewohner nennt man Neuseeland auch „Die grüne Insel".

Was ist die *Bay of Plenty*?

Die *Bay of Plenty* („Bucht des Überflusses") ist eine Bucht auf der Nordinsel. Hier ist die Erdkruste so dünn, dass starke geothermische Aktivitäten in Form von Geysiren beobachtet werden können. Die Bucht bildet die nördliche Begrenzung der gleichnamigen Region, die ein Gebiet von 12 000 km² umfasst. Diese Region ist bekannt für ihren landwirtschaftlichen Reichtum, sie ist nicht nur das größte Kiwi-Anbaugebiet des Landes, hier reifen auch Avocados und Äpfel in großer Menge. Darüber hinaus ist sie heute eines der wichtigsten Touristengebiete Neuseelands. Ihren Namen bekam die Region von Captain James Cook (1728–1779), der sie mit seinem Schiff *Endeavour* ansteuerte und von ihrer Schönheit und dem Reichtum der Flora und Fauna so begeistert war, dass er sie *Bay of Plenty* taufte.

Wie produktiv ist Neuseelands Landwirtschaft?

Im Gegensatz zu vielen anderen Ländern verfügt Neuseeland über eine äußerst produktive Landwirtschaft, die über 50 % aller Exporterlöse erzielt. Schon seit Beginn der europäischen Besiedlung ist die Schafzucht ein bedeutender Wirtschaftsfaktor.

NEUSEELAND

Flagge

Währung
1 Neuseeland-Dollar (NZ$) = 100 Cents

Staatsform
Parlamentarische Monarchie (im Commonwealth) seit 1907

Hauptstadt
Wellington

Sprachen
Englisch, Maori, Neuseeländische Gebärdensprache (Amtssprachen)

Fläche 270 534 km²

Einwohnerzahl 4,2 Mio.

Religion
16 % Anglikaner, 13 % Katholiken, 12 % Presbyterianer

Besonderheiten
86 % der Bevölkerung leben in Städten, dies ist die höchste Rate der Welt, allein in Auckland leben 32 % der Einwohner des Landes.

Die *Rainbow Warrior*

Nach dem 2. Weltkrieg, vor allem nach den Kämpfen im Pazifik, schlossen sich Neuseeland, Australien und die USA zu einem Sicherheitspakt zusammen. Schnell kam es zu Differenzen mit den USA wegen deren aggressiver Atompolitik. 1984 kündigten sie Neuseeland den Vertrag, und drei Jahre später wurde Neuseeland atomwaffenfreie Zone. In ihrer Unterstützung der Greenpeace-Aktivitäten gegen die französischen Atomversuche in Polynesien lag das Schiff *Rainbow Warrior* im Hafen von Auckland, von wo es seine Fahrten nach Polynesien unternahm. 1985 wurde es dort von französischen Geheimagenten versenkt.

Der Mitre Peak an der Milfordbucht im Fjordland-Nationalpark im Südwesten Neuseelands ist einer der meist fotografierten Berge des Landes.

Anfänglich diente nur die Wolle der Schafe zum Export (Neuseeland ist der drittgrößte Wollproduzent der Welt), doch seit den 1880er-Jahren und der Einführung von Kühlschiffen wurde Neuseeland zu einem bedeutenden Fleisch- und Butterexporteur vor allem nach Asien und Afrika, die als neue Märkte erschlossen wurden.

Was sind Kiwis?

Das Wort aus der Maori-Sprache bezeichnet einerseits eine Frucht; andererseits einen Vogel. Die Kiwifrucht oder Chinesische Stachelbeere ist eine sehr Vitamin-C-reiche Frucht aus der Familie der Aktinidiengewächse mit einem Durchmesser von 5 bis 10 cm. Sie gilt als Nationalfrucht Neuseelands, erstaunlicherweise ist aber nicht Neuseeland, sondern Italien der weltgrößte Produzent.

Der Kiwi (*Apterygidae*) ist ein nur in den Wäldern Neuseelands vorkommender Laufvogel mit rückgebildeten Flügeln und einem weichen, pelzartigen Gefieder. Er gehört zur Familie der Schnepfenstrauße, und die monogamen Vögel bleiben ihr Leben lang mit ihrem Partner zusammen. Die Tiere graben zum Unterschlupf Erdhöhlen und suchen nachts nach Kleintieren, die sie dank ihres feinen Geruchssinns leicht aufspüren. Das etwa 2,5 kg schwere Weibchen (Männchen wiegen nur etwa 1,5 kg) legt nur ein Ei (etwa 500 g), das vom Männchen 80 Tage lang ausgebrütet wird, ohne dass es Nahrung zu sich nimmt. Der Kiwi ist das National- und Wappentier des Landes. Das Wort dient schließlich auch noch als Spitzname für die Einwohner Neuseelands.

Interessante Fakten: Land und Umwelt

- Es gibt und gab in Neuseeland keine Schlangen.
- Ca. 85 % aller heimischen Pflanzenarten gibt es nirgendwo sonst auf der Welt.
- Nicht Neuseeland, sondern Italien ist der weltgrößte Produzent der Kiwi-Frucht.
- Mehr als 75 % des Energiebedarfs werden durch erneuerbare Energien (Wasser, Wind, Sonne) gedeckt.

Auckland hat fast 1,3 Mio. Einwohner und ist eine der modernsten Städte der Welt.

Hintergrund: Neuseeland trägt den Beinamen „Die grüne Insel", denn 86 % der Bevölkerung lebt in Städten, und die Natur ist fast unberührt.

Was war Deutsch-Samoa?

1855 eröffnete die erste deutsche Handelsgesellschaft eine Faktorei, kurze Zeit später wurde ein deutscher Konsul entsandt. Nach langen Streitereien unter den Kolonialmächten wurde das Inselreich in Ost-Samoa, später *American Samoa*, unter amerikanischer Herrschaft, und West-Samoa als deutsches Schutzgebiet (Kolonie) geteilt. Mit Beginn des 1. Weltkriegs besetzte Neuseeland die deutsche Kolonie, doch schon zuvor, um 1903, hatte sich mit den Mau eine samoanische Unabhängigkeitsbewegung gebildet, die von den Deutschen unterdrückt wurde. Unter der Herrschaft Neuseelands nahm der (gewaltlose) Widerstand zu.

Was waren die *Three Powers*?

Als *Three Powers* bezeichnete man die drei Staaten, die ihre Macht im Land manifestieren wollten: USA, England und Deutschland. Die Samoa-Akte, ein in Berlin getroffenes Abkommen, definierte Samoa 1889 als formal unabhängiges Königreich unter der „Schutzherrschaft" der *Three Powers*, doch nach dem Tod Königs Malietoa Laupepa im gleichen Jahr kam es erneut zu Auseinandersetzungen zwischen den *Three Powers*.

Wie konnte 1918 die Spanische Grippe ins Land gelangen?

Im Jahr 1918 ließen die neuseeländischen Militärmachthaber im Hafen von Apia ein Quarantäneschiff anlegen, auf dem an der Spanischen Grippe Erkrankte versorgt wurden. Die Seuche wurde eingeschleppt, und ein Drittel der samoanischen Bevölkerung fiel ihr zum Opfer.

Welche Wirtschaftszweige prägen das Land?

Zwar arbeitet die Mehrheit der Bevölkerung in der Landwirtschaft, deren Anteil am Bruttoinlandsprodukt ist mit 14 % jedoch vergleichsweise gering. Industrie gibt es im Bereich der Herstellung von Autoteilen, der Holzverarbeitung und der Produktion von Zigaretten aus importierten Tabaken. Die Wirtschaft wird allerdings stark von den im Ausland lebenden und arbeitenden Samoanern getragen, die Devisen ins Land bringen.

Interessante Fakten: Bevölkerung

- Es herrscht ein auffälliger Mangel an Frauen mittleren Alters, auf 1,66 Männer kommt nur eine Frau. Man vermutet den Grund dafür hauptsächlich in der großen Zahl der Auswanderung von Frauen dieser Altersgruppe.
- Samoa hat keine eigenen Streitkräfte. Das Land ist in keine internationalen Konflikte verstrickt, überdies verpflichtete sich Neuseeland 1962, sich jedes Hilfegesuchs von Seiten Samoas anzunehmen, d. h., mögliche militärische Konflikte für das Land zu lösen.

SAMOA

Flagge

Währung
1 Tala (WS$) = 100 Sene

Staatsform
Parlamentarische Monarchie (im Commonwealth) seit 1962

Hauptstadt
Apia

Sprachen
Samoanisch, Englisch (Amtssprachen)

Fläche 2831 km²

Einwohnerzahl 184 000

Religion
70 % Protestanten, 20 % Katholiken

Besonderheiten
Samoa besteht aus zehn Inseln, wovon jedoch nur die vier größeren bewohnt sind.

Was sind *blow holes*?

An der Savaii-Südküste, etwa 35 km entfernt von Salelologa, hat das Meer das poröse Lavagestein zu bizarren Gestalten geformt. An einigen Stellen wurde das Gestein vom Wasser unterhöhlt, und es bildeten sich Löcher (sog. *blow holes*), durch die das Wasser bis zu 60 m hoch in die Luft gedrückt wird und gewaltige Fontänen bildet. Auch in die Löcher geworfene Objekte werden durch die Kraft des Meeres in die Luft geschleudert.

Mangroven und Kokospalmen säumen die malerischen Strände der Inseln Samoas.

TONGA

Flagge

Währung
1 Pa'anga (T$) = 100 Seniti
Staatsform
Konstitutionelle Monarchie (im Commonwealth) seit 1875
Hauptstadt
Nuku'alofa
Sprachen
Tongaisch, Englisch (Amtssprachen)
Fläche 748 km^2
Einwohnerzahl 113 000
Religion
36 % Methodisten, 15 % Katholiken, 15 % Mormonen
Besonderheiten
Von den über 200 Inseln des Königreichs sind nur 36 bewohnt.

Ein typisches Dorf der Ureinwohner auf Tonga

Sind die Inseln des Archipels geologisch ähnlich beschaffen?

Die 200 Inseln Tongas gliedern sich ihrer geografischen Beschaffenheit nach im Wesentlichen in zwei Gruppen. Die eine Gruppe besteht aus Inseln vulkanischen Ursprungs wie Kao, Late oder Tofua, die mit tropischem Regenwald bewachsen sind und Höhen bis über 1000 m erreichen. In der anderen Gruppe lassen sich Inseln, die aus Korallenkalk aufgebaut sind, zusammenfassen, etwa die Hauptinsel Tongatapu. Eine solche Entstehungsform war möglich, weil die durchschnittliche Wassertiefe nur ca. 500 m beträgt. Diese Inseln sind vorwiegend mit Kokos- und Pandanuspalmen bewachsen.

Seit wann sind die Tongainseln bewohnt?

Funde von Keramikgegenständen werden auf die Zeit um 800 bis 750 v. Chr. datiert. Man bezeichnet die Inselgruppen von Fidschi, Samoa und Tonga als die „Wiege der polynesischen Kultur".

War Tonga einer Kolonialmacht unterstellt?

Als einziger Staat im Südpazifik wurde Tonga nie kolonialisiert. Zwar wurden die Inseln 1616 von den beiden Niederländern Willem Schouten (um 1567–1625) und Jacob Le Maire (1585–1616) entdeckt, und 1900 wurden sie britisches Protektorat, was dazu führte, dass sie bis 1965 außenpolitisch vom Vereinigten Königreich vertreten wurden. 1970 jedoch erlangte Tonga die vollkommene staatliche Unabhängigkeit.

Welche Stellung hat der König von Tonga?

Dem König wird absoluter Respekt gezollt, und die Verfassung räumt ihm größere Machtbefugnisse ein, als dies z. B. beim englischen Königshaus der Fall ist. Kritik am Königshaus gilt als untongaisch und unhöflich. Im Gegenzug geht es der Bevölkerung gut, die medizinische Versorgung ist gratis, es gibt keine Analphabeten und zahlreiche Universitätsabsolventen.

Was unternimmt der Staat gegen das Übergewicht seiner Bürger?

In Tonga veranstaltet man nationale Wettbewerbe, bei denen der Tongaer mit dem größten Gewichtsverlust eine 500-Dollar-Prämie bekommt. Dabei gelten dicke Menschen in Tonga – wie überhaupt im südpazifischen Raum – als schön. Dementsprechend sind 58 % der Männer und 75 % der Frauen übergewichtig. König Taufa'ahau Tupou IV. (1965–2006) ging in den 1990er-Jahren mit gutem Beispiel voran, als es ihm gelang, sein Gewicht von 210 kg um 70 kg zu verringern.

Rechts: Die Inseln der Vavau-Gruppe gehören zu den Inseln, die sich aus Korallenkalk aufgebaut haben und sich nur wenige Meter über das Meer hinaus erheben.

Welche Regierungsform hat Tuvalu?

Am 1. Oktober 1978 erhielt der ehemals Ellice Islands genannte Archipel die Unabhängigkeit und ist heute eine parlamentarische Monarchie, d. h. ein Königreich als souveräner Mitgliedstaat im *Commonwealth Realm*, der die britische Monarchie als Staatsoberhaupt anerkennt. Königin Elisabeth II. wird durch den Generalgouverneur Filoimeia Telito vertreten. Regierungschef ist seit 2006 Apisei Ielemia. (Für eine Liste aller *Commonwealth Realms* s. Vereinigtes Königreich)

Woher stammt der Name?

Tuvalu bedeutet auf Deutsch „acht Inseln" – in Wirklichkeit jedoch besteht der Inselstaat aus neun Inseln. Ursprünglich waren allerdings nur acht bewohnt und die neunte und am weitesten im Süden gelegene Insel Niulakita wurde erst 1949 besiedelt und daher nicht mitgezählt.

Worauf basiert die Wirtschaft des Landes?

Traditionell basiert die Wirtschaft auf Kopragewinnung und Fischfang. Da die Böden für den Ackerbau nur wenig geeignet sind und Nutzpflanzen kaum angebaut werden können, wird der überwiegende Teil der Nahrungsmittel importiert. Industrie existiert nicht oder nur im privaten Bereich zur Kopragewinnung. Devisenbringer des Landes sind der Verkauf von Briefmarken und Lizenzverträge mit anderen Staaten über den Fischfang in der 200-Meilen-Zone um den Archipel.

TUVALU

Flagge

Währung
1 Australischer Dollar ($A) = 100 Cents

Staatsform
Parlamentarische Monarchie (im Commonwealth) seit 1978

Hauptstadt
Funafuti

Sprachen
Tuvaluisch, Englisch (Amtssprachen)

Fläche 26 km²

Einwohnerzahl 12 000

Religion
97 % Protestanten

Besonderheiten
Die Inseln Tuvalus versinken langsam im Meer, Überschwemmungen sind an der Tagesordnung.

Ist die Natur des Archipels noch intakt?

Die Strände der Atolle versinken durch Erosion und den Anstieg des Meeresspiegels infolge der globalen Erderwärmung immer tiefer im Meer, und die Einwohner haben fast ständig mit Überschwemmungen zu kämpfen. Durch Versalzung der Böden wird überdies die Gewinnung von Trinkwasser und der Anbau der ohnehin spärlichen Nahrungsmittel immer schwieriger. Es gibt Pläne der Regierung, die gesamte Bevölkerung auf die Fidschiinsel Kioa umzusiedeln, da man schätzt, dass die Inseln im Laufe des 21. Jahrhunderts vollständig im Ozean versinken werden. Die Kosten dafür sollen die Industrienationen übernehmen, die Verursacher der Klimaveränderung.

Die Insel Fongafale ist Teil des Funafuti-Atolls und damit der Hauptinsel Tuvalus. Tuvalu ist das viertkleinste Land der Welt.

Was ist Kopra?

Kopra ist das getrocknete Fleisch der Kokosnüsse, aus dem in Ölmühlen Kokosöl gewonnen wird. Das Wort stammt aus dem Malayalam, einer dem Tamilischen verwandten, in Indien gesprochenen Sprache – es bedeutet „getrocknete Kokosnuss".

▲ Robbe mit Heuler

Lofoten, Norwegen

Beluga-Wal

Eisberg, Antarktis

ARKTIS & ANTARKTIS

James Cook umschiffte die Antarktis, aber er betrat sie nie. Nach ihm kamen andere, erforschten sie, kartografierten die Küsten und Gebirge. Schließlich erreichte Robert Falcon Scott 1912 nach Roald Amundsen den Südpol und schrieb: „Großer Gott, dies ist ein schrecklicher Ort.“ Wie viele Forscher nach ihm ist auch Scott bei dem Versuch, die Geheimnisse dieses Gebiets zu entschlüsseln, im ewigen Eis geblieben. Im Gegensatz zur Antarktis, die als eigener Kontinent betrachtet werden kann, umfasst die Arktis Gebiete Nordamerikas, Asiens und Europas.

Fischerdorf, Norwegen

Frühling in Alaska

Eisbär

KARTE ARKTIS

KARTE ANTARKTIS

Was ist die Arktis?

Die Arktis – das Nordpolargebiet – umfasst die den Nordpol umgebenden Land- und Meeresgebiete. Zu ihrer räumlichen Abgrenzung werden klimatische und vegetationsgeografische Kriterien (nördliche Baumgrenze) herangezogen. Im Zentrum der Arktis liegt das vereiste Nordpolarmeer mit einigen Nebenmeeren. Ihre Landgebiete erstrecken sich über Teile der Staaten USA, Kanada, Russland, Dänemark, Island, Norwegen, Schweden und Finnland.

Was bedeutet das Wort Arktis?

Arktis stammt vom altgriechischen Wort *árktos*, „Bär" und bedeutet sinngemäß „Land unter dem Sternbild des Großen Bären". Der hintere Teil des Großen Bären ist der Große Wagen, der – zusammen mit dem Polarstern – auch auf der Flagge des Bundesstaates Alaska abgebildet ist.

Wie setzt sich die arktische Bevölkerung zusammen?

Bis vor wenigen Jahrzehnten bestand die Bevölkerung der Arktis noch vorwiegend aus Polarvölkern (Inuit, Lappen, Jakuten, Nenzen, Eweken u. a.). Einerseits verringert sich die Zahl der Ureinwohner stetig, zum anderen steigt die Zahl der Einwanderer. Zurzeit leben hier ca. 2 Mio. Menschen; die meisten von ihnen stammen aus Gebieten außerhalb der Arktis, vor allem aus Nordamerika, Skandinavien und Russland.

Klimaveränderung in der Arktis

Die Klimaerwärmung ist dafür verantwortlich, dass die arktischen Eismassen abnehmen. Auf der Grundlage verschiedener Berechnungen schätzt man, dass bis zum Jahr 2100 ca. 10 bis 50 % des Eises abgeschmolzen sein könnten. Einzelne Forscher sagen gar voraus, dass die Arktis schon zwischen 2040 und 2080 in den Sommermonaten vollkommen eisfrei sein werde.

Gibt es nur einen „Nordpol"?

Nein. Im allgemeinen Sprachgebrauch bezeichnet man als Nordpol den nördlichsten Punkt der Erde. In der Fachsprache und aus Gründen der begrifflichen Abgrenzung nennt man dies den geografischen Nordpol. Darüber hinaus gibt es den arktischen Magnetpol, den arktischen geomagnetischen Pol sowie den sogenannten Nordpol der Unzugänglichkeit. Alle vier Pole liegen im Nordpolarmeer.

Was ist der „Nordpol der Unzugänglichkeit"?

„Nordpol der Unzugänglichkeit" wird der Ort genannt, der am weitesten von allen Küstenlinien entfernt ist. Er liegt 84° 03' Nord, 174° 51' West, etwa 660 km entfernt vom geografischen Nordpol. Das Nordpolarmeer ist hier etwa 3000 m tief.

Gibt es in der Arktis Insekten?

Schätzungsweise kommen in der Arktis ca. 1000 Insektenarten vor. Hier leben vor allem Mücken,

Die Lappen oder Sami, die zu den finnisch-ugrischen Völkern gehören, sind halbnomadische Rentierzüchter.

Hummeln und Schmetterlinge. In den Tundren gibt es zudem eine große Zahl verschiedener Spinnenarten.

War die Arktis schon immer mit Eis bedeckt?
Nein. Aus Bohrungen und damit gewonnenen Fossilienfunden geht hervor, dass in der Arktis vor 40 bis 50 Mio. Jahren ein subtropisches Klima geherrscht hat, denn es wurden im Eis eingeschlossene Wälder gefunden. Man geht davon aus, dass auch die Temperatur des Nordpolarmeers höher war. Eine Theorie geht sogar so weit zu vermuten, die gesamte Arktis könnte ein gewaltiger, isolierter Süßwassersee gewesen sein.

Was ist die Antarktis?
Die Antarktis umfasst die Land- und Meeresgebiete um den Südpol. Im Gegensatz zum Nordpol, der sich inmitten einer mit Treibeis bedeckten Tiefsee befindet, liegt der Südpol in der Mitte einer großen Landmasse, der Antarktika (12,39 Mio. km^2). Sie bildet einen eigenen Kontinent und wird größtenteils von einer 2000 bis 4000 m dicken Eisschicht bedeckt. Nur etwa 280 000 km^2 des Landes sind eisfrei.

Was ist der Mount Erebus?
Der Mount Erebus ist der südlichste aktive Vulkan der Welt. Er liegt auf der Rossinsel in der Antarktis und ist 3794 m hoch.

Luftaufnahme mit zahlreichen Gletschern und Bergmassiven im Glacier Nationalpark in Alaska

Wie heißt der größte Gletscher der Welt?
Der in der Antarktis gelegene Lambert-Gletscher ist der größte Gletscher der Erde. Er ist über 40 km breit, ca. 400 km lang und hat eine Dicke von durchschnittlich 2500 m. An seiner Mündung ins Südpolarmeer schiebt sich das Eis pro Jahr bis zu 1000 m weit ins Meer hinaus.

Welche Tiere leben in der Antarktis?
In der Antarktis leben 19 flugfähige Vogelarten, z. B. Königsalbatros und Schneesturmvogel. Jeden Sommer kommen mehr als 100 Mio. Zugvögel dazu, um hier

Hintergrund: Vor der hoch in den Himmel ragenden Klippe des Eisbergs Illulissat in Grönland gibt es reiche Fanggründe.

Die *Aurora Borealis* (Nordlicht) bildet sich aus einem Zusammenspiel von Sonnenwinden und dem Magnetfeld der Erde. Am nächtlichen Himmel werden Energiemengen von mehr als 1 Mio. Megawatt freigesetzt.

zu brüten. Eisfreies Land und Packeis teilen sie sich dann mit den flugunfähigen Pinguinen, Robben und Seelöwen. Im Meer wimmelt es von Krillschwärmen und anderen Kleinkrebsen. Sie werden von den Walen, die hier zu Hause sind, ebenso gerne verzehrt wie der Tintenfisch, dessen Bestände hier sehr groß sind.

Südpol – Roald Amundsen und Robert Falcon Scott

Der Norweger Roald Amundsen (1878–1928) erreichte am 14. Dezember 1911 mit vier Landsleuten als erster Mensch und 35 Tage vor dem Engländer Robert Falcon Scott (1886–1912) den Südpol. Heute verbringen dort etwa 50 Forscher aus aller Welt den Sommer unter einer Aluminiumkuppel mit einem Durchmesser von ca. 50 m; diese bildet das Herzstück der amerikanischen Amundsen-Scott-Station. Scott kam zusammen mit seinen Begleitern auf dem Rückweg in sein Basislager ums Leben. Um das abgestürzte Luftschiff des Italieners Umberto Nobile (1885–1978) zu bergen, wagte Amundsen am 18. Juni 1928 einen Flug über die Arktis. Sein Flugapparat stürzte ebenfalls ab. Er starb wahrscheinlich in der Nähe der Bäreninsel zwischen Nordkap und Spitzbergen.

Was bedeutet es, wenn man sagt: Ein Eisberg kalbt?

Eis erscheint uns statisch, aber es bewegt sich, formt sich neu, schmilzt und gefriert, um wieder zu schmelzen und erneut zu gefrieren. Als Kalben bezeichnet man in diesem Zusammenhang den Prozess des Abstoßens von Eisbergen und Gletschern in die See – die Geburt eines neuen Eisbergs findet statt.

Wie viel Eis gibt es in der Antarktis?

Etwa 98 % der Antarktis sind von Eis bedeckt, nur 2 % sind eisfrei. Man schätzt die Menge des antarktischen Eises auf etwa 30,42 Mio. km³, das sind ca. 90 % der Eismenge der Erde und ca. 70 % des gesamten Trinkwasservorkommens. Die Menge des

Zitat von James Cook, um 1770

„Das Risiko, das jemand eingeht, um diese Küste in den unbekannten und vereisten Meeren zu erforschen, ist so groß, dass ich kühn behaupten kann, dass kein Mensch mehr riskieren wird als ich und dass die südlichen Länder vielleicht nie erforscht werden."

Ein Iglu ist das aus Schneeblöcken errichtete Kuppelhaus der Inuit.

Links: Es gibt 18 Arten von Pinguinen, flugunfähigen Seevögeln der kalten Meere der Südhalbkugel. Mit 1,2 m ist der Kaiserpinguin der größte und der Zwergpinguin mit 35 bis 40 cm der kleinste Vertreter der Familie der Flossentaucher.

Eises, die jedes Jahr verschwindet und neu entsteht, liegt bei 2000 km^3.

Was ist Schelfeis?
Unter Schelfeis versteht man riesige Eisplatten, die auf dem Meer schwimmen, eine Mindesthöhe über dem Wasserspiegel von 2 m haben (viele ragen auch weit über 200 m hoch hinaus) und die gleichzeitig mit einem Gletscher an Land verbunden sind. Die äußeren Spitzen dieser Schelfeisplatten brechen ab (kalben) und bilden treibende Eisberge. Etwa ein Drittel der antarktischen Küstenlinien sind von Schelfeis bedeckt. Die größten Schelfeistafeln sind das Ross-Schelfeis (487 000 km^2) und das Filchner-Ronne-Schelfeis (449 000 km^2) in der Antarktis.

Was ist das Ozonloch?
In den 1980er-Jahren entdeckten Wissenschaftler in der Ozonschicht über der Antarktis ein Loch. Die Ozonschicht schützt die Erdatmosphäre vor schädlicher ultravioletter Strahlung. Verursacht wird dieses Loch durch FCKW-Verbindungen (Fluorchlorkohlenwasserstoff), die in die obere Erdatmosphäre aufsteigen, die Ozonschicht angreifen und zerstören.

Wann wurde in der Antarktis erstmals gejagt?
Captain James Cook (1728–1779) beendete 1775 seine Umschiffung der Antarktis. Angelockt von seinen Berichten, kamen um 1820 die ersten Jäger und Walfänger in die Antarktis – sie fanden ein unberührtes Paradies voller Wale, Seelöwen, Seehunde und Pinguine vor. Hunderte von Walen wurden getötet, und in der folgenden Saison 1821/22 erlegten die Jäger 320 000 Seehunde.

Antarktisvertrag

Am 1. Dezember 1959 wurde von 45 Staaten der Antarktisvertrag unterzeichnet. Er ist ein multilaterales Abkommen zur Regelung des politischen Status' der Region, zur Förderung der wissenschaftlichen Forschung am Südpol, zur Sicherstellung der Nutzung nur für friedliche Zwecke und zur Wahrung des ökologischen Gleichgewichts. In der praktischen Umsetzung änderte der Vertrag jedoch nichts daran, dass interessierte Staaten ohne Rücksicht auf die Umwelt bislang etwa drei Dutzend neuer Forschungsstationen errichtet haben, die als Basis für spätere territoriale Ansprüche gelten sollten. 1991 wurde das Abkommen um ein Umweltprotokoll ergänzt und 1998 von allen Mitgliedstaaten ratifiziert.

Ein Fischerboot auf der norwegischen Lofoteninsel Vestvagoy.

▲ Bevölkerung Religionen Klimazonen

Wirtschaft

DIE LÄNDER DER WELT

In diesem Kapitel werden die Länder der Welt unter besonderen Gesichtspunkten verglichen oder zu Gruppen zusammengefasst. Welche Länder sind außergewöhnlich groß oder klein, reich oder arm? Wie verteilen sich die verschiedenen Religionsgemeinschaften über die Erde, wie die Klimazonen? Welche Länder haben hinsichtlich ihrer geografischen Lage oder ihrer politischen Situation besondere Eigenheiten? Auf diese und weitere Fragen gibt es hier die Antworten. Oftmals werden die Erläuterungen durch informative Tabellen ergänzt, sodass der Leser die Möglichkeit eines schnellen Zugriffs auf Daten und Fakten hat, die dann in den Beschreibungen der einzelnen Länder und Kontinente durch Detailinformationen ergänzt werden.

Inselstaaten

Geografie

Politik

Länder und Bevölkerung

Waren die USA immer ein so großes Land?
Nein. Als sich die Vereinigten Staaten von Amerika im Jahr 1776 für unabhängig erklärten, bestanden sie nur aus den ersten 13 Staaten an der Ostküste. Erst im 19. Jahrhundert dehnten sie sich immer weiter nach Westen aus und gewannen damit an wirtschaftlicher und politischer Macht.

War der Vatikan immer ein so kleines Land?
Nein. Der Kirchenstaat war im Mittelalter erheblich größer. Er beherrschte weite Teile Mittelitaliens und erreichte unter Papst Julius II. (1443–1513) seine größte Ausdehnung. Seine heutige Größe wurde erst in den Lateranverträgen von 1929 festgelegt.

Wird China das bevölkerungsreichste Land bleiben?
Nein. Das Bevölkerungswachstum ist derzeit in Indien mehr als doppelt so hoch wie in China. Die Vereinten Nationen schätzen, dass Indien etwa im Jahr 2045 China in der Liste der bevölkerungsreichsten Länder überholen wird.

Welche statistische Sonderrolle spielt das Fürstentum Monaco?
Das Fürstentum Monaco in Westeuropa gehört zu den kleinsten Ländern der Erde und auch zu den Ländern mit der absolut betrachtet niedrigsten Einwohnerzahl. Es gibt allerdings noch so viele Monegassen, dass die relative Bevölkerungsdichte im Land extrem groß ist. Dasselbe gilt für die beiden anderen Länder mit der größten Bevölkerungsdichte: Singapur und die Vatikanstadt. Als Stadtstaaten sind alle drei Länder in dieser Hinsicht allerdings nicht vergleichbar mit den Flächenstaaten der Welt.

Unten: China ist das bevölkerungsreichste Land der Welt. Nach aktuellen Prognosen wird die Einwohnerzahl bis 2030 auf 1,5 Mrd. Menschen ansteigen.

Hintergrund: Tarawa ist das Hauptatoll der Republik Kiribati. Es besteht aus 24 Inseln, von denen acht bewohnt sind.

Die zehn größten Länder

	Landesname	Fläche in km²
1	Russische Föderation	17,07 Mio.
2	Kanada	9,98 Mio.
3	Vereinigte Staaten von Amerika	9,63 Mio.
4	Volksrepublik China	9,57 Mio.
5	Brasilien	8,51 Mio.
6	Australien	7,69 Mio.
7	Indien	3,28 Mio.
8	Argentinien	2,76 Mio.
9	Kasachstan	2,72 Mio.
10	Sudan	2,51 Mio.

Die zehn kleinsten Länder

	Landesname	Fläche in km²
1	Vatikanstadt	0,44
2	Monaco	1,95
3	Nauru	21
4	Tuvalu	26
5	San Marino	61
6	Liechtenstein	160
7	Marshallinseln	181
8	St. Kitts und Nevis	269
9	Malediven	298
10	Malta	316

Warum sind manche Länder so dünn besiedelt?
In der Regel liegt dies an ungünstigen naturräumlichen Bedingungen des jeweiligen Landes. Gebiete mit sehr heißem Klima sind oft von großen Wüstenflächen geprägt (z. B. Niger), die für eine Besiedlung nicht geeignet sind. In Ländern wie Suriname oder Guyana verhindert der tropische Regenwald eine dichtere Besiedlung.

Warum ist Grönland in der Liste der größten Länder nicht enthalten?
Wäre Grönland ein unabhängiger Staat, so würde es der Fläche nach auf Rang 13 der weltgrößten Länder stehen. Seine politische Stellung ist jedoch etwas ungewöhnlich: Grönland ist ein autonomes Gebiet Dänemarks – innenpolitisch völlig selbstständig, wird das Land außenpolitisch von Dänemark vertreten. Aufgrund dieser politisch nicht eindeutigen Situation wird Grönland üblicherweise weder als eigenständiger Staat betrachtet, noch zum dänischen Staatsgebiet hinzugerechnet.

Der Balchaschsee liegt in der Steppe des östlichen Kasachstan. Das Land ist der größte Binnenstaat der Erde.

Die zehn bevölkerungsreichsten Länder

	Landesname	Einwohner
1	Volksrepublik China	1,3 Mrd.
2	Indien	1,1 Mrd.
3	Vereinigte Staaten von Amerika	300,9 Mio.
4	Indonesien	242,0 Mio.
5	Brasilien	186,4 Mio.
6	Pakistan	162,8 Mio.
7	Bangladesch	144,3 Mio.
8	Russische Föderation	142,4 Mio.
9	Nigeria	140,0 Mio.
10	Japan	127,4 Mio.

Die zehn Länder mit der dichtesten Besiedlung

	Landesname	Einwohner pro km²
1	Monaco	16 923
2	Singapur	6480
3	Vatikanstadt	2118
4	Malta	1261
5	Malediven	1171
6	Bangladesch	978
7	Bahrain	968
8	Barbados	649
9	Taiwan	631
10	Nauru	621

Die zehn bevölkerungsärmsten Länder

	Landesname	Einwohner
1	Vatikanstadt	870
2	Tuvalu	12 000
3	Nauru	13 000
4	Palau	20 000
5	San Marino	30 000
6	Monaco	33 000
7	Liechtenstein	34 000
8	St. Kitts und Nevis	39 000
9	Marshallinseln	59 000
10	Antigua und Barbuda	69 000

Die zehn Länder mit der dünnsten Besiedlung

	Landesname	Einwohner pro km²
1	Mongolei	2
2	Namibia	2
3	Australien	3
4	Suriname	3
5	Botswana	3
6	Island	3
7	Mauretanien	3
8	Libyen	3
9	Kanada	3
10	Guyana	4

Reichtum findet vielfach Ausdruck in kostspieligen Statussymbolen wie diesem restaurierten Oldtimer des englischen Sportwagenherstellers Jaguar.

Wirtschaftliche Situation

Was ist das Bruttosozialprodukt (BSP)?
Das Bruttosozialprodukt ist in der volkswirtschaftlichen Gesamtrechnung die Summe aller Einkommen der Bewohner eines Landes innerhalb eines bestimmten Zeitraums, meist einem Jahr, wobei sowohl das Einkommen aus Arbeit als auch das Einkommen aus Kapitalvermögen bewertet werden. Das BSP errechnet sich aus Marktpreisen, d. h. Steuern wie die Mehrwertsteuer werden mit einbezogen, aber Subventionen herausgerechnet.

Was ist das Bruttoinlandsprodukt (BIP)?
Mit dem Bruttoinlandsprodukt wird die wirtschaftliche Leistung einer Volkswirtschaft in einem bestimmten Zeitraum, z. B. einem Kalenderjahr, gemessen. Da das BIP auf einem Inlandskonzept basiert, bleiben die Einkommen von im Ausland lebenden Staatsbürgern unberücksichtigt.

Was ist das Bruttonationaleinkommen (BNE)?
Der Begriff Bruttonationaleinkommen (BNE) wurde 1999 in Deutschland als Ersatz für die Bezeich-

Die 20 reichsten Länder

Rang	Land	BIP
1	Vereinigte Staaten von Amerika	12 455 825
2	Japan	4 567 441
3	Deutschland	2 791 737
4	China	2 234 133
5	Vereinigtes Königreich	2 229 472
6	Frankreich	2 126 719
7	Italien	1 765 537
8	Kanada	1 132 436
9	Spanien	1 126 565
10	Brasilien	795 666
11	Südkorea	787 567
12	Indien	771 951
13	Mexiko	768 437
14	Russische Föderation	763 287
15	Australien	708 519
16	Niederlande	629 911
17	Belgien	371 695
18	Schweiz	367 571
19	Türkei	362 461
20	Schweden	358 810

Angaben in Mio. US-Dollar pro Jahr
Quelle: Internationaler Währungsfonds 2006, Zahlen für das Jahr 2005

Die 20 ärmsten Länder

Rang	Land	BIP
1	Kiribati	63
2	São Tomé und Príncipe	70
3	Tonga	215
4	Dominica	283
5	Salomonen	294
6	Guinea-Bissau	302
7	Osttimor	331
8	Vanuatu	332
9	Samoa	336
10	Komoren	369
11	St. Vincent und die Grenadinen	421
12	St. Kitts und Nevis	453
13	Gambia	461
14	Grenada	490
15	Liberia	530
16	Seychellen	695
17	Dschibuti	709
18	Guyana	786
19	Malediven	787
20	Burundi	799

Angaben in Mio. US-Dollar pro Jahr
Quelle: Internationaler Währungsfonds 2006, Zahlen für das Jahr 2005

nung Bruttosozialprodukt (BSP) eingeführt. Diese Maßnahme diente der Angleichung an den internationalen Sprachgebrauch zum Zweck amtlicher Statistiken. Das BNE ist die Summe des BIP abzüglich aller Erwerbs- und Vermögenseinkommen, die in das Ausland geflossen sind und zuzüglich der von Inländern im Ausland erhaltenen Bezüge (sog. Inländerkonzept).

Wo liegen die reichsten Länder der Erde?
Die reichsten Länder liegen in Europa. Zu den 20 Staaten mit dem höchsten BIP gehören allein zehn europäische Länder, angeführt von Deutschland auf Rang 3. Noch deutlicher wird die dominate wirtschaftliche Stellung Europas, wenn man das Einkommen pro Kopf der Bevölkerung betrachtet. Dann finden sich sogar 15 europäische Länder auf den ersten 20 Rängen, wobei die großen Flächenstaaten hier von den europäischen Kleinstaaten überholt werden.

Wo liegen die ärmsten Länder der Welt?
Die ärmsten Länder der Welt liegen in Afrika. Betrachtet man die Tabelle für das BIP aller Länder, so ist der Kontinent Afrika hier nicht auffällig oft vertreten. Es finden sich eher die ganz kleinen Staaten, deren Wirtschaftskraft allein durch ihre Größe beschränkt ist. Erheblich aussagekräftiger ist diesbezüglich die Tabelle des Pro-Kopf-Einkommens. Dort finden sich bei den 20 schwächsten Ländern allein 16 Staaten aus Afrika.

In den armen Ländern der Welt – wie hier im afrikanischen Mali – müssen die Menschen mühsam und mit einfachsten Mitteln dem kargen Boden ihre Nahrung abringen.

Hintergrund: Zwei Drittel des afrikanischen Staats Niger bestehen aus unfruchtbarer Wüste. Die ungünstigen naturräumlichen Bedingungen sind eine der Ursachen für die Armut in Afrika.

Höchstes Pro-Kopf-Einkommen

Rang	Land	BIP pro Kopf
1	Luxemburg	80 288
2	Norwegen	64 193
3	Island	52 764
4	Schweiz	50 532
5	Irland	48 604
6	Dänemark	47 984
7	Katar	43 110
8	Vereinigte Staaten von Amerika	42 000
9	Schweden	39 694
10	Niederlande	38 618
11	Finnland	37 504
12	Österreich	37 117
13	Vereinigtes Königreich	37 023
14	Japan	35 757
15	Belgien	35 712
16	Kanada	35 133
17	Australien	34 740
18	Frankreich	33 918
19	Deutschland	33 854
20	Italien	30 200

Angaben in US-Dollar pro Jahr
Quelle: Internationaler Währungsfonds 2006, Zahlen für das Jahr 2005

Niedrigstes Pro-Kopf-Einkommen

Rang	Land	BIP pro Kopf
1	Burundi	107
2	Äthiopien	153
3	Liberia	161
4	Malawi	161
5	Guinea-Bissau	190
6	Eritrea	209
7	Myanmar	219
8	Sierra Leone	223
9	Ruanda	242
10	Niger	274
11	Madagaskar	282
12	Afghanistan	300
13	Uganda	303
14	Gambia	306
15	Nepal	322
16	Mosambik	331
17	Zentralafrikanische Republik	335
18	Tansania	336
19	Osttimor	352
20	Guinea	355

Angaben in US-Dollar pro Jahr
Quelle: Internationaler Währungsfonds 2006, Zahlen für das Jahr 2005

Verbreitung der Religionen

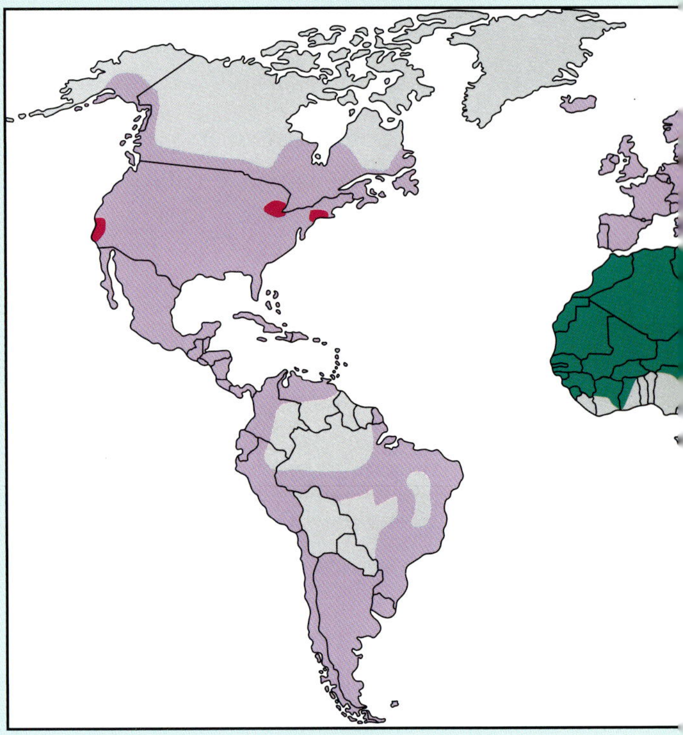

Was ist eine Weltreligion?
Für den Begriff „Weltreligion" gibt es keine allgemein anerkannte Definition. Häufig bezieht er sich auf diejenigen Religionsgemeinschaften, die besonders viele Anhänger haben, über viele Länder der Erde verbreitet sind oder eine besonders lange Tradition besitzen. Alle drei Bedingungen werden nur vom Christentum, Islam und Buddhismus erfüllt. Häufig werden aber auch der Hinduismus und das Judentum zu den Weltreligionen gezählt.

Wie alt sind die Weltreligionen?
Die älteste Weltreligion ist das Judentum, das um 1500 v. Chr. entstanden ist. Um 500 v. Chr. entstanden der Hinduismus und der Buddhismus. Das Christentum und der Islam haben sich aus der jüdischen Tradition entwickelt, wobei die christliche Zeitrechnung mit Christi Geburt, die islamische Zeitrechnung mit dem Tag der Ankunft des Propheten Mohammed in Medina am 16. Juli 622 beginnt. Der Islam ist also die jüngste der fünf Weltreligionen.

Messfeier in der Basilika der Hl. Therese in Lisieux, Frankreich

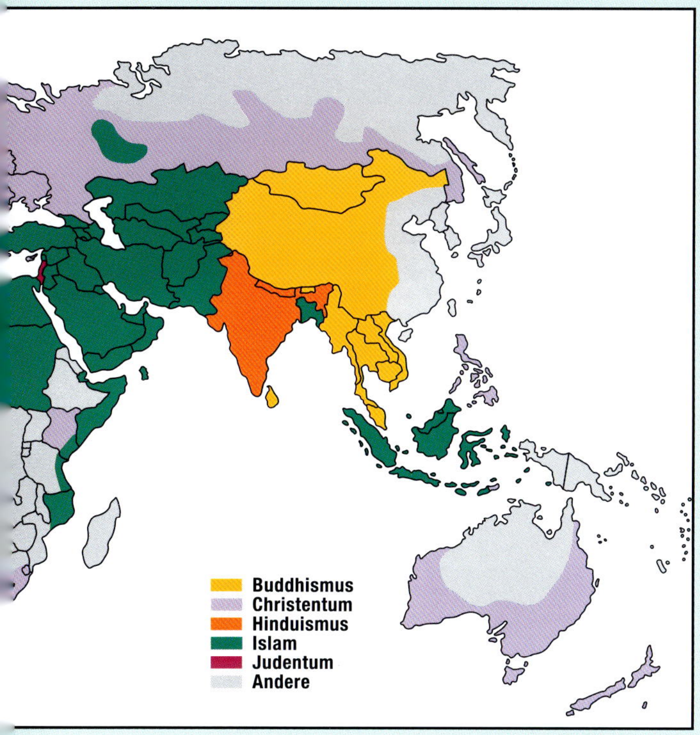

Mekka ist das religiöse Zentrum des Islams und ein Wallfahrtsort für Millionen von Muslimen. Jeder Muslim sollte einmal in seinem Leben nach Mekka pilgern.

In welchen Gebieten dominiert das Christentum?
Das Christentum ist ursprünglich eine europäische Religion, die sich im Zeitalter des Kolonialismus durch Missionierung auf weitere Kontinente ausgedehnt hat. Neben der Missionsarbeit spielte aber auch die Auswanderung von Europäern nach Nordamerika und Australien eine wichtige Rolle für die Verbreitung des Christentums. Heute sind Europa, Nord- und Südamerika und Australien vorwiegend christlich geprägt, während dies in Afrika nur auf den südlichen Teil des Kontinents zutrifft.

Wann hat sich der Islam verbreitet?
Bis zum Tod des Propheten Mohammed beschränkte sich die Verbreitung des Islam vorwiegend auf die arabische Halbinsel. In der Folgezeit dehnte sich das arabische Reich – und damit der Islam – weit nach Osten und Westen aus. Im Osten gerieten große Teile Zentralasiens, im Westen ganz Nordafrika unter arabischen Einfluss. Die Expansion des arabischen Reichs endete erst im 9. Jahrhundert.

Warum leben Hindus vorwiegend in Indien?
Im Gegensatz zum Christentum und dem Islam haben die drei anderen Weltreligionen keine aktive Missionierung betrieben. Ihre Ausbreitung ist auch nicht durch Großreiche begünstigt worden, die ihren Machtbereich militärisch erweitert haben. Der Hinduismus ist daher vorwiegend auf dem indischen Subkontinent, auf dem er entstanden ist, verbreitet. Lediglich durch die Auswanderung von Indern hat er auch in geringem Umfang andere Kontinente erreicht.

Ist das Judentum eine Weltreligion?
Zwar gibt es weltweit Anhänger des jüdischen Glaubens, aber außerhalb des Staats Israel stellen sie stets nur eine kleine Minderheit dar. Auch in der Gesamtzahl der Gläubigen kann sich das Judentum nicht mit den anderen Weltreligionen messen, es gibt weltweit sogar mehr Sikhs als Juden. Die Bedeutung dieses Glaubens für die Weltreligionen liegt eher darin, dass grundlegende Ideen des Judentums starken Einfluss auf die Ausbildung des Christentums und des Islam genommen haben.

Welche großen Religionskriege gab es?
Der Dreißigjährige Krieg (1618–1648), ein Konflikt um das Gleichgewicht zwischen den Mächten Europas, war zumindest vordergründig auch ein großer Religionskrieg zwischen unterschiedlichen christlichen Gruppen, den Protestanten und den Katholiken. Langanhaltende militärische Konflikte zwischen den Weltreligionen Christentum und Islam gab es zur Zeit der Kreuzzüge (1096–1444).

Die Verbreitung der Weltreligionen

Rang	Religion	Hauptverbreitungsgebiet	Gläubige
1	Christentum	Europa, Australien, Nord- und Südamerika	2,1 Mrd.
2	Islam	Vorderasien, Nordafrika, Indonesien	1,3 Mrd.
3	Hinduismus	Indien, Nepal, Bangladesch, Sri Lanka, Bali	900 Mio.
4	Buddhismus	Japan, China, Taiwan	400 Mio.
5	Judentum	Israel	15 Mio.

Verteilung der Klimazonen

Worin besteht der Unterschied zwischen Wetter und Klima?

Das Wetter beschreibt den Zustand der Erdatmosphäre an einem bestimmten Ort zu einem bestimmten Zeitpunkt: Es regnet, es ist kalt und stürmisch, es geht also um die Niederschlagsverhältnisse, die Temperaturen und die Auswirkungen der Luftzirkulation. Betrachtet man das Wetter über einen langen Zeitraum, so stellt man für große Regionen einen immer wiederkehrenden Rhythmus von Wetterverhältnissen in Abhängigkeit von den Jahreszeiten fest, der nur begrenzten Schwankungen unterworfen ist. Diesen für einen Raum typischen Rhythmus von Wetterschwankungen nennt man Klima.

Unten: Elch in der Tundra des Denali-Nationalparks in Zentralalaska

Die Klimazonen der Erde

Klimazone	Ausdehnung	Durchschnitts-Temperaturen
Polarzone	Pol bis Polarkreis (66,5°)	–25 °C bis –1 °C
Gemäßigte Zone	Polarkreis bis 40°	5 °C bis 15 °C
Subtropen	40° bis Wendekreis (23,5°)	12 °C bis 25 °C
Tropen	Wendekreis bis Äquator	23 °C bis 26 °C

Was ist eine Klimazone?

Für größere Bereiche der Erde ist das Klima annähernd vergleichbar und führt auch in seinen Auswirkungen auf die Naturgestalt dieser Gebiete zu ähnlichen Ergebnissen, z. B. zur starken Verbreitung von Wüstengebieten. Solche Bereiche der Erde mit vergleichbarem Klima kann man zu Klimazonen zusammenfassen. Im Laufe der wissenschaftlichen Beschäftigung mit dem Thema ist man dabei zu unterschiedlichen Einteilungen gelangt, je nachdem, welche Unterschiede man für besonders wichtig hält: die Temperatur, die Niederschläge oder die Auswirkungen des Klimas auf Flora und Fauna.

Welche Klimazonen gibt es?

Eine grobe Einteilung orientiert sich vorwiegend an den durchschnittlichen Temperaturen, die wiederum von der Dauer der Sonneneinstrahlung abhängen. Die kältesten Gebiete der Erde finden sich an den beiden Polen, weshalb man diese Bereiche die

Polarzone nennt. Der andere Extrembereich liegt unmittelbar nördlich und südlich des Äquators, die tropische Klimazone. Zwischen diesen Extremen kann man die sogenannte gemäßigte Zone ansiedeln. Eine differenzierte Einteilung unterscheidet vom Pol bis zum Äquator: Polarzone, kalte Zone oder Subpolarzone, gemäßigte Zone, Subtropen und Tropen.

Welche Landschaften sind typisch für die Tropen?
In den Tropen gibt es keine stark voneinander abweichenden Jahreszeiten, das Klima bleibt das ganze Jahr über sehr gleichmäßig. Der tägliche Temperaturunterschied zwischen Tag und Nacht ist größer als der zwischen dem wärmsten und dem kältesten Monat des Jahres. In der Nähe des Äquators haben sich die typischen Regenwälder entwickelt, z. B. im Amazonasbecken. Nördlich und südlich schließen sich Savannengebiete wie die afrikanische Serengeti an.

Zu welcher Klimazone gehört Europa?
Der größte Teil Europas liegt in der gemäßigten Klimazone. Typisch für diese Zone ist die starke Ausprägung von Jahreszeiten mit verschiedenen Tageslängen und unterschiedlichen Durchschnittstemperaturen. Die Vegetation ist durch große Nadel- und Laubwälder geprägt. Die Winde kommen vorwiegend von Westen, weshalb man diesen Bereich auch Westwindzone nennt.

Was sind Kältewüsten?
Die Arktis und die Antarktis liegen im Bereich der Polarzone und werden mitunter auch als Kältewüsten bezeichnet. Die Temperaturen liegen hier ganzjährig unter 0 °C, die Sonneneinstrahlung ist um 40 % geringer als in den Tropen, Niederschläge fallen kaum. Unter diesen Bedingungen kann sich keine nennenswerte Vegetation entwickeln.

Hintergrund: Der tropische Regenwald spielt eine wichtige Rolle für das Erdklima. Durch Rodungen werden jährlich große Flächen dieses Ökosystems vernichtet.

Unten: Das Sossusvlei ist eine Dünenlandschaft in der Namib-Wüste an der Westküste Afrikas. Die orangefarbenen Dünen zählen mit Höhen über 300 m zu den höchsten der Erde.

Maritimes und kontinentales Klima

Innerhalb der einzelnen Klimazonen kann es durchaus zu deutlichen klimatischen Unterschieden kommen, da die Nähe zu den Ozeanen eine wesentliche Rolle für das Wetter einer Region spielt. Wasser hat eine hohe Kapazität zur Wärmespeicherung. Einmal im Wasser gespeicherte Wärme wird nur sehr langsam wieder abgegeben, andererseits wird kaltes Wasser auch nur langsam erwärmt. Da die Temperatur der Küstengebiete stark von den Wassermassen beeinflusst wird, wirken die Ozeane ausgleichend auf die Klimaschwankungen. Ein maritimes Klima, also die Wetterlage in Küstengebieten, ist daher immer von weniger starken Schwankungen geprägt als das kontinentale Klima im Inneren eines Kontinents.

Inselstaaten

Was ist ein Inselstaat?
Ein Inselstaat ist ein Staat, dessen Gebiet ganz oder zum Teil auf einer oder mehreren Inseln liegt und nicht zum Festland eines Kontinents gehört.

Wie viele Inselstaaten gibt es?
Etwa 25 % aller Staaten der Welt sind Inselstaaten, insgesamt gibt es 47 von ihnen.

Welcher Inselstaat umfasst die meisten Inseln?
Zu Indonesien gehören die meisten Inseln, 17 508 an der Zahl, aber nur 6000 davon sind bewohnt. Indonesien ist sowohl hinsichtlich der Landesfläche als auch bezüglich der Einwohnerzahl der größte Inselstaat der Welt und mit 242,0 Mio. Bewohnern die weltweit viertgrößte Nation.

Die Föderierten Staaten von Mikronesien sind ein kleiner Inselstaat im westlichen Pazifik. Wegen ihrer abgeschiedenen Lage sind sie für den internationalen Tourismus bislang kaum erschlossen.

Liste der Inselstaaten

Land	Größe in km²
Indonesien	1,91 Mio.
Madagaskar	587 040
Papua-Neuguinea	462 840
Japan	377 837
Philippinen	300 000
Neuseeland	270 534
Vereinigtes Königreich	242 910
Kuba	110 860
Island	103 000
Irland	70 280
Sri Lanka	65 610
Dominikanische Republik	48 422
Republik China (Taiwan)	36 000
Salomonen	28 450
Haiti	27 750
Fidschi	18 370
Osttimor	15 007
Bahamas	13 940
Vanuatu	12 200
Jamaika	10 991
Zypern	9251
Brunei	5770
Trinidad und Tobago	5128
Kap Verde	4036
Samoa	2831
Mauritius	2040
Komoren	1862
São Tomé und Príncipe	1001
Kiribati	811
Dominica	751
Tonga	748
Bahrain	711
Mikronesien	702
Singapur	699
St. Lucia	616
Palau	458
Seychellen	455
Antigua und Barbuda	442
Barbados	430
Grenada	345
St. Vincent und die Grenadinen	339
Malta	316
Malediven	298
St. Kitts und Nevis	269
Marshallinseln	181
Tuvalu	26
Nauru	21

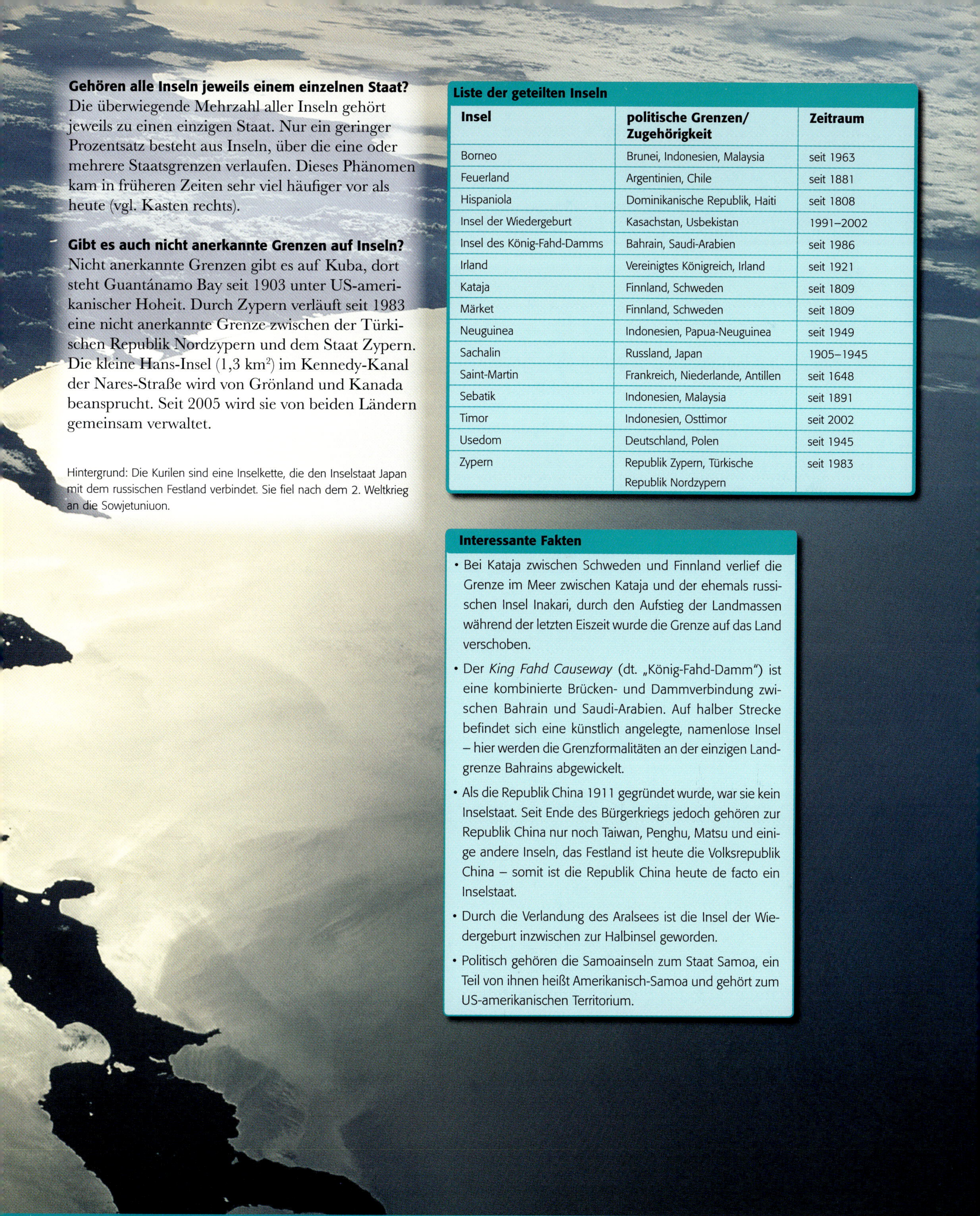

Gehören alle Inseln jeweils einem einzelnen Staat?
Die überwiegende Mehrzahl aller Inseln gehört jeweils zu einen einzigen Staat. Nur ein geringer Prozentsatz besteht aus Inseln, über die eine oder mehrere Staatsgrenzen verlaufen. Dieses Phänomen kam in früheren Zeiten sehr viel häufiger vor als heute (vgl. Kasten rechts).

Gibt es auch nicht anerkannte Grenzen auf Inseln?
Nicht anerkannte Grenzen gibt es auf Kuba, dort steht Guantánamo Bay seit 1903 unter US-amerikanischer Hoheit. Durch Zypern verläuft seit 1983 eine nicht anerkannte Grenze zwischen der Türkischen Republik Nordzypern und dem Staat Zypern. Die kleine Hans-Insel (1,3 km^2) im Kennedy-Kanal der Nares-Straße wird von Grönland und Kanada beansprucht. Seit 2005 wird sie von beiden Ländern gemeinsam verwaltet.

Hintergrund: Die Kurilen sind eine Inselkette, die den Inselstaat Japan mit dem russischen Festland verbindet. Sie fiel nach dem 2. Weltkrieg an die Sowjetuniuon.

Liste der geteilten Inseln

Insel	politische Grenzen/ Zugehörigkeit	Zeitraum
Borneo	Brunei, Indonesien, Malaysia	seit 1963
Feuerland	Argentinien, Chile	seit 1881
Hispaniola	Dominikanische Republik, Haiti	seit 1808
Insel der Wiedergeburt	Kasachstan, Usbekistan	1991–2002
Insel des König-Fahd-Damms	Bahrain, Saudi-Arabien	seit 1986
Irland	Vereinigtes Königreich, Irland	seit 1921
Kataja	Finnland, Schweden	seit 1809
Märket	Finnland, Schweden	seit 1809
Neuguinea	Indonesien, Papua-Neuguinea	seit 1949
Sachalin	Russland, Japan	1905–1945
Saint-Martin	Frankreich, Niederlande, Antillen	seit 1648
Sebatik	Indonesien, Malaysia	seit 1891
Timor	Indonesien, Osttimor	seit 2002
Usedom	Deutschland, Polen	seit 1945
Zypern	Republik Zypern, Türkische Republik Nordzypern	seit 1983

Interessante Fakten

- Bei Kataja zwischen Schweden und Finnland verlief die Grenze im Meer zwischen Kataja und der ehemals russischen Insel Inakari, durch den Aufstieg der Landmassen während der letzten Eiszeit wurde die Grenze auf das Land verschoben.
- Der *King Fahd Causeway* (dt. „König-Fahd-Damm") ist eine kombinierte Brücken- und Dammverbindung zwischen Bahrain und Saudi-Arabien. Auf halber Strecke befindet sich eine künstlich angelegte, namenlose Insel – hier werden die Grenzformalitäten an der einzigen Landgrenze Bahrains abgewickelt.
- Als die Republik China 1911 gegründet wurde, war sie kein Inselstaat. Seit Ende des Bürgerkriegs jedoch gehören zur Republik China nur noch Taiwan, Penghu, Matsu und einige andere Inseln, das Festland ist heute die Volksrepublik China – somit ist die Republik China heute de facto ein Inselstaat.
- Durch die Verlandung des Aralsees ist die Insel der Wiedergeburt inzwischen zur Halbinsel geworden.
- Politisch gehören die Samoainseln zum Staat Samoa, ein Teil von ihnen heißt Amerikanisch-Samoa und gehört zum US-amerikanischen Territorium.

Besondere geografische Lagen

Welche Probleme haben Länder im Hochgebirge?
Zunächst gibt es in der Regel nur sehr kleine Flächen, die eine landwirtschaftliche Nutzung zulassen. Hinzu kommen ungünstige klimatische Bedingungen wie der Temperaturabfall bei zunehmender Höhe. Ein weiteres häufiges Problem ist die Trockenheit, da es kaum Möglichkeiten zur Wasserspeicherung gibt. Schließlich steht die schroffe Hochgebirgsnatur einem Ausbau der Infrastruktur entgegen. Die Anlage von Verkehrswegen ist oft nur in den Tälern möglich.

Welche Staaten sind Hochgebirgsländer?
Es gibt keine verbindliche Festlegung, wann ein Staat als Hochgebirgsland bezeichnet wird. In der Regel verwendet man den Terminus, wenn der größere Teil der Landesfläche über 1500 m Höhe liegt. Typische Beispiele sind Nepal im Himalaja und Andorra in den Pyrenäen.

Welche Gebiete der Erde sind kaum besiedelt?
Wegen der extremen geografischen Bedingungen sind Wüsten, Polar- und Hochgebirgsregionen kaum besiedelt. Solche dünn besiedelten Regionen finden sich im Norden Kanadas, in Grönland und Sibirien sowie im Landesinneren Australiens und im nördlichen Afrika.

Der Yak ist ein Rind, das in Zentralasien beheimatet ist. Durch das lange Haarkleid ist es auch für das kalte Hochgebirgsklima in Nepal geeignet.

Welche Länder sind vom Klimawandel besonders stark bedroht?
Viele Inselstaaten Ozeaniens ragen nur wenige Meter über den Meeresspiegel hinaus. Der durch den Klimawandel zu erwartende Anstieg des Meeresspiegels durch das Abschmelzen der Gletscher und Eisberge lässt befürchten, dass viele Inseln buch-

Länder auf zwei Kontinenten

Während die Kontinente Afrika, Amerika und Australien deutlich durch die umgebenden Meere begrenzt sind, ist die Grenze zwischen Europa und Asien eine Landgrenze, das Ural-Gebirge. Europa und Asien werden daher oft auch als ein Kontinent betrachtet – Eurasien. Südlich des Ural verläuft die allgemein anerkannte Grenze zwischen Asien und Europa durch das Schwarze Meer und die Meerenge des Bosporus. Dementsprechend liegen zwei Staaten, die man üblicherweise zu Europa zählt, mit dem weitaus größeren Teil ihrer Landesfläche in Asien: Russland und die Türkei.

stäblich im Meer versinken werden. Der Inselstaat Tuvalu ist ein typisches Beispiel für diese Problematik. Die Regierung von Tuvalu hat ein Abkommen mit Neuseeland geschlossen, das langfristig eine Auswanderung aller Bürger nach Neuseeland sichern soll.

Wie heißt die am höchsten gelegene Hauptstadt der Welt?
Die Stadt La Paz in Bolivien ist zwar nicht die offizielle Hauptstadt des Landes – das ist Sucre –, aber der Regierungssitz von Bolivien und gleichzeitig die bedeutendste Stadt des Landes. La Paz wird daher allgemein als die am höchsten gelegene Hauptstadt der Welt betrachtet. Sie liegt zwischen 3200 und 4100 m Höhe. Die Höhe der Ansiedlung innerhalb der Stadt bestimmt gleichzeitig den sozialen Status der Wohnviertel – je höher die Lage, desto ärmer die Bewohner.

Welche Hauptstadt ist die kälteste der Welt?
Als kälteste Hauptstadt der Welt gilt Ulan-Bator, die Hauptstadt der Mongolei. Sie hat eine Jahresdurchschnittstemperatur von –2 °C, was aber nicht bedeutet, dass dort ganzjährig Frost herrscht. Der niedrige Temperaturdurchschnitt resultiert aus den extrem kalten Wintermonaten, während es im Sommer tagsüber durchaus 20 °C warm werden kann.

In Istanbul kann man über die Meeresenge des Bosporus von Europa nach Asien blicken. Zwei Hängebrücken verbinden die beiden Kontinente miteinander.

Hintergrund: Die Tanamiwüste ist eine von sechs Wüsten im Hinterland von Australien. Inmitten der spärlichen Vegetation ragt ein großer Termitenhügel empor.

Tristan da Cunha

Die Inselgruppe Tristan da Cunha im Südatlantik gilt als die abgelegenste bewohnte Inselgruppe der Welt. Die Hauptinsel liegt etwa 3200 km von Südamerika und 2800 km von Afrika entfernt. Auf der Insel leben nur etwa 300 Menschen, die sich auf acht Familien aufteilen. Die Inselgruppe ist erst seit 1810 bewohnt und gehört heute zum britischen Überseegebiet St. Helena. Ihre Besiedlung verdankt sie einer britischen Garnison, die verhindern sollte, dass Napoleon von seiner Verbannungsinsel St. Helena befreit würde.

Besondere politische Lagen

Welche besonderen politischen Lagen gibt es?
Einige Gebiete der Erde sind keine eigenständigen Staaten, sondern spielen innerhalb des Staats, zu dem sie gehören, eine Sonderrolle. Diese kann in ihrer geografischen Lage, ihrem rechtlichen Status, ihrer Verwaltungsstruktur oder ihrer besonderen wirtschaftlichen Situation begründet sein.

Was ist eine Exklave?
Wenn ein kleiner Teil eines Staatsgebiets vom Rest des Staats geografisch so abgetrennt ist, dass man es vom Mutterland nur erreichen kann, indem man das Territorium eines anderen Staats durchquert, so nennt man das abgetrennte Gebiet Exklave (lat.: „ausgeschlossenes Gebiet"). Der Begriff ist allerdings nicht ganz klar definiert. Inseln werden nicht als Exklaven bezeichnet, andererseits wird Alaska als Exklave der USA betrachtet, obwohl Alaska von den USA aus auch auf dem Seewege erreichbar ist, ohne dass man kanadisches Territorium durchqueren muss.

Oben: Willemstad, die Hauptstadt der Niederländischen Antillen, liegt auf der karibischen Insel Curaçao, wirkt aber wie eine kleine Hafenstadt in den Niederlanden.

Was ist eine Enklave?
Eine Enklave ist das Teilgebiet eines Staats, das ganz vom Territorium eines anderen Landes umschlossen ist. Nicht jede Exklave ist gleichzeitig auch eine Enklave. Das Gebiet Kaliningrad an der Ostsee ist beispielsweise eine russische Exklave, aber keine

Vatikanstadt, Blick über den Tiber auf St. Peter

Politisch abhängige Gebiete (Auswahl)

Gebiet	Mutterland	Staatsform
Weihnachtsinsel	Australien	australisches Außengebiet
Hongkong	China	Sonderverwaltungszone seit 1997
Macau	China	Sonderverwaltungszone seit 1999
Färöer	Dänemark	gleichberechtigte Nation innerhalb des Königreichs Dänemark
Grönland	Dänemark	gleichberechtigte Nation innerhalb des Königreichs Dänemark
Französisch-Guayana	Frankreich	französisches Überseedépartement
Falklandinseln	Großbritannien	britisches Überseegebiet
Gibraltar	Großbritannien	britisches Überseegebiet
Bermuda	Großbritannien	britisches Überseegebiet
Cookinseln	Neuseeland	selbstverwaltetes Territorium in freier Assoziierung mit Neuseeland
Niederländische Antillen	Niederlande	Bundesland innerhalb des Königreichs der Niederlande
Ceuta	Spanien	spanische Exklave an der nordafrikanischen Küste
Guam	USA	nichtinkorporiertes Territorium innerhalb Amerikanisch-Ozeaniens
Guantánamo Bay	USA	von Kuba gepachtetes Gebiet
Athos	Griechenland	autonome Mönchsrepublik
Antarktis		neutrales Gebiet, Gebietsansprüche mehrerer Staaten

Enklave, da das Territorium von mehreren Staaten, nämlich Polen und Litauen, umschlossen wird. Das Beispiel einer echten Enklave ist der Ort Büsingen am Hochrhein, der zu Deutschland gehört, aber vollständig vom Gebiet der Schweiz umgeben ist.

Können ganze Staaten Enklaven sein?
Ja, beispielsweise ist der europäische Zwergstaat San Marino eine Enklave: Er wird vollständig vom Staatsgebiet Italiens umschlossen. Ein weiteres Beispiel ist Lesotho, das von Südafrika umgeben ist. Solche Enklaven sind dann keine Exklaven.

Welche Sonderrolle haben Hongkong und Macau?
Hongkong und Macau sind Sonderverwaltungszonen der Volksrepublik China. Nach dem im Jahr 1984 propagierten Prinzip „Ein Land, zwei Systeme" des chinesischen Politikers Deng Xiaoping (1904–1997) gehören Hongkong und Macau zwar politisch zu China, können aber in der Wirtschaftspolitik weiterhin das marktwirtschaftliche System verfolgen, durch das besonders Hongkong zu einem der großen Finanzzentren Asiens werden konnte.

Was ist ein Überseeterritorium?
Einige Teile der Kolonien europäischer Länder in Übersee wurden im Zeitalter der Entkolonialisierung nicht in die vollständige Unabhängigkeit entlassen, sondern erhielten nur eine eingeschränkte Autonomie. Solche Gebiete gibt es bis heute unter der Verwaltung Frankreichs (z. B. Französisch-Polynesien), Großbritanniens (z. B. Falklandinseln) und der Niederlande (z. B. Niederländische Antillen).

Der Panamakanal

Im Jahr 1903 wurde innerhalb des Staates Panama eine Zone bestimmt, in der der gleichnamige Kanal gebaut werden sollte. Diese Region wurde anschließend von den Vereinigten Staaten von Amerika kontrolliert, die in den folgenden Jahren dort den Bau des Kanals ausführten und finanzierten. Die USA behielten auch nach dem Bau die Kontrolle über dieses Gebiet – als Exklave innerhalb Panamas – fast 100 Jahre lang. Erst am 31. Dezember 1999 wurde die Panamazone an den Staat Panama zurückgegeben.

Der 82 km lange Panamakanal verbindet den Atlantischen mit dem Pazifischen Ozean. Für die etwa zwölf Stunden dauernde Durchfahrt muss ein Lotse an Bord genommen werden.

Kolonien und Kolonialherren

Was ist eine Kolonie?
Der Begriff der Kolonie ist sehr alt. Im Altertum wurde er für Neugründungen von Siedlungen (lat. *colonia* = „Ansiedlung") außerhalb des ursprünglichen Lebensraums der neuen Siedler verwendet. Dabei bestand meist eine wirtschaftliche oder politische Bindung der Tochterstadt (Kolonie) an die Mutterstadt. Seit dem Mittelalter war mit der Kolonisation vielfach eine militärische Eroberung und wirtschaftliche Ausbeutung der Länder verbunden.

Das heutige Sri Lanka wurde bis 1972 Ceylon genannt. Die Kolonialgeschichte des Landes reicht bis zum Jahr 1512 zurück. Die letzten Kolonialherren waren die Briten.

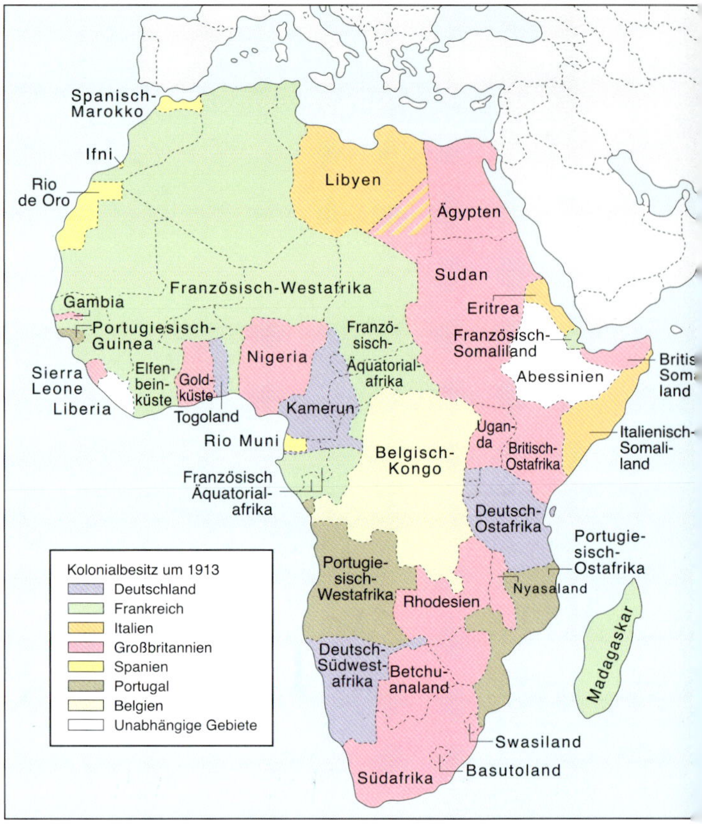

Im letzten Viertel des 19. Jahrhundert begann der europäische Wettlauf um Afrika. Nicht einmal 50 Jahre später war Afrika nahezu restlos aufgeteilt.

Gab es schon im Altertum Kolonialmächte?
Ja. Schon die Minoer, die Phönizier und die Griechen waren Kolonialherren in Gebieten außerhalb ihres ursprünglichen Machtbereichs. Die größte Kolonialmacht des Altertums war das Römische Reich, das auf dem Höhepunkt seiner Macht fast den gesamten Mittelmeerraum beherrschte. Zum römischen Kolonialismus gehörten auch schon die typischen Merkmale des neuzeitlichen Kolonialismus: die Verbreitung der eigenen Kultur, die teilweise Versklavung der besiegten Völker und die wirtschaftliche Ausbeutung der Kolonien.

Begann die Kolonisation durch Europäer erst in der Neuzeit?
Nein. Die stärksten Seemächte Europas hatten auch schon vorher Kolonien erobert. Die Stadtrepubliken Genua und Venedig besaßen viele Häfen und Festungen im Mittelmeerraum, um ihre Handelwege und ihre Vorherrschaft im Mittelmeer zu sichern. Zu Beginn des 15. Jahrhunderts suchten die Portugiesen nach dem Seeweg um Afrika herum, um den lukrativen Gewürzhandel mit Indien zu erleichtern. Bei diesen Entdeckungsfahrten entstanden an der afrikanischen Westküste die ersten portugiesischen Kolonien.

Bedeutende Kolonien

Die Tabelle stellt nur einen kleinen Ausschnitt der Kolonialgeschichte dar und wirft lediglich ein Schlaglicht auf die weltweite Verbreitung der Kolonien. Die genannten Kolonialmächte beherrschten zeitweilig wesentlich umfangreichere Gebiete.

Kolonie	Kolonialmacht	Zeitraum	Heutiger Staat
Belgisch-Kongo	Belgien	ca. 1880–1960	Demokratische Republik Kongo
Deutsch-Neuguinea	Deutschland	1885–1914	div. Staaten in Ozeanien
Deutsch-Ostafrika	Deutschland	1885–1919	Tansania
Neufrankreich	Frankreich	ca. 1534–1763	Ostkanada (Québec)
Französisch-Westafrika	Frankreich	1895–1958	Staaten in Westafrika (Senegal, Niger, Mali u.a.)
Madagaskar	Frankreich	1896–1960	Madagaskar
Französisch-Indochina	Frankreich	1863–1954	Kambodscha, Laos, Vietnam
Korsika	Genua	1347–1768	Teil Frankreichs
Libyen	Italien	1911–1951	Libyen
Rhodos	Italien	1912–1947	Teil Griechenlands
Mandschurei	Japan	ca. 1905–1946	Teil Chinas
Niederländisch-Guayana	Niederlande	1667–1815	Suriname, Guyana
Brasilien	Portugal	1500–1822	Brasilien
Angola	Portugal	1576–1975	Angola
Mosambik	Portugal	ca. 1500–1975	Mosambik
Alaska	Russland	1799–1867	Teil der Vereinigten Staaten von Amerika
Neuspanien	Spanien	1535–1822	Südwesten der Vereinigten Staaten von Amerika und Mittelamerika
Vizekönigreich Peru	Spanien	1542–1821	Große Teile Südamerikas
Spanisch-Marokko	Spanien	1912–1956	Nordteil Marokkos
Ägypten	Großbritannien	1882–1922	Ägypten
Britisch-Ostafrika	Großbritannien	1895–1963	Kenia
Rhodesien	Großbritannien	1891–1944	Sambia und Simbabwe
Südafrika	Großbritannien	1806–1961	Südafrika
Neuenglandstaaten	Großbritannien	1609–1783	Ostküste der Vereinigten Staaten von Amerika
Kanada	Großbritannien	1763–1867	Kanada
Ceylon	Großbritannien	1796–1948	Sri Lanka
Britisch-Indien	Großbritannien	1858–1947	Indien und Pakistan

Was war der Wettlauf um Afrika?

Im Zeitalter des Imperialismus (1870–1914) versuchten viele europäische Staaten, ihre Macht und ihre wirtschaftlichen Basis durch Errichtung von Kolonien in Übersee zu vergrößern. Damit begann eine intensive Kolonisierung des afrikanischen Kontinents, der um 1914 fast vollständig unter den europäischen Staaten Großbritannien, Frankreich, Italien, Deutschland, Belgien, Niederlande, Spanien und Portugal aufgeteilt war. Lediglich Abessinien, das heutige Äthiopien, konnte sich einer Kolonisierung entziehen.

Sklaven wurden meist unter menschenunwürdigen Bedingungen verschifft. Der Holzschnitt aus dem Jahr 1860 zeigt das Sklavendeck der Barke *Wildfire*, die Sklaven von Afrika nach Amerika brachte.

Unabhängigkeits-bestrebungen

Der Gazastreifen gehört zwar zu den palästinensischen Autonomiegebiete, ist aber wirtschaftlich völlig von Israel abhängig.

Wie viele unabhängige Staaten gibt es?

Als unabhängige Staaten werden üblicherweise nur die Territorien betrachtet, die von den Vereinten Nationen (UN) als Staaten anerkannt werden. Im Jahr 2007 waren dies genau 193 Staaten, von denen 192 auch Mitglieder der UN sind. Lediglich Vatikanstadt ist zwar anerkannt, aber nicht Mitglied der UN.

Nach Unabhängigkeit strebende Gebiete

Die nachfolgende Liste von Territorien, die nach Unabhängigkeit streben, ist keineswegs vollständig. Viele weitere Gebiete wie Tibet, das Baskenland, der Kosovo oder Kurdistan – um nur einige zu nennen – fehlen in der Aufzählung. Die aufgeführten Länder haben im Moment aber wohl am ehesten die Aussicht, in den nächsten Jahren als unabhängige Staaten anerkannt zu werden.

Abchasien

Abchasien liegt an der Nordküste des Schwarzen Meers und ist ein Teil Georgiens. Die ehemalige Sowjetrepublik erklärte 1992 ihre Unabhängigkeit, die aber von der UN bisher nicht anerkannt wurde.

Südossetien

Das an der Nordgrenze Georgiens im Kaukasus gelegene Gebiet erklärte sich 1990 für unabhängig. Die UN betrachten das Territorium aber als Teil Georgiens.

Transnistrien

Transnistrien liegt im Osten Moldawiens an der Grenze zur Ukraine und betrachtet sich seit 1991 als unabhängiger Staat, als der er jedoch international nicht anerkannt wird.

Türkische Republik Nordzypern

Die Mittelmeerinsel Zypern ist seit 1974 in einen griechisch-zypriotischen Südteil und einen türkisch-zypriotischen Norden aufgeteilt. 1983 erklärte sich der Norden als Türkische Republik Nordzypern zum souveränen Staat. Der Staat ist aber nur von der Türkei anerkannt.

Somaliland

Die Republik Somaliland liegt im Norden des Staats Somalia am Horn von Afrika. Sie hat 1991 einseitig ihre Unabhängigkeit von Somalia erklärt und ist de facto selbstständig. Die Vereinten Nationen betrachten Somaliland aber weiterhin als einen Teil von Somalia.

Demokratische Arabische Republik Sahara

Nachdem die Spanier als Kolonialherren 1975 die Westsahara verlassen hatten, wurden weite Teile des Gebiets von Marokko besetzt. Die Befreiungsbewegung POLISARIO rief daraufhin 1976 die Demokratische Arabische Republik Sahara aus. Viele Staaten haben den Anspruch der POLISARIO anerkannt, aber die Vereinten Nationen konnten noch keine Einigkeit in dieser Frage erzielen.

Palästinensische Autonomiegebiete

Die palästinensischen Autonomiegebiete – das Westjordanland und der Gazastreifen – werden im Moment noch zu großen Teilen vom israelischen Militär verwaltet. Die Verwaltung soll aber ganz in die Hände der palästinensischen Autonomiebehörde übergehen, um den Weg in die Unabhängigkeit vorzubereiten.

Wann wird ein Territorium als Staat betrachtet?

Eine allgemein anerkannte Definition dieses Begriffs gibt es nicht. In der Neuzeit hat sich aber die „Drei-Elemente-Lehre" des Österreichers Georg Jellinek (1851–1911) durchgesetzt. Danach ist ein Staat durch die drei Merkmale Staatsgebiet, Staatsvolk und Staatsgewalt gekennzeichnet. Ein Staat muss also ein eigenes Territorium haben, ein Volk, das sich als Staatsvolk betrachtet, und er muss die Macht in seinem Territorium ausüben.

Warum sind manche Gebiete nicht als Staat anerkannt?

Wenn ein Territorium, das sich selbst als Staat betrachtet, von der Mehrheit der Staaten nicht anerkannt wird, entspricht es noch nicht den Kriteri-

en der „Drei-Elemente-Lehre". Eine Anerkennung kann allerdings auch aus politischen oder wirtschaftlichen Gründen verweigert werden, obwohl tatsächlich alle drei Voraussetzungen für einen Staat erfüllt sind.

Ist Taiwan ein Staat?

De facto erfüllt die Republik China, die allgemein Taiwan genannt wird, die Bedingungen, die an den Begriff Staat gestellt werden. Problematisch ist, dass die Republik China ihren Herrschaftsanspruch nicht auf die Insel Taiwan beschränkt, sondern sich als rechtmäßiger Vertreter von ganz China betrachtet. Damit tritt Taiwan in Konkurrenz zur Volksrepublik China. Die Volksrepublik vertritt aber die sogenannte „Ein-China-Politik" und erkennt einen zweiten chinesischen Staat nicht an. Da die Volksrepublik ausschließlich mit Staaten in Beziehung tritt, die Taiwan nicht anerkennen, wird Taiwan nur von 24 Staaten diplomatisch anerkannt. Da die Republik China – also Taiwan – aber schon seit 1912 als unabhängiger Staat handelt, wird sie in diesem Buch als 194. Land der Welt behandelt.

Der 14. Dalai Lama, Tenzin Gyatso, ist Mitglied der tibetischen Exilregierung. Tibet ist seit 1959 offiziell eine Provinz der Volksrepublik China.

Unten: Die Millionenstadt Taipeh ist die größte Stadt der Republik China (Taiwan).

Register

Bildnachweis

Corbis: 2 Jai, 4 Arthur Thèvenart (o.l.), Gavin Hellier/Jai (o.r.), 4/5 Grand Tour Collection (Hintergrund), Paul A. Souders (o.M.), 5 Steven Vidler/Eurasia Press (o.l.), Danny Lehman (o.r.), 6 Onne van der Wal (o.l.), Paul A. Souders (o.r.), 6/7 Jose Fuste Raga (gr.), Galen Rowell (o.M.), 7 John and Lisa Merrill (o.l.), Demetrio Carrasco/Jai (o.r.), 8 Jon Arnold/Jai (u.), 8/9 Jose Fuste Raga, 9 Eberhard Streichan/zefa (o.), 10 John and Lisa Merrill (o.), 10 Herbert Kehrer/zefa (u.), 11 Sergio Pitamitz, 12 Atlantide Phototravel (gr.), Tibor Bogner (u.r.), Jai (u.l.), 12/13 Guenter Rossenbach/zefa (u.), 13 Bertsch/zefa (o.), Steven Vidler/Eurasia Press (u.r.), 16 Joachim Pfaff/zefa (u.), 16/17 Jai, 18 Skyscan (o.), Ladislav Janicek/zefa (u.), 19 Doug Pearson/Jai, 20 Arctic-Images, 21 Atlantide Phototravel, 22 Atlantide Phototravel, Jorma Jaemsen/zefa (u.), 23 Jorma Jaemsen/zefa, 26 Steven Vidler/Eurasia Press, 27 Gavin Hellier/Jai (u.), 28 G. Richardson/Robert Harding World Imagery, 29 Manfred Mehlig/zefa (o.), Bertsch/zefa (u.), 30 Roy Rainford/Robert Harding World Imagery (o.), Eberhard Streichan/zefa (gr.), 31 Atlantide Phototravel, 32 Louie Psihoyos (o.), Doug Pearson/Jai (u.), 33 Tibor Bogner, 34 John Miller/Robert Harding World Imagery (o.), Eberhard Streichan/zefa (u.), 36/37 Atlantide Phototravel, 37 Karl-Heinz Haenel, 38 Eberhard Streichan/zefa (o.), Karl-Heinz Haenel (u.), 39 Manfred Mehlig/zefa, Russell Young/Jai (kl.), 40 Jai, 41 Jai (u.), 42 CardinaleStephane/Corbis Sygma, 43 H.P. Merten/Robert Harding World Imagery (o.), Atlantide Phototravel (u.), 44 Upperhall Ltd./Robert Harding World Imagery, 45 Thomas Rubbert/zefa, J.Hall/photocuisine (kl.), 46 Ladislav Janicek/zefa (o.), Klaus Hackenberg/zefa (u.), 48 Herbert Spichtinger/zefa, 49 Atlantide Phototravel (o.), 50 Josè Fuste Raga/zefa, 51 Gavin Hellier/Robert Harding World Imagery (o.), C. Voigt/zefa (u.), 52 Jaques Langevin/Corbis Sygma, 54 Jai (o.), David Turnley (u.), 55 Archivo Iconografico, S. A., 56 Guenter Rossenbach/zefa (o.), Richard Klune (u.), 57 Demetrio Carrasco/JAI, 58 Josè Fuste Raga/zefa (l.), JAI (r.), 60 Fred de Noyelle /Godong (o.), John and Lisa Merrill (u.), 62 Puku/Grand Tour, 63 Alessandra Benedetti (o.), Bob Krist (u.), 64 Jeremy Horner, 65 Macduff Everton (o.), 66 Robert Landau (u.), 67 Grand Tour, 73 Josè Fuste Raga/zefa, 75 David C Poole/Robert Harding World Imagery, 76 Michele Falzone/Jai (gr.), Jitendra Prakash/Stringer/Reuters (u.l.), Jeffrey L. Rotman (u.r.), 77 Atlantide Phototravel (gr.), J.P .Laffont/Sygma/Corbis (u.l.), J.P. Laffont/Sygma/Corbis (u.r.), 80 Kazuyoshi Nomachi (u.l.), 80/81 Kazuyoshi Nomachi, 81 Gideon Mendel (o.), 82 Pascal Deloche/Godong (o.), 82 Gavin Hellier/Jai (u.), 83 Ed Kashi (u.), 84 David Samuel Robbins, 85 Gèrard Degeorge, 86 Janet Wishnetsky, 87 Bruno Fert (o.), David Samuel Robbins (u.), 88 Nevada Wier (o.), Keren Su (u.), 89 Sybil Sassoon/Robert Harding World Imagery, 90 Pat O'Hara, 91 Caroline Penn (o.), David Mdzinarishvili/Reuters (u.), 92 Bob Krist, 93 Kaveh Kazemi (o.), Kazuyoshi Nomachi (u.), 94 Abilio Lope, 95 Reuters, 96 Ivan Vdovin/Jai, 97 J.P. Laffont/Sygma/Corbis, 98 Alison Wright, 99 Kazuyoshi Nomachi (o.), 100 Reuters, 101 Christine Osborne (o.), Dave G. Houser (u.), 102 Jon Hicks, 103 Jeremy Horner (l.), Jose Fuste Raga (r.), 104 Arthur Thèvenart, 105 Sergio Pitamitz/Robert Harding World Imagery, 106 Michele Falzone/Jai (o.), Gideon Mendel (u.), 108 Gavriel Jecan, 109 Fernando Bengoechea/Beateworks (r.), 112 Gideon Mendel, 113 Craig Tuttle, 114 Michael Busselle/Robert Harding World Imagery (o.), Gavin Hellier/Jai (u.), 115 Hamid Sardar, 116 Reuters, 117 Nir Elias/Reuters (o.), Jon Arnold/Jai (u.), 118 Goebel/zefa, 118/119 Bruno Levy/zefa, 119 Atlantide Phototravel, 120 Kapoor Baldev/Sygma/Corbis (u.), 121 Atlantide Phototravel, 122 Christian Kober/Robert Harding World Imagery (kl.), 122/123 Demetrio Carrasco/Jai, 123 Atlantide Phototravel, 124 Pierre Perrin/Sygma/Corbis, 125 Roulier/Turiot/photocuisine (o.), Michele Falzone/Jai (u.), 126 Simon Kwong/Reuters, 127 Jane Sweeney/Robert Harding World Imagery, 128 Bernd Kohlhas/zefa, 129 Jane Sweeney/Robert Harding World Imagery, 130 Bruno Morandi/Robert Harding World Imagery, 131 Atlantide Phototravel, 132 Steven Vidler/Eurasia Press, 123 Murat Taner/zefa, 134 Karl Kinne/zefa (o.), Josè Fuste Raga/zefa (u.), 136 Visuals Unlimited (o.), Michele Falzone/Jai (u.), 137 Lirio da Fonseca/Reuters, 138 James Randklev (gr.), Ellen Rooney/Robert Harding World Imagery (u.l.), Atlantide Phototravel (u.r.), 138/139 Tom Bean (u.Mitte), 139 Onne van der Wal (gr.), Barry Lewis (u.l.), Pearl Bucknall/Robert Harding World Imagery (u.r.), 142 Jose Fuste Raga (u.), 142/143 Roger Ressmeyer, 143 Danny Lehman (o.), 144 Andy Clark/Reuters (o.), Jose Fuste Raga (u.), 145 E. & P. Bauer/zefa (o.), Jenny E. Ross (u.), 146 Pearl Bucknall/Robert Harding World Imagery, 147 Rob Howard (o.), Bettmann (u.), 148/149 James Randklev, 149 Michael T. Sedam (o.), 150 Joseph Sohm/Visions of America (o.l.), Keith Bedford/Reuters (u.l.), 151 Onne van der Wal, 152 Macduff Everton, 153 Keith Dannemiller/D70s (o.), Atlantide Phototravel (u.), 154 Reuters (o.), Atlantide Phototravel (u.), 155 W. Perry Conway, 156 Carl & Ann Purcell, 157 Alex Pena/Reuters (o.), Galen Rowell (u.), 158 Barry Lewis, 159 Atlantide Phototravel, 160 Danny Lehman, 161 Ellen Rooney/Robert Harding World Imagery (o.), Patrick Robert/Sygma/Corbis (u.), 162 Grafton Marshall Smith, 163 Lynn Goldsmith (o.), Denis Anthony Valentine (u.), 164 Philip Gould, 165 Tom Bean, 166 Nik Wheeler, 167 Bob Krist, 168 Earl & Nazima Kowall (o.), Reinhard Eisele (u.), 169 Dallas and John Heaton/Free Agents Limited, 170 Catherine Karnow (o.), Fridmar Damm (u.), 171 John Miller/Robert Harding World Imagery, 172 Nik Wheeler, 173 Blaine Harrington III, 174 Peter Adams/Jai (gr.), Robert Caputo/Kontributor (u.l.), Richard T. Nowitz (u.r.), 174/175 Philippe Giraud (u.M.), 175 Stuart Westmorland (gr.), Paolo Ragazzini (u.l.), Jon Hicks (u.r.), 178 Atlantide Phototravel (u.), 178/179 Galen Rowell (gr.), 179 John and Lisa Merrill (o.), 180 Peter Adams/Jai (o.), Jay Dickman (u.), 181 Peter Adams/Jai, 182 Enzo & Paolo Ragazzini (gr.), Jeremy Horner (kl.), 183 Robert Caputo/Kontributor, 184 Philippe Giraud, 185 Robert Caputo/Kontributor, 186 Arthur Morris (o.), Paul Souders (u.), 187 Fridmar Damm/zefa, 188 Alain Keler/Sygma/Corbis (o.), Peter Adams/Jai (u.), 189 Paulo Fridman, 190 Stuart Westmorland (o.), Danny Lehman (u.), 192 Richard T. Nowitz (gr.), Guido Cozzi/Atlantide Phototravel (kl.), 193 Dennis Degnan, 194 Paul Almasy (o.), James Davis/Eye Ubiquitous (u.), 195 Dave G. Houser, 196 Walter Bibikow/Jai (u.l.), Caroline Penn (u.r.), Martin Harvey (gr.), 196/197 James Sparshatt (u.M.), 197 Hoberman Collection (gr.), Roger de la Harpe (u.l.), Winfred Wisniewski/Frank Lane Picture Agency (u.r.), 200 Andrew Holbrooke (u.), 200/201 Kazuyoshi Nomachi (gr.), 201 Torleif Svensson (o.), 202 Eye Ubiquitous (o.), Remi Benali 8u.), 203 Paul A. Souders, 204 Walter Bibikow/Jai, 205 Frans Lemmens/zefa, 206 Alessandro Saffo/Grand Tour (o.), Riccardo Spila/Grand Tour (u.), 207 Wolfgang Kaehler, 208 - 209 Jose Fuste Raga, 210 Jose Fuste Raga (o.), Frans Lemmens/zefa (u.), 211 Lynsey Addario, 212 Chris Hellier, 213 Gavin Hellier/Jai (o.), Caroline Penn (u.), 214 Atlantide Phototravel, 215 Gavin Hellier/Jai, 216 Olivier Martel, 217 Radu Sigheti/Reuters (o.), Atlantide Phototravel (u.), 218 Riccardo Spila/Grand Tour, 219 Nik Wheeler (o.), Robert van der Hilst (u.), 220 Christine Osborne (o.), Theo Allofs (u.), 221 Dave G. Houser, 222 Anthony Bannister, 223 Charles & Josette Lenars (o.), Patrick Robert/Sygma/Corbis (u.), 224 Reuters, 225 Sophie Elbaz/Sygma/Corbis (o.), Martin Harvey (u.), 226 Michel Gounot /Godong, 227 David C Poole/Robert Harding World Imagery (o.), 228 Lucille Reyboz/Sygma (u.), Atlantide Phototravel (o.), 229 Atlantide Phototravel, 230 George Esiri/Reuters, 231 Reuters (o.), Sophie Elbaz/Sygma/Corbis (u.), 233 Martin Harvey, 234 James Sparshatt (o.), 238 Paul Almasy, 239 Louise Gubb (o.), Winfred Wisniewski/Frank Lane Picture Agency (u.), 240 Caroline Penn (o.), Annie Belt (u.), 241 Tony Waltham/Robert Harding World Imagery, 242 Antony Njuguna/Reuters, 243 Martin Harvey/Gallo Images (o.), Sharna Balfour/Gallo Images (u.), 244 Ivan Vdovin/Jai, 245 Gallo Images (o.), Finbarr O'Reilly/Reuters (u.), 246 Kennan Ward, 247 Martin Harvey (o.), Joe McDonald (u.), 248 Aron Frankental/Gallo Images, 249 Pieter Hugo (o.), Anthony Bannister/Gallo Images (u.), 250 Howard Burditt/Reuters (o.), Atlantide Phototravel (u.), 251 Robert van der Hilst, 252 Stuart Westmorland (o.), Chris Hellier (u.), 253 Roger de la Harpe, 254 Michele Westmorland (gr.), Frans Lemmens/zefa (kl.), 255 Paul Souders, 256 Gideon Mendel, 257 Charles O'Rear (o.), Hoberman Collection (u.), 258 Jon Hicks (o.), Steve & Ann Toon/Robert Harding World Imagery (u.), 259 Hoberman Collection, 260 Earl & Nazima Kowall, 261 Gideon Mendel for The Global Fund, 262 Anders Ryman (u.l.), John Turner (u.r.), Bob Krist (gr.), 262/263 Charles & Josette Lenars (u.M.), 263 Sergio Pitamitz (o.), Grand Tour Collection (u.l.), Grand Tour Collection (u.r.), 266 Grand Tour Collection (u.), 266/267 Franz-Marc Frei (gr.), 267 Grand Tour Collection (o.), 268 Paul Souders (o.), © Neil Farrin/Jai (u.), 269 Richard T. Nowitz (o.), Bob Krist (u.), 270/271 © Michele Falzone/Jai, 271 Claire Leimbach/Robert Harding (o.), 272 Charles Philip Cangialosi (o.), Theo Allofs/zefa (u.), 273 Patrick Ward, 274 Bob Krist (gr.), Anders Ryman (kl.), 275 Bob Krist, 276 Bettmann (o.), Doug Wilson (u.), 278 Larry Dale Gordon/zefa (gr.), Charles & Josette Lenars (kl.), 279 Rob Howard, 280 Grand Tour Collection, 281 Neil Farrin/Jai, 282 Charles & Josette Lenars (o.), Caroline Penn (u.), 283 Wilfried Krecichwost/zefa, 284 John Turner (gr.), Richard Cummins (kl.), 285 Grand Tour Collection, 286 Ted Streshinsky (o.), Neil Rabinowitz (u.), 287 Matthieu Paley, 288 Tom Brakefield/zefa (gr.), Atlantide Phototravel (u.l.), Art Wolfe (u.r.), 288/289 Barry Lewis (u.M.), 289 Charles Mauzy (u.l.), 289 Paul A. Souders (gr.), 292 Hans Reinhard/zefa (u.), 292/293 Fridmar Damm/zefa (gr.), 293 Harvey Lloyd (o.), 294 Daniel J. Cox (o.), Beat Glanzmann (u.), 295 Winfried Wisniewski/zefa (l.), Atlantide Phototravel (r.), 296 Ann Johansson (gr.), Frans Lemmens/zefa (u.l.), Galen Rowell (u.r.), 297 Walter Bibikow/Jai (o.), Bob Sacha (u.r.),298 Atlantide Phototravel (u.), 299 (o.), 300 Car Culture (o.), 300/301 Ann Johansson, 301 Karen Kasmauski (o.), 302 Phillippe Lissac/Godong, 303 Reuters, 304 Paul A. Souders, 304/305 Galen Rowell, 305 Stuart Westmorland, 310 John and Lisa Merrill (u.), Bob Sacha (o.), 311 Danny Lehman, 312 Michael Maslan, 313 Bettmann, 314 Peter Turnley (o.)

Getty Images: 13 Altrendo Travel (u.l.), 17 Altrendo Panoramic (o.), 23 altrendo nature (kl.), 24 Holger Leue/Lonely Planet Images, 25 Altrendo Travel, 27 Michael Rosenfeld (o.), 35 Richard Passmore/Stone, 41 Rosemary Calvert (o.), 47 DEA/C.Sappa, 49 Jonathan Smith (u.), 53 De Agostini, 59 Rolf Richardson, 61 Atlantide Phototravel, 65 Antonio M. Rosario (u.), 66 Daryl Benson/The Image Bank (o.), 68 Gary John Norman (o.), Martin Ruegner/The Image Bank (u.), 69 Robert Everts, 70 Graham Lawrence, 71 Greg Elms/Lonely Planet Images (o.), Peter Essick/Aurora (u.), 72 Raul Touzon (o.), G.R. Richardson (u.), 74 DeAgostini (o.), James L. Stanfield (u.), 76/77 Hans Christian Heap (u.), 83 Raveendran (o.), 99 Hans Christian Heap (u.), 107 Dorling Kindersley, 109 DAJ (l.), 110 Steve Allen/Image Bank (o.), Panoramic Images (u.), 111 Steve Allen/Image Bank, 120 Tony Wheeler (o.), 135 Robin Smith, 148 Sylvain Grandadam/Image Bank (u.), 191 Antonio Scorza, 227 Issouf Sanogo (u.), 232 Sylvain Grandadam, 234 Martin Van Der Belen/AFP (o.), 235 Christophe Simon/AFP, 236 Michael Nichols/National Geographic, 237 Jean Pierre Kepseu/Panapress (o.), Desirey Minkoh/AFP (u.), 277 Tim Graham, Harvey Lloyd (u.l.), Berndt-Joel Gunnarsson (u.r.), 296/297 John Elk III (u.M.), 297 Steve Satushek (u.l.), 298/299 Torsten Blackwood, 306 John Elk III, 306/307 Astromujoff (gr.), 308 Steve Satushek (kl.), 308/309 Theo Allofs, 309 Hugh Sitton (o.), 314/315 Jeremy Woodhouse, 315 P. Deliss/Godong

Queen Street House
4 Queen Street
Bath BA1 1HE, UK

Producing: ditter.projektagentur GmbH
Lektorat: Ulrike Kraus
Bildredaktion: Claudia Bettray
Design: Sabine Vonderstein
Kartographie: geo3, Martin Fimiarz 2007; Burga Fillery
Geländedarstellung: SRTM 2000
Lithografie: Fischer Graphische Produktionen GmbH

ISBN: 978-1-4075-0400-1

Printed in Malaysia